专利审查指南
2010
（修订版）

中华人民共和国国家知识产权局

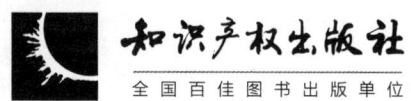

图书在版编目（CIP）数据

专利审查指南.2010/中华人民共和国国家知识产权局制定. —修订本. —北京：知识产权出版社，2017.6

ISBN 978-7-5130-5001-2

Ⅰ.①专… Ⅱ.①中… Ⅲ.①专利—审查—法规—中国—指南 Ⅳ.①D923.42-62

中国版本图书馆CIP数据核字（2017）第140289号

责任编辑：牛洁颖　　　　　　　　　　　责任校对：谷　洋
文字编辑：商英凡　张锦锐　　　　　　　责任出版：卢运霞

专利审查指南2010（修订版）
中华人民共和国国家知识产权局　制定

出版发行：	知识产权出版社有限责任公司	网　　址：	http://www.ipph.cn
社　　址：	北京市海淀区西外太平庄55号	邮　　编：	100081
责编电话：	010-82000860转8109	责编邮箱：	niujieying@sina.com
发行电话：	010-82000860转8101/8102	发行传真：	010-82000893/82005070/82000270
印　　刷：	三河市国英印务有限公司	经　　销：	各大网上书店、新华书店及相关专业书店
开　　本：	787mm×1092mm 1/16	印　　张：	37
版　　次：	2017年6月第1版	印　　次：	2019年5月第2次印刷
字　　数：	600千字	定　　价：	180.00元
ISBN 978-7-5130-5001-2			

出版权专有　侵权必究
如有印装质量问题，本社负责调换。

国家知识产权局令

第五十五号

根据《中华人民共和国专利法实施细则》第一百二十二条的规定，对 2006 年 5 月 24 日公布、2006 年 7 月 1 日起施行的审查指南进行修订。现将修订后的专利审查指南予以公布，自 2010 年 2 月 1 日起施行。

局　长

二〇一〇年一月二十一日

《专利审查指南 2010（修订版）》
修订说明

《专利审查指南 2010》自 2010 年 1 月 21 日施行以来，在指导、规范和统一专利申请和专利审查的实践操作方面发挥了良好的作用。为了适应经济社会发展的新变化，国家知识产权局本着适应性修订为主，兼顾优化程序设置、提高专利审批效率、规范审批行为的修订原则，分别在 2013 年 9 月 16 日、2014 年 3 月 12 日和 2017 年 2 月 28 日，以国家知识产权局第六十七号、第六十八号和第七十四号局令的形式，公布了关于修改《专利审查指南》的决定，对《专利审查指南》的相关章节进行了修改。涉及章节如下：

（一）国家知识产权局第六十七号局令涉及第一部分第二章第 11 节、第 13 节，第一部分第三章第 8 节、第 11 节的修改；

（二）国家知识产权局第六十八号局令涉及第一部分第三章第 4.2 节、第 4.3 节，第一部分第三章第 7.2 节、第 7.4 节，以及第四部分第五章第 6.1 节的修改；

（三）国家知识产权局第七十四号局令涉及第二部分第一章第 4.2 节，第二部分第九章第 2 节、第 3 节、第 5.2 节，第二部分第十章第 3 节，第四部分第三章第 4.2 节、第 4.3.1 节、第 4.6.2 节和第 4.6.3 节，第五部分第四章第 5.2 节，以及第五部分第七章第 7.4.2 节、第 7.4.3 节和第 7.5.2 节的修改。

特此说明。

原 版 前 言

国家知识产权局作为国务院专利行政管理部门,委托国家知识产权局专利局(以下简称专利局)受理、审批专利申请,专利局以国家知识产权局的名义作出各项决定。国家知识产权局设立专利复审委员会,负责复审及无效宣告请求的审查并作出决定。

为了客观、公正、准确、及时地依法处理有关专利的申请和请求,国家知识产权局依据《中华人民共和国专利法实施细则》第一百二十二条制定本专利审查指南(以下简称本指南)。本指南是专利法及其实施细则的具体化,因此是专利局和专利复审委员会依法行政的依据和标准,也是有关当事人在上述各个阶段应当遵守的规章。

本指南是在 2006 年版的基础上,根据 2008 年 12 月 27 日颁布的《中华人民共和国专利法》和 2010 年 1 月 9 日颁布的《中华人民共和国专利法实施细则》以及实际工作需要修订而成,作为国家知识产权局部门规章公布。

使 用 说 明

1. 本指南包括修订版修订说明、原版前言、使用说明、略语表、目录、正文、索引、修订说明和附录。

2. 本指南正文共分五个部分：第一部分（初步审查）、第二部分（实质审查）、第三部分（进入国家阶段的国际申请的审查）、第四部分（复审与无效请求的审查）和第五部分（专利申请及事务处理）。第一、二、四部分按专利申请的审批流程顺序排列，第三部分为进入国家阶段的国际申请审查的具体规定，第五部分为适用各程序的通用规则。

3. 本指南各个部分中分章，章以下设节，节分四个等级，用阿拉伯数字按顺序排列以确定其位置。例如，本指南第二部分第三章（新颖性）中，2.1.2.2（使用公开）是第四级节，它属于第三级节 2.1.2（公开方式），2.1.2 节属于第二级节 2.1（现有技术），2.1 节属于第一级节 2.（新颖性的概念）。

4. 本指南的目录包括总目录和分目录。总目录列出第一至第五部分中各章的名称及其对应的页码；分目录列出该部分各章、节（共四个等级节）的名称及其对应的页码。读者可以根据需要查找的内容，在总目录中找到该内容属于第几部分第几章，再到相应的分目录中找到其具体位置。

5. 本指南除使用总页码外还使用了分页码，以便读者查阅。总页码位于页面底端外侧，对全书进行连续编页；分页码位于页面底端中央，对本指南正文的五个部分分别编页并采用"（×－×）"的格式，例如"（2－147）"表示本指南正文第二部分第 147 页。

6. 本指南正文包括文字描述及法律、法规条款标引两栏，前者位于每页的右侧，后者位于每页的左侧。法律、法规条款标引使用缩略语（参见略语表）。读者阅读指南右栏的内容时，可以对照左栏相应位置上标出的法律、法规条款中规定的内容，以帮助理解。

略 语 表

本表列出本指南正文中每页左侧标出的法律、法规条款的缩略实例。

法 26	专利法第二十六条
法 38 及 39	专利法第三十八条和第三十九条
法 2、5 及 25	专利法第二条、第五条和第二十五条
法 31.1	专利法第三十一条第一款
法 22.2 及 .3	专利法第二十二条第二款和第三款
法 25.1(1)	专利法第二十五条第一款第（一）项
细则 1	专利法实施细则第一条
细则 45	专利法实施细则第四十五条
细则 95 及 96	专利法实施细则第九十五条和第九十六条
细则 21-23	专利法实施细则第二十一条至第二十三条
细则 44.1	专利法实施细则第四十四条第一款
细则 23.1 及 .2	专利法实施细则第二十三条第一款和第二款
细则 42.2 及 43	专利法实施细则第四十二条第二款和第四十三条
细则 21.3 及 23.2	专利法实施细则第二十一条第三款和第二十三条第二款
细则 33(3)	专利法实施细则第三十三条第（三）项
细则 17.1(4)	专利法实施细则第十七条第一款第（四）项
条约 25	专利合作条约第 25 条
条约细则 51	专利合作条约实施细则第 51 条
条约细则 13 之二 .3(a)	专利合作条约实施细则第 13 条之二 .3(a)

总 目 录

第一部分　初步审查	1
第一章　发明专利申请的初步审查	11
第二章　实用新型专利申请的初步审查	49
第三章　外观设计专利申请的初步审查	69
第四章　专利分类	93
第二部分　实质审查	105
第一章　不授予专利权的申请	119
第二章　说明书和权利要求书	130
第三章　新颖性	153
第四章　创造性	170
第五章　实用性	185
第六章　单一性和分案申请	189
第七章　检索	203
第八章　实质审查程序	219
第九章　关于涉及计算机程序的发明专利申请审查的若干规定	259
第十章　关于化学领域发明专利申请审查的若干规定	275
第三部分　进入国家阶段的国际申请的审查	307
第一章　进入国家阶段的国际申请的初步审查和事务处理	313
第二章　进入国家阶段的国际申请的实质审查	342
第四部分　复审与无效请求的审查	351
第一章　总则	359
第二章　复审请求的审查	367
第三章　无效宣告请求的审查	375
第四章　复审和无效宣告程序中有关口头审理的规定	389
第五章　无效宣告程序中外观设计专利的审查	397
第六章　无效宣告程序中实用新型专利审查的若干规定	411
第七章　无效宣告程序中对于同样的发明创造的处理	413
第八章　无效宣告程序中有关证据问题的规定	416

第五部分　专利申请及事务处理 ·· 423
　第一章　专利申请文件及手续 ·· 435
　第二章　专利费用 ·· 440
　第三章　受　理 ·· 447
　第四章　专利申请文档 ·· 454
　第五章　保密申请与向外国申请专利的保密审查 ······················ 459
　第六章　通知和决定 ··· 465
　第七章　期限、权利的恢复、中止 ··· 469
　第八章　专利公报和单行本的编辑 ·· 480
　第九章　专利权的授予和终止 ·· 490
　第十章　专利权评价报告 ··· 496
　第十一章　关于电子申请的若干规定 ····································· 505

其　他 ··· 511
　索　引 ·· 513
　修订说明 ··· 537

附　录 ··· 541
　中华人民共和国专利法 ·· 543
　施行修改后的专利法的过渡办法 ·· 554
　中华人民共和国专利法实施细则 ·· 555
　施行修改后的专利法实施细则的过渡办法 ······························ 578
　国家知识产权局关于修改《专利审查指南》的决定（第六十七号）········ 579
　国家知识产权局关于修改《专利审查指南》的决定（第六十八号）········ 581
　国家知识产权局关于修改《专利审查指南》的决定（第七十四号）········ 583

第一部分
初步审查

目 录

第一章	发明专利申请的初步审查	11（1-1）
1.	引　言	11（1-1）
2.	审查原则	12（1-2）
3.	审查程序	13（1-3）
3.1	初步审查合格	13（1-3）
3.2	申请文件的补正	13（1-3）
3.3	明显实质性缺陷的处理	13（1-3）
3.4	通知书的答复	13（1-3）
3.5	申请的驳回	14（1-4）
3.6	前置审查与复审后的处理	14（1-4）
4.	申请文件的形式审查	14（1-4）
4.1	请求书	14（1-4）
4.1.1	发明名称	14（1-4）
4.1.2	发 明 人	15（1-5）
4.1.3	申 请 人	15（1-5）
4.1.3.1	申请人是本国人	15（1-5）
4.1.3.2	申请人是外国人、外国企业或者外国其他组织	16（1-6）
4.1.3.3	本国申请人与外国申请人共同申请	17（1-7）
4.1.4	联 系 人	18（1-8）
4.1.5	代 表 人	18（1-8）
4.1.6	专利代理机构、专利代理人	18（1-8）
4.1.7	地　址	18（1-8）
4.2	说明书	19（1-9）
4.3	说明书附图	20（1-10）
4.4	权利要求书	21（1-11）
4.5	说明书摘要	21（1-11）
4.5.1	摘要文字部分	21（1-11）
4.5.2	摘要附图	21（1-11）
4.6	申请文件出版条件的格式审查	22（1-12）
5.	特殊专利申请的初步审查	22（1-12）
5.1	分案申请	22（1-12）

5.1.1	分案申请的核实	22（1－12）
5.1.2	分案申请的期限和费用	24（1－14）
5.2	涉及生物材料的申请	24（1－14）
5.2.1	涉及生物材料的申请的核实	24（1－14）
5.2.2	保藏的恢复	26（1－16）
5.3	涉及遗传资源的申请	26（1－16）
6.	其他文件和相关手续的审查	26（1－16）
6.1	委托专利代理机构	26（1－16）
6.1.1	委托	26（1－16）
6.1.2	委托书	27（1－17）
6.1.3	解除委托和辞去委托	28（1－18）
6.2	要求优先权	28（1－18）
6.2.1	要求外国优先权	29（1－19）
6.2.1.1	在先申请和要求优先权的在后申请	29（1－19）
6.2.1.2	要求优先权声明	29（1－19）
6.2.1.3	在先申请文件副本	30（1－20）
6.2.1.4	在后申请的申请人	31（1－21）
6.2.2	要求本国优先权	31（1－21）
6.2.2.1	在先申请和要求优先权的在后申请	31（1－21）
6.2.2.2	要求优先权声明	32（1－22）
6.2.2.3	在先申请文件副本	32（1－22）
6.2.2.4	在后申请的申请人	32（1－22）
6.2.2.5	视为撤回在先申请的程序	33（1－23）
6.2.3	优先权要求的撤回	33（1－23）
6.2.4	优先权要求费	33（1－23）
6.2.5	优先权要求的恢复	33（1－23）
6.3	不丧失新颖性的公开	34（1－24）
6.3.1	在中国政府主办或者承认的国际展览会上首次展出	34（1－24）
6.3.2	在规定的学术会议或者技术会议上首次发表	35（1－25）
6.3.3	他人未经申请人同意而泄露其内容	35（1－25）
6.4	实质审查请求	36（1－26）
6.4.1	实质审查请求的相关要求	36（1－26）
6.4.2	实质审查请求的审查及处理	36（1－26）
6.5	提前公布声明	36（1－26）
6.6	撤回专利申请声明	37（1－27）
6.7	著录项目变更	37（1－27）

6.7.1	著录项目变更手续	38 (1-28)
6.7.1.1	著录项目变更申报书	38 (1-28)
6.7.1.2	著录项目变更手续费	38 (1-28)
6.7.1.3	著录项目变更手续费缴纳期限	38 (1-28)
6.7.1.4	办理著录项目变更手续的人	39 (1-29)
6.7.2	著录项目变更证明文件	39 (1-29)
6.7.2.1	申请人（或专利权人）姓名或者名称变更	39 (1-29)
6.7.2.2	专利申请权（或专利权）转移	39 (1-29)
6.7.2.3	发明人变更	41 (1-31)
6.7.2.4	专利代理机构及代理人变更	41 (1-31)
6.7.2.5	申请人（或专利权人）国籍变更	42 (1-32)
6.7.2.6	证明文件的形式要求	42 (1-32)
6.7.3	著录项目变更手续的审批	43 (1-33)
6.7.4	著录项目变更的生效	44 (1-34)
7.	明显实质性缺陷的审查	44 (1-34)
7.1	根据专利法第二条第二款的审查	44 (1-34)
7.2	根据专利法第五条的审查	45 (1-35)
7.3	根据专利法第二十条第一款的审查	45 (1-35)
7.4	根据专利法第二十五条的审查	46 (1-36)
7.5	根据专利法第三十一条第一款的审查	46 (1-36)
7.6	根据专利法第三十三条的审查	46 (1-36)
7.7	根据专利法实施细则第十七条的审查	47 (1-37)
7.8	根据专利法实施细则第十九条的审查	47 (1-37)
8.	依职权修改	48 (1-38)

第二章　实用新型专利申请的初步审查 49 (1-39)
1.	引　言	49 (1-39)
2.	审查原则	49 (1-39)
3.	审查程序	50 (1-40)
3.1	授予专利权通知	50 (1-40)
3.2	申请文件的补正	51 (1-41)
3.3	明显实质性缺陷的处理	51 (1-41)
3.4	通知书的答复	51 (1-41)
3.5	申请的驳回	52 (1-42)
3.5.1	驳回条件	52 (1-42)
3.5.2	驳回决定正文	52 (1-42)

3.6		前置审查和复审后的处理	53（1-43）
4.		其他文件和相关手续的审查	53（1-43）
4.1		委托专利代理机构	53（1-43）
4.2		要求优先权	53（1-43）
4.3		不丧失新颖性的公开	53（1-43）
4.4		撤回专利申请声明	54（1-44）
4.5		著录项目变更	54（1-44）
5.		根据专利法第五条和第二十五条的审查	54（1-44）
6.		根据专利法第二条第三款的审查	54（1-44）
6.1		实用新型专利只保护产品	54（1-44）
6.2		产品的形状和/或构造	55（1-45）
6.2.1		产品的形状	55（1-45）
6.2.2		产品的构造	56（1-46）
6.3		技术方案	56（1-46）
7.		申请文件的审查	57（1-47）
7.1		请 求 书	57（1-47）
7.2		说 明 书	57（1-47）
7.3		说明书附图	58（1-48）
7.4		权利要求书	59（1-49）
7.5		说明书摘要	61（1-51）
7.6		申请文件出版条件的格式审查	61（1-51）
8.		根据专利法第三十三条的审查	61（1-51）
8.1		申请人主动修改	62（1-52）
8.2		针对通知书指出的缺陷进行修改	62（1-52）
8.3		审查员依职权修改	63（1-53）
9.		根据专利法第三十一条第一款的审查	63（1-53）
10.		根据专利法实施细则第四十三条的审查	64（1-54）
11.		根据专利法第二十二条第二款的审查	64（1-54）
12.		根据专利法第二十二条第四款的审查	64（1-54）
13.		根据专利法第九条的审查	64（1-54）
14.		根据专利法第二十条第一款的审查	64（1-54）
15.		进入国家阶段的国际申请的审查	65（1-55）
15.1		审查依据文本的确认	65（1-55）
15.1.1		申请人的请求	65（1-55）
15.1.2		审查依据的文本	65（1-55）
15.1.3		原始提交的国际申请文件的法律效力	66（1-56）

15.2		审查要求	66（1-56）
15.2.1		申请文件的审查	66（1-56）
15.2.2		单一性的审查	67（1-57）
15.2.3		在先申请是在中国提出	68（1-58）
15.2.4		改正译文错误	68（1-58）
第三章		**外观设计专利申请的初步审查**	69（1-59）
1.		引　言	69（1-59）
2.		审查原则	69（1-59）
3.		审查程序	70（1-60）
3.1		授予专利权通知	70（1-60）
3.2		申请文件的补正	70（1-60）
3.3		明显实质性缺陷的处理	71（1-61）
3.4		通知书的答复	71（1-61）
3.5		申请的驳回	72（1-62）
3.6		前置审查与复审后的处理	72（1-62）
4.		申请文件的审查	73（1-63）
4.1		请求书	73（1-63）
4.1.1		使用外观设计的产品名称	73（1-63）
4.1.2		设计人	73（1-63）
4.1.3		申请人	73（1-63）
4.1.4		联系人	74（1-64）
4.1.5		代表人	74（1-64）
4.1.6		专利代理机构、专利代理人	74（1-64）
4.1.7		地　址	74（1-64）
4.2		外观设计图片或者照片	74（1-64）
4.2.1		视图名称及其标注	74（1-64）
4.2.2		图片的绘制	75（1-65）
4.2.3		照片的拍摄	76（1-66）
4.2.4		图片或者照片的缺陷	76（1-66）
4.3		简要说明	77（1-67）
5.		其他文件和相关手续的审查	78（1-68）
5.1		委托专利代理机构	78（1-68）
5.2		要求优先权	78（1-68）
5.2.1		在先申请和要求优先权的在后申请	79（1-69）
5.2.2		要求优先权声明	79（1-69）

5.2.3	在先申请文件副本	79 (1-69)
5.2.4	在后申请的申请人	79 (1-69)
5.2.5	优先权要求的撤回	79 (1-69)
5.2.6	优先权要求费	79 (1-69)
5.2.7	优先权要求的恢复	79 (1-69)
5.3	不丧失新颖性的公开	80 (1-70)
5.4	撤回专利申请声明	80 (1-70)
5.5	著录项目变更	80 (1-70)
6.	根据专利法第五条第一款和第二十五条第一款第(六)项的审查	80 (1-70)
6.1	根据专利法第五条第一款的审查	80 (1-70)
6.1.1	违反法律	80 (1-70)
6.1.2	违反社会公德	80 (1-70)
6.1.3	妨害公共利益	81 (1-71)
6.2	根据专利法第二十五条第一款第（六）项的审查	81 (1-71)
7.	根据专利法第二条第四款的审查	82 (1-72)
7.1	外观设计必须以产品为载体	82 (1-72)
7.2	产品的形状、图案或者其结合以及色彩与形状、图案的结合	82 (1-72)
7.3	适于工业应用的富有美感的新设计	82 (1-72)
7.4	不授予外观设计专利权的情形	83 (1-73)
8.	根据专利法第二十三条第一款的审查	84 (1-74)
9.	根据专利法第三十一条第二款的审查	84 (1-74)
9.1	同一产品的两项以上的相似外观设计	84 (1-74)
9.1.1	同一产品	84 (1-74)
9.1.2	相似外观设计	85 (1-75)
9.2	成套产品的外观设计	85 (1-75)
9.2.1	同一类别	85 (1-75)
9.2.2	成套出售或者使用	85 (1-75)
9.2.3	各产品的设计构思相同	86 (1-76)
9.2.4	成套产品中不应包含相似外观设计	86 (1-76)
9.3	合案申请的外观设计应当分别具备授权条件	87 (1-77)
9.4	分案申请的审查	87 (1-77)
9.4.1	分案申请的核实	87 (1-77)
9.4.2	分案申请的其他要求	87 (1-77)
9.4.3	分案申请的期限和费用	87 (1-77)

10.		根据专利法第三十三条的审查	88（1-78）
10.1		申请人主动修改	88（1-78）
10.2		针对通知书指出的缺陷进行修改	88（1-78）
10.3		审查员依职权修改	89（1-79）
11.		根据专利法第九条的审查	89（1-79）
11.1		判断原则	89（1-79）
11.2		处理方式	90（1-80）
12.		外观设计分类	90（1-80）
12.1		分类的依据	90（1-80）
12.2		分类的方法	90（1-80）
12.3		分类号的确定	91（1-81）
12.3.1		单一用途产品的分类	91（1-81）
12.3.2		多用途产品的分类	91（1-81）
12.3.3		分类过程中的补正	92（1-82）
第四章	**专利分类**		**93（1-83）**
1.		引言	93（1-83）
2.		分类的内容	93（1-83）
3.		技术主题	93（1-83）
3.1		技术主题的类别	93（1-83）
3.2		技术主题的确定	94（1-84）
3.2.1		根据权利要求书确定技术主题的几种情况	94（1-84）
3.2.2		根据权利要求书无法确定技术主题的情况	96（1-86）
3.2.3		根据说明书、附图确定未要求专利保护的技术主题	96（1-86）
4.		分类方法	96（1-86）
4.1		整体分类	96（1-86）
4.2		功能分类或应用分类的确定	97（1-87）
4.2.1		功能分类	97（1-87）
4.2.2		应用分类	97（1-87）
4.2.3		既按功能分类又按应用分类	98（1-88）
4.2.4		特殊情况	98（1-88）
4.3		多重分类	99（1-89）
4.3.1		技术主题的多方面分类	99（1-89）
4.3.2		二级分类表	100（1-90）
4.3.3		混合系统与引得码	100（1-90）
4.4		技术主题的特殊分类	100（1-90）

5.		分类位置的规则简述 ……………………………………	100（1-90）
6.		分类的步骤 ………………………………………………	101（1-91）
7.		对不同公布级专利申请的分类 …………………………	101（1-91）
7.1		对未检索专利申请的分类 ………………………………	101（1-91）
7.2		对已检索和审查后专利申请的分类 ……………………	101（1-91）
8.		特定技术主题的分类方法 ………………………………	101（1-91）
8.1		化 合 物 …………………………………………………	101（1-91）
8.2		化学混合物或者组合物 …………………………………	102（1-92）
8.3		化合物的制备或处理 ……………………………………	102（1-92）
8.4		设备或方法 ………………………………………………	102（1-92）
8.5		制造的物品 ………………………………………………	102（1-92）
8.6		多步骤方法、成套设备 …………………………………	103（1-93）
8.7		零件、结构部件 …………………………………………	103（1-93）
8.8		化学通式 …………………………………………………	103（1-93）
8.9		组 合 库 …………………………………………………	104（1-94）

第一章 发明专利申请的初步审查

1. 引 言

根据中华人民共和国专利法（以下简称专利法）第三十四条的规定，专利局收到发明专利申请后，经初步审查认为符合专利法要求的，自申请日起满十八个月，即行公布。专利局也可以根据申请人的请求早日公布其申请。因此，发明专利申请的初步审查是受理发明专利申请之后、公布该申请之前的一个必要程序。

发明专利申请初步审查的主要任务是：

法 26
细则 44

（1）审查申请人提交的申请文件是否符合专利法及其实施细则的规定，发现存在可以补正的缺陷时，通知申请人以补正的方式消除缺陷，使其符合公布的条件；发现存在不可克服的缺陷时，发出审查意见通知书，指明缺陷的性质，并通过驳回的方式结束审查程序。

细则 45

（2）审查申请人在提出专利申请的同时或者随后提交的与专利申请有关的其他文件是否符合专利法及其实施细则的规定，发现文件存在缺陷时，根据缺陷的性质，通知申请人以补正的方式消除缺陷，或者直接作出文件视为未提交的决定。

（3）审查申请人提交的与专利申请有关的其他文件是否是在专利法及其实施细则规定的期限内或者专利局指定的期限内提交；期满未提交或者逾期提交的，根据情况作出申请视为撤回或者文件视为未提交的决定。

法 75
细则 95 及 96
细则 99

（4）审查申请人缴纳的有关费用的金额和期限是否符合专利法及其实施细则的规定，费用未缴纳或者未缴足或者逾期缴纳的，根据情况作出申请视为撤回或者请求视为未提出的决定。

细则 44.1

发明专利申请初步审查的范围是：

（1）申请文件的形式审查，包括专利申请是否包含专利法第二十六条规定的申请文件，以及这些文件格式上是否明显不符合专利法实施细则第十六条至第十九条、第二十三条的规定，是否符合专利法实施细则第二条、第三条、第二十六条第二款、第一百一十九条、第一百二十一条的规定。

（2）申请文件的明显实质性缺陷审查，包括专利申请是否明显属于专利法第五条、第二十五条规定的情形，是否不符合专利法第十八条、第十九条第一款、第二十条第一款的规定，是否明显不符合专利法第二条第二款、第二十六条第五款、第三十一条第一款、第三十三条或者专利法实施细则第十七条、第十九条的规定。

（3）其他文件的形式审查，包括与专利申请有关的其他手续和文件是否符合专利法第十条、第二十四条、第二十九条、第三十条以及专利法实施细则第二条、第三条、第六条、第七条、第十五条第三款和第四款、第二十四条、第三十条、第三十一条第一款至第三款、第三十二条、第三十三条、第三十六条、第四十条、第四十二条、第四十三条、第四十五条、第四十六条、第八十六条、第八十七条、第一百条的规定。

（4）有关费用的审查，包括专利申请是否按照专利法实施细则第九十三条、第九十五条、第九十六条、第九十九条的规定缴纳了相关费用。

2. 审查原则

初步审查程序中，审查员应当遵循以下审查原则。

（1）保密原则

审查员在专利申请的审批程序中，根据有关保密规定，对于尚未公布、公告的专利申请文件和与专利申请有关的其他内容，以及其他不适宜公开的信息负有保密责任。

（2）书面审查原则

审查员应当以申请人提交的书面文件为基础进行审查，审查意见（包括补正通知）和审查结果应当以书面形式通知申请人。初步审查程序中，原则上不进行会晤。

（3）听证原则

审查员在作出驳回决定之前，应当将驳回所依据的事实、理由和证据通知申请人，至少给申请人一次陈述意见和/或修改申请文件的机会。审查员作出驳回决定时，驳回决定所依据的事实、理由和证据，应当是已经通知过申请人的，不得包含新的事实、理由和/或证据。

（4）程序节约原则

在符合规定的情况下，审查员应当尽可能提高审查效率，缩短审查过程。对于存在可以通过补正克服的缺陷的申请，审查员应当进行全面审查，并尽可能在一次补正通知书中指出全部缺陷。对于申请文件中文字和符号的明显错误，审查员可以依职权自行修改，并通知申请人。对于存在不可能通过补正克服的实质性缺陷的申请，审查员可以不对申请文件和其他文件的形式缺陷进行审查，在审查意见通知书中可以仅指出实质性缺陷。

除遵循以上原则外，审查员在作出视为未提出、视为撤回、驳回等处分决定的同时，应当告知申请人可以启动的后续程序。

3. 审查程序

3.1 初步审查合格

经初步审查，对于申请文件符合专利法及其实施细则有关规定并且不存在明显实质性缺陷的专利申请，包括经过补正符合初步审查要求的专利申请，应当认为初步审查合格。审查员应当发出初步审查合格通知书，指明公布所依据的申请文本，之后进入公布程序。

3.2 申请文件的补正

初步审查中，对于申请文件存在可以通过补正克服的缺陷的专利申请，审查员应当进行全面审查，并发出补正通知书。补正通知书中应当指明专利申请存在的缺陷，说明理由，同时指定答复期限。经申请人补正后，申请文件仍然存在缺陷的，审查员应当再次发出补正通知书。

3.3 明显实质性缺陷的处理

初步审查中，对于申请文件存在不可能通过补正方式克服的明显实质性缺陷的专利申请，审查员应当发出审查意见通知书。审查意见通知书中应当指明专利申请存在的实质性缺陷，说明理由，同时指定答复期限。

对于申请文件中存在的实质性缺陷，只有其明显存在并影响公布时，才需指出和处理。

3.4 通知书的答复

申请人在收到补正通知书或者审查意见通知书后，应当在指定的期限内补正或者陈述意见。申请人对专利申请进行补正的，应当提交补正书和相应修改文件替换页。申请文件的修改替换页应当一式两份，其他文件只需提交一份。对申请文件的修改，应当针对通知书指出的缺陷进行。修改的内容不得超出申请日提交的说明书和权利要求书记载的范围。

申请人期满未答复的，审查员应当根据情况发出视为撤回通知书或者其他通知书。申请人因正当理由难以在指定的期限内作出答复的，可以提出延长期限请求。有关延长期限请求的处理，适用本指南第五部分第七章第4节的规定。

对于因不可抗拒事由或者因其他正当理由耽误期限而导致专利申请被视为撤回的，申请人可以在规定的期限内向专利局提出恢复权利的请求。有关恢复权利请求的处理，适用本指南第五部分第七章第6节的规定。

3.5 申请的驳回

申请文件存在明显实质性缺陷，在审查员发出审查意见通知书后，经申请人陈述意见或者修改后仍然没有消除的，或者申请文件存在形式缺陷，审查员针对该缺陷已发出过两次补正通知书，经申请人陈述意见或者补正后仍然没有消除的，审查员可以作出驳回决定。

驳回决定正文应当包括案由、驳回的理由和决定三部分内容。案由部分应当简述被驳回申请的审查过程；驳回的理由部分应当说明驳回的事实、理由和证据；决定部分应当明确指出该专利申请不符合专利法及其实施细则的相应条款，并说明根据专利法实施细则第四十四条第二款的规定驳回该专利申请。

3.6 前置审查与复审后的处理

申请人对驳回决定不服的，可以在规定的期限内向专利复审委员会提出复审请求。对复审请求的前置审查及复审后的处理，参照本指南第二部分第八章第8节的规定。

细则44

4. 申请文件的形式审查

法26.2、细则16

4.1 请 求 书

4.1.1 发明名称

请求书中的发明名称和说明书中的发明名称应当一致。发明名称应当简短、准确地表明发明专利申请要求保护的主题和类型。发明名称中不得含有非技术词语，例如人名、单位名称、商标、代号、型号等；也不得含有含糊的词语，例如"及其他"、"及其类似物"等；也不得仅使用笼统的词语，致使未给出任何发明信息，例如仅用"方法"、"装置"、"组合物"、"化合物"等词作为发明名称。

发明名称一般不得超过25个字，特殊情况下，例如，化学领域的某些发明，可以允许最多到40个字。

4.1.2 发 明 人

专利法实施细则第十三条规定，发明人是指对发明创造的实质性特点作出创造性贡献的人。在专利局的审查程序中，审查员对请求书中填写的发明人是否符合该规定不作审查。

发明人应当是个人，请求书中不得填写单位或者集体，例如不得写成"××课题组"等。发明人应当使用本人真实姓名，不得使用笔名或者其他非正式的姓名。多个发明人的，应当自左向右顺序填写。不符合规定的，审查员应当发出补正通知书。申请人改正请求书中所填写的发明人姓名的，应当提交补正书、当事人的声明及相应的证明文件。

发明人可以请求专利局不公布其姓名。提出专利申请时请求不公布发明人姓名的，应当在请求书"发明人"一栏所填写的相应发明人后面注明"（不公布姓名）"。不公布姓名的请求提出之后，经审查认为符合规定的，专利局在专利公报、专利申请单行本、专利单行本以及专利证书中均不公布其姓名，并在相应位置注明"请求不公布姓名"字样，发明人也不得再请求重新公布其姓名。提出专利申请后请求不公布发明人姓名的，应当提交由发明人签字或者盖章的书面声明，但是专利申请进入公布准备后才提出该请求的，视为未提出请求，审查员应当发出视为未提出通知书。外国发明人中文译名中可以使用外文缩写字母，姓和名之间用圆点分开，圆点置于中间位置，例如 M·琼斯。

4.1.3 申 请 人

4.1.3.1 申请人是本国人

职务发明，申请专利的权利属于单位；非职务发明，申请专利的权利属于发明人。

在专利局的审查程序中，审查员对请求书中填写的申请人一般情况下不作资格审查。申请人是个人的，可以推定该发明为非职务发明，该个人有权提出专利申请，除非根据专利申请的内容判断申请人的资格明显有疑义的，才需要通知申请人提供所在单位出具的非职务发明证明。申请人是单位的，可以推定该发明是职务发明，该单位有权提出专利申请，除非该单位的申请人资格明显有疑义的，例如填写的单位是××大学科研处或者××研究所××课题组，才需要发出补正通知书，通知申请人提供能表明其具有申请人资格的证明文件。

申请人声明自己具有资格并提交证明文件的，可视为申请人具备资格。上级主管部门出具的证明、加盖本单位公章的法人证书或者有效营业执照的复印件，均视为有效的证明文件。填写的申请人不具备申请人资格，需要更换申请人的，应当由更换后的申请人办理补正手续，提交补正书及更换前、后申请人签字或者盖章的更换申请人声明。

申请人是中国单位或者个人的，应当填写其名称或者姓名、地址、邮政编码、组织机构代码或者居民身份证件号码。申请人是个人的，应当使用本人真实姓名，不得使用笔名或者其他非正式的姓名。申请人是单位的，应当使用正式全称，不得使用缩写或者简称。请求书中填写的单位名称应当与所使用的公章上的单位名称一致。不符合规定的，审查员应当发出补正通知书。申请人改正请求书中所填写的姓名或者名称的，应当提交补正书、当事人的声明及相应的证明文件。

4.1.3.2 申请人是外国人、外国企业或者外国其他组织

专利法第十八条规定：在中国没有经常居所或者营业所的外国人、外国企业或者外国其他组织在中国申请专利的，依照其所属国同中国签订的协议或者共同参加的国际条约，或者依照互惠原则，根据本法办理。

申请人是外国人、外国企业或者外国其他组织的，应当填写其姓名或者名称、国籍或者注册的国家或者地区。审查员认为请求书中填写的申请人的国籍、注册地有疑义时，可以根据专利法实施细则第三十三条第（一）项或者第（二）项的规定，通知申请人提供国籍证明或注册的国家或者地区的证明文件。申请人在请求书中表明在中国有营业所的，审查员应当要求申请人提供当地工商行政管理部门出具的证明文件。申请人

在请求书中表明在中国有经常居所的,审查员应当要求申请人提交公安部门出具的可在中国居住一年以上的证明文件。

在确认申请人是在中国没有经常居所或者营业所的外国人、外国企业或者外国其他组织后,应当审查请求书中填写的申请人国籍、注册地是否符合下列三个条件之一:

(1)申请人所属国同我国签订有相互给予对方国民以专利保护的协议;

(2)申请人所属国是保护工业产权巴黎公约(以下简称巴黎公约)成员国或者世界贸易组织成员;

(3)申请人所属国依互惠原则给外国人以专利保护。

细则33(3)　审查员应当从申请人所属国(申请人是个人的,以国籍或者经常居所来确定;申请人是企业或者其他组织的,以注册地来确定)是否是巴黎公约成员国或者世界贸易组织成员开始审查,一般不必审查该国是否与我国签订有互相给予对方国民以专利保护的协议,因为与我国已签订上述协议的所有国家都是巴黎公约成员国或者世界贸易组织成员。只有当申请人所属国不是巴黎公约成员国或者世界贸易组织成员时,才需审查该国法律中是否订有依互惠原则给外国人以专利保护的条款。申请人所属国法律中没有明文规定依互惠原则给外国人以专利保护的条款的,审查员应当要求申请人提交其所属国承认中国公民和单位可以按照该国国民的同等条件,在该国享有专利权和其他有关权利的证明文件。申请人不能提供证明文件的,根据专利法实施细则第四十四条的规定,以不符合专利法第十八条为理由,驳回该专利申请。

对于来自某巴黎公约成员国领地或者属地的申请人,应当审查该国是否声明巴黎公约适用于该地区。

申请人是个人的,其中文译名中可以使用外文缩写字母,姓和名之间用圆点分开,圆点置于中间位置,例如M·琼斯。姓名中不应当含有学位、职务等称号,例如××博士、××教授等。申请人是企业或者其他组织的,其名称应当使用中文正式译文的全称。对于申请人所属国法律规定具有独立法人地位的某些称谓允许使用。

4.1.3.3 本国申请人与外国申请人共同申请

本国申请人与外国申请人共同申请专利的,本国申请人适用本章第4.1.3.1节的规定,外国申请人适用本章第4.1.3.2

节的规定。

细则 4.2

4.1.4 联系人

申请人是单位且未委托专利代理机构的,应当填写联系人,联系人是代替该单位接收专利局所发信函的收件人。联系人应当是本单位的工作人员,必要时审查员可以要求申请人出具证明。申请人为个人且需由他人代收专利局所发信函的,也可以填写联系人。联系人只能填写一人。填写联系人的,还需要同时填写联系人的通信地址、邮政编码和电话号码。

细则 15.4

4.1.5 代表人

申请人有两人以上且未委托专利代理机构的,除本指南另有规定或请求书中另有声明外,以第一署名申请人为代表人。请求书中另有声明的,所声明的代表人应当是申请人之一。除直接涉及共有权利的手续外,代表人可以代表全体申请人办理在专利局的其他手续。直接涉及共有权利的手续包括:提出专利申请,委托专利代理,转让专利申请权、优先权或者专利权,撤回专利申请,撤回优先权要求,放弃专利权等。直接涉及共有权利的手续应当由全体权利人签字或者盖章。

法 19
细则 16(4)

4.1.6 专利代理机构、专利代理人

专利代理机构应当依照专利代理条例的规定经国家知识产权局批准成立。

专利代理机构的名称应当使用其在国家知识产权局登记的全称,并且要与加盖在申请文件中的专利代理机构公章上的名称一致,不得使用简称或者缩写。请求书中还应当填写国家知识产权局给予该专利代理机构的机构代码。

专利代理人,是指获得专利代理人资格证书、在合法的专利代理机构执业,并且在国家知识产权局办理了专利代理人执业证的人员。在请求书中,专利代理人应当使用其真实姓名,同时填写专利代理人执业证号码和联系电话。一件专利申请的专利代理人不得超过两人。

法 26.2
细则 16

4.1.7 地　址

请求书中的地址(包括申请人、专利代理机构、联系人的

地址）应当符合邮件能够迅速、准确投递的要求。本国的地址应当包括所在地区的邮政编码，以及省（自治区）、市（自治州）、区、街道门牌号码和电话号码，或者省（自治区）、县（自治县）、镇（乡）、街道门牌号码和电话号码，或者直辖市、区、街道门牌号码和电话号码。有邮政信箱的，可以按照规定使用邮政信箱。地址中可以包含单位名称，但单位名称不得代替地址，例如不得仅填写××省××大学。外国的地址应当注明国别、市（县、州），并附具外文详细地址。

法 26.3
细则 17

4.2 说 明 书

说明书第一页第一行应当写明发明名称，该名称应当与请求书中的名称一致，并左右居中。发明名称前面不得冠以"发明名称"或者"名称"等字样。发明名称与说明书正文之间应当空一行。

说明书的格式应当包括以下各部分，并在每一部分前面写明标题：

技术领域
背景技术
发明内容
附图说明
具体实施方式

说明书无附图的，说明书文字部分不包括附图说明及其相应的标题。

涉及核苷酸或者氨基酸序列的申请，应当将该序列表作为说明书的一个单独部分，并单独编写页码。申请人应当在申请的同时提交与该序列表相一致的计算机可读形式的副本，如提交记载有该序列表的符合规定的光盘或者软盘。提交的光盘或者软盘中记载的序列表与说明书中的序列表不一致的，以说明书中的序列表为准。未提交计算机可读形式的副本，或者所提交的副本与说明书中的序列表明显不一致的，审查员应当发出补正通知书，通知申请人在指定期限内补交正确的副本。期满未补交的，审查员应当发出视为撤回通知书。

说明书文字部分可以有化学式、数学式或者表格，但不得有插图。

说明书文字部分写有附图说明的，说明书应当有附图。说明书有附图的,说明书文字部分应当有附图说明。

细则 40　　说明书文字部分写有附图说明但说明书无附图或者缺少相应附图的,应当通知申请人取消说明书文字部分的附图说明,或者在指定的期限内补交相应附图。申请人补交附图的,以向专利局提交或者邮寄补交附图之日为申请日,审查员应当发出重新确定申请日通知书。申请人取消相应附图说明的,保留原申请日。

细则 121.2　　说明书应当用阿拉伯数字顺序编写页码。

细则 18 及 121

4.3 说明书附图

说明书附图应当使用包括计算机在内的制图工具和黑色墨水绘制,线条应当均匀清晰、足够深,不得着色和涂改,不得使用工程蓝图。

剖面图中的剖面线不得妨碍附图标记线和主线条的清楚识别。

几幅附图可以绘制在一张图纸上。一幅总体图可以绘制在几张图纸上,但应当保证每一张上的图都是独立的,而且当全部图纸组合起来构成一幅完整总体图时又不互相影响其清晰程度。附图的周围不得有与图无关的框线。附图总数在两幅以上的,应当使用阿拉伯数字顺序编号,并在编号前冠以"图"字,例如图1、图2。该编号应当标注在相应附图的正下方。

附图应当尽量竖向绘制在图纸上,彼此明显分开。当零件横向尺寸明显大于竖向尺寸必须水平布置时,应当将附图的顶部置于图纸的左边。一页图纸上有两幅以上的附图,且有一幅已经水平布置时,该页上其他附图也应当水平布置。

附图标记应当使用阿拉伯数字编号。说明书文字部分中未提及的附图标记不得在附图中出现,附图中未出现的附图标记不得在说明书文字部分中提及。申请文件中表示同一组成部分的附图标记应当一致。

附图的大小及清晰度,应当保证在该图缩小到三分之二时仍能清晰地分辨出图中各个细节,以能够满足复印、扫描的要求为准。

同一附图中应当采用相同比例绘制,为使其中某一组成部分清楚显示,可以另外增加一幅局部放大图。附图中除必需的词语外,不得含有其他注释。附图中的词语应当使用中文,必要时，可以在其后的括号里注明原文。

流程图、框图应当作为附图，并应当在其框内给出必要的文字和符号。一般不得使用照片作为附图，但特殊情况下，例如，显示金相结构、组织细胞或者电泳图谱时，可以使用照片贴在图纸上作为附图。

说明书附图应当用阿拉伯数字顺序编写页码。

细则 19.2

4.4 权利要求书

权利要求书有几项权利要求的，应当用阿拉伯数字顺序编号，编号前不得冠以"权利要求"或者"权项"等词。

权利要求中可以有化学式或者数学式，必要时也可以有表格，但不得有插图。

权利要求书应当用阿拉伯数字顺序编写页码。

法 26.1
细则 23

4.5 说明书摘要

申请发明专利的，应当提交说明书摘要（以下简称摘要）。

4.5.1 摘要文字部分

摘要文字部分应当写明发明的名称和所属的技术领域，清楚反映所要解决的技术问题，解决该问题的技术方案的要点以及主要用途。未写明发明名称或者不能反映技术方案要点的，应当通知申请人补正；使用了商业性宣传用语的，可以通知申请人删除或者由审查员删除，审查员删除的，应当通知申请人。

摘要文字部分不得使用标题，文字部分（包括标点符号）不得超过 300 个字。摘要超过 300 个字的，可以通知申请人删节或者由审查员删节；审查员删节的，应当通知申请人。

4.5.2 摘要附图

说明书有附图的，申请人应当提交一幅最能说明该发明技术方案主要技术特征的附图作为摘要附图。摘要附图应当是说明书附图中的一幅。申请人未提交摘要附图的，审查员可以通知申请人补正，或者依职权指定一幅，并通知申请人。审查员确认没有合适的摘要附图可以指定的，可以不要求申请人补正。

申请人提交的摘要附图明显不能说明发明技术方案主要技

术特征的，或者提交的摘要附图不是说明书附图之一的，审查员可以通知申请人补正，或者依职权指定一幅，并通知申请人。

摘要附图的大小及清晰度应当保证在该图缩小到 4 厘米 ×6 厘米时，仍能清楚地分辨出图中的各个细节。

摘要中可以包含最能说明发明的化学式，该化学式可被视为摘要附图。

细则 121

4.6 申请文件出版条件的格式审查

专利申请公布时的说明书、权利要求书和说明书摘要的文字应当整齐清晰，不得涂改，行间不得加字。说明书附图、说明书摘要附图的线条（如轮廓线、点划线、剖面线、中心线、标引线等）应当清晰可辨。文字和线条应当是黑色，并且足够深，背景干净，以能够满足复印、扫描的要求为准。文字和附图的版心四周不应有框线。各种文件的页码应当分别连续编写。

申请文件不符合上述规定的，审查员应当发出补正通知书，通知申请人补正。期满未补正的，审查员应当发出视为撤回通知书。

细则 42.1

5. 特殊专利申请的初步审查

5.1 分案申请

5.1.1 分案申请的核实

一件专利申请包括两项以上发明的，申请人可以主动提出或者依据审查员的审查意见提出分案申请。分案申请应当以原申请（第一次提出的申请）为基础提出。分案申请的类别应当与原申请的类别一致。分案申请应当在请求书中填写原申请的申请号和申请日；对于已提出过分案申请，申请人需要针对该分案申请再次提出分案申请的，还应当在原申请的申请号后的括号内填写该分案申请的申请号。

对于分案申请，除按规定审查申请文件和其他文件外，审查员还应当根据原申请核实下列各项内容：

（1）请求书中填写的原申请的申请日

请求书中应当正确填写原申请的申请日，申请日填写有误的，审查员应当发出补正通知书，通知申请人补正。期满未补正的，审查员应当发出视为撤回通知书；补正符合规定的，审查员应当发出重新确定申请日通知书。

(2) 请求书中填写的原申请的申请号

请求书中应当正确填写原申请的申请号。原申请是国际申请的，申请人还应当在所填写的原申请的申请号后的括号内注明国际申请号。不符合规定的，审查员应当发出补正通知书，通知申请人补正。期满未补正的，审查员应当发出视为撤回通知书。

(3) 分案申请的递交时间

申请人最迟应当在收到专利局对原申请作出授予专利权通知书之日起两个月期限（即办理登记手续的期限）届满之前提出分案申请。上述期限届满后，或者原申请已被驳回，或者原申请已撤回，或者原申请被视为撤回且未被恢复权利的，一般不得再提出分案申请。

对于审查员已发出驳回决定的原申请，自申请人收到驳回决定之日起三个月内，不论申请人是否提出复审请求，均可以提出分案申请；在提出复审请求以后以及对复审决定不服提起行政诉讼期间，申请人也可以提出分案申请。

初步审查中，对于分案申请递交日不符合上述规定的，审查员应当发出分案申请视为未提出通知书，并作结案处理。

对于已提出过分案申请，申请人需要针对该分案申请再次提出分案申请的，再次提出的分案申请的递交时间仍应当根据原申请审核。再次分案的递交日不符合上述规定的，不得分案。

但是，因分案申请存在单一性的缺陷，申请人按照审查员的审查意见再次提出分案申请的情况除外。对于此种除外情况，申请人再次提出分案申请的同时，应当提交审查员发出的指明了单一性缺陷的审查意见通知书或者分案通知书的复印件。未提交符合规定的审查意见通知书或者分案通知书的复印件的，不能按照除外情况处理。对于不符合规定的，审查员应当发出补正通知书，通知申请人补正。期满未补正的，审查员应当发出视为撤回通知书。申请人补正后仍不符合规定的，审查员应当发出分案申请视为未提出通知书，并作结案处理。

（4）分案申请的申请人和发明人

分案申请的申请人应当与原申请的申请人相同；不相同的，应当提交有关申请人变更的证明材料。分案申请的发明人也应当是原申请的发明人或者是其中的部分成员。对于不符合规定的，审查员应当发出补正通知书，通知申请人补正。期满未补正的，审查员应当发出视为撤回通知书。

（5）分案申请提交的文件

分案申请除应当提交申请文件外，还应当提交原申请的申请文件副本以及原申请中与本分案申请有关的其他文件副本（如优先权文件副本）。原申请中已提交的各种证明材料，可以使用复印件。原申请的国际公布使用外文的，除提交原申请的中文副本外，还应当同时提交原申请国际公布文本的副本。对于不符合规定的，审查员应当发出补正通知书，通知申请人补正。期满未补正的，审查员应当发出视为撤回通知书。

5.1.2 分案申请的期限和费用

分案申请适用的各种法定期限，例如提出实质审查请求的期限，应当从原申请日起算。对于已经届满或者自分案申请递交日起至期限届满日不足两个月的各种期限，申请人可以自分案申请递交日起两个月内或者自收到受理通知书之日起十五日内补办各种手续；期满未补办的，审查员应当发出视为撤回通知书。

对于分案申请，应当视为一件新申请收取各种费用。对于已经届满或者自分案申请递交日起至期限届满日不足两个月的各种费用，申请人可以在自分案申请递交日起两个月内或者自收到受理通知书之日起十五日内补缴；期满未补缴或未缴足的，审查员应当发出视为撤回通知书。

细则 24

5.2 涉及生物材料的申请

5.2.1 涉及生物材料的申请的核实

对于涉及生物材料的申请，申请人除应当使申请符合专利法及其实施细则的有关规定外，还应当办理下列手续：

（1）在申请日前或者最迟在申请日（有优先权的，指优先权日），将该生物材料样品提交至国家知识产权局认可的生物材料样品国际保藏单位保藏。

（2）在请求书和说明书中注明保藏该生物材料样品的单位

名称、地址、保藏日期和编号，以及该生物材料的分类命名（注明拉丁文名称）。

(3) 在申请文件中提供有关生物材料特征的资料。

(4) 自申请日起四个月内提交保藏单位出具的保藏证明和存活证明。

初步审查中，对于已在规定期限内提交保藏证明的，审查员应当根据保藏证明核实下列各项内容：

(1) 保藏单位

保藏单位应当是国家知识产权局认可的生物材料样品国际保藏单位，不符合规定的，审查员应当发出生物材料样品视为未保藏通知书。

(2) 保藏日期

保藏日期应当在申请日之前或者在申请日（有优先权的，指优先权日）当天。不符合规定的，审查员应当发出生物材料样品视为未保藏通知书。

但是，保藏证明写明的保藏日期在所要求的优先权日之后，并且在申请日之前的，审查员应当发出办理手续补正通知书，要求申请人在指定的期限内撤回优先权要求或者声明该保藏证明涉及的生物材料的内容不要求享受优先权，期满未答复或者补正后仍不符合规定的，审查员应当发出生物材料样品视为未保藏通知书。

(3) 保藏及存活证明和请求书的一致性

保藏及存活证明与请求书中所填写的项目应当一致，不一致的，审查员应当发出补正通知书，通知申请人在规定期限内补正。期满未补正的，审查员应当发出生物材料样品视为未保藏通知书。

初步审查中，对于未在规定期限内提交保藏证明的，该生物材料样品视为未提交保藏，审查员应当发出生物材料样品视为未保藏通知书。在自申请日起四个月内，申请人未提交生物材料存活证明，又没有说明未能提交该证明的正当理由的，该生物材料样品视为未提交保藏，审查员应当发出生物材料样品视为未保藏通知书。

提交生物材料样品保藏过程中发生样品死亡的，除申请人能够提供证据证明造成生物材料样品死亡并非申请人责任外，该生物材料样品视为未提交保藏，审查员应当发出生物材料样品视为未保藏通知书。申请人提供证明的，可以在自申请日起四个月内重新提供与原样品相同的新样品重新保藏，并以原提交保藏日为保藏日。

涉及生物材料的专利申请，申请人应当在请求书和说明书中分别写明生物材料的分类命名，保藏该生物材料样品的单位名称、地址、保藏日期和保藏编号，并且相一致（参见本指南第二部分第十章第9.2.1节）。申请时请求书和说明书都未写明的，申请人应当自申请日起四个月内补正，期满未补正的，视为未提交保藏。请求书和说明书填写不一致的，申请人可以在收到专利局通知书后，在指定的期限内补正，期满未补正的，视为未提交保藏。

5.2.2 保藏的恢复

审查员发出生物材料样品视为未保藏通知书后，申请人有正当理由的，可以根据专利法实施细则第六条第二款的规定启动恢复程序。除其他方面正当理由外，属于生物材料样品未提交保藏或未存活方面的正当理由如下：

（1）保藏单位未能在自申请日起四个月内作出保藏证明或者存活证明，并出具了证明文件；

（2）提交生物材料样品过程中发生生物材料样品死亡，申请人能够提供证据证明生物材料样品死亡并非申请人的责任。

法 26.5
细则 26.2

5.3 涉及遗传资源的申请

就依赖遗传资源完成的发明创造申请专利，申请人应当在请求书中对于遗传资源的来源予以说明，并填写遗传资源来源披露登记表，写明该遗传资源的直接来源和原始来源。申请人无法说明原始来源的，应当陈述理由。对于不符合规定的，审查员应当发出补正通知书，通知申请人补正。期满未补正的，审查员应当发出视为撤回通知书。补正后仍不符合规定的，该专利申请应当被驳回。

6. 其他文件和相关手续的审查

6.1 委托专利代理机构

细则 44

6.1.1 委　托

根据专利法第十九条第一款的规定，在中国内地没有经常居所或者营业所的外国人、外国企业或者外国其他组织在中国申请专利和办理其他专利事务，或者作为第一署名申请人与中国内地的申请人共同申请专利和办理其他专利事务的，应当委托专利代理机构办理。审查中发现上述申请人申请专利和办理其他专利事务时，未委托专利代理机构的，审查员应当发出审查意见通知书，通知申请人在指定期限内答复。申请人在指定期限内未答复的，其申请被视为撤回；申请人陈述意见或者补正后，仍然不符合专利法第十九条第一款规定的，该专利申请应当被驳回。

中国内地的单位或者个人可以委托专利代理机构在国内申请专利和办理其他专利事务。委托不符合规定的，审查员应当发出补正通知书，通知专利代理机构在指定期限内补正。期满未答复或者补正后仍不符合规定的，应当向申请人和被委托的专利代理机构发出视为未委托专利代理机构通知书。

在中国内地没有经常居所或者营业所的香港、澳门或者台湾地区的申请人向专利局提出专利申请和办理其他专利事务，或者作为第一署名申请人与中国内地的申请人共同申请专利和办理其他专利事务的，应当委托专利代理机构办理。未委托专利代理机构的，审查员应当发出审查意见通知书，通知申请人在指定期限内答复。申请人在指定期限内未答复的，审查员应当发出视为撤回通知书；申请人陈述意见或者补正后仍不符合规定的，该专利申请应当被驳回。

委托的双方当事人是申请人和被委托的专利代理机构。申请人有两个以上的，委托的双方当事人是全体申请人和被委托的专利代理机构。被委托的专利代理机构仅限一家，本指南另有规定的除外。专利代理机构接受委托后，应当指定该专利代理机构的专利代理人办理有关事务，被指定的专利代理人不得超过两名。

细则 15.3

6.1.2 委托书

申请人委托专利代理机构向专利局申请专利和办理其他专利事务的，应当提交委托书。委托书应当使用专利局制定的标准表格，写明委托权限、发明创造名称、专利代理机构名称、专利代理人姓名，并应当与请求书中填写的内容相一致。在专利申请确定申请号后提交委托书的，还应当注明专利申请号。

申请人是个人的，委托书应当由申请人签字或者盖章；申请人是单位的，应当加盖单位公章，同时也可以附有其法定代表人的签字或者盖章；申请人有两个以上的，应当由全体申请人签字或者盖章。此外，委托书还应当由专利代理机构加盖公章。

申请人委托专利代理机构的，可以向专利局交存总委托书；专利局收到符合规定的总委托书后，应当给出总委托书编号，并通知该专利代理机构。已交存总委托书的，在提出专利申请时可以不再提交专利代理委托书原件，而提交总委托书复印件，同时写明发明创造名称、专利代理机构名称、专利代理人姓名和专利局给出的总委托书编号，并加盖专利代理机构公章。

委托书不符合规定的，审查员应当发出补正通知书，通知专利代理机构在指定期限内补正。第一署名申请人是中国内地单位或者个人的，期满未答复或者补正后仍不符合规定的，审查员应当向双方当事人发出视为未委托专利代理机构通知书。第一署名申请人为外国人、外国企业或者外国其他组织的，期满未答复的，审查员应当发出视为撤回通知书；补正后仍不符合规定的，该专利申请应当被驳回。第一署名申请人是香港、澳门或者台湾地区的个人、企业或者其他组织的，期满未答复的，审查员应当发出视为撤回通知书；补正后仍不符合规定的，该专利申请应当被驳回。

6.1.3 解除委托和辞去委托

申请人（或专利权人）委托专利代理机构后，可以解除委托；专利代理机构接受申请人（或专利权人）委托后，可以辞去委托。办理解除委托和辞去委托手续的相关规定参见本章第6.7.2.4节。

6.2 要求优先权

要求优先权，是指申请人根据专利法第二十九条规定向专利局要求以其在先提出的专利申请为基础享有优先权。申请人要求优先权应当符合专利法第二十九条、第三十条、专利法实施细则第三十一条、第三十二条以及巴黎公约的有关规定。

法29.1　申请人就相同主题的发明或者实用新型在外国第一次提出专利申请之日起十二个月内，或者就相同主题的外观设计在外国第一次提出专利申请之日起六个月内，又在中国提出申请的，依照该国同中国签订的协议或者共同参加的国际条约，或者依照相互承认优先权的原则，可以享有优先权。这种优先权称为外国优先权。

法 29.2　　申请人就相同主题的发明或者实用新型在中国第一次提出专利申请之日起十二个月内，又以该发明专利申请为基础向专利局提出发明专利申请或者实用新型专利申请的，或者又以该实用新型专利申请为基础向专利局提出实用新型专利申请或者发明专利申请的，可以享有优先权。这种优先权称为本国优先权。

6.2.1 要求外国优先权

法 29.1　　#### 6.2.1.1 在先申请和要求优先权的在后申请

申请人向专利局提出一件专利申请并要求外国优先权的，审查员应当审查作为要求优先权基础的在先申请是否是在巴黎公约成员国内提出的，或者是对该成员国有效的地区申请或者国际申请；对于来自非巴黎公约成员国的要求优先权的申请，应当审查该国是否是承认我国优先权的国家；还应当审查要求优先权的申请人是否有权享受巴黎公约给予的权利，即申请人是否是巴黎公约成员国的国民或者居民，或者申请人是否是承认我国优先权的国家的国民或者居民。

审查员还应当审查要求优先权的在后申请是否是在规定的期限内提出的；不符合规定的，审查员应当发出视为未要求优先权通知书。在先申请有两项以上的，其期限从最早的在先申请的申请日起算，对于超过规定期限的，针对那项超出期限的要求优先权声明，审查员应当发出视为未要求优先权通知书。

初步审查中，对于在先申请是否是巴黎公约定义的第一次申请以及在先申请和在后申请的主题的实质内容是否相同均不予审查，除非第一次申请明显不符合巴黎公约的有关规定或者在先申请与在后申请的主题明显不相关。

在先申请可以是巴黎公约第四条定义的要求发明人证书的申请。

法 30
细则 16(5)及 31.2

6.2.1.2 要求优先权声明

申请人要求优先权的，应当在提出专利申请的同时在请求书中声明；未在请求书中提出声明的，视为未要求优先权。

(1-19)

申请人在要求优先权声明中应当写明作为优先权基础的在先申请的申请日、申请号和原受理机构名称；未写明或者错写在先申请日、申请号和原受理机构名称中的一项或者两项内容，而申请人已在规定的期限内提交了在先申请文件副本的，审查员应当发出办理手续补正通知书，期满未答复或者补正后仍不符合规定的，审查员应当发出视为未要求优先权通知书。

要求多项优先权而在声明中未写明或者错写某个在先申请的申请日、申请号和原受理机构名称中的一项或者两项内容，而申请人已在规定的期限内提交了该在先申请文件副本的，审查员应当发出办理手续补正通知书，期满未答复或者补正后仍不符合规定的，视为未要求该项优先权，审查员应当发出视为未要求优先权通知书。

6.2.1.3 在先申请文件副本

细则 31.1

作为优先权基础的在先申请文件的副本应当由该在先申请的原受理机构出具。在先申请文件副本的格式应当符合国际惯例，至少应当表明原受理机构、申请人、申请日、申请号；不符合规定的，审查员应当发出办理手续补正通知书，期满未答复或者补正后仍不符合规定的，视为未提交在先申请文件副本，审查员应当发出视为未要求优先权通知书。

要求多项优先权的，应当提交全部在先申请文件副本，其中某份不符合规定的，审查员应当发出办理手续补正通知书，期满未答复或者补正后仍不符合规定的，视为未提交该在先申请文件副本，针对该在先申请文件副本对应的那项要求优先权声明，审查员应当发出视为未要求优先权通知书。

在先申请文件副本应当在提出在后申请之日起三个月内提交；期满未提交的，审查员应当发出视为未要求优先权通知书。

依照国家知识产权局与在先申请的受理机构签订的协议，专利局通过电子交换等途径从该受理机构获得在先申请文件副本的，视为申请人提交了经该受理机构证明的在先申请文件副本。

已向专利局提交过的在先申请文件副本，需要再次提交的，可以仅提交该副本的中文题录译文，但应当注明在先申请文件副本的原件所在案卷的申请号。

细则 31.3	**6.2.1.4 在后申请的申请人**

要求优先权的在后申请的申请人与在先申请文件副本中记载的申请人应当一致，或者是在先申请文件副本中记载的申请人之一。

申请人完全不一致，且在先申请的申请人将优先权转让给在后申请的申请人的，应当在提出在后申请之日起三个月内提交由在先申请的全体申请人签字或者盖章的优先权转让证明文件。在先申请具有多个申请人，且在后申请具有多个与之不同的申请人的，可以提交由在先申请的所有申请人共同签字或者盖章的转让给在后申请的所有申请人的优先权转让证明文件；也可以提交由在先申请的所有申请人分别签字或者盖章的转让给在后申请的申请人的优先权转让证明文件。

申请人期满未提交优先权转让证明文件或者提交的优先权转让证明文件不符合规定的，审查员应当发出视为未要求优先权通知书。

6.2.2 要求本国优先权

6.2.2.1 在先申请和要求优先权的在后申请

细则 32.2	在先申请和要求优先权的在后申请应当符合下列规定：

（1）在先申请应当是发明或者实用新型专利申请，不应当是外观设计专利申请，也不应当是分案申请。

（2）在先申请的主题没有要求过外国优先权或者本国优先权，或者虽然要求过外国优先权或者本国优先权，但未享有优先权。

（3）该在先申请的主题，尚未授予专利权。

（4）要求优先权的在后申请是在其在先申请的申请日起十二个月内提出的。

审查上述第（3）项时，以要求优先权的在后申请的申请日为时间判断基准。审查上述第（4）项时，对于要求多项优先权的，以最早的在先申请的申请日为时间判断基准，即要求优先权的在后申请的申请日是在最早的在先申请的申请日起十二个月内提出的。

在先申请不符合上述规定情形之一的，针对不符合规定的那项要求优先权声明，审查员应当发出视为未要求优先权通知书。

审查优先权时，如果发现专利局已经对在先申请发出授予专利权通知书和办理登记手续通知书，并且申请人已经办理了登记手续的，审查员应当针对在后申请发出视为未要求优先权通知书。初步审查中，审查员只审查在后申请与在先申请的主题是否明显不相关，不审查在后申请与在先申请的实质内容是否一致。当其申请的主题明显不相关时，审查员应当发出视为未要求优先权通知书。

法 30
细则 16(5) 及 31.2

6.2.2.2 要求优先权声明

申请人要求优先权的，应当在提出专利申请的同时在请求书中声明；未在请求书中提出声明的，视为未要求优先权。

申请人在要求优先权声明中应当写明作为优先权基础的在先申请的申请日、申请号和原受理机构名称（即中国）。未写明或者错写上述各项中的一项或者两项内容的，审查员应当发出办理手续补正通知书，期满未答复或者补正后仍不符合规定的，审查员应当发出视为未要求优先权通知书。

要求多项优先权而在声明中未写明或者错写某个在先申请的申请日、申请号和原受理机构名称中的一项或者两项内容的，审查员应当发出办理手续补正通知书，期满未答复或者补正后仍不符合规定的，视为未要求该项优先权，审查员应当发出视为未要求优先权通知书。

细则 31.1

6.2.2.3 在先申请文件副本

在先申请文件的副本，由专利局根据规定制作。申请人要求本国优先权并且在请求书中写明了在先申请的申请日和申请号的，视为提交了在先申请文件副本。

细则 31.3

6.2.2.4 在后申请的申请人

要求优先权的在后申请的申请人与在先申请中记载的申请人应当一致；不一致的，在后申请的申请人应当在提出在后申请之日起三个月内提交由在先申请的全体申请人签字或者盖章的优先权转让证明文件。在后申请的申请人期满未提交优先权转让证明文件，或者提交的优先权转让证明文件不符合规定的，审查员应当发出视为未要求优先权通知书。

细则 32.3

6.2.2.5 视为撤回在先申请的程序

申请人要求本国优先权的，其在先申请自在后申请提出之日起即视为撤回。

申请人要求本国优先权，经初步审查认为符合规定的，审查员应当对在先申请发出视为撤回通知书。申请人要求两项以上本国优先权，经初步审查认为符合规定的，审查员应当针对相应的在先申请，发出视为撤回通知书。

被视为撤回的在先申请不得请求恢复。

6.2.3 优先权要求的撤回

申请人要求优先权之后，可以撤回优先权要求。申请人要求多项优先权之后，可以撤回全部优先权要求，也可以撤回其中某一项或者几项优先权要求。

申请人要求撤回优先权要求的，应当提交全体申请人签字或者盖章的撤回优先权声明。符合规定的，审查员应当发出手续合格通知书。不符合规定的，审查员应当发出视为未提出通知书。

优先权要求撤回后，导致该专利申请的最早优先权日变更时，自该优先权日起算的各种期限尚未届满的，该期限应当自变更后的最早优先权日或者申请日起算，撤回优先权的请求是在原最早优先权日起十五个月之后到达专利局的，则在后专利申请的公布期限仍按照原最早优先权日起算。

要求本国优先权的，撤回优先权后，已按照专利法实施细则第三十二条第三款规定被视为撤回的在先申请不得因优先权要求的撤回而请求恢复。

6.2.4 优先权要求费

细则 93.1（1）
细则 95.2

要求优先权的，应当在缴纳申请费的同时缴纳优先权要求费；期满未缴纳或者未缴足的，审查员应当发出视为未要求优先权通知书。

视为未要求优先权或者撤回优先权要求的，已缴纳的优先权要求费不予退回。

6.2.5 优先权要求的恢复

视为未要求优先权并属于下列情形之一的，申请人可以根据专利法实施细则第六条的规定请求恢复要求优先权的权利：

（1）由于未在指定期限内答复办理手续补正通知书导致视为未要求优先权。

（2）要求优先权声明中至少一项内容填写正确，但未在规定的期限内提交在先申请文件副本或者优先权转让证明。

（3）要求优先权声明中至少一项内容填写正确，但未在规定期限内缴纳或者缴足优先权要求费。

（4）分案申请的原申请要求了优先权。

有关恢复权利请求的处理规定，适用本指南第五部分第七章第6节的规定。

除以上情形外，其他原因造成被视为未要求优先权的，不予恢复。例如，由于提出专利申请时未在请求书中提出声明而视为未要求优先权的，不予恢复要求优先权的权利。

6.3 不丧失新颖性的公开

根据专利法第二十四条的规定，申请专利的发明创造在申请日（享有优先权的指优先权日）之前六个月内有下列情况之一的，不丧失新颖性：

（1）在中国政府主办或者承认的国际展览会上首次展出的；

（2）在规定的学术会议或者技术会议上首次发表的；

（3）他人未经申请人同意而泄露其内容的。

细则30.1

6.3.1 在中国政府主办或者承认的国际展览会上首次展出

中国政府主办的国际展览会，包括国务院、各部委主办或者国务院批准由其他机关或者地方政府举办的国际展览会。中国政府承认的国际展览会，是指国际展览会公约规定的由国际展览局注册或者认可的国际展览会。所谓国际展览会，即展出的展品除了举办国的产品以外，还应当有来自外国的展品。

申请专利的发明创造在申请日以前六个月内在中国政府主办或者承认的国际展览会上首次展出过，申请人要求不丧失新颖性宽限期的，应当在提出申请时在请求书中声明，并在自申请日起两个月内提交证明材料。

国际展览会的证明材料，应当由展览会主办单位出具。证明材料中应当注明展览会展出日期、地点、展览会的名称以及该发明创造展出的日期、形式和内容，并加盖公章。

细则 30.2

6.3.2 在规定的学术会议或者技术会议上首次发表

规定的学术会议或者技术会议，是指国务院有关主管部门或者全国性学术团体组织召开的学术会议或者技术会议，不包括省以下或者受国务院各部委或者全国性学术团体委托或者以其名义组织召开的学术会议或者技术会议。在后者所述的会议上的公开将导致丧失新颖性，除非这些会议本身有保密约定。

申请专利的发明创造在申请日以前六个月内在规定的学术会议或者技术会议上首次发表过，申请人要求不丧失新颖性宽限期的，应当在提出申请时在请求书中声明，并在自申请日起两个月内提交证明材料。

学术会议和技术会议的证明材料，应当由国务院有关主管部门或者组织会议的全国性学术团体出具。证明材料中应当注明会议召开的日期、地点、会议的名称以及该发明创造发表的日期、形式和内容，并加盖公章。

6.3.3 他人未经申请人同意而泄露其内容

他人未经申请人同意而泄露其内容所造成的公开，包括他人未遵守明示或者默示的保密信约而将发明创造的内容公开，也包括他人用威胁、欺诈或者间谍活动等手段从发明人或者申请人那里得知发明创造的内容而后造成的公开。

申请专利的发明创造在申请日以前六个月内他人未经申请人同意而泄露了其内容，若申请人在申请日前已获知，应当在提出专利申请时在请求书中声明，并在自申请日起两个月内提交证明材料。若申请人在申请日以后得知的，应当在得知情况后两个月内提出要求不丧失新颖性宽限期的声明，并附具证明材料。审查员认为必要时，可以要求申请人在指定期限内提交证明材料。

申请人提交的关于他人泄露申请内容的证明材料，应当注明泄露日期、泄露方式、泄露的内容，并由证明人签字或者盖章。

申请人要求享有不丧失新颖性宽限期但不符合上述规定的，审查员应当发出视为未要求不丧失新颖性宽限期的通知书。

6.4 实质审查请求

发明专利申请的实质审查程序主要依据申请人的实质审查请求而启动。

6.4.1 实质审查请求的相关要求

法 35.1
细则93.1(2)及96
法 36

实质审查请求应当在自申请日（有优先权的，指优先权日）起三年内提出，并在此期限内缴纳实质审查费。

发明专利申请人请求实质审查时，应当提交在申请日（有优先权的，指优先权日）前与其发明有关的参考资料。

6.4.2 实质审查请求的审查及处理

对实质审查请求的审查按照下述要求进行：

（1）在实质审查请求的提出期限届满前三个月时，申请人尚未提出实质审查请求的，审查员应当发出期限届满前通知书。

（2）申请人已在规定期限内提交了实质审查请求书并缴纳了实质审查费，但实质审查请求书的形式仍不符合规定的，审查员可以发出视为未提出通知书；如果期限届满前通知书已经发出，则审查员应当发出办理手续补正通知书，通知申请人在规定期限内补正；期满未补正或者补正后仍不符合规定的，审查员应当发出视为未提出通知书。

（3）申请人未在规定的期限内提交实质审查请求书，或者未在规定的期限内缴纳或者缴足实质审查费的，审查员应当发出视为撤回通知书。

（4）实质审查请求符合规定的，在进入实质审查程序时，审查员应当发出发明专利申请进入实质审查阶段通知书。

细则 46

6.5 提前公布声明

提前公布声明只适用于发明专利申请。

申请人提出提前公布声明不能附有任何条件。

提前公布声明不符合规定的，审查员应当发出视为未提出通知书；符合规定的，在专利申请初步审查合格后立即进入公布准备。进入公布准备后，申请人要求撤销提前公布声明的，该要求视为未提出，申请文件照常公布。

法 32	**6.6 撤回专利申请声明**
细则 36.1	授予专利权之前，申请人随时可以主动要求撤回其专利申请。申请人撤回专利申请的，应当提交撤回专利申请声明，并附具全体申请人签字或者盖章同意撤回专利申请的证明材料，或者仅提交由全体申请人签字或者盖章的撤回专利申请声明。委托专利代理机构的，撤回专利申请的手续应当由专利代理机构办理，并附具全体申请人签字或者盖章同意撤回专利申请的证明材料，或者仅提交由专利代理机构和全体申请人签字或者盖章的撤回专利申请声明。
	撤回专利申请不得附有任何条件。
	撤回专利申请声明不符合规定的，审查员应当发出视为未提出通知书；符合规定的，审查员应当发出手续合格通知书。撤回专利申请的生效日为手续合格通知书的发文日。对于已经公布的发明专利申请，还应当在专利公报上予以公告。申请人无正当理由不得要求撤销撤回专利申请的声明；但在申请权非真正拥有人恶意撤回专利申请后，申请权真正拥有人（应当提交生效的法律文书来证明）可要求撤销撤回专利申请的声明。
细则 36.2	撤回专利申请的声明是在专利申请进入公布准备后提出的，申请文件照常公布或者公告，但审查程序终止。
	6.7 著录项目变更
	著录项目（即著录事项）包括：申请号、申请日、发明创造名称、分类号、优先权事项（包括在先申请的申请号、申请日和原受理机构的名称）、申请人或者专利权人事项（包括申请人或者专利权人的姓名或者名称、国籍或者注册的国家或地区、地址、邮政编码、组织机构代码或者居民身份证件号码）、发明人姓名、专利代理事项（包括专利代理机构的名称、机构代码、地址、邮政编码、专利代理人姓名、执业证号码、联系电话）、联系人事项（包括姓名、地址、邮政编码、联系电话）以及代表人等。
	其中有关人事的著录项目（指申请人或者专利权人事项、发明人姓名、专利代理事项、联系人事项、代表人）发生变化的，应当由当事人按照规定办理著录项目变更手续；其他著录项目发生变化的，可以由专利局根据情况依职权进行变更。
法10及细则119.2	专利申请权（或专利权）转让或者因其他事由发生转移

(1-27)

的，申请人（或专利权人）应当以著录项目变更的形式向专利局登记。

6.7.1 著录项目变更手续

6.7.1.1 著录项目变更申报书

办理著录项目变更手续应当提交著录项目变更申报书。一件专利申请的多个著录项目同时发生变更的，只需提交一份著录项目变更申报书；一件专利申请同一著录项目发生连续变更的，应当分别提交著录项目变更申报书；多件专利申请的同一著录项目发生变更的，即使变更的内容完全相同，也应当分别提交著录项目变更申报书。

细则 93.1（5）

6.7.1.2 著录项目变更手续费

办理著录项目变更手续应当按照规定缴纳著录项目变更手续费（即著录事项变更费）。专利局公布的专利收费标准中的著录项目变更手续费是指，一件专利申请每次每项申报著录项目变更的费用。针对一项专利申请（或专利），申请人在一次著录项目变更申报手续中对同一著录项目提出连续变更，视为一次变更。申请人请求变更发明人和/或申请人（或专利权人）的，应当缴纳著录项目变更手续费 200 元，请求变更专利代理机构和/或专利代理人的，应当缴纳著录项目变更手续费 50 元。

例如，在一次著录项目变更申报手续中申请人请求将一件专利申请的申请人从甲变更为乙，再从乙变更为丙，视为一次申请人变更，应当缴纳著录项目变更手续费 200 元。若同时变更发明人姓名，申请人也只需缴纳一项著录项目变更手续费 200 元。

又如，在一次著录项目变更申报手续中申请人请求将一件专利申请的申请人从甲变更为乙，同时变更专利代理机构和代理人，申请人应当缴纳著录项目变更手续费 200 元和代理机构、代理人变更手续费 50 元。

细则 99.3

6.7.1.3 著录项目变更手续费缴纳期限

著录项目变更手续费应当自提出请求之日起一个月内缴纳，另有规定的除外；期满未缴纳或者未缴足的，视为未提出著录项目变更申报。

6.7.1.4 办理著录项目变更手续的人

未委托专利代理机构的,著录项目变更手续应当由申请人(或专利权人)或者其代表人办理;已委托专利代理机构的,应当由专利代理机构办理。因权利转移引起的变更,也可以由新的权利人或者其委托的专利代理机构办理。

法 10

6.7.2 著录项目变更证明文件

细则 119.2

6.7.2.1 申请人(或专利权人)姓名或者名称变更

(1)个人因更改姓名提出变更请求的,应当提交户籍管理部门出具的证明文件。

(2)个人因填写错误提出变更请求的,应当提交本人签字或者盖章的声明及本人的身份证明文件。

(3)企业法人因更名提出变更请求的,应当提交工商行政管理部门出具的证明文件。

(4)事业单位法人、社会团体法人因更名提出变更请求的,应当提交登记管理部门出具的证明文件。

(5)机关法人因更名提出变更请求的,应当提交上级主管部门签发的证明文件。

(6)其他组织因更名提出变更请求的,应当提交登记管理部门出具的证明文件。

(7)外国人、外国企业或者外国其他组织因更名提出变更请求的,应当参照以上各项规定提交相应的证明文件。

(8)外国人、外国企业或者外国其他组织因更改中文译名提出变更请求的,应当提交申请人(或专利权人)的声明。

细则 14.1

6.7.2.2 专利申请权(或专利权)转移

(1)申请人(或专利权人)因权属纠纷发生权利转移提出变更请求的,如果纠纷是通过协商解决的,应当提交全体当事人签字或者盖章的权利转移协议书。如果纠纷是由地方知识产权管理部门调解解决的,应当提交该部门出具的调解书;如果纠纷是由人民法院调解或者判决确定的,应当提交生效的人民法院调解书或者判决书,对一审法院的判决,收到判决书后,审查员应当通知其他当事人,确认是否提起上诉,在指定的期限内未答复或者明确不上诉的,应当依据此判决书予以变更;

提起上诉的,当事人应当提交上级人民法院出具的证明文件,原人民法院判决书不发生法律效力;如果纠纷是由仲裁机构调解或者裁决确定的,应当提交仲裁调解书或者仲裁裁决书。

(2)申请人(或专利权人)因权利的转让或者赠与发生权利转移提出变更请求的,应当提交转让或者赠与合同。该合同是由单位订立的,应当加盖单位公章或者合同专用章。公民订立合同的,由本人签字或者盖章。有多个申请人(或专利权人)的,应当提交全体权利人同意转让或者赠与的证明材料。

(3)专利申请权(或专利权)转让(或赠与)涉及外国人、外国企业或者外国其他组织的,应当符合下列规定:

(i)转让方、受让方均是外国人、外国企业或者外国其他组织的,应当提交双方签字或者盖章的转让合同。

法10

(ii)对于发明或者实用新型专利申请(或专利),转让方是中国内地的个人或者单位,受让方是外国人、外国企业或者外国其他组织的,应当出具国务院商务主管部门颁发的《技术出口许可证》或者《自由出口技术合同登记证书》,或者地方商务主管部门颁发的《自由出口技术合同登记证书》,以及双方签字或者盖章的转让合同。

(iii)转让方是外国人、外国企业或者外国其他组织,受让方是中国内地个人或者单位的,应当提交双方签字或者盖章的转让合同。

中国内地的个人或者单位与外国人、外国企业或者外国其他组织作为共同转让方,受让方是外国人、外国企业或者外国其他组织的,适用本项(ii)的规定处理;中国内地的个人或者单位与外国人、外国企业或者外国其他组织作为共同受让方,转让方是外国人、外国企业或者外国其他组织的,适用本项(iii)的规定处理。

中国内地的个人或者单位与香港、澳门或者台湾地区的个人、企业或者其他组织作为共同转让方,受让方是外国人、外国企业或者外国其他组织的,参照本项(ii)的规定处理;中国内地的个人或者单位与香港、澳门或者台湾地区的个人、企业或者其他组织作为共同受让方,转让方是外国人、外国企业或者外国其他组织的,参照本项(iii)的规定处理。

转让方是中国内地的个人或者单位,受让方是香港、澳门或者台湾地区的个人、企业或者其他组织的,参照本项(ii)的规定处理。

(4) 申请人（或专利权人）是单位，因其合并、分立、注销或者改变组织形式提出变更请求的，应当提交登记管理部门出具的证明文件。

(5) 申请人（或专利权人）因继承提出变更请求的，应当提交经公证的当事人是唯一合法继承人或者当事人已包括全部法定继承人的证明文件。除另有明文规定外，共同继承人应当共同继承专利申请权（或专利权）。

(6) 专利申请权（或专利权）因拍卖提出变更请求的，应当提交有法律效力的证明文件。

(7) 专利权质押期间的专利权转移，除应当提交变更所需的证明文件外，还应当提交质押双方当事人同意变更的证明文件。

细则 119.2

6.7.2.3 发明人变更

(1) 因发明人更改姓名提出变更请求的，参照本章第 6.7.2.1 节第 (1) 项的规定。

(2) 因漏填或者错填发明人提出变更请求的，应当提交由全体申请人（或专利权人）和变更前全体发明人签字或者盖章的证明文件。

(3) 因发明人资格纠纷提出变更请求的，参照本章第 6.7.2.2 节第 (1) 项的规定。

(4) 因更改中文译名提出变更请求的，应当提交发明人声明。

细则 119.2

6.7.2.4 专利代理机构及代理人变更

(1) 专利代理机构更名、迁址的，应当首先在国家知识产权局主管部门办理备案的注册变更手续，注册变更手续生效后，由专利局统一对其代理的全部有效专利申请及专利进行变更处理。专利代理人的变更应当由专利代理机构办理个案变更手续。

(2) 办理解除委托或者辞去委托手续的，应当事先通知对方当事人。

解除委托时，申请人（或专利权人）应当提交著录项目变更申报书，并附具全体申请人（或专利权人）签字或者盖章的解聘书，或者仅提交由全体申请人（或专利权人）签字或者盖章的著录项目变更申报书。

辞去委托时，专利代理机构应当提交著录项目变更申报书，并附具申请人（或专利权人）或者其代表人签字或者盖章的同意辞去委托声明，或者附具由专利代理机构盖章的表明已通知申请人（或专利权人）的声明。

变更手续生效（即发出手续合格通知书）之前，原专利代理委托关系依然有效，且专利代理机构已为申请人（或专利权人）办理的各种事务在变更手续生效之后继续有效。变更手续不符合规定的，审查员应当向办理变更手续的当事人发出视为未提出通知书；变更手续符合规定的，审查员应当向当事人发出手续合格通知书。

对于第一署名申请人是在中国内地没有经常居所或者营业所的外国申请人的专利申请，在办理解除委托或者辞去委托手续时，申请人（或专利权人）应当同时委托新的专利代理机构，否则不予办理解除委托或者辞去委托手续，审查员应当发出视为未提出通知书。

对于第一署名申请人是在中国内地没有经常居所或者营业所的香港、澳门或者台湾地区申请人的专利申请，在办理解除委托或者辞去委托手续时，申请人（或专利权人）应当同时委托新的专利代理机构，否则不予办理解除委托或者辞去委托手续，审查员应当发出视为未提出通知书。

（3）申请人（或专利权人）更换专利代理机构的，应当提交由全体申请人（或专利权人）签字或者盖章的对原专利代理机构的解除委托声明以及对新的专利代理机构的委托书。

（4）专利申请权（或专利权）转移的，变更后的申请人（或专利权人）委托新专利代理机构的，应当提交变更后的全体申请人（或专利权人）签字或者盖章的委托书；变更后的申请人（或专利权人）委托原专利代理机构的，只需提交新增申请人（或专利权人）签字或者盖章的委托书。

细则119.2

6.7.2.5 申请人（或专利权人）国籍变更

申请人（或专利权人）变更国籍的，应当提交身份证明文件。

细则120

6.7.2.6 证明文件的形式要求

（1）提交的各种证明文件中，应当写明申请号（或专利号）、发明创造名称和申请人（或专利权人）姓名或者名称。

（2）一份证明文件仅对应一次著录项目变更请求，同一著录项目发生连续变更的，应当分别提交证明文件。

（3）各种证明文件应当是原件。证明文件是复印件的，应当经过公证或者由出具证明文件的主管部门加盖公章（原件在专利局备案确认的除外）；在外国形成的证明文件是复印件的，应当经过公证。

6.7.3 著录项目变更手续的审批

审查员应当依据当事人提交的著录项目变更申报书和附具的证明文件进行审查。著录项目变更申报手续不符合规定的，应当向办理变更手续的当事人发出视为未提出通知书；著录项目变更申报手续符合规定的，应当向有关当事人发出手续合格通知书，通知著录项目变更前后的情况，应当予以公告的，还应当同时通知准备公告的卷期号。

著录项目变更涉及权利转移的，手续合格通知书应当发给双方当事人。同一次提出的申请人（或专利权人）涉及多次变更的，手续合格通知书应当发给变更前的申请人（或专利权人）和变更最后的申请人（或专利权人）。手续合格通知书中的申请人（或专利权人）应当填写变更后的申请人（或专利权人）。涉及专利代理机构更换的，手续合格通知书应当发给变更前和变更后的专利代理机构。与此同时，审查员还应当作如下处理：

（1）涉及享有费用减缓的：

（i）申请人（或专利权人）全部变更的，变更后的申请人（或专利权人）未提出费用减缓请求的，不再予以费用减缓，审查员应当修改数据库中的费用减缓标记，并通知申请人（或专利权人）。

（ii）变更后申请人（或专利权人）增加的，新增的申请人（或专利权人）未提出费用减缓请求的，不再予以费用减缓，审查员应当修改数据库中的费用减缓标记，并通知申请人（或专利权人）。

（iii）变更后申请人（或专利权人）减少的，申请人（或专利权人）未再提出费用减缓请求的，费用减缓标准不变。

变更后的申请人（或专利权人）可以根据专利费用减缓办法重新办理请求费用减缓的手续。

（2）变更前申请人（或专利权人）填写了联系人的，变更后的申请人（或专利权人）未指定原联系人为其联系人的，审查员应当删除数据库中变更前的申请人（或专利权人）指定的联系人信息。

（3）涉及委托专利代理机构的，变更后的申请人（或专利权人）未委托专利代理机构的，审查员应当删除数据库中变更前的申请人（或专利权人）委托的专利代理机构信息。

（4）按规定应当在专利公报上公告变更情况的，例如专利权人的变更等，应当公告著录项目变更前后的情况。

（5）专利代理机构名称、地址变更以及按照专利代理条例撤销专利代理机构的，应当作如下处理：

（i）对于因专利代理机构的集体著录项目变更和专利代理机构被撤销需要统一处理的，统一修改数据库中有关著录项目。

（ii）被撤销专利代理机构的专利申请（或专利）的申请人（或专利权人）是中国内地个人或者单位的，自撤销公告之日起，第一署名申请人（或专利权人）视为专利申请的代表人，另有声明的除外。申请人（或专利权人）也可以重新委托其他专利代理机构。

法 10.3

6.7.4 著录项目变更的生效

（1）著录项目变更手续自专利局发出变更手续合格通知书之日起生效。专利申请权（或专利权）的转移自登记日起生效，登记日即上述的手续合格通知书的发文日。

（2）著录项目变更手续生效前，专利局发出的通知书以及已进入专利公布或公告准备的有关事项，仍以变更前为准。

细则 44

7. 明显实质性缺陷的审查

7.1 根据专利法第二条第二款的审查

根据专利法第二条第二款的规定，专利法所称的发明是指对产品、方法或者其改进所提出的新的技术方案。

初步审查中，申请文件描述了"发明"的部分技术特征的，审查员可以不判断该技术方案是否完整，也可以不判断该技术方案能否实施。但是，申请文件仅描述了某些技术指标、优点和效果，而对解决技术问题的技术方案未作任何描述，甚至未描述任何技术内容的，审查员应当发出审查意见通知书，通知申请人在指定期限内陈述意见或者修改。申请人未在指定期限内答复的,审查员应当发出视为撤回通知书;申请人陈述意见或者补正后仍不符合规定的,审查员可以作出驳回决定。

7.2 根据专利法第五条的审查

根据专利法第五条的规定,对违反法律、社会公德或者妨害公共利益的发明创造,以及违反法律、行政法规的规定获取或者利用遗传资源,并依赖该遗传资源完成的发明创造,不授予专利权。

初步审查中,审查员应当参照本指南第二部分第一章第3节的规定,对申请专利的发明是否明显违反法律、是否明显违反社会公德、是否明显妨害公共利益三个方面进行审查;对依赖遗传资源完成的发明创造,应当审查遗传资源的获取或利用是否明显违反法律、行政法规的规定。审查员认为专利申请的全部内容或者部分内容属于上述几个方面之一的,例如申请人提交下列或者类似申请:"一种吸毒工具"、"一种赌博工具及其使用方法",审查员应当发出审查意见通知书,说明理由,通知申请人在指定期限内陈述意见或者删除相应部分。申请人陈述的理由不足以说明该申请不属于专利法第五条规定的范围或者无充分理由而又拒绝删除相应部分的,应当作出驳回决定。申请人按照审查员意见删除相应部分,为使上下文内容达到文字上的连贯性而增加必要的文字应当允许。

细则 10

上述所称违反专利法第五条的发明创造,不包括仅其实施为法律所禁止的发明创造。

7.3 根据专利法第二十条第一款的审查

根据专利法第二十条第一款的规定,申请人将在中国完成的发明向外国申请专利的,应当事先报经专利局进行保密审查。

根据专利法实施细则第八条第一款的规定,在中国完成的发明,是指技术方案的实质性内容在中国境内完成的发明。

初步审查中,审查员有理由认为申请人违反上述规定向外国申请专利的,对于其在国内就相同的发明提出的专利申请,应当发出审查意见通知书。申请人陈述的理由不足以说明该申请不属于上述情形的,审查员可以以不符合专利法第二十条第一款为理由,根据专利法第二十条第四款和专利法实施细则第四十四条的规定作出驳回决定。

7.4 根据专利法第二十五条的审查

根据专利法第二十五条的规定，下列各项不授予专利权：
（1）科学发现；
（2）智力活动的规则和方法；
（3）疾病的诊断和治疗方法；
（4）动物和植物品种；
（5）用原子核变换方法获得的物质。

对上述第（4）项所列产品的生产方法，可以依照专利法的规定授予专利权。

初步审查中，审查员应当参照本指南第二部分第一章第4节的规定，对申请专利的发明是否明显属于专利法第二十五条规定的不授予专利权的客体进行审查。审查员认为专利申请的全部内容属于专利法第二十五条所列情形之一的，例如申请人提交下列或者类似申请的："一颗新发现的小行星"、"一种人体疾病的诊断方法"，审查员应当发出审查意见通知书，说明理由，通知申请人在指定期限内陈述意见。申请人陈述的理由不足以说明该申请不属于上述情形之一的，审查员可以作出驳回决定。审查员认为专利申请的部分内容属于上述情形之一，而又难以从该申请中分割出来时，在初步审查中可不作处理，留待实质审查时处理。

7.5 根据专利法第三十一条第一款的审查

根据专利法第三十一条第一款的规定，一件发明专利申请应当限于一项发明，属于一个总的发明构思的两项以上的发明，可以作为一件申请提出。

细则42.2 初步审查中，只有当一件专利申请包含了两项以上完全不相关联的发明时，审查员才需发出审查意见通知书，通知申请人修改其专利申请，使其符合单一性规定；申请人无正当理由而又拒绝对其申请进行修改的，审查员可以作出驳回决定。

7.6 根据专利法第三十三条的审查

根据专利法第三十三条的规定，申请人可以对其专利申请文件进行修改。但是，对专利申请文件的修改不得超出原说明书和权利要求书记载的范围。

初步审查中，只有当审查员发出了审查意见通知书，要求申请人修改申请文件时，才需对申请人就此作出的修改是否明显超出原说明书和权利要求书记载范围进行审查。修改明显超范围的，例如申请人修改了数据或者扩大了数值范围，或者增加了原说明书中没有相应文字记载的技术方案的权利要求，或者增加一页或者数页原说明书或者权利要求中没有记载的发明的实质内容，审查员应当发出审查意见通知书，通知申请人该修改不符合专利法第三十三条的规定，申请人陈述意见或者补正后仍不符合规定的，审查员可以作出驳回决定。

在初步审查程序中，申请人根据专利法实施细则第五十一条的规定提出了主动修改文本的，审查员除对补正书进行形式审查外，仅需对主动修改的提出时机是否符合专利法实施细则第五十一条的规定进行核实。符合规定的，作出合格的处理意见后存档；不符合规定的，作出供实审参考的处理意见后存档。对主动修改文本的内容不进行审查，留待实质审查时处理。

7.7 根据专利法实施细则第十七条的审查

在说明书中，不得使用与技术无关的词句，也不得使用商业性宣传用语以及贬低或者诽谤他人或者他人产品的词句，但客观地指出背景技术所存在的技术问题不应当认为是贬低行为。说明书中应当记载发明的技术内容。说明书明显不符合上述规定的，审查员应当发出审查意见通知书，说明理由，并通知申请人在指定期限内陈述意见或者补正；申请人未在指定期限内答复的，审查员应当发出视为撤回通知书；申请人陈述意见或者补正后仍不符合规定的，审查员可以作出驳回决定。

初步审查中，只要说明书中描述了发明的部分技术特征，并且形式上符合本章第4.2节的规定，对其他实质性问题不必审查，留待实质审查时处理。

7.8 根据专利法实施细则第十九条的审查

权利要求书应当记载发明的技术特征。

权利要求书中不得使用与技术方案的内容无关的词句，例如"请求保护该专利的生产、销售权"等，不得使用商业性宣传用语，也不得使用贬低他人或者他人产品的词句。

初步审查中，权利要求书明显不符合上述规定的，审查员

(1-37)

应当发出审查意见通知书,说明理由,并通知申请人在指定期限内陈述意见或者补正;申请人未在指定期限内答复的,审查员应当发出视为撤回通知书;申请人陈述意见或者补正后仍不符合规定的,审查员可以作出驳回决定。

8. 依职权修改

根据专利法实施细则第五十一条第四款的规定,对于发明专利申请文件中文字和符号的明显错误,审查员可以在初步审查合格之前依职权进行修改,并通知申请人。依职权修改的常见情形如下:

(1) 请求书:修改申请人地址或联系人地址中漏写、错写或者重复填写的省(自治区、直辖市)、市、邮政编码等信息。

(2) 权利要求书和说明书:改正明显的文字错误和标点符号错误,修改明显的文本编辑错误,删除明显多余的信息。但是,可能导致原始申请文件记载范围发生变化的修改,不属于依职权修改的范围。

(3) 摘要:添加明显遗漏的内容,改正明显的文字错误和标点符号错误,删除明显多余的信息,指定摘要附图。

第二章 实用新型专利申请的初步审查

1. 引 言

根据专利法第三条和第四十条的规定，专利局受理和审查实用新型专利申请，经初步审查没有发现驳回理由的，作出授予实用新型专利权的决定，发给相应的专利证书，同时予以登记和公告。因此，实用新型专利申请的初步审查是受理实用新型专利申请之后、授予专利权之前的一个必要程序。

细则44.1　　实用新型专利申请初步审查的范围是：

（1）申请文件的形式审查，包括专利申请是否包含专利法第二十六条规定的申请文件，以及这些文件是否符合专利法实施细则第二条、第三条、第十六条至第二十三条、第四十条、第四十二条、第四十三条第二款和第三款、第五十一条、第五十二条、第一百一十九条、第一百二十一条的规定。

（2）申请文件的明显实质性缺陷审查，包括专利申请是否明显属于专利法第五条、第二十五条规定的情形，是否不符合专利法第十八条、第十九条第一款、第二十条第一款的规定，是否明显不符合专利法第二条第三款、第二十二条第二款或第四款、第二十六条第三款或第四款、第三十一条第一款、第三十三条或专利法实施细则第十七条至第二十二条、第四十三条第一款的规定，是否依照专利法第九条规定不能取得专利权。

（3）其他文件的形式审查，包括与专利申请有关的其他手续和文件是否符合专利法第十条第二款、第二十四条、第二十九条、第三十条以及专利法实施细则第二条、第三条、第六条、第十五条、第三十条、第三十一条第一款至第三款、第三十二条、第三十三条、第三十六条、第四十五条、第八十六条、第一百条、第一百一十九条的规定。

（4）有关费用的审查，包括专利申请是否按照专利法实施细则第九十三条、第九十五条、第九十九条的规定缴纳了相关费用。

2. 审查原则

初步审查程序中，审查员应当遵循以下审查原则。

（1）保密原则

审查员在专利申请的审批程序中，根据有关保密规定，对于尚未公布、公告的专利申请文件和与专利申请有关的其他内容，以及其他不适宜公开的信息负有保密责任。

(2) 书面审查原则

审查员应当以申请人提交的书面文件为基础进行审查，审查意见（包括补正通知）和审查结果应当以书面形式通知申请人。初步审查程序中，原则上不进行会晤。

(3) 听证原则

审查员在作出驳回决定之前，应当将驳回所依据的事实、理由和证据通知申请人，至少给申请人一次陈述意见和/或修改申请文件的机会。审查员作出驳回决定时，驳回决定所依据的事实、理由和证据，应当是已经通知过申请人的，不得包含新的事实、理由和/或证据。

(4) 程序节约原则

在符合规定的情况下，审查员应当尽可能提高审查效率，缩短审查过程。对于存在可以通过补正克服的缺陷的申请，审查员应当进行全面审查，并尽可能在一次补正通知书中指出全部缺陷。对于存在不可能通过补正克服的实质性缺陷的申请，审查员可以不对申请文件和其他文件的形式缺陷进行审查，在审查意见通知书中可以仅指出实质性缺陷。对于申请文件中的缺陷均可以通过依职权修改克服的申请，审查员可以不发出补正通知书。

除遵循以上原则外，审查员在作出视为未提出、视为撤回、驳回等处分决定的同时，应当告知申请人可以启动的后续程序。

3. 审查程序

法40　　### 3.1 授予专利权通知

实用新型专利申请经初步审查没有发现驳回理由的，审查员应当作出授予实用新型专利权通知。能够授予专利权的实用新型专利申请包括不需要补正就符合初步审查要求的专利申请，以及经过补正符合初步审查要求的专利申请。

授予专利权通知书除收件人信息、著录项目外，还应指明授权所依据的文本和实用新型名称。审查员依职权修改的，还应当写明依职权修改的内容。

3.2 申请文件的补正

初步审查中，对于申请文件存在可以通过补正克服的缺陷的专利申请，审查员应当进行全面审查，并发出补正通知书。经申请人补正后，申请文件仍然存在缺陷的，审查员应当再次发出补正通知书。

补正通知书除收件人信息、著录项目外，还应包括如下内容：

（1）指出补正通知书所针对的是申请人何时提交的何种文件；

（2）明确具体地指出申请文件中存在的缺陷，并指出其不符合专利法及其实施细则的有关条款；

（3）明确具体地说明审查员的倾向性意见和可能的建议，使申请人能够理解审查员的意图；

（4）指定申请人答复补正通知书的期限；

（5）提示申请人补正时的文件种类和数量要求。

3.3 明显实质性缺陷的处理

初步审查中，如果审查员认为申请文件存在不可能通过补正方式克服的明显实质性缺陷，应当发出审查意见通知书。

审查意见通知书除收件人信息、著录项目外，还应包括如下内容：

（1）指出审查意见通知书所针对的是申请人何时提交的何种文件；

（2）明确具体地指出申请文件中存在的缺陷，并指出其不符合专利法及其实施细则的有关条款，对申请文件存在的明显实质性缺陷的事实，必要时还应结合有关证据进行分析；

（3）说明审查员将根据专利法及其实施细则的有关规定准备驳回专利申请的倾向性意见；

（4）指定申请人答复审查意见通知书的期限。

3.4 通知书的答复

申请人在收到补正通知书或者审查意见通知书后，应当在指定的期限内补正或者陈述意见。申请人对专利申请进行补正的，应当提交补正书和相应修改文件替换页。申请文件的修改替换页应当一式两份，其他文件只需提交一份。对申请文件的修改，应当针对通知书指出的缺陷进行修改。修改的内容不得超出申请日提交的说明书和权利要求书记载的范围。

申请人期满未答复的，审查员应当根据情况发出视为撤回通知书或者其他通知书。申请人因正当理由难以在指定的期限内作出答复的，可以提出延长期限请求。有关延长期限请求的处理，适用本指南第五部分第七章第4节的规定。

对于因不可抗拒事由或者因其他正当理由耽误期限而导致专利申请被视为撤回的，申请人可以在规定的期限内向专利局提出恢复权利的请求。有关恢复权利请求的处理，适用本指南第五部分第七章第6节的规定。

3.5 申请的驳回

3.5.1 驳回条件

申请文件存在审查员认为不可能通过补正方式克服的明显实质性缺陷，审查员发出审查意见通知书后，在指定的期限内申请人未提出有说服力的意见陈述和/或证据，也未针对通知书指出的缺陷进行修改，例如仅改变了错别字或改变了表述方式，审查员可以作出驳回决定。如果是针对通知书指出的缺陷进行了修改，即使所指出的缺陷仍然存在，也应当给申请人再次陈述和/或修改文件的机会。对于此后再次修改涉及同类缺陷的，如果修改后的申请文件仍然存在已通知过申请人的缺陷，审查员可以作出驳回决定。

申请文件存在可以通过补正方式克服的缺陷，审查员针对该缺陷已发出过两次补正通知书，并且在指定的期限内经申请人陈述意见或者补正后仍然没有消除的，审查员可以作出驳回决定。

3.5.2 驳回决定正文

驳回决定正文包括案由、驳回的理由以及决定三个部分。

（1）在案由部分，应当指明驳回决定所针对的申请文本，并简述被驳回申请的审查过程。

（2）在驳回的理由部分，应当详细论述驳回决定所依据的事实、理由和证据，尤其应当注意下列各项要求：

（i）正确选用法律条款。当可以同时根据专利法及其实施细则的不同条款驳回专利申请时，应当选择其中最为适合、占主导地位的条款作为驳回的主要法律依据，同时简要指出申请中存在的其他实质性缺陷。驳回的法律依据应当包含在专利法实施细则第四十四条所列的法律条款中。

（ii）以令人信服的事实、理由和证据作为驳回的依据，而且对于这些事实、理由和证据的听证，已经符合驳回条件。

（iii）经多次补正仍然存在缺陷而驳回专利申请的，应当明确指出针对该缺陷已经发出过两次或两次以上补正通知书，并且最后一次补正文件仍然存在该缺陷。

（iv）以专利法第二条第三款、第五条、第九条、第二十条第一款、第二十二条第二款或第四款、第二十五条、第二十六条第三款或第四款、第三十一条第一款、第三十三条或专利法实施细则第二十条、第四十三条第一款为理由驳回专利申请的，应当对申请文件中的明显实质性缺陷进行分析。

审查员在驳回理由部分还应当对申请人的争辩意见进行简要的评述。

（3）在决定部分，应当明确指出该专利申请不符合专利法及其实施细则的相应条款，并根据专利法实施细则第四十四条第二款的规定作出驳回该专利申请的结论。

3.6 前置审查和复审后的处理

因不符合专利法及其实施细则的规定，专利申请被驳回，申请人对驳回决定不服的，可以在规定的期限内向专利复审委员会提出复审请求。对复审请求的前置审查及复审后的处理，参照本指南第二部分第八章第8节的规定。

4. 其他文件和相关手续的审查

4.1 委托专利代理机构

适用本部分第一章第6.1节的规定。

4.2 要求优先权

适用本部分第一章第6.2节的规定。

4.3 不丧失新颖性的公开

适用本部分第一章第6.3节的规定。

4.4 撤回专利申请声明

适用本部分第一章第6.6节的规定。

4.5 著录项目变更

适用本部分第一章第6.7节的规定。

5. 根据专利法第五条和第二十五条的审查

对实用新型专利申请是否明显属于专利法第五条、第二十五条规定的不授予专利权的申请的审查，参照本指南第二部分第一章第3节和第4节的规定。

6. 根据专利法第二条第三款的审查

根据专利法第二条第三款的规定，专利法所称实用新型，是指对产品的形状、构造或者其结合所提出的适于实用的新的技术方案。这是对可以获得专利保护的实用新型的一般性定义，而不是判断新颖性、创造性、实用性的具体审查标准。

6.1 实用新型专利只保护产品

根据专利法第二条第三款的规定，实用新型专利只保护产品。所述产品应当是经过产业方法制造的，有确定形状、构造且占据一定空间的实体。

一切方法以及未经人工制造的自然存在的物品不属于实用新型专利保护的客体。

上述方法包括产品的制造方法、使用方法、通讯方法、处理方法、计算机程序以及将产品用于特定用途等。

例如，齿轮的制造方法、工作间的除尘方法或数据处理方法，自然存在的雨花石等不属于实用新型专利保护的客体。

一项发明创造可能既包括对产品形状、构造的改进，也包括对生产该产品的专用方法、工艺或构成该产品的材料本身等方面的改进。但是实用新型专利仅保护针对产品形状、构造提出的改进技术方案。

应当注意的是：

（1）权利要求中可以使用已知方法的名称限定产品的形状、构造，但不得包含方法的步骤、工艺条件等。例如，以焊接、铆接等已知方法名称限定各部件连接关系的，不属于对方法本身提出的改进。

（2）如果权利要求中既包含形状、构造特征，又包含对方法本身提出的改进，例如含有对产品制造方法、使用方法或计算机程序进行限定的技术特征，则不属于实用新型专利保护的客体。例如，一种木质牙签，主体形状为圆柱形，端部为圆锥形，其特征在于：木质牙签加工成形后，浸泡于医用杀菌剂中5～20分钟，然后取出晾干。由于该权利要求包含了对方法本身提出的改进，因而不属于实用新型专利保护的客体。

6.2 产品的形状和/或构造

根据专利法第二条第三款的规定，实用新型应当是针对产品的形状和/或构造所提出的改进。

6.2.1 产品的形状

产品的形状是指产品所具有的、可以从外部观察到的确定的空间形状。

对产品形状所提出的改进可以是对产品的三维形态所提出的改进，例如对凸轮形状、刀具形状作出的改进；也可以是对产品的二维形态所提出的改进，例如对型材的断面形状的改进。

无确定形状的产品，例如气态、液态、粉末状、颗粒状的物质或材料，其形状不能作为实用新型产品的形状特征。

应当注意的是：

（1）不能以生物的或者自然形成的形状作为产品的形状特征。例如，不能以植物盆景中植物生长所形成的形状作为产品的形状特征，也不能以自然形成的假山形状作为产品的形状特征。

（2）不能以摆放、堆积等方法获得的非确定的形状作为产品的形状特征。

（3）允许产品中的某个技术特征为无确定形状的物质，如气态、液态、粉末状、颗粒状物质，只要其在该产品中受该产品结构特征的限制即可，例如，对温度计的形状构造所提出的技术方案中允许写入无确定形状的酒精。

（4）产品的形状可以是在某种特定情况下所具有的确定的空间形状。例如，具有新颖形状的冰杯、降落伞等。又如，一种用于钢带运输和存放的钢带包装壳，由内钢圈、外钢圈、捆带、外护板以及防水复合纸等构成，若其各部分按照技术方案所确定的相互关系将钢带包装起来后形成确定的空间形状，这样的空间形状不具有任意性，则钢带包装壳属于实用新型专利保护的客体。

6.2.2 产品的构造

产品的构造是指产品的各个组成部分的安排、组织和相互关系。

产品的构造可以是机械构造，也可以是线路构造。机械构造是指构成产品的零部件的相对位置关系、连接关系和必要的机械配合关系等；线路构造是指构成产品的元器件之间的确定的连接关系。

复合层可以认为是产品的构造，产品的渗碳层、氧化层等属于复合层结构。

物质的分子结构、组分、金相结构等不属于实用新型专利给予保护的产品的构造。例如，仅改变焊条药皮组分的电焊条不属于实用新型专利保护的客体。

应当注意的是：

（1）权利要求中可以包含已知材料的名称，即可以将现有技术中的已知材料应用于具有形状、构造的产品上，例如复合木地板、塑料杯、记忆合金制成的心脏导管支架等，不属于对材料本身提出的改进。

（2）如果权利要求中既包含形状、构造特征，又包含对材料本身提出的改进，则不属于实用新型专利保护的客体。例如，一种菱形药片，其特征在于，该药片是由20%的A组分、40%的B组分及40%的C组分构成的。由于该权利要求包含了对材料本身提出的改进，因而不属于实用新型专利保护的客体。

6.3 技术方案

专利法第二条第三款所述的技术方案，是指对要解决的技术问题所采取的利用了自然规律的技术手段的集合。技术手段通常是由技术特征来体现的。

未采用技术手段解决技术问题，以获得符合自然规律的技术效果的方案，不属于实用新型专利保护的客体。

产品的形状以及表面的图案、色彩或者其结合的新方案，没有解决技术问题的，不属于实用新型专利保护的客体。产品表面的文字、符号、图表或者其结合的新方案，不属于实用新型专利保护的客体。例如：仅改变按键表面文字、符号的计算机或手机键盘；以十二生肖形状为装饰的开罐刀；仅以表面图案设计为区别特征的棋类、牌类，如古诗扑克等。

7. 申请文件的审查

7.1 请 求 书

适用本部分第一章第4.1节的规定。

7.2 说 明 书

初步审查中，对说明书是否明显不符合专利法第二十六条第三款以及专利法实施细则第十七条第一款至第三款的规定进行审查。涉及专利法第二十六条第三款的审查，参照本指南第二部分第二章第2.1节的规定。

说明书的审查包括下述内容：

法 26.3

（1）说明书应当对实用新型作出清楚、完整的说明，以所属技术领域的技术人员能够实现为准；所属技术领域的技术人员能够实现，是指所属技术领域的技术人员按照说明书记载的内容，就能够实现该实用新型的技术方案，解决其技术问题，并且产生预期的技术效果。

细则 17.1 及 .2

（2）说明书应当写明实用新型的名称，该名称应当与请求书中的名称一致，说明书还应当包括技术领域、背景技术、实用新型内容、附图说明和具体实施方式等五个部分，并且在每个部分前面写明标题。

细则 17.1(3)

（3）说明书中实用新型内容部分应当描述实用新型所要解决的技术问题、解决其技术问题所采用的技术方案、对照背景技术写明实用新型的有益效果，并且所要解决的技术问题、所采用的技术方案和有益效果应当相互适应，不得出现相互矛盾或不相关联的情形。

（4）说明书中记载的实用新型内容应当与权利要求所限定的相应技术方案的表述相一致。

细则 17.1(4)

（5）说明书中应当写明各幅附图的图名，并且对图示的内容作简要说明。附图不止一幅的，应当对所有附图作出图面说明。

细则 17.1(5)	（6）说明书中具体实施方式部分至少应给出一个实现该实用新型的优选方式，并且应当对照附图进行说明。
细则 17.3	（7）说明书应当用词规范、语句清楚，用技术术语准确地表达实用新型的技术方案，并不得使用"如权利要求……所述的……"一类的引用语，也不得使用商业性宣传用语及贬低他人或者他人产品的词句。
	（8）说明书文字部分可以有化学式、数学式或者表格，但不得有插图，包括流程图、方框图、曲线图、相图等，它们只可以作为说明书的附图。
细则 40	（9）说明书文字部分写有附图说明但说明书缺少相应附图的，应当通知申请人取消说明书文字部分的附图说明，或者在指定的期限内补交相应附图。申请人补交附图的，以向专利局提交或者邮寄补交附图之日为申请日，审查员应当发出重新确定申请日通知书。申请人取消相应附图说明的，保留原申请日。
细则 121.2	（10）说明书应当用阿拉伯数字顺序编写页码。

7.3 说明书附图

附图是说明书的一个组成部分。附图的作用在于用图形补充说明书文字部分的描述，使人能够直观地、形象地理解实用新型的每个技术特征和整体技术方案。因此，说明书附图应该清楚地反映实用新型的内容。

根据专利法实施细则第十七条第五款和第十八条的规定对说明书附图进行审查。说明书附图的审查包括下述内容：

（1）附图不得使用工程蓝图、照片。

细则 121.1	（2）附图应当使用包括计算机在内的制图工具和黑色墨水绘制，线条应当均匀清晰，并不得着色和涂改；附图的周围不得有与图无关的框线。
细则 18.1	（3）附图应当用阿拉伯数字顺序编号，用图1、图2等表示，并应当标注在相应附图的正下方。
细则 121.3	（4）附图应当尽量竖向绘制在图纸上，彼此明显分开。当零件横向尺寸明显大于竖向尺寸必须水平布置时，应当将附图的顶部置于图纸的左边。一页图纸上有两幅以上的附图，且有一幅已经水平布置时，该页上其他附图也应当水平布置。

（5）附图的大小及清晰度，应当保证在该图缩小到三分之二时仍能清晰地分辨出图中的各个细节，以能够满足复印、扫

细则 18.2	（6）一件专利申请有多幅附图时，在用于表示同一实施方式的各附图中，表示同一组成部分（同一技术特征或者同一对象）的附图标记应当一致。说明书中与附图中使用的相同的附图标记应当表示同一组成部分。说明书文字部分中未提及的附图标记不得在附图中出现，附图中未出现的附图标记也不得在说明书文字部分中提及。
	（7）附图中除必需的词语外，不得含有其他的注释；词语应当使用中文，必要时，可以在其后的括号里注明原文。
	（8）结构框图、逻辑框图、工艺流程图应当在其框内给出必要的文字和符号。
	（9）同一幅附图中应当采用相同比例绘制，为清楚显示其中某一组成部分时可增加一幅局部放大图。
细则 17.5	（10）说明书附图中应当有表示要求保护的产品的形状、构造或者其结合的附图，不得仅有表示现有技术的附图，也不得仅有表示产品效果、性能的附图，例如温度变化曲线图等。
细则 121.2	（11）说明书附图应当用阿拉伯数字顺序编写页码。

7.4 权利要求书

初步审查中，对权利要求书是否明显不符合专利法第二十六条第四款以及专利法实施细则第十九条至第二十二条的规定进行审查。涉及专利法第二十六条第四款的审查，参照本指南第二部分第二章第 3.2 节的规定。

权利要求书的审查包括下述内容：

法 26.4	（1）权利要求书应当以说明书为依据，清楚、简要地限定要求专利保护的范围。
细则 19.1	（2）权利要求书应当记载实用新型的技术特征。
细则 20.2 及 21.1	（3）独立权利要求应当从整体上反映实用新型的技术方案；除必须用其他方式表达的以外，独立权利要求应当包括前序部分和特征部分，前序部分应写明要求保护的实用新型技术方案的主题名称和实用新型主题与最接近的现有技术共有的必要技术特征，特征部分使用"其特征是……"或者类似的用语，写明实用新型区别于最接近的现有技术的技术特征。
细则 20.3 及 22.1	（4）从属权利要求应当用附加技术特征，对引用的权利要求作进一步的限定，其撰写应当包括引用部分和限定部分，引用部分写明引用的权利要求的编号及与独立权利要求一致的主

	题名称，限定部分写明实用新型附加的技术特征。
细则 21.3	（5）一项实用新型应当只有一个独立权利要求，并应写在同一项实用新型的从属权利要求之前。
法 26.4	（6）在权利要求中作出记载但未记载在说明书中的内容应当补入说明书中。
细则 19.1	（7）权利要求中不得包含不产生技术效果的特征。
法 26.4	（8）权利要求中一般不得含有用图形表达的技术特征。
法 26.4	（9）权利要求中应当尽量避免使用功能或者效果特征来限定实用新型，特征部分不得单纯描述实用新型功能，只有在某一技术特征无法用结构特征来限定，或者技术特征用结构特征限定不如用功能或者效果特征来限定更为恰当，而且该功能或者效果在说明书中有充分说明时，使用功能或者效果特征来限定实用新型才可能是允许的。
法 26.4	（10）权利要求中不得使用技术概念模糊或含义不确定的用语。
细则 19.1	（11）权利要求中不得使用与技术方案的内容无关的词句，例如"请求保护该专利的生产、销售权"等，也不得使用商业性宣传用语及贬低他人或者他人产品的词句。

此外，权利要求书还应当符合下列形式要求：

（1）每一项权利要求仅允许在权利要求的结尾处使用句号；一项权利要求可以用一个自然段表述，也可以在一个自然段中分行或者分小段表述，分行和分小段处只可用分号或逗号，必要时可在分行或小段前给出其排序的序号。

（2）权利要求书不得加标题。

细则 19.2	（3）权利要求书中有几项权利要求的，应当用阿拉伯数字顺序编号。
细则 19.3	（4）权利要求中可以有化学式或者数学式，但不得有插图，通常也不得有表格。除绝对必要外，不得使用"如说明书……部分所述"或者"如图……所示"的用语。
细则 19.4	（5）权利要求中的技术特征可以引用说明书附图中相应的标记，以帮助理解权利要求所记载的技术方案。但是，这些标记应当用括号括起来，并放在相应的技术特征后面，权利要求中使用的附图标记，应当与说明书附图标记一致。
细则 22.2	（6）从属权利要求只能引用在前的权利要求。引用两项以上权利要求的多项从属权利要求只能以择一方式引用在前的权利要求，并不得作为被另一项多项从属权利要求引用的基础，

即在后的多项从属权利要求不得引用在前的多项从属权利要求。

细则 121.2 　　（7）权利要求书应当用阿拉伯数字顺序编写页码。

7.5 说明书摘要

　　根据专利法实施细则第二十三条的规定，对说明书摘要进行审查。说明书摘要的审查包括下述内容：

细则 23.1 　　（1）摘要应当写明实用新型的名称和所属的技术领域，清楚反映所要解决的技术问题，解决该问题的技术方案的要点以及主要用途，尤其应当写明反映该实用新型相对于背景技术在形状和构造上作出改进的技术特征，不得写成广告或者单纯功能性的产品介绍。

　　（2）摘要不得用实用新型名称作为标题。

细则 23.2 　　（3）摘要可以有化学式或数学式。

　　（4）摘要文字部分（包括标点符号）不得超过 300 个字。

　　（5）说明书摘要应当有摘要附图，申请人应当提交一幅从说明书附图中选出的能够反映技术方案的附图作为摘要附图。

细则 121 ### 7.6 申请文件出版条件的格式审查

适用本部分第一章第 4.6 节的规定。

8. 根据专利法第三十三条的审查

　　根据专利法第三十三条的规定，申请人可以对其实用新型专利申请文件进行修改，但是，对申请文件的修改不得超出原说明书和权利要求书记载的范围。

　　如果申请人对申请文件进行修改时，加入了所属技术领域的技术人员不能从原说明书和权利要求书中直接地、毫无疑义地确定的内容，这样的修改被认为超出了原说明书和权利要求书记载的范围。

　　申请人从申请中删除某个或者某些特征，也有可能导致超出原说明书和权利要求书记载的范围。

　　说明书中补入原权利要求书中记载而原说明书中没有描述过的技术特征，并作了扩大其内容的描述的，被认为修改超出了原说明书和权利要求书记载的范围。

　　说明书中补入原说明书和权利要求书中没有记载的技术特征并且借助原说明书附图表示的内容不能毫无疑义地确定的，

被认为修改超出了原说明书和权利要求书记载的范围。

应当注意的是：

（1）对明显错误的更正，不能被认为超出了原说明书和权利要求书记载的范围。所谓明显错误，是指不正确的内容可以从原说明书、权利要求书的上下文中清楚地判断出来，没有作其他解释或者修改的可能。

（2）对于附图中明显可见并有唯一解释的结构，允许补入说明书并写入权利要求书中。

根据专利法实施细则第五十一条的规定，申请人可以自申请日起两个月内对实用新型专利申请文件主动提出修改。此外，申请人在收到专利局的审查意见通知书或者补正通知书后，应当针对通知书指出的缺陷进行修改。

细则 51.2

8.1 申请人主动修改

对于申请人的主动修改，审查员应当首先核对提出修改的日期是否在自申请日起两个月内。对于超过两个月的修改，如果修改的文件消除了原申请文件存在的缺陷，并且具有被授权的前景，则该修改文件可以接受。对于不予接受的修改文件，审查员应当发出视为未提出通知书。

对于在两个月内提出的主动修改，审查员应当审查其修改是否超出原说明书和权利要求书记载的范围。修改超出原说明书和权利要求书记载的范围的，审查员应当发出审查意见通知书，通知申请人该修改不符合专利法第三十三条的规定。申请人陈述意见或补正后仍然不符合规定的，审查员可以根据专利法第三十三条和专利法实施细则第四十四条的规定作出驳回决定。

8.2 针对通知书指出的缺陷进行修改

细则 51.3

对于申请人答复通知书时所作的修改，审查员应当审查该修改是否超出原说明书和权利要求书记载的范围以及是否针对通知书指出的缺陷进行修改。对于申请人提交的包含有并非针对通知书所指出的缺陷进行修改的修改文件，如果其修改符合专利法第三十三条的规定，并消除了原申请文件存在的缺陷，且具有授权的前景，则该修改可以被视为是针对通知书指出的缺陷进行的修改，经此修改的申请文件应当予以接受。对于不符合专利法实施细则第五十一条第三款规定的修改文本，审查员可以发出通知书，通知申请人该修改文本不予接受，并说明理由，要求申请人在指定期限内提交符合专利法实施细则第五十一条第三款规定的修改文本，同时应当指出，如果申请人再次提交的修改文本仍然不符合专利法实施细则第五十一条第三款的规定，审查员将针对修改前的文本继续审查，例如作出授权或驳回决定。

如果申请人提交的修改文件超出了原说明书和权利要求书记载的范围，审查员应当发出审查意见通知书，通知申请人该修改不符合专利法第三十三条的规定。申请人陈述意见或补正后仍然不符合规定的，审查员可以根据专利法第三十三条和专利法实施细则第四十四条的规定作出驳回决定。

细则51.4

8.3 审查员依职权修改

审查员在作出授予实用新型专利权通知前，可以对申请文件中文字和符号的明显错误依职权进行修改。依职权修改的内容如下：

（1）请求书：修改申请人地址或联系人地址中漏写、错写或者重复填写的省（自治区、直辖市）、市、邮政编码等信息。

（2）说明书：修改明显不适当的实用新型名称和/或所属技术领域；改正错别字、错误的符号、标记等；修改明显不规范的用语；增补说明书各部分所遗漏的标题；删除附图中不必要的文字说明等。

（3）权利要求书：改正错别字、错误的标点符号、错误的附图标记、附图标记增加括号。但是，可能引起保护范围变化的修改，不属于依职权修改的范围。

（4）摘要：修改摘要中不适当的内容及明显的错误，指定摘要附图。

审查员依职权修改的内容，应当在文档中记载并通知申请人。

9. 根据专利法第三十一条第一款的审查

根据专利法第三十一条第一款以及专利法实施细则第三十四条的规定对实用新型专利申请明显缺乏单一性的缺陷进行审查。在实用新型的初步审查中，确定特定技术特征时一般依据申请文件中所描述的背景技术。

有关单一性的审查参照本指南第二部分第六章第2节的规定。

10. 根据专利法实施细则第四十三条的审查

根据专利法实施细则第四十二条和第四十三条的规定对实用新型分案申请进行审查。分案申请的审查适用本部分第一章第5.1节的规定，同时参照本指南第二部分第六章第3节的规定。

11. 根据专利法第二十二条第二款的审查

初步审查中，审查员一般不通过检索来判断实用新型是否明显不具备新颖性。审查员可以根据未经其检索获得的有关现有技术或抵触申请的信息判断实用新型是否明显不具备新颖性。

但是，实用新型涉及非正常申请的，例如明显抄袭现有技术或者属于内容明显实质相同的专利申请重复提交，审查员应当根据检索获得的对比文件或者其他途径获得的信息判断实用新型是否明显不具备新颖性。

有关新颖性的审查参照本指南第二部分第三章的规定。

12. 根据专利法第二十二条第四款的审查

实用性是指所申请的产品必须能够在产业中制造和应用，而且该产品能够产生积极、有益的效果。

有关实用性的审查参照本指南第二部分第五章的规定。

13. 根据专利法第九条的审查

专利法第九条第一款规定，同样的发明创造只能授予一项专利权。专利法第九条第二款规定，两个以上的申请人分别就同样的发明创造申请专利的，专利权授予最先申请的人。

初步审查中，对于实用新型专利申请依照专利法第九条的规定是否能取得专利权，一般不通过检索进行审查。但审查员已经得知有申请人就同样的发明创造申请了专利的，应当进行审查。

对同样的发明创造的处理，参照本指南第二部分第三章第6节的规定。

14. 根据专利法第二十条第一款的审查

根据专利法第二十条第一款的规定，申请人将在中国完成的实用新型向外国申请专利的，应当事先报经专利局进行保密审查。

根据专利法实施细则第八条第一款的规定，在中国完成的实用新型，是指技术方案的实质性内容在中国境内完成的实用新型。

初步审查中，审查员有理由认为申请人违反上述规定向外国申请专利的，对于其在国内就相同的实用新型提出的专利申请，应当发出审查意见通知书。申请人陈述的理由不足以说明该申请不属于上述情形的，审查员可以以不符合专利法第二十条第一款为理由，根据专利法第二十条第四款和专利法实施细则第四十四条的规定作出驳回决定。

15. 进入国家阶段的国际申请的审查

本节仅对进入国家阶段要求获得实用新型专利保护的国际申请（以下简称国际申请）的特殊问题作出说明和规定，与国家申请相同的问题，适用本章其他规定。

15.1 审查依据文本的确认

15.1.1 申请人的请求

在进入国家阶段时，国际申请的申请人需要在进入国家阶段的书面声明（以下简称进入声明）中确认其希望专利局依据的审查文本。

国际申请国家阶段的审查，应当按照申请人的请求，依据其在进入声明中确认的文本以及随后提交的符合有关规定的文本进行。

15.1.2 审查依据的文本

作为审查基础的文本可能包括：

（1）对于以中文作出国际公布的国际申请，原始提交的国际申请；对于使用外文公布的国际申请，原始提交的国际申请的中文译文。

（2）对于以中文作出国际公布的国际申请，根据专利合作条约第19条提交的修改的权利要求书；对于使用外文公布的国际申请，根据专利合作条约第19条提交的修改的权利要求书的中文译文。

（3）对于以中文作出国际公布的国际申请，根据专利合作条约第 34 条提交的修改的权利要求书、说明书和附图；对于使用外文公布的国际申请，根据专利合作条约第 34 条提交的修改的权利要求书、说明书和附图的中文译文。

（4）根据专利法实施细则第四十四条和/或第一百零四条提交的补正文本。

（5）根据专利法实施细则第一百一十二条第一款提交的修改文本。

根据专利合作条约第 28 条或第 41 条的规定，申请人提交所修改的权利要求书、说明书和附图的期限应当符合专利法实施细则第一百一十二条第一款的规定。

作为审查基础的文本以审查基础声明中指明的为准。审查基础声明包括：进入国家阶段时在进入声明规定栏目中的指明，以及进入国家阶段之后在规定期限内以补充声明的形式对审查基础的补充指明。后者是对前者的补充和修正。

如果申请人在进入声明中指明申请文件中含有援引加入的项目或者部分，并且在办理进入国家阶段手续时已经重新确定了相对于中国的国际申请日，则援引加入的项目或者部分应当是原始提交的申请文件的一部分。审查过程中，不允许申请人通过修改相对于中国的申请日而保留援引加入的项目或部分。

对于国际阶段的修改文件，进入国家阶段时未指明作为审查基础的，或者未按规定提交中文译文的，不作为审查的基础。

15.1.3 原始提交的国际申请文件的法律效力

对于以外文公布的国际申请，针对其中文译文进行审查，一般不需核对原文；但是原始提交的国际申请文件具有法律效力，作为申请文件修改的依据。

对于国际申请，专利法第三十三条所说的原说明书和权利要求书是指原始提交的国际申请的说明书、权利要求书和附图。

15.2 审查要求

15.2.1 申请文件的审查

对于申请文件的形式或内容的审查，除下列各项外，适用专利法及其实施细则和专利审查指南的规定。

（1）在实用新型名称没有多余词汇的情况下，审查员不得以不符合本指南第一部分第一章第4.1.1节关于名称字数的规定为理由要求申请人修改或者依职权修改。

（2）在没有多余词句的情况下，审查员不得以不符合专利法实施细则第二十三条第二款关于摘要字数的规定为理由要求申请人修改或依职权修改。

（3）审查员不得以不符合专利法实施细则第十七条第一款和第二款关于说明书的撰写方式、顺序和小标题的规定为理由要求申请人修改或依职权修改。

15.2.2 单一性的审查

在审查过程中，如果审查员发现作为审查基础的申请文件要求保护缺乏单一性的多项实用新型，则需要核实以下内容：

（1）缺乏单一性的多项实用新型中是否包含了在国际阶段未经国际检索或国际初步审查的发明创造。

（2）缺乏单一性的多项实用新型是否包含了申请人在国际阶段已表示放弃的发明创造（例如申请人在国际阶段选择对某些权利要求加以限制而舍弃的发明创造）。

（3）对于存在上述（1）或（2）中的情形，国际单位作出的发明缺乏单一性的结论是否正确。

审查员如果认定国际单位所作出的结论是正确的，则应当发出缴纳单一性恢复费通知书，通知申请人在两个月内缴纳单一性恢复费。如果申请人在规定期限内未缴纳或未缴足单一性恢复费，并且也没有删除缺乏单一性的实用新型的，审查员应当发出审查意见通知书，通知申请人国际申请中上述未经国际检索的部分将被视为撤回，并要求申请人提交删除这部分内容的修改文本。审查员将以删除了该部分内容的文本继续审查。

对于申请人因未缴纳单一性恢复费而删除的实用新型，根据专利法实施细则第一百一十五条第二款、第四十二条第一款的规定，申请人不得提出分案申请。除此情形外，国际申请包含两项以上实用新型的，申请人可以依照专利法实施细则第一百一十五条第一款的规定提出分案申请。

在国际阶段的检索和审查中，国际单位未提出单一性问题，而实际上申请存在单一性缺陷的，参照本章第9节的规定进行处理。

15.2.3 在先申请是在中国提出

进入国家阶段的国际申请要求的是在中国提出的在先申请的优先权，或者要求的是已经进入中国国家阶段的在先国际申请的优先权，则可能造成重复授权。对于由此可能造成重复授权的情况的处理，适用本章第13节的规定。

需要注意的是，如果出现视为未要求优先权的情况，则在先申请可能成为破坏该国际申请的新颖性的现有技术或抵触申请。

15.2.4 改正译文错误

根据专利法实施细则第一百一十三条的规定，在专利局作好公告实用新型专利权的准备工作之前，申请人发现提交的说明书、权利要求书或者附图的文字的中文译文存在错误，可以提出改正请求。申请人改正译文错误的，应当提出书面请求并缴纳规定的译文改正费。

第三章 外观设计专利申请的初步审查

1. 引 言

根据专利法第三条和第四十条的规定,专利局受理和审查外观设计专利申请,经初步审查没有发现驳回理由的,作出授予外观设计专利权的决定,发给相应的专利证书,同时予以登记和公告。因此,外观设计专利申请的初步审查是受理外观设计专利申请之后、授予专利权之前的一个必要程序。

细则 44.1

外观设计专利申请初步审查的范围是:

(1) 申请文件的形式审查,包括专利申请是否具备专利法第二十七条第一款规定的申请文件,以及这些文件是否符合专利法实施细则第二条、第三条第一款、第十六条、第二十七条、第二十八条、第二十九条、第三十五条第三款、第五十一条、第五十二条、第一百一十九条、第一百二十一条的规定。

(2) 申请文件的明显实质性缺陷审查,包括专利申请是否明显属于专利法第五条第一款、第二十五条第一款第(六)项规定的情形,或者不符合专利法第十八条、第十九条第一款的规定,或者明显不符合专利法第二条第四款、第二十三条第一款、第二十七条第二款、第三十一条第二款、第三十三条,以及专利法实施细则第四十三条第一款的规定,或者依照专利法第九条规定不能取得专利权。

(3) 其他文件的形式审查,包括与专利申请有关的其他手续和文件是否符合专利法第二十四条、第二十九条第一款、第三十条,以及专利法实施细则第六条、第十五条第三款和第四款、第三十条、第三十一条、第三十二条第一款、第三十三条、第三十六条、第四十二条、第四十三条第二款和第三款、第四十五条、第八十六条、第一百条的规定。

(4) 有关费用的审查,包括专利申请是否按照专利法实施细则第九十三条、第九十五条、第九十九条的规定缴纳了相关费用。

2. 审查原则

初步审查程序中,审查员应当遵循以下审查原则。

(1) 保密原则

审查员在专利申请的审批程序中,根据有关保密规定,对于尚未公告的专利申请文件和与专利申请有关的其他内容，以及其他不适宜公开的信息负有保密责任。

（2）书面审查原则

审查员应当以申请人提交的书面文件为基础进行审查，审查意见（包括补正通知）和审查结果应当以书面形式通知申请人。初步审查程序中，原则上不进行会晤。

（3）听证原则

审查员在作出驳回决定之前，应当将驳回所依据的事实、理由和证据通知申请人，至少给申请人一次陈述意见和/或修改申请文件的机会。审查员作出驳回决定时，驳回决定所依据的事实、理由和证据，应当是已经通知过申请人的，不得包含新的事实、理由和/或证据。

（4）程序节约原则

在符合规定的情况下，审查员应当尽可能提高审查效率，缩短审查过程。对于存在可以通过补正克服的缺陷的申请，审查员应当进行全面审查，并尽可能在一次补正通知书中指出全部缺陷。对于存在不可能通过补正克服的实质性缺陷的申请，审查员可以不对申请文件和其他文件的形式缺陷进行审查，在审查意见通知书中可以仅指出实质性缺陷。对于所有缺陷均可以通过依职权修改克服的申请，审查员可以不发出补正通知书。

除遵循以上原则外，审查员在作出视为未提出、视为撤回、驳回等处分决定的同时，应当告知申请人可以启动的后续程序。

3. 审查程序

法40

3.1 授予专利权通知

外观设计专利申请经初步审查没有发现驳回理由的，审查员应当作出授予外观设计专利权通知。能够授予专利权的外观设计专利申请包括不需要补正就符合初步审查要求的专利申请，以及经过补正符合初步审查要求的专利申请。

3.2 申请文件的补正

初步审查中，对于申请文件存在可以通过补正克服的缺陷的专利申请，审查员应当进行全面审查，并发出补正通知书。

经申请人补正后，申请文件仍然存在缺陷的，审查员应当再次发出补正通知书。

补正通知书除收件人信息、著录项目外，还应包括如下内容：

（1）指出补正通知书所针对的是申请人何时提交的何种文件；

（2）明确、具体地指出申请文件中存在的缺陷，并指出其不符合专利法及其实施细则的有关条款；

（3）明确、具体地说明审查员的倾向性意见和可能的建议，使申请人能够理解审查员的意图；

（4）指定申请人答复补正通知书的期限。

3.3 明显实质性缺陷的处理

初步审查中，对于申请文件存在不可能通过补正方式克服的明显实质性缺陷的专利申请，审查员应当发出审查意见通知书。

审查意见通知书除收件人信息、著录项目外，还应包括如下内容：

（1）指出审查意见通知书所针对的是申请人何时提交的何种文件；

（2）明确、具体地指出申请文件中存在的缺陷，并指出其不符合专利法及其实施细则的有关条款，对申请文件存在明显实质性缺陷的事实，必要时还应结合有关证据进行分析；

（3）说明审查员将根据专利法及其实施细则的有关规定准备驳回专利申请的倾向性意见；

（4）指定申请人答复审查意见通知书的期限。

3.4 通知书的答复

申请人在收到补正通知书或者审查意见通知书后，应当在指定的期限内补正或者陈述意见。申请人对专利申请进行补正的，应当提交补正书和相应修改文件替换页。申请文件的修改替换页应当一式两份，其他文件只需提交一份。对申请文件的修改，应当针对通知书指出的缺陷进行。修改的内容不得超出申请日提交的图片或者照片表示的范围。

申请人期满未答复的，审查员应当根据情况发出视为撤回通知书或者其他通知书。申请人因正当理由难以在指定的期限内作出答复的，可以提出延长期限请求。有关延长期限请求的处理，适用本指南第五部分第七章第 4 节的规定。

对于因不可抗拒事由或者因其他正当理由耽误期限而导致专利申请被视为撤回的，申请人可以在规定的期限内向专利局提出恢复权利的请求。有关恢复权利请求的处理，适用本指南第五部分第七章第 6 节的规定。

3.5 申请的驳回

细则 44.2

申请文件存在明显实质性缺陷，在审查员发出审查意见通知书后，经申请人陈述意见或者修改后仍然没有消除的，或者申请文件存在形式缺陷，审查员针对该缺陷已发出过两次补正通知书，经申请人陈述意见或者补正后仍然没有消除的，审查员可以作出驳回决定。

驳回决定正文应当包括案由、驳回的理由和决定三部分内容。

案由部分应当简述被驳回申请的审查过程，即历次的审查意见和申请人的答复概要、申请所存在的导致被驳回的缺陷以及驳回决定所针对的申请文本。

驳回的理由部分应当说明驳回的事实、理由和证据，并符合下列要求：

（1）正确选用法律条款。当可以同时根据专利法及其实施细则的不同条款驳回专利申请时，应当选择其中最适合、占主导地位的条款作为驳回的主要法律依据，同时简要地指出专利申请中存在的其他缺陷。

（2）以令人信服的事实、理由和证据作为驳回的依据，而且对于这些事实、理由和证据，应当已经通知过申请人，并已给申请人至少一次陈述意见和/或修改申请文件的机会。

审查员在驳回理由部分还应当对申请人的争辩意见进行简要的评述。

决定部分应当明确指出该专利申请不符合专利法及其实施细则的相应条款，并说明根据专利法实施细则第四十四条第二款的规定驳回该专利申请。

3.6 前置审查与复审后的处理

因不符合专利法及其实施细则的规定，专利申请被驳回，申请人对驳回决定不服的，可以在规定的期限内向专利复审委

4. 申请文件的审查

根据专利法第二十七条的规定，申请外观设计专利的，应当提交请求书、该外观设计的图片或者照片以及对该外观设计的简要说明等文件；申请人提交的有关图片或者照片应当清楚地显示要求专利保护的产品的外观设计。

4.1 请 求 书

4.1.1 使用外观设计的产品名称

细则16

使用外观设计的产品名称对图片或者照片中表示的外观设计所应用的产品种类具有说明作用。使用外观设计的产品名称应当与外观设计图片或者照片中表示的外观设计相符合，准确、简明地表明要求保护的产品的外观设计。产品名称一般应当符合国际外观设计分类表中小类列举的名称。产品名称一般不得超过20个字。

产品名称通常还应当避免下列情形：

(1) 含有人名、地名、国名、单位名称、商标、代号、型号或以历史时代命名的产品名称；

(2) 概括不当、过于抽象的名称，例如"文具"、"炊具"、"乐器"、"建筑用物品"等；

(3) 描述技术效果、内部构造的名称，例如"节油发动机"、"人体增高鞋垫"、"装有新型发动机的汽车"等；

(4) 附有产品规格、大小、规模、数量单位的名称，例如"21英寸电视机"、"中型书柜"、"一副手套"等；

(5) 以外国文字或无确定的中文意义的文字命名的名称，例如"克莱斯酒瓶"，但已经众所周知并且含义确定的文字可以使用，例如"DVD播放机"、"LED灯"、"USB集线器"等。

4.1.2 设 计 人

适用本部分第一章第4.1.2节有关发明人的规定。

4.1.3 申 请 人

适用本部分第一章第4.1.3节的规定。

4.1.4 联 系 人

适用本部分第一章第4.1.4节的规定。

4.1.5 代 表 人

适用本部分第一章第4.1.5节的规定。

4.1.6 专利代理机构、专利代理人

适用本部分第一章第4.1.6节的规定。

4.1.7 地　　址

适用本部分第一章第4.1.7节的规定。

4.2 外观设计图片或者照片

专利法第五十九条第二款规定，外观设计专利权的保护范围以表示在图片或者照片中的该产品的外观设计为准，简要说明可以用于解释图片或者照片所表示的该产品的外观设计。专利法第二十七条第二款规定，申请人提交的有关图片或者照片应当清楚地显示要求专利保护的产品的外观设计。

就立体产品的外观设计而言，产品设计要点涉及六个面的，应当提交六面正投影视图；产品设计要点仅涉及一个或几个面的，应当至少提交所涉及面的正投影视图和立体图，并应当在简要说明中写明省略视图的原因。

就平面产品的外观设计而言，产品设计要点涉及一个面的，可以仅提交该面正投影视图；产品设计要点涉及两个面的，应当提交两面正投影视图。

必要时，申请人还应当提交该外观设计产品的展开图、剖视图、剖面图、放大图以及变化状态图。

此外，申请人可以提交参考图，参考图通常用于表明使用外观设计的产品的用途、使用方法或者使用场所等。

色彩包括黑白灰系列和彩色系列。对于简要说明中声明请求保护色彩的外观设计专利申请，图片的颜色应当着色牢固、不易褪色。

4.2.1 视图名称及其标注

六面正投影视图的视图名称，是指主视图、后视图、左视

图、右视图、俯视图和仰视图。其中主视图所对应的面应当是使用时通常朝向消费者的面或者最大程度反映产品的整体设计的面。例如，带杯把的杯子的主视图应是杯把在侧边的视图。

各视图的视图名称应当标注在相应视图的正下方。

对于成套产品，应当在其中每件产品的视图名称前以阿拉伯数字顺序编号标注，并在编号前加"套件"字样。例如，对于成套产品中的第 4 套件的主视图，其视图名称为：套件 4 主视图。

对于同一产品的相似外观设计，应当在每个设计的视图名称前以阿拉伯数字顺序编号标注，并在编号前加"设计"字样。例如，设计 1 主视图。

组件产品，是指由多个构件相结合构成的一件产品。分为无组装关系、组装关系唯一或者组装关系不唯一的组件产品。对于组装关系唯一的组件产品，应当提交组合状态的产品视图；对于无组装关系或者组装关系不唯一的组件产品，应当提交各构件的视图，并在每个构件的视图名称前以阿拉伯数字顺序编号标注，并在编号前加"组件"字样。例如，对于组件产品中的第 3 组件的左视图，其视图名称为：组件 3 左视图。对于有多种变化状态的产品的外观设计，应当在其显示变化状态的视图名称后，以阿拉伯数字顺序编号标注。

4.2.2 图片的绘制

细则 121.1

图片应当参照我国技术制图和机械制图国家标准中有关正投影关系、线条宽度以及剖切标记的规定绘制，并应当以粗细均匀的实线表达外观设计的形状。不得以阴影线、指示线、虚线、中心线、尺寸线、点划线等线条表达外观设计的形状。可以用两条平行的双点划线或自然断裂线表示细长物品的省略部分。图面上可以用指示线表示剖切位置和方向、放大部位、透明部位等，但不得有不必要的线条或标记。图片应当清楚地表达外观设计。

图片可以使用包括计算机在内的制图工具绘制，但不得使用铅笔、蜡笔、圆珠笔绘制，也不得使用蓝图、草图、油印件。对于使用计算机绘制的外观设计图片，图面分辨率应当满足清晰的要求。

4.2.3 照片的拍摄

（1）照片应当清晰，避免因对焦等原因导致产品的外观设计无法清楚地显示。

（2）照片背景应当单一，避免出现该外观设计产品以外的其他内容。产品和背景应有适当的明度差，以清楚地显示产品的外观设计。

（3）照片的拍摄通常应当遵循正投影规则，避免因透视产生的变形影响产品的外观设计的表达。

（4）照片应当避免因强光、反光、阴影、倒影等影响产品的外观设计的表达。

（5）照片中的产品通常应当避免包含内装物或者衬托物，但对于必须依靠内装物或者衬托物才能清楚地显示产品的外观设计时，则允许保留内装物或者衬托物。

4.2.4 图片或者照片的缺陷

法 27.2

对于图片或者照片中的内容存在缺陷的专利申请，审查员应当向申请人发出补正通知书或者审查意见通知书。根据专利法第三十三条的规定，申请人对专利申请文件的修改不得超出原图片或者照片表示的范围。所述缺陷主要是指下列各项：

（1）视图投影关系有错误，例如投影关系不符合正投影规则、视图之间的投影关系不对应或者视图方向颠倒等。

（2）外观设计图片或者照片不清晰，图片或者照片中显示的产品图形尺寸过小；或者虽然图形清晰，但因存在强光、反光、阴影、倒影、内装物或者衬托物等而影响产品外观设计的正确表达。

（3）外观设计图片中的产品绘制线条包含有应删除或修改的线条，例如视图中的阴影线、指示线、虚线、中心线、尺寸线、点划线等。

（4）表示立体产品的视图有下述情况的：

（i）各视图比例不一致；

（ii）产品设计要点涉及六个面，而六面正投影视图不足，但下述情况除外：

后视图与主视图相同或对称时可以省略后视图；

左视图与右视图相同或对称时可以省略左视图（或右视图）；

俯视图与仰视图相同或对称时可以省略俯视图（或仰视图）；

大型或位置固定的设备和底面不常见的物品可以省略仰视图。

（5）表示平面产品的视图有下述情况的：

（i）各视图比例不一致；

（ii）产品设计要点涉及两个面，而两面正投影视图不足，但后视图与主视图相同或对称的情况以及后视图无图案的情况除外。

（6）细长物品例如量尺、型材等，绘图时省略了中间一段长度，但没有使用两条平行的双点划线或自然断裂线断开的画法。

（7）剖视图或剖面图的剖面及剖切处的表示有下述情况的：

（i）缺少剖面线或剖面线不完全；

（ii）表示剖切位置的剖切位置线、符号及方向不全或缺少上述内容（但可不给出表示从中心位置处剖切的标记）。

（8）有局部放大图，但在有关视图中没有标出放大部位的。

（9）组装关系唯一的组件产品缺少组合状态的视图；无组装关系或者组装关系不唯一的组件产品缺少必要的单个构件的视图。

（10）透明产品的外观设计，外层与内层有两种以上形状、图案和色彩时，没有分别表示出来。

4.3 简要说明

专利法第五十九条第二款规定，外观设计专利权的保护范围以表示在图片或者照片中的该产品的外观设计为准，简要说明可以用于解释图片或者照片所表示的该产品的外观设计。

根据专利法实施细则第二十八条的规定，简要说明应当包括下列内容：

（1）外观设计产品的名称。简要说明中的产品名称应当与请求书中的产品名称一致。

（2）外观设计产品的用途。简要说明中应当写明有助于确定产品类别的用途。对于具有多种用途的产品，简要说明应当写明所述产品的多种用途。

（3）外观设计的设计要点。设计要点是指与现有设计相区别的产品的形状、图案及其结合，或者色彩与形状、图案的结合，或者部位。对设计要点的描述应当简明扼要。

（4）指定一幅最能表明设计要点的图片或者照片。指定的图片或者照片用于出版专利公报。

此外，下列情形应当在简要说明中写明：

（1）请求保护色彩或者省略视图的情况。

如果外观设计专利申请请求保护色彩，应当在简要说明中声明。

如果外观设计专利申请省略了视图，申请人通常应当写明省略视图的具体原因，例如因对称或者相同而省略；如果难以写明的，也可仅写明省略某视图，例如大型设备缺少仰视图，可以写为"省略仰视图"。

（2）对同一产品的多项相似外观设计提出一件外观设计专利申请的，应当在简要说明中指定其中一项作为基本设计。

（3）对于花布、壁纸等平面产品，必要时应当描述平面产品中的单元图案两方连续或者四方连续等无限定边界的情况。

（4）对于细长物品，必要时应当写明细长物品的长度采用省略画法。

（5）如果产品的外观设计由透明材料或者具有特殊视觉效果的新材料制成，必要时应当在简要说明中写明。

（6）如果外观设计产品属于成套产品，必要时应当写明各套件所对应的产品名称。

简要说明不得使用商业性宣传用语，也不能用来说明产品的性能和内部结构。

5. 其他文件和相关手续的审查

5.1 委托专利代理机构

适用本部分第一章第6.1节的规定。

5.2 要求优先权

申请人要求享有优先权应当符合专利法第二十九条第一款、第三十条，专利法实施细则第三十一条、第三十二条第一款以及巴黎公约的有关规定。

根据专利法第二十九条第一款的规定，外观设计专利申请的优先权要求仅限于外国优先权，即申请人自外观设计在外国第一次提出专利申请之日起六个月内,又在中国就相同的主题提出外观设计专利申请的,依照该外国同中国签订的协议或者共同参加的国际条约,或者依照相互承认优先权的原则,可以享有优先权。

根据专利法实施细则第三十一条第四款的规定,外观设计专利申请的申请人要求外国优先权,其在先申请未包括对外观设计的简要说明,申请人按照专利法实施细则第二十八条规定提交的简要说明未超出在先申请文件的图片或者照片表示的范围的,不影响其享有优先权。

根据专利法实施细则第三十二条第一款的规定,申请人在一件外观设计专利申请中,可以要求一项或者多项优先权。

初步审查中,对多项优先权的审查,应当审查每一项优先权是否符合本章的有关规定。

5.2.1 在先申请和要求优先权的在后申请

适用本部分第一章第6.2.1.1节的规定。

5.2.2 要求优先权声明

适用本部分第一章第6.2.1.2节的规定。

5.2.3 在先申请文件副本

适用本部分第一章第6.2.1.3节的规定。

5.2.4 在后申请的申请人

适用本部分第一章第6.2.1.4节的规定。

5.2.5 优先权要求的撤回

适用本部分第一章第6.2.3节的规定。

5.2.6 优先权要求费

适用本部分第一章第6.2.4节的规定。

5.2.7 优先权要求的恢复

适用本部分第一章第6.2.5节的规定。

5.3 不丧失新颖性的公开

适用本部分第一章第 6.3 节的规定。

5.4 撤回专利申请声明

适用本部分第一章第 6.6 节的规定。

5.5 著录项目变更

适用本部分第一章第 6.7 节的规定。

6. 根据专利法第五条第一款和第二十五条第一款第（六）项的审查

6.1 根据专利法第五条第一款的审查

根据专利法第五条第一款的规定，对违反法律、社会公德或者妨害公共利益的发明创造，不授予专利权。

审查员应当根据本指南第二部分第一章第 3 节的有关规定，对申请专利的外观设计是否明显违反法律、是否明显违反社会公德、是否明显妨害公共利益三个方面进行审查。

6.1.1 违反法律

违反法律，是指外观设计专利申请的内容违反了由全国人民代表大会或者全国人民代表大会常务委员会依照立法程序制定和颁布的法律。

例如，带有人民币图案的床单的外观设计，因违反《中国人民银行法》，不能被授予专利权。

6.1.2 违反社会公德

社会公德，是指公众普遍认为是正当的、并被接受的伦理道德观念和行为准则。它的内涵基于一定的文化背景，随着时间的推移和社会的进步不断地发生变化，而且因地域不同而各异。中国专利法中所称的社会公德限于中国境内。例如，带有暴力凶杀或者淫秽内容的图片或者照片的外观设计不能被授予专利权。

6.1.3 妨害公共利益

妨害公共利益，是指外观设计的实施或使用会给公众或社会造成危害，或者会使国家和社会的正常秩序受到影响。

专利申请中外观设计的文字或者图案涉及国家重大政治事件、经济事件、文化事件，或者涉及宗教信仰，以致妨害公共利益或者伤害人民感情或民族感情的、或者宣扬封建迷信的、或者造成不良政治影响的，该专利申请不能被授予专利权。

以著名建筑物（如天安门）以及领袖肖像等为内容的外观设计不能被授予专利权。

以中国国旗、国徽作为图案内容的外观设计，不能被授予专利权。

6.2 根据专利法第二十五条第一款第（六）项的审查

专利法第二十五条第一款第（六）项规定，对平面印刷品的图案、色彩或者二者的结合作出的主要起标识作用的设计，不授予专利权。根据专利法实施细则第四十四条第一款第（三）项的规定，在外观设计专利申请的初步审查中，应当对外观设计专利申请是否明显属于专利法第二十五条第一款第（六）项的情形进行审查。

如果一件外观设计专利申请同时满足下列三个条件，则认为所述申请属于专利法第二十五条第一款第（六）项规定的不授予专利权的情形：

（1）使用外观设计的产品属于平面印刷品；

（2）该外观设计是针对图案、色彩或者二者的结合而作出的；

（3）该外观设计主要起标识作用。

在依据上述规定对外观设计专利申请进行审查时，审查员首先根据申请的图片或者照片以及简要说明，审查使用外观设计的产品是否属于平面印刷品。其次，审查所述外观设计是否是针对图案、色彩或者二者的结合而作出的。由于不考虑形状要素，所以任何二维产品的外观设计均可认为是针对图案、色彩或者二者的结合而作出的。再次，审查所述外观设计对于所使用的产品来说是否主要起标识作用。主要起标识作用是指所述外观设计的主要用途在于使公众识别所涉及的产品、服务的来源等。

壁纸、纺织品不属于本条款规定的对象。

7. 根据专利法第二条第四款的审查

根据专利法第二条第四款的规定,专利法所称外观设计,是指对产品的形状、图案或者其结合以及色彩与形状、图案的结合所作出的富有美感并适于工业应用的新设计。

7.1 外观设计必须以产品为载体

外观设计是产品的外观设计,其载体应当是产品。不能重复生产的手工艺品、农产品、畜产品、自然物不能作为外观设计的载体。

7.2 产品的形状、图案或者其结合以及色彩与形状、图案的结合

构成外观设计的是产品的外观设计要素或要素的结合,其中包括形状、图案或者其结合以及色彩与形状、图案的结合。产品的色彩不能独立构成外观设计,除非产品色彩变化的本身已形成一种图案。可以构成外观设计的组合有:产品的形状;产品的图案;产品的形状和图案;产品的形状和色彩;产品的图案和色彩;产品的形状、图案和色彩。

形状,是指对产品造型的设计,也就是指产品外部的点、线、面的移动、变化、组合而呈现的外表轮廓,即对产品的结构、外形等同时进行设计、制造的结果。

图案,是指由任何线条、文字、符号、色块的排列或组合而在产品的表面构成的图形。图案可以通过绘图或其他能够体现设计者的图案设计构思的手段制作。产品的图案应当是固定、可见的,而不应是时有时无的或者需要在特定的条件下才能看见的。

色彩,是指用于产品上的颜色或者颜色的组合,制造该产品所用材料的本色不是外观设计的色彩。

外观设计要素,即形状、图案、色彩是相互依存的,有时其界限是难以界定的,例如多种色块的搭配即成图案。

7.3 适于工业应用的富有美感的新设计

适于工业应用,是指该外观设计能应用于产业上并形成批量生产。

富有美感，是指在判断是否属于外观设计专利权的保护客体时，关注的是产品的外观给人的视觉感受，而不是产品的功能特性或者技术效果。

专利法第二条第四款是对可获得专利保护的外观设计的一般性定义，而不是判断外观设计是否相同或实质相同的具体审查标准。因此，在审查中，对于要求保护的外观设计是否满足新设计的一般性要求，审查员通常仅需根据申请文件的内容及一般消费者的常识进行判断。

7.4 不授予外观设计专利权的情形

根据专利法第二条第四款的规定，以下属于不授予外观设计专利权的情形：

（1）取决于特定地理条件、不能重复再现的固定建筑物、桥梁等。例如，包括特定的山水在内的山水别墅。

（2）因其包含有气体、液体及粉末状等无固定形状的物质而导致其形状、图案、色彩不固定的产品。

（3）产品的不能分割或者不能单独出售且不能单独使用的局部设计，例如袜跟、帽檐、杯把等。

（4）对于由多个不同特定形状或者图案的构件组成的产品，如果构件本身不能单独出售且不能单独使用，则该构件不属于外观设计专利保护的客体。例如，一组由不同形状的插接块组成的拼图玩具，只有将所有插接块共同作为一项外观设计申请时，才属于外观设计专利保护的客体。

（5）不能作用于视觉或者肉眼难以确定，需要借助特定的工具才能分辨其形状、图案、色彩的物品。例如，其图案是在紫外灯照射下才能显现的产品。

（6）要求保护的外观设计不是产品本身常规的形态，例如手帕扎成动物形态的外观设计。

（7）以自然物原有形状、图案、色彩作为主体的设计，通常指两种情形，一种是自然物本身；一种是自然物仿真设计。

（8）纯属美术、书法、摄影范畴的作品。

（9）仅以在其产品所属领域内司空见惯的几何形状和图案构成的外观设计。

（10）文字和数字的字音、字义不属于外观设计保护的内容。

（11）产品通电后显示的图案。例如，电子表表盘显示的图案、手机显示屏上显示的图案、软件界面等。

8. 根据专利法第二十三条第一款的审查

在外观设计专利申请的初步审查中，通常不进行检索，审查员仅需要根据申请文件的内容及一般消费者的常识，判断所要求保护的外观设计专利申请是否明显不符合专利法第二十三条第一款的规定。

但是，审查员可以根据未经其检索获得的有关现有设计或抵触申请的信息判断外观设计是否明显不符合专利法第二十三条第一款的规定。

外观设计涉及非正常申请的，例如明显抄袭现有设计或者属于内容明显实质相同的专利申请，审查员应当根据检索获得的对比文件或者其他途径获得的信息判断外观设计是否明显不符合专利法第二十三条第一款的规定。

相同或者实质相同的审查参照本指南第四部分第五章的相关规定。

9. 根据专利法第三十一条第二款的审查

专利法第三十一条第二款规定，一件外观设计专利申请应当限于一项外观设计。同一产品两项以上的相似外观设计，或者属于同一类别并且成套出售或者使用的产品的两项以上的外观设计，可以作为一件申请提出（简称合案申请）。

9.1 同一产品的两项以上的相似外观设计

根据专利法第三十一条第二款的规定，同一产品两项以上的相似外观设计可以作为一件申请提出。

细则 35.1

一件外观设计专利申请中的相似外观设计不得超过 10 项。超过 10 项的，审查员应发出审查意见通知书，申请人修改后未克服缺陷的，驳回该专利申请。

9.1.1 同一产品

根据专利法第三十一条第二款的规定，一件申请中的各项外观设计应当为同一产品的外观设计，例如，均为餐用盘的外观设计。如果各项外观设计分别为餐用盘、碟、杯、碗的外观设计，虽然各产品同属于国际外观设计分类表中的同一大类，但并不属于同一产品。

9.1.2 相似外观设计

根据专利法实施细则第三十五条第一款的规定，同一产品的其他外观设计应当与简要说明中指定的基本外观设计相似。

判断相似外观设计时，应当将其他外观设计与基本外观设计单独进行对比。

细则 44.1（3）

初步审查时，对涉及相似外观设计的申请，应当审查其是否明显不符合专利法第三十一条第二款的规定。一般情况下，经整体观察，如果其他外观设计和基本外观设计具有相同或者相似的设计特征，并且二者之间的区别点在于局部细微变化、该类产品的惯常设计、设计单元重复排列或者仅色彩要素的变化等情形，则通常认为二者属于相似的外观设计。

法 31.2

9.2 成套产品的外观设计

专利法实施细则第三十五条第二款规定，用于同一类别并且成套出售或者使用的产品并且具有相同设计构思的两项以上外观设计，可以作为一件申请提出。

成套产品是指由两件以上（含两件）属于同一大类、各自独立的产品组成，各产品的设计构思相同，其中每一件产品具有独立的使用价值，而各件产品组合在一起又能体现出其组合使用价值的产品，例如由咖啡杯、咖啡壶、牛奶壶和糖罐组成的咖啡器具。

9.2.1 同一类别

根据专利法第三十一条第二款以及专利法实施细则第三十五条第二款的规定，两项以上（含两项）外观设计可以作为一件申请提出的条件之一是该两项以上外观设计的产品属于同一类别，即该两项以上外观设计的产品属于国际外观设计分类表中的同一大类。

需要说明的是，产品属于同一大类并非是合案申请的充分条件，其还应当满足专利法第三十一条第二款有关成套出售或者使用以及属于相同设计构思的要求。

9.2.2 成套出售或者使用

专利法实施细则第三十五条第二款所述的成套出售或者使用，指习惯上同时出售或者同时使用并具有组合使用价值。

(1-75)

（1）同时出售

同时出售，是指外观设计产品习惯上同时出售，例如由床罩、床单和枕套等组成的多套件床上用品。为促销而随意搭配出售的产品，例如书包和铅笔盒，虽然在销售书包时赠送铅笔盒，但是这不应认为是习惯上同时出售，不能作为成套产品提出申请。

（2）同时使用

同时使用，是指产品习惯上同时使用，也就是说，使用其中一件产品时，会产生使用联想，从而想到另一件或另几件产品的存在，而不是指在同一时刻同时使用这几件产品。例如咖啡器具中的咖啡杯、咖啡壶、糖罐、牛奶壶等。

9.2.3 各产品的设计构思相同

设计构思相同，是指各产品的设计风格是统一的，即对各产品的形状、图案或者其结合以及色彩与形状、图案的结合所作出的设计是统一的。

形状的统一，是指各个构成产品都以同一种特定的造型为特征，或者各构成产品之间以特定的造型构成组合关系，即认为符合形状统一。

图案的统一，是指各产品上图案设计的题材、构图、表现形式等方面应当统一。若其中有一方面不同，则认为图案不统一，例如咖啡壶上的设计以兰花图案为设计题材，而咖啡杯上的设计图案为熊猫，由于图案所选设计题材不同，则认为图案不统一，不符合统一和谐的原则，因此不能作为成套产品合案申请。

对于色彩的统一，不能单独考虑，应当与各产品的形状、图案综合考虑。当各产品的形状、图案符合统一协调的原则时，在简要说明中没有写明请求保护色彩的情况下，设计构思相同；在简要说明中写明请求保护色彩的情况下，如果产品的色彩风格一致则设计构思相同；如果各产品的色彩变换较大，破坏了整体的和谐，则不能作为成套产品合案申请。

9.2.4 成套产品中不应包含相似外观设计

成套产品外观设计专利申请中不应包含某一件或者几件产品的相似外观设计。例如，一项包含餐用杯和碟的成套产品外观设计专利申请中，不应再包括所述杯和碟的两项以上的相似外观设计。

对不符合上述规定的申请,审查员应当发出审查意见通知书要求申请人修改。

9.3 合案申请的外观设计应当分别具备授权条件

需要注意的是,无论是涉及同一产品的两项以上的相似外观设计,还是成套产品的外观设计专利申请,其中的每一项外观设计或者每件产品的外观设计除了应当满足上述合案申请的相关规定外,还应当分别具备其他授权条件;如果其中的一项外观设计或者一件产品的外观设计不具备授权条件,则应当删除该项外观设计或者该件产品的外观设计,否则该专利申请不能被授予专利权。

9.4 分案申请的审查

9.4.1 分案申请的核实

适用本部分第一章第5.1.1节的规定。

9.4.2 分案申请的其他要求

(1)原申请中包含两项以上外观设计的,分案申请应当是原申请中的一项或几项外观设计,并且不得超出原申请表示的范围。

(2)原申请为产品整体外观设计的,不允许将其中的一部分作为分案申请提出,例如一件专利申请请求保护的是摩托车的外观设计,摩托车的零部件不能作为分案申请提出。

分案申请不符合上述第(1)项规定的,审查员应当发出审查意见通知书,通知申请人修改;期满未答复的,应当发出视为撤回通知书;申请人无充足理由而又坚持不作修改的,对该分案申请作出驳回决定。分案申请不符合上述第(2)项规定的,审查员应当发出审查意见通知书;期满未答复的,应当发出视为撤回通知书;申请人无充足理由而又坚持作为分案申请提出的,则对该分案申请作出驳回决定。

9.4.3 分案申请的期限和费用

适用本部分第一章第5.1.2节的规定。

10. 根据专利法第三十三条的审查

细则51.2
及.3

根据专利法第三十三条的规定，申请人对其外观设计专利申请文件的修改不得超出原图片或者照片表示的范围。修改超出原图片或者照片表示的范围，是指修改后的外观设计与原始申请文件中表示的相应的外观设计相比，属于不相同的设计。

在判断申请人对其外观设计专利申请文件的修改是否超出原图片或者照片表示的范围时，如果修改后的内容在原图片或者照片中已有表示，或者可以直接地、毫无疑义地确定，则认为所述修改符合专利法第三十三条的规定。

申请人可以自申请日起两个月内对外观设计专利申请文件主动提出修改。此外，申请人在收到专利局的审查意见通知书或者补正通知书后，应当针对通知书指出的缺陷对专利申请文件进行修改。

细则51.2

10.1 申请人主动修改

对于申请人的主动修改，审查员应当首先核对提出修改的日期是否在自申请日起两个月内。对于超过两个月的修改，如果修改的文件消除了原申请文件存在的缺陷，并且具有被授权的前景，则该修改文件可以接受。对于不接受的修改文件，审查员应当发出视为未提出通知书。

对于在两个月内提出的主动修改，审查员应当审查其修改是否超出原图片或者照片表示的范围。修改超出原图片或者照片表示的范围的，审查员应当发出审查意见通知书，通知申请人该修改不符合专利法第三十三条的规定。申请人陈述意见或补正后仍然不符合规定的，审查员可以根据专利法第三十三条和专利法实施细则第四十四条第二款的规定作出驳回决定。

细则51.3

10.2 针对通知书指出的缺陷进行修改

对于针对通知书指出的缺陷进行的修改，审查员应当审查该修改是否超出原图片或者照片表示的范围以及是否是针对通知书指出的缺陷进行的修改。对于申请人提交的包含有并非针对通知书所指出的缺陷进行修改的修改文件，如果其修改符合专利法第三十三条的规定，并消除了原申请文件存在的缺陷，且具有授权的前景，则该修改可以被视为是针对通知书指出的缺陷进行的修改，经此修改的申请文件应当予以接受。申请人提交的修改文件超出了原图片或者照片表示的范围的，审查员应当发出审查意见通知书，通知申请人该修改不符合专利法第三十三条的规定，申请人陈述意见或补正后仍然不符合规定的，审查员可以根据专利法第三十三条和专利法实施细则第四十四条第二款的规定作出驳回决定。

10.3 审查员依职权修改

细则51.4

初步审查中，审查员可以对本章第4.1节、第4.2节和第4.3节规定的申请文件中出现的明显错误依职权进行修改，并通知申请人。依职权修改的内容主要指以下几个方面：

（1）明显的产品名称错误；

（2）明显的视图名称错误；

（3）明显的视图方向错误；

（4）外观设计图片中的产品绘制线条包含有应删除的线条，例如阴影线、指示线、中心线、尺寸线、点划线等；

（5）简要说明中写有明显不属于简要说明可以写明的内容，例如关于产品内部结构、技术效果的描述、产品推广宣传等用语；

（6）申请人在简要说明中指定的最能表明设计要点的图片或者照片明显不恰当；

（7）请求书中，申请人地址或联系人地址漏写、错写或者重复填写的省（自治区、直辖市）、市、邮政编码等信息。

审查员依职权修改的内容，应当在文档中记载并通知申请人。

11. 根据专利法第九条的审查

专利法第九条第一款规定，同样的发明创造只能授予一项专利权。专利法第九条第二款规定，两个以上的申请人分别就同样的发明创造申请专利的，专利权授予最先申请的人。

初步审查中，对于外观设计专利申请根据专利法第九条的规定是否能够取得专利权，一般不通过检索进行审查。但审查员已经得知有申请人就同样的外观设计提出了专利申请的，应当进行审查。

11.1 判断原则

在判断是否构成专利法第九条所述的同样的发明创造时，

应当以表示在两件外观设计专利申请或专利的图片或者照片中的产品的外观设计为准。同样的外观设计是指两项外观设计相同或者实质相同。外观设计相同或者实质相同的判断原则，适用本指南第四部分第五章的相关规定。

11.2 处理方式

参照本指南第二部分第三章第 6.2 节的规定。

12. 外观设计分类

专利局采用国际外观设计分类法（即洛迦诺分类法）对外观设计专利申请进行分类，以最新公布的《国际外观设计分类表》中文译本为工作文本。

外观设计分类的目的是：
（1）确定外观设计产品的类别属性；
（2）对外观设计专利进行归类管理；
（3）便于对外观设计专利进行检索查询；
（4）按照分类号顺序编排和公告外观设计专利文本。

外观设计分类是针对使用该外观设计的产品进行的，分类号由"LOC"、"（版本号）"、"Cl."、"大类号－小类号"组合而成（以下所述分类号是指"大类号－小类号"），例如 LOC（9）Cl. 06－04。多个分类号的，各分类号之间用分号分隔，例如：LOC（9）Cl. 06－04；23－02。

12.1 分类的依据

外观设计分类以外观设计的产品名称、图片或者照片以及简要说明中记载的产品用途为依据。

12.2 分类的方法

外观设计分类一般应遵循用途原则，不考虑制造该产品的材料。产品的用途可以从申请人提供的外观设计的产品名称、图片或者照片，以及产品的使用目的、使用领域、使用方法等信息中获知。

确定产品的类别，应当按照先大类再小类的顺序进行。一件外观设计产品的类别应属于包含其产品用途的大类和该大类下的小类，如果该大类下未列出包含其产品用途的小类，则分入该大类下的 99 小类，即其他杂项类。

对于产品的零部件，有专属类别的，应当将该零部件分入其专属的类别，例如汽车的轮胎，应分入 12 - 15 类；没有专属类别的，且通常不应用于其他产品的，应当将该零部件分入其上位产品所属的类别，例如打火机的打火轮，应分入 27 - 05 类。确定产品的零部件是否具有专属的类别，并不限于与分类表中的具体产品项一一对应，例如验钞机的外壳，应分入 10 - 07 类。

对于因时代的发展衍生出新用途的产品，一般仍应当保持其传统用途的所属类别。例如灯笼，其已逐渐从以往单纯的照明设备演变为装饰用品，仍应将其分入 26 大类照明设备中。

12.3 分类号的确定

12.3.1 单一用途产品的分类

（1）外观设计专利申请中仅包含一件产品的外观设计，且用途单一的，应当给出一个分类号。

（2）外观设计专利申请中包含同一产品的多项外观设计，且用途单一的，应当给出一个分类号。

（3）外观设计专利申请中包含多件产品的外观设计，且用途相同、单一的，应当给出一个分类号。例如，一项外观设计专利申请中包含枕套、床单和被罩三件产品，均属于床上用品，分类号为 06 - 13 类。

12.3.2 多用途产品的分类

（1）外观设计专利申请中仅包含一件产品的外观设计，且该产品为两个或两个以上不同用途的产品的组合体，应当给出与其用途对应的多个分类号，但家具组合体除外。例如，带有温度计的相框，具有测量温度和放置照片两种用途，分类号为 06 - 07 和 10 - 04。又如，连体桌椅，属于家具组合体，分类号为 06 - 05。

（2）外观设计专利申请中包含同一产品的多项外观设计，且该产品为两个或两个以上不同用途的产品的组合体，应当给出与其用途对应的多个分类号。

（3）外观设计专利申请中包含多件产品的外观设计，且各单件产品具有不同的用途，应当给出与其用途对应的多个分类号。例如，一件外观设计专利申请中包含碗和勺子两件产品，分类号为 07-01 和 07-03。

12.3.3 分类过程中的补正

根据专利法实施细则第二十八条的规定，简要说明中应当写明外观设计产品的用途。

外观设计分类过程中出现以下情形的，应当发出补正通知书：

（1）外观设计的产品名称、图片或者照片不能确定产品的用途，且简要说明中未写明产品用途或所写的产品用途不确切；

（2）外观设计的产品名称、图片或者照片所确定的产品用途与简要说明中记载的产品用途明显不一致。

申请人应当在收到补正通知书后两个月内答复，提交外观设计简要说明的替换页。期满未答复的，该申请将视为撤回。

第四章 专利分类

1. 引 言

专利局采用国际专利分类对发明专利申请和实用新型专利申请进行分类,以最新版的国际专利分类表(IPC,包括其使用指南)中文译本为工作文本,有疑义时以相同版的英文或法文版本为准。

分类的目的是:

(1)建立有利于检索的专利申请文档;

(2)将发明专利申请和实用新型专利申请分配给相应的审查部门;

(3)按照分类号编排发明专利申请和实用新型专利申请,系统地向公众公布或者公告。

本章仅涉及发明专利申请和实用新型专利申请的分类。外观设计的分类适用本部分第三章第12节的规定。

2. 分类的内容

对每一件发明专利申请或者实用新型专利申请的技术主题进行分类,应当给出完整的、能代表发明或实用新型的发明信息的分类号,并尽可能对附加信息进行分类;将最能充分代表发明信息的分类号排在第一位。

发明信息是专利申请的全部文本(例如:权利要求书、说明书、附图)中代表对现有技术的贡献的技术信息,对现有技术的贡献的技术信息是指在专利申请中明确披露的所有新颖的和非显而易见的技术信息。

附加信息本身不代表对现有技术的贡献,而是对检索可能是有用的信息,其中包括引得码所表示的技术信息。附加信息是对发明信息的补充。例如:组合物或混合物的成分,或者是方法、结构的要素或组成部分,或者是已经分类的技术主题的用途或应用方面的特征。

3. 技术主题

3.1 技术主题的类别

发明创造的技术主题可以是方法、产品、设备或材料,其中包括这些技术主题的使用或应用方式。应当以最宽泛的含义来理解这些技术主题的范围。

（1）方法。例如：聚合、发酵、分离、成形、输送、纺织品的处理、能量的传递和转换、建筑、食品的制备、试验、设备的操作及其运行、信息的处理和传输的方法。

（2）产品。例如：化合物、组合物、织物、制造的物品。

（3）设备。例如：化学或物理工艺设备、各种工具、各种器具、各种机器、各种执行操作的装置。

（4）材料。例如：组成混合物的各种组分。

材料包括各种物质、中间产品以及用于制造产品的组合物。材料的例子如下：

【例1】

混凝土。组成材料是水泥、沙石、水。

【例2】

用于制造家具的胶合板。由基本上是厚度均匀的、或多或少连续接触并结合在一起的多个层构成的材料。

应当注意的是：一个设备，由于它是通过一种方法制造的，可以看作是一件产品。术语"设备"是与某种预期用途或目的联系在一起的，例如：用于产生气体的设备、用于切割的设备。但术语"产品"只用来表示某一方法的结果，而不管该产品的功能如何，例如：某化学方法或制造方法的最终产品。材料本身就可以构成产品。

3.2 技术主题的确定

要根据专利申请的全部文本（例如：权利要求书、说明书、附图）确定技术主题。在根据权利要求书确定技术主题的同时，还要根据说明书、附图确定未要求专利保护的技术主题。

3.2.1 根据权利要求书确定技术主题的几种情况

根据权利要求书确定技术主题时，应当完整地理解权利要求书中所记载的技术内容。例如：以独立权利要求来确定技术主题时，应当将其前序部分记载的技术特征和特征部分记载的技术特征结合起来确定。

此外，还应当结合说明书、附图的内容来正确理解或澄清权利要求书中所记载的、构成其要求专利保护的技术方案的技术特征。

（1）一般以独立权利要求中前序部分记载的技术特征为主，将特征部分记载的技术特征看作是对前序部分的限定。

【例1】

用于墙或屋顶的建筑板，其特征是该板由片材制成，该片材为矩形并由四个部分组成，各部分的表面形状为双曲抛物面……

技术主题为：以形状为特征的片状的用于墙或屋顶的建筑板。

【例2】

一种具有改进的倾点特征的原油组合物，其特征是包括含蜡原油和有效量的倾点下降添加剂，该添加剂是由乙烯与丙烯腈的共聚物和三元共聚物组成的。

技术主题为：以含乙烯与丙烯腈的共聚物和三元共聚物组成的添加剂为特征的原油组合物。

【例3】

一种棉织机减震器，其特征是在钢板上粘有粘弹材料，两者结合成一体。

技术主题为：以钢板上粘有粘弹材料并且两者结合成一体为特征的棉织机减震器。

【例4】

一种扬声器，在筒状壳体的一端压接压电陶瓷片，另一端为扬声器口，在压电陶瓷片上有两个金属接点，其特征是在壳体外部安装一层振动壳，该振动壳与壳体上扬声器口的边缘相接，两层壳之间存在间隙，组成双壳体。

技术主题为：以双壳体为特征的采用压电陶瓷片的扬声器。

【例5】

一种活性染料化合物，其特征是利用一种酶进行合成……

技术主题为：利用酶合成的一种活性染料化合物。

（2）当独立权利要求中前序部分所描述的对象在分类表中没有确切的分类位置时，以特征部分记载的技术特征为主，将前序部分记载的技术特征看作是对特征部分的限定。

【例1】

一种开关，包括一个外壳、设置在外壳盖中的控制装置、电线通道及开闭触点，其特征是在具有开口的外壳盖的开口下设有一个由透明材料制成的光导板以及一个指示开关位置的辉光灯泡。

技术主题为：开关的指示开关位置的装置。

【例2】

一种计时钟，包括外壳和机芯，其特征是该外壳用陶瓷材料制成，外壳的外形为……

技术主题为：一种计时钟的用陶瓷材料制成的外壳，……

3.2.2 根据权利要求书无法确定技术主题的情况

当根据权利要求书无法确定技术主题时，应当根据其说明书中记载的该发明或实用新型所解决的技术问题、技术方案、技术效果或者实施例来确定。

3.2.3 根据说明书、附图确定未要求专利保护的技术主题

如果说明书、附图中记载了对现有技术的贡献的内容，即使该内容未被要求专利保护，也应当确定其技术主题。

4. 分类方法

对于一件专利申请，应当首先确定其技术主题所涉及的发明信息和附加信息，然后给出对应于发明信息和附加信息的分类号。

4.1 整体分类

应当尽可能地将技术主题作为一个整体来分类，而不是对其各个组成部分分别进行分类。

但如果技术主题的某组成部分本身代表了对现有技术的贡献，那么该组成部分构成发明信息，也应当对其进行分类。例如：将一个较大系统作为整体进行分类时，若其部件或零件是新颖的和非显而易见的，则应当对这个系统以及这些部件或零件分别进行分类。

【例1】

由中间梁、弹性密封件、横托梁、支撑弹簧、横托梁密封箱等组成的转臂自控式桥梁伸缩缝装置，其特征是每根横托梁……

按桥梁伸缩缝装置的整体分类，分入 E01D 19/06。

如果横托梁是新颖的和非显而易见的，还应将横托梁分入 E04C 3/02 。

【例2】

固体垃圾的处理系统，由输入装置及分拣、粉碎、金属回收、塑料回收和肥料制造等设备组成。

按固体垃圾的处理系统整体分类，分入 B09B 3/00。

如果粉碎设备是新颖的和非显而易见的，还应将粉碎设备分入 B02C 21/00。

4.2 功能分类或应用分类的确定

4.2.1 功能分类

若技术主题在于某物的本质属性或功能，且不受某一特定应用领域的限制，则将该技术主题按功能分类。

如果技术主题涉及某种特定的应用，但没有明确披露或完全确定，若分类表中有功能分类位置，则按功能分类；若宽泛地提到了若干种应用，则也按功能分类。

【例1】

特征在于结构或功能方面的各种阀，其结构或功能不取决于流过的特定流体（例如油）的性质或包括该阀的任何设备，按功能分类，分入 F16K。

【例2】

特征在于其化学结构的有机化合物的技术主题，按功能分类，分入 C07。

【例3】

装有绕活动轴转动的圆盘切刀的切割机械，按功能分类，分入 B26D 1/157。

4.2.2 应用分类

若技术主题属于下列情况，则将该技术主题按应用分类。

（1）技术主题涉及"专门适用于"某特定用途或目的的物。

例如：

专门适用于嵌入人体心脏中的机械阀，按应用分类，分入 A61F 2/24。

（2）技术主题涉及某物的特殊用途或应用。

【例如】

香烟过滤嘴，按应用分类，分入 A24D 3/00。

(3) 技术主题涉及将某物加入到一个更大的系统中。

【例如】

把板簧安装到车轮的悬架中，按应用分类，分入 B60G 11/02。

4.2.3 既按功能分类又按应用分类

若技术主题既涉及某物的本质属性或功能，又涉及该物的特殊用途或应用、或其在某较大系统中的专门应用，则既按功能分类又按应用分类。

如果不能适用上述 4.2.1 和 4.2.2 中指出的情况，则既按功能分类又按应用分类。

【例 1】

涂料组合物，既涉及组合物的成分，又涉及专门的应用，则既按功能分类，分入 C09D 101/00 至 C09D 201/00 的适当分类位置，又按应用分类，分入 C09D 5/00。

【例 2】

布置在汽车悬架中的板簧，如果板簧本身是新颖的和非显而易见的，则应按功能分类，分入 F16F 1/18；如果这种板簧在汽车悬架中的布置方式也是新颖的和非显而易见的，则还应按应用分类，分入 B60G 11/02。

4.2.4 特殊情况

(1) 应当按功能分类的技术主题，若分类表中不存在该功能分类位置，则按适当的应用分类。

【例如】

线缆覆盖层的剥离器。

分类表中不存在覆盖层的剥离器的功能分类位置，经判断其主要应用于电缆外皮的剥离。按应用分类，分入 H02G 1/12。

(2) 应当按应用分类的技术主题，若分类表中不存在该应用分类位置，则按适当的功能分类。

【例如】

电冰箱过负荷、过电压及延时启动保护装置。

分类表中不存在电冰箱专用的紧急保护电路装置的应用分类位置，经判断其为紧急保护电路装置。按功能分类，分入 H02H 小类。

(3) 当技术主题应当既按功能分类，又按应用分类时，若分类表中不存在该功能分类位置，则只按应用分类；若分类表中不存在该应用分类位置，则只按功能分类。

【例如】

适用于畜拉车照明用的发电机，该发电机装有可调速比齿轮箱，并可方便地和车轮配合。

分类表中不存在畜拉车照明用的发电机的应用分类位置，则只按功能分类，分入 H02K 7/116。

4.3 多重分类

分类的主要目的是为了检索，根据技术主题的内容，可以赋予多个分类号。

当专利申请涉及不同类型的技术主题，并且这些技术主题构成发明信息时，则应当根据所涉及的技术主题进行多重分类。例如：技术主题涉及产品及产品的制造方法，如果分类表中产品和方法的分类位置都存在，则对产品和方法分别进行分类。

当技术主题涉及功能分类和应用分类二者时，则既按功能分类又按应用分类。

对检索有用的附加信息，也尽可能采用多重分类或与引得码组合的分类。

4.3.1 技术主题的多方面分类

技术主题的多方面分类代表一种特殊类型的多重分类，是指以一个技术主题的多个方面为特征进行的分类，例如：以其固有的结构和其特殊的应用或功能为特征的技术主题，若只依据一个方面对这类技术主题进行分类，会导致检索信息的不完全。

在分类表中由附注指明采用"多方面分类"的分类位置。例如：

G11B 7/24 ·按所选用的材料或按结构或按形式区分的记录载体

G11B 7/241 ··以材料的选择为特征

G11B 7/252 ···不同于记录层的层

附注

在小组 G11B 7/252 中，使用多方面分类，所以如果技术主题的特征在于其不止包含一个小组的方面，该技术主题应分类在这些小组的每一个中。

  G11B 7/253　·　·　·　·底层
  G11B 7/254　·　·　·　·保护性外涂层

当技术主题涉及不同于记录层的底层和保护性外涂层时，要对底层和保护性外涂层分别进行分类，分入 G11B 7/253 和 G11B 7/254。

4.3.2 二级分类表

二级分类表用于对已经分类在其他分类位置上的技术主题进行强制补充分类。二级分类表，例如：A01P、A61P、A61Q 和 C12S。

二级分类表中的分类号不能作为第一位置分类号。

4.3.3 混合系统与引得码

混合系统由分类表的分类号和与其联合使用的引得码组成。

引得码只能与分类号联合使用，具有与分类号相同的格式，但通常使用一种独特的编号体系。

在分类表中由附注指明可以采用引得码的分类位置。相应地，在每个引得表前面的附注、类名或导引标题中指明了这些引得码与哪些分类号联合使用。

4.4 技术主题的特殊分类

（1）技术主题可以有不同的类别。如果在分类表中没有某类别技术主题的分类位置，则使用最适当的其他类别的技术主题进行分类，详见本章第 8 节。

（2）若在分类表中找不到充分包括某技术主题的分类位置，则将该技术主题分入以类号 99/00 表示的专门的剩余大组。

【例如】

A 部中

A99Z 99/00 为本部其他类目不包括的技术主题；

F 部 F02M 小类中

F02M 99/00 为不包括在本小类的其他组中的技术主题。

5. 分类位置的规则简述

在分类表的某些地方用参见、附注指明了如何使用优先规则（最先位置规则、最后位置规则）和特殊规则。要特别注意这些分类位置规则的使用。

附注只适用于相关的位置及其细分位置，并且在与一般规定相抵触的时候，附注优先于一般规定。

6. 分类的步骤

按照部、大类、小类、大组、小组的顺序逐级进行分类，直到找到最低等级的合适的组。

7. 对不同公布级专利申请的分类

7.1 对未检索专利申请的分类

对所有可能是新颖的和非显而易见的权利要求的技术主题，所有构成权利要求的技术主题的可能是新颖的和非显而易见的组成部分，以及说明书、附图中所有可能是新颖的和非显而易见的任何未要求专利保护的技术主题一起作为发明信息进行分类。

如果对检索有用，则尽可能对要求专利保护的和未要求专利保护的任何附加信息进行分类或引得。

7.2 对已检索和审查后专利申请的分类

对所有新颖的和非显而易见的权利要求的技术主题，所有构成权利要求的技术主题的新颖的和非显而易见的组成部分，以及说明书、附图中新颖的和非显而易见的未要求专利保护的技术主题一起作为发明信息进行分类。

如果对检索有用，则尽可能对要求专利保护的和未要求专利保护的任何附加信息进行分类或引得。

8. 特定技术主题的分类方法

8.1 化 合 物

当技术主题涉及一种化合物本身时，例如：有机、无机或高分子化合物，应将该化合物分在 C 部。当技术主题还涉及化合物的某一特定应用时，如果该应用构成对现有技术的贡献，还应将其分类在该应用的分类位置上。但是，当化合物是已知的，并且技术主题仅涉及这种化合物的应用时，则只分类在该应用的分类位置上。

8.2 化学混合物或者组合物

当技术主题涉及一种化学混合物或组合物本身时，应当根据其化学组成分类到适当的分类位置上。例如：将玻璃分类入 C03C，将水泥、陶瓷分类入 C04B，将高分子化合物的组合物分类入 C08L，将合金分类入 C22C。如果分类表中不存在这样的分类位置，则根据其用途或应用来分类。如果用途或应用也构成对现有技术的贡献，则根据其化学成分及其用途或应用两者进行分类。但是，当化学混合物或组合物是已知的，并且技术主题仅涉及其用途或应用时，则只分类在用途或应用的分类位置上。

8.3 化合物的制备或处理

当技术主题涉及一种化合物的制备或处理方法时，将其分类在该化合物的制备或处理方法的位置上。如果分类表中不存在这样的分类位置，则分类在该化合物的分类位置上。当从这种制备方法得到的化合物也是新颖的时候，还应对该化合物进行分类。当技术主题涉及多种化合物的制备或处理的一般方法时，将其分类在所采用的方法的分类位置上。

8.4 设备或方法

当技术主题涉及一种设备时，将其分类在该设备的分类位置上。如果分类表中不存在这样的分类位置，则将其分类在由该设备所执行的方法的分类位置上。当技术主题涉及产品的制造或处理方法时，将其分类在所采用的方法的分类位置上。如果分类表中不存在这样的分类位置，则分类在执行该方法的设备的分类位置上。如果分类表中不存在执行该方法的设备的分类位置，则分类在该产品的分类位置上。

8.5 制造的物品

当技术主题涉及一种物品时，将其分类在该物品的分类位置上。如果分类表中不存在该物品本身的分类位置，则根据该物品所执行的功能，将其分类在适当的功能分类位置上。如果没有适当的功能分类位置，则根据其应用领域进行分类。

8.6 多步骤方法、成套设备

当技术主题涉及一种多步骤方法或成套设备，且该方法或成套设备分别由多个处理步骤或多个机器的组合体构成时，应将其作为一个整体进行分类，即分类在用于这种组合体的分类位置上，例如：小类B09B。如果分类表中不存在这样的分类位置，则将其分类在由这种方法或成套设备所制得的产品的分类位置上。当技术主题涉及这种组合体的一个单元时，例如该方法的一个单独步骤或该套设备中的单个机器，则应当对该单元进行分类。

8.7 零件、结构部件

当技术主题涉及用于产品或设备的结构或功能的零件或部件时，应当按照下列规则进行分类：

对只适用于或专门适用于某种产品或设备的零件或部件，将其分类在该产品或设备的零件或部件的分类位置上。如果分类表中不存在该零件或部件的分类位置，则将其分类在该产品或设备的分类位置上。

对可应用于多种不同的产品或设备的零件或部件，将其分类在更一般性的零件或部件的分类位置上。如果分类表中不存在更一般性的分类位置，则将其分类在明确应用该零件或部件的所有产品或设备的分类位置上。

8.8 化学通式

化学通式是用来表示一类或几类化合物的，其中至少一个基团是可变化的，例如："马库什"型化合物。当在通式的范围内，有大量的化合物可以独立地分类在其相应的分类位置上时，只对那些对检索最有用的化合物进行分类。如果这些化合物是使用一个化学通式说明的，则遵循以下的分类程序：

步骤1：

对所有新颖的和非显而易见的"完全确定"的化合物进行分类。被认为是"完全确定"的化合物是指：

（i）有确定的化学名称或化学结构式，或能够从其制备所用的指定反应物推导出来的唯一反应产物；

（ii）该化合物的特征在于其物理性质，例如：熔点，或者给出了一个具体描述其制备过程的实施例。

不能认为仅由经验式代表的化合物是"完全确定"的化合物。

步骤2：

如果没有披露"完全确定"的化合物，将通式分在包括所有的可能实施方案的最确定的组中，或分在包括大部分的可能实施方案的最确定的组中。应当将化学通式的分类限制在一个组中或尽可能少的组中。

步骤3：

除了按照上述的步骤1、2分类以外，当化学通式范围内的其他化合物是重要的时候，也可以对其进行分类。

当将所有"完全确定"的化合物分类到其最确定的分类位置会导致大量（例如：超过20个）的分类号时，分类人员可以减少分类号的数量。但是只在下述情况下才可以减少分类号的数量：若"完全确定"的化合物的分类会导致在较高等级的单一组的下面派生出大量的小组，可以将这些化合物只分类到较高等级的组中。否则，将这些化合物分类到所有的更明确的组中。

8.9 组 合 库

当技术主题以"库"的形式表示由很多化合物、生物实体或其他物质组成的集合时，将库作为一个整体分类到小类C40B的一个合适的组内，同时将"库"中"完全确定"的单个成员分类到最明确的分类位置中。例如：将核苷酸的化合物库作为一个整体分类到小类C40B的一个合适的组内，同时将"完全确定"的核苷酸分到C部的适当分类位置。

第二部分
实质审查

目　录

第一章	不授予专利权的申请	119 (2-1)
1.	引　言	119 (2-1)
2.	不符合专利法第二条第二款规定的客体	119 (2-1)
3.	根据专利法第五条不授予专利权的发明创造	119 (2-1)
3.1	根据专利法第五条第一款不授予专利权的发明创造	120 (2-2)
3.1.1	违反法律的发明创造	120 (2-2)
3.1.2	违反社会公德的发明创造	120 (2-2)
3.1.3	妨害公共利益的发明创造	121 (2-3)
3.1.4	部分违反专利法第五条第一款的申请	121 (2-3)
3.2	根据专利法第五条第二款不授予专利权的发明创造	121 (2-3)
4.	根据专利法第二十五条不授予专利权的客体	122 (2-4)
4.1	科学发现	122 (2-4)
4.2	智力活动的规则和方法	123 (2-5)
4.3	疾病的诊断和治疗方法	124 (2-6)
4.3.1	诊断方法	124 (2-6)
4.3.1.1	属于诊断方法的发明	125 (2-7)
4.3.1.2	不属于诊断方法的发明	125 (2-7)
4.3.2	治疗方法	125 (2-7)
4.3.2.1	属于治疗方法的发明	126 (2-8)
4.3.2.2	不属于治疗方法的发明	127 (2-9)
4.3.2.3	外科手术方法	127 (2-9)
4.4	动物和植物品种	128 (2-10)
4.5	原子核变换方法和用该方法获得的物质	128 (2-10)
4.5.1	原子核变换方法	128 (2-10)
4.5.2	用原子核变换方法所获得的物质	129 (2-11)
第二章	说明书和权利要求书	130 (2-12)
1.	引　言	130 (2-12)
2.	说　明　书	130 (2-12)
2.1	说明书应当满足的要求	130 (2-12)
2.1.1	清　楚	131 (2-13)

2.1.2	完　整	131	(2-13)
2.1.3	能够实现	132	(2-14)
2.2	说明书的撰写方式和顺序	132	(2-14)
2.2.1	名　称	133	(2-15)
2.2.2	技术领域	134	(2-16)
2.2.3	背景技术	134	(2-16)
2.2.4	发明或者实用新型内容	135	(2-17)
2.2.5	附图说明	137	(2-19)
2.2.6	具体实施方式	137	(2-19)
2.2.7	对于说明书撰写的其他要求	138	(2-20)
2.3	说明书附图	139	(2-21)
2.4	说明书摘要	140	(2-22)
3.	权利要求书	141	(2-23)
3.1	权利要求	141	(2-23)
3.1.1	权利要求的类型	141	(2-23)
3.1.2	独立权利要求和从属权利要求	142	(2-24)
3.2	权利要求书应当满足的要求	143	(2-25)
3.2.1	以说明书为依据	143	(2-25)
3.2.2	清　楚	146	(2-28)
3.2.3	简　要	148	(2-30)
3.3	权利要求的撰写规定	148	(2-30)
3.3.1	独立权利要求的撰写规定	149	(2-31)
3.3.2	从属权利要求的撰写规定	151	(2-33)
第三章	**新　颖　性**	**153**	**(2-35)**
1.	引　言	153	(2-35)
2.	新颖性的概念	153	(2-35)
2.1	现有技术	153	(2-35)
2.1.1	时间界限	153	(2-35)
2.1.2	公开方式	154	(2-36)
2.1.2.1	出版物公开	154	(2-36)
2.1.2.2	使用公开	154	(2-36)
2.1.2.3	以其他方式公开	155	(2-37)
2.2	抵触申请	155	(2-37)
2.3	对比文件	155	(2-37)
3.	新颖性的审查	156	(2-38)

3.1	审查原则	156（2-38）
3.2	审查基准	157（2-39）
3.2.1	相同内容的发明或者实用新型	157（2-39）
3.2.2	具体（下位）概念与一般（上位）概念	157（2-39）
3.2.3	惯用手段的直接置换	158（2-40）
3.2.4	数值和数值范围	158（2-40）
3.2.5	包含性能、参数、用途或制备方法等特征的产品权利要求	160（2-42）
4.	优先权	161（2-43）
4.1	外国优先权	162（2-44）
4.1.1	享有外国优先权的条件	162（2-44）
4.1.2	相同主题的发明创造的定义	162（2-44）
4.1.3	外国优先权的效力	163（2-45）
4.1.4	外国多项优先权和外国部分优先权	163（2-45）
4.2	本国优先权	164（2-46）
4.2.1	享有本国优先权的条件	164（2-46）
4.2.2	相同主题的发明或者实用新型的定义	165（2-47）
4.2.3	本国优先权的效力	165（2-47）
4.2.4	本国多项优先权和本国部分优先权	165（2-47）
5.	不丧失新颖性的宽限期	166（2-48）
6.	对同样的发明创造的处理	167（2-49）
6.1	判断原则	167（2-49）
6.2	处理方式	168（2-50）
6.2.1	对两件专利申请的处理	168（2-50）
6.2.1.1	申请人相同	168（2-50）
6.2.1.2	申请人不同	168（2-50）
6.2.2	对一件专利申请和一项专利权的处理	168（2-50）
第四章	创造性	170（2-52）
1.	引言	170（2-52）
2.	发明创造性的概念	170（2-52）
2.1	现有技术	170（2-52）
2.2	突出的实质性特点	170（2-52）
2.3	显著的进步	170（2-52）
2.4	所属技术领域的技术人员	170（2-52）
3.	发明创造性的审查	171（2-53）

3.1	审查原则	171	(2-53)
3.2	审查基准	171	(2-53)
3.2.1	突出的实质性特点的判断	171	(2-53)
3.2.1.1	判断方法	172	(2-54)
3.2.1.2	判断示例	174	(2-56)
3.2.2	显著的进步的判断	175	(2-57)
4.	几种不同类型发明的创造性判断	176	(2-58)
4.1	开拓性发明	176	(2-58)
4.2	组合发明	176	(2-58)
4.3	选择发明	177	(2-59)
4.4	转用发明	178	(2-60)
4.5	已知产品的新用途发明	179	(2-61)
4.6	要素变更的发明	179	(2-61)
4.6.1	要素关系改变的发明	180	(2-62)
4.6.2	要素替代的发明	180	(2-62)
4.6.3	要素省略的发明	181	(2-63)
5.	判断发明创造性时需考虑的其他因素	181	(2-63)
5.1	发明解决了人们一直渴望解决但始终未能获得成功的技术难题	181	(2-63)
5.2	发明克服了技术偏见	182	(2-64)
5.3	发明取得了预料不到的技术效果	182	(2-64)
5.4	发明在商业上获得成功	182	(2-64)
6.	审查创造性时应当注意的问题	182	(2-64)
6.1	创立发明的途径	183	(2-65)
6.2	避免"事后诸葛亮"	183	(2-65)
6.3	对预料不到的技术效果的考虑	183	(2-65)
6.4	对要求保护的发明进行审查	183	(2-65)
第五章	实 用 性	185	(2-67)
1.	引 言	185	(2-67)
2.	实用性的概念	185	(2-67)
3.	实用性的审查	185	(2-67)
3.1	审查原则	186	(2-68)
3.2	审查基准	186	(2-68)
3.2.1	无再现性	186	(2-68)
3.2.2	违背自然规律	186	(2-68)

3.2.3	利用独一无二的自然条件的产品	187 (2-69)
3.2.4	人体或者动物体的非治疗目的的外科手术方法	187 (2-69)
3.2.5	测量人体或者动物体在极限情况下的生理参数的方法	187 (2-69)
3.2.6	无积极效果	188 (2-70)

第六章	**单一性和分案申请**	189 (2-71)
1.	引　言	189 (2-71)
2.	单　一　性	189 (2-71)
2.1	单一性的基本概念	189 (2-71)
2.1.1	单一性要求	189 (2-71)
2.1.2	总的发明构思	190 (2-72)
2.2	单一性的审查	190 (2-72)
2.2.1	审查原则	190 (2-72)
2.2.2	单一性审查的方法和举例	192 (2-74)
2.2.2.1	同类独立权利要求的单一性	193 (2-75)
2.2.2.2	不同类独立权利要求的单一性	196 (2-78)
2.2.2.3	从属权利要求的单一性	199 (2-81)
3.	分案申请	200 (2-82)
3.1	分案的几种情况	200 (2-82)
3.2	分案申请应当满足的要求	201 (2-83)
3.3	分案的审查	202 (2-84)

第七章	**检　索**	203 (2-85)
1.	引　言	203 (2-85)
2.	审查用检索资料	203 (2-85)
2.1	检索用专利文献	203 (2-85)
2.2	检索用非专利文献	203 (2-85)
3.	检索的主题	204 (2-86)
3.1	检索依据的申请文本	204 (2-86)
3.2	对独立权利要求的检索	204 (2-86)
3.3	对从属权利要求的检索	204 (2-86)
3.4	对要素组合的权利要求的检索	204 (2-86)
3.5	对不同类型权利要求的检索	205 (2-87)
3.6	对说明书及其附图的检索	205 (2-87)
4.	检索的时间界限	205 (2-87)

4.1	检索现有技术中相关文献的时间界限	205	（2-87）
4.2	检索抵触申请的时间界限	206	（2-88）
5.	检索前的准备	206	（2-88）
5.1	阅读有关文件	206	（2-88）
5.2	核对申请的国际专利分类号	206	（2-88）
5.3	确定检索的技术领域	207	（2-89）
5.3.1	利用机检数据库	207	（2-89）
5.3.2	利用国际专利分类表	208	（2-90）
5.4	分析权利要求、确定检索要素	209	（2-91）
5.4.1	整体分析权利要求	209	（2-91）
5.4.2	确定检索要素	209	（2-91）
6.	对发明专利申请的检索	210	（2-92）
6.1	检索的要点	210	（2-92）
6.2	检索的顺序	210	（2-92）
6.2.1	在所属技术领域中检索	210	（2-92）
6.2.2	在功能类似的技术领域中检索	211	（2-93）
6.2.3	重新确定技术领域后再进行检索	211	（2-93）
6.2.4	检索其他资料	211	（2-93）
6.3	具体的步骤	211	（2-93）
6.3.1	机检方式	211	（2-93）
6.3.2	手检方式	213	（2-95）
6.4	抵触申请的检索	213	（2-95）
6.4.1	基本原则	213	（2-95）
6.4.2	申请满十八个月公布后进入实质审查程序的检索	213	（2-95）
6.4.3	申请提前公布后进入实质审查程序的检索	213	（2-95）
7.	防止重复授权的检索	214	（2-96）
8.	中止检索	214	（2-96）
8.1	检索的限度	214	（2-96）
8.2	可中止检索的几种情况	214	（2-96）
9.	特殊情况的检索	215	（2-97）
9.1	申请的主题跨领域时的检索	215	（2-97）
9.2	申请缺乏单一性时的检索	215	（2-97）
9.2.1	对明显缺乏单一性的申请的检索	215	（2-97）
9.2.2	对不明显缺乏单一性的申请的检索	216	（2-98）
9.3	其他情况的检索	216	（2-98）
10.	不必检索的情况	216	（2-98）

11.	补充检索	217（2-99）
12.	检索报告	217（2-99）

第八章　实质审查程序 ································· 219（2-101）

1.	引　言	219（2-101）
2.	实质审查程序及其基本原则	219（2-101）
2.1	实质审查程序概要	219（2-101）
2.2	实质审查程序中的基本原则	220（2-102）
3.	申请文件的核查与实审准备	221（2-103）
3.1	核对申请的国际专利分类号	221（2-103）
3.2	查对申请文档	221（2-103）
3.2.1	查对启动程序的依据	221（2-103）
3.2.2	查对申请文件	221（2-103）
3.2.3	查对涉及优先权的资料	221（2-103）
3.2.4	查对其他有关文件	222（2-104）
3.2.5	申请文档存在缺陷时的处理	222（2-104）
3.3	建立个人审查档案	222（2-104）
3.4	审查的顺序	222（2-104）
3.4.1	一般原则	222（2-104）
3.4.2	特殊处理	223（2-105）
4.	实质审查	223（2-105）
4.1	审查的文本	223（2-105）
4.2	阅读申请文件并理解发明	223（2-105）
4.3	不必检索即可发出审查意见通知书的情况	224（2-106）
4.4	对缺乏单一性申请的处理	224（2-106）
4.5	检　索	225（2-107）
4.6	优先权的核实	226（2-108）
4.6.1	需要核实优先权的情况	226（2-108）
4.6.2	优先权核实的一般原则	226（2-108）
4.6.2.1	部分优先权的核实	227（2-109）
4.6.2.2	多项优先权的核实	228（2-110）
4.6.3	优先权核实后的处理程序	228（2-110）
4.7	全面审查	228（2-110）
4.7.1	审查权利要求书	229（2-111）
4.7.2	审查说明书和摘要	230（2-112）
4.7.3	审查其他申请文件	231（2-113）

4.8	不全面审查的情况	232 (2-114)
4.9	对公众意见的处理	232 (2-114)
4.10	第一次审查意见通知书	232 (2-114)
4.10.1	总的要求	232 (2-114)
4.10.2	组成部分和要求	233 (2-115)
4.10.2.1	标准表格	233 (2-115)
4.10.2.2	审查意见通知书正文	234 (2-116)
4.10.2.3	对比文件的复制件	235 (2-117)
4.10.3	答复期限	236 (2-118)
4.10.4	签署	236 (2-118)
4.11	继续审查	236 (2-118)
4.11.1	对申请继续审查后的处理	237 (2-119)
4.11.2	补充检索	237 (2-119)
4.11.3	再次审查意见通知书	237 (2-119)
4.11.3.1	再次发出审查意见通知书的情况	237 (2-119)
4.11.3.2	再次审查意见通知书的内容及要求	238 (2-120)
4.12	会晤	238 (2-120)
4.12.1	举行会晤的条件	239 (2-121)
4.12.2	会晤地点和参加人	239 (2-121)
4.12.3	会晤记录	240 (2-122)
4.13	电话讨论	240 (2-122)
4.14	取证和现场调查	241 (2-123)
5.	答复和修改	241 (2-123)
5.1	答复	241 (2-123)
5.1.1	答复的方式	242 (2-124)
5.1.2	答复的签署	242 (2-124)
5.2	修改	243 (2-125)
5.2.1	修改的要求	243 (2-125)
5.2.1.1	修改的内容与范围	243 (2-125)
5.2.1.2	主动修改的时机	244 (2-126)
5.2.1.3	答复审查意见通知书时的修改方式	244 (2-126)
5.2.2	允许的修改	245 (2-127)
5.2.2.1	对权利要求书的修改	246 (2-128)
5.2.2.2	对说明书及其摘要的修改	247 (2-129)
5.2.3	不允许的修改	249 (2-131)
5.2.3.1	不允许的增加	249 (2-131)

5.2.3.2	不允许的改变	250	(2-132)
5.2.3.3	不允许的删除	252	(2-134)
5.2.4	修改的具体形式	253	(2-135)
5.2.4.1	提交替换页	253	(2-135)
5.2.4.2	审查员依职权修改	253	(2-135)
6.	驳回决定和授予专利权的通知	253	(2-135)
6.1	驳回决定	254	(2-136)
6.1.1	驳回申请的条件	254	(2-136)
6.1.2	驳回的种类	254	(2-136)
6.1.3	驳回决定的组成	255	(2-137)
6.1.4	驳回决定正文的撰写	255	(2-137)
6.1.4.1	案由	255	(2-137)
6.1.4.2	驳回的理由	255	(2-137)
6.1.4.3	决定	256	(2-138)
6.2	授予专利权的通知	256	(2-138)
6.2.1	发出授予专利权的通知书的条件	256	(2-138)
6.2.2	发出授予专利权的通知书时应做的工作	256	(2-138)
7.	实质审查程序的终止、中止和恢复	257	(2-139)
7.1	程序的终止	257	(2-139)
7.2	程序的中止	257	(2-139)
7.3	程序的恢复	257	(2-139)
8.	前置审查与复审后的继续审查	258	(2-140)

第九章	**关于涉及计算机程序的发明专利申请审查的若干规定**	259	(2-141)
1.	引言	259	(2-141)
2.	涉及计算机程序的发明专利申请的审查基准	259	(2-141)
3.	涉及计算机程序的发明专利申请的审查示例	261	(2-143)
4.	汉字编码方法及计算机汉字输入方法	270	(2-152)
5.	涉及计算机程序的发明专利申请的说明书及权利要求书的撰写	271	(2-153)
5.1	说明书的撰写	271	(2-153)
5.2	权利要求书的撰写	271	(2-153)

第十章	**关于化学领域发明专利申请审查的若干规定**	275	(2-157)
1.	引言	275	(2-157)

2.	不授予专利权的化学发明专利申请	275（2–157）
2.1	天然物质	275（2–157）
2.2	物质的医药用途	275（2–157）
3.	化学发明的充分公开	276（2–158）
3.1	化学产品发明的充分公开	276（2–158）
3.2	化学方法发明的充分公开	277（2–159）
3.3	化学产品用途发明的充分公开	277（2–159）
3.4	关于实施例	278（2–160）
4.	化学发明的权利要求	278（2–160）
4.1	化合物权利要求	278（2–160）
4.2	组合物权利要求	278（2–160）
4.2.1	开放式、封闭式及它们的使用要求	278（2–160）
4.2.2	组合物权利要求中组分和含量的限定	279（2–161）
4.2.3	组合物权利要求的其他限定	280（2–162）
4.3	仅用结构和/或组成特征不能清楚表征的化学产品权利要求	280（2–162）
4.4	化学方法权利要求	281（2–163）
4.5	用途权利要求	281（2–163）
4.5.1	用途权利要求的类型	281（2–163）
4.5.2	物质的医药用途权利要求	282（2–164）
5.	化学发明的新颖性	282（2–164）
5.1	化合物的新颖性	282（2–164）
5.2	组合物的新颖性	283（2–165）
5.3	用物理化学参数或者用制备方法表征的化学产品的新颖性	283（2–165）
5.4	化学产品用途发明的新颖性	284（2–166）
6.	化学发明的创造性	284（2–166）
6.1	化合物的创造性	284（2–166）
6.2	化学产品用途发明的创造性	286（2–168）
7.	化学发明的实用性	286（2–168）
7.1	菜肴和烹调方法	286（2–168）
7.2	医生处方	286（2–168）
8.	化学发明的单一性	287（2–169）
8.1	马库什权利要求的单一性	287（2–169）
8.1.1	基本原则	287（2–169）
8.1.2	举 例	287（2–169）

8.2	中间体与最终产物的单一性	290（2-172）
8.2.1	基本原则	290（2-172）
8.2.2	举　例	290（2-172）
9.	生物技术领域发明专利申请的审查	291（2-173）
9.1	对要求保护的客体的审查	291（2-173）
9.1.1	依据专利法第五条对要求保护的客体的审查	291（2-173）
9.1.1.1	人类胚胎干细胞	292（2-174）
9.1.1.2	处于各形成和发育阶段的人体	292（2-174）
9.1.1.3	违法获取或利用遗传资源完成的发明创造	292（2-174）
9.1.2	根据专利法第二十五条对要求保护的客体的审查	292（2-174）
9.1.2.1	微　生　物	292（2-174）
9.1.2.2	基因或 DNA 片段	292（2-174）
9.1.2.3	动物和植物个体及其组成部分	293（2-175）
9.1.2.4	转基因动物和植物	293（2-175）
9.2	说明书的充分公开	293（2-175）
9.2.1	生物材料的保藏	293（2-175）
9.2.2	涉及遗传工程的发明	295（2-177）
9.2.2.1	产品发明	295（2-177）
9.2.2.2	制备产品的方法发明	297（2-179）
9.2.3	核苷酸或氨基酸序列表	297（2-179）
9.2.4	涉及微生物的发明	298（2-180）
9.3	生物技术领域发明的权利要求书	298（2-180）
9.3.1	涉及遗传工程的发明	298（2-180）
9.3.1.1	基　因	298（2-180）
9.3.1.2	载　体	299（2-181）
9.3.1.3	重组载体	299（2-181）
9.3.1.4	转化体	300（2-182）
9.3.1.5	多肽或蛋白质	300（2-182）
9.3.1.6	融合细胞	300（2-182）
9.3.1.7	单克隆抗体	300（2-182）
9.3.2	涉及微生物的发明	301（2-183）
9.4	新颖性、创造性和实用性的审查	301（2-183）
9.4.1	涉及遗传工程的发明的新颖性	301（2-183）
9.4.2	创　造　性	302（2-184）
9.4.2.1	涉及遗传工程的发明	302（2-184）
9.4.2.2	涉及微生物的发明	303（2-185）

9.4.3	实 用 性 ……………………………………	303（2-185）
9.4.3.1	由自然界筛选特定微生物的方法 ……………	303（2-185）
9.4.3.2	通过物理、化学方法进行人工诱变生产新微生物的方法 ……………………………………	304（2-186）
9.5	遗传资源来源的披露 …………………………	304（2-186）
9.5.1	术语的解释 ………………………………	304（2-186）
9.5.2	对披露内容的具体要求 …………………	304（2-186）
9.5.3	遗传资源来源披露的审查 ………………	305（2-187）

第一章 不授予专利权的申请

法1

1. 引　言

对发明创造授予专利权必须有利于推动其应用，提高创新能力，促进我国科学技术进步和经济社会发展。为此，专利法第二条对可授予专利权的客体作出了规定。考虑到国家和社会的利益，专利法还对专利保护的范围作了某些限制性规定。一方面，专利法第五条规定，对违反法律、社会公德或者妨害公共利益的发明创造不授予专利权，对违反法律、行政法规的规定获取或者利用遗传资源，并依赖该遗传资源完成的发明创造不授予专利权；另一方面，专利法第二十五条规定了不授予专利权的客体。

法2.2

2. 不符合专利法第二条第二款规定的客体

专利法所称的发明，是指对产品、方法或者其改进所提出的新的技术方案，这是对可申请专利保护的发明客体的一般性定义，不是判断新颖性、创造性的具体审查标准。

技术方案是对要解决的技术问题所采取的利用了自然规律的技术手段的集合。技术手段通常是由技术特征来体现的。

未采用技术手段解决技术问题，以获得符合自然规律的技术效果的方案，不属于专利法第二条第二款规定的客体。

气味或者诸如声、光、电、磁、波等信号或者能量也不属于专利法第二条第二款规定的客体。但利用其性质解决技术问题的，则不属此列。

法5

3. 根据专利法第五条不授予专利权的发明创造

根据专利法第五条第一款的规定，发明创造的公开、使用、制造违反了法律、社会公德或者妨害了公共利益的，不能被授予专利权。

根据专利法第五条第二款的规定，对违反法律、行政法规的规定获取或者利用遗传资源，并依赖该遗传资源完成的发明创造不授予专利权。

法律、行政法规、社会公德和公共利益的含义较广泛，常因时期、地区的不同而有所变化，有时由于新法律、行政法规的颁布实施或原有法律、行政法规的修改、废止，会增设或解除某些限制，因此审查员在依据专利法第五条进行审查时，要特别注意。

法 5.1　**3.1 根据专利法第五条第一款不授予专利权的发明创造**

3.1.1 违反法律的发明创造

法律，是指由全国人民代表大会或者全国人民代表大会常务委员会依照立法程序制定和颁布的法律。它不包括行政法规和规章。

发明创造与法律相违背的，不能被授予专利权。例如，用于赌博的设备、机器或工具；吸毒的器具；伪造国家货币、票据、公文、证件、印章、文物的设备等都属于违反法律的发明创造，不能被授予专利权。

发明创造并没有违反法律，但是由于其被滥用而违反法律的，则不属此列。例如，用于医疗的各种毒药、麻醉品、镇静剂、兴奋剂和用于娱乐的棋牌等。

专利法实施细则第十条规定，专利法第五条所称违反法律的发明创造，不包括仅其实施为法律所禁止的发明创造。其含义是，如果仅仅是发明创造的产品的生产、销售或使用受到法律的限制或约束，则该产品本身及其制造方法并不属于违反法律的发明创造。例如，用于国防的各种武器的生产、销售及使用虽然受到法律的限制，但这些武器本身及其制造方法仍然属于可给予专利保护的客体。

3.1.2 违反社会公德的发明创造

社会公德，是指公众普遍认为是正当的、并被接受的伦理道德观念和行为准则。它的内涵基于一定的文化背景，随着时间的推移和社会的进步不断地发生变化，而且因地域不同而各异。中国专利法中所称的社会公德限于中国境内。

发明创造与社会公德相违背的，不能被授予专利权。例如，带有暴力凶杀或者淫秽的图片或者照片的外观设计，非医疗目的的人造性器官或者其替代物，人与动物交配的方法，改变人生殖系遗传同一性的方法或改变了生殖系遗传同一性的人，克隆的人或克隆人的方法，人胚胎的工业或商业目的的应用，可能导致动物痛苦而对人或动物的医疗没有实质性益处的改变动物遗传同一性的方法等，上述发明创造违反社会公德，

3.1.3 妨害公共利益的发明创造

妨害公共利益，是指发明创造的实施或使用会给公众或社会造成危害，或者会使国家和社会的正常秩序受到影响。

【例如】

发明创造以致人伤残或损害财物为手段的，如一种使盗窃者双目失明的防盗装置及方法，不能被授予专利权；

发明创造的实施或使用会严重污染环境、严重浪费能源或资源、破坏生态平衡、危害公众健康的，不能被授予专利权；

专利申请的文字或者图案涉及国家重大政治事件或宗教信仰、伤害人民感情或民族感情或者宣传封建迷信的，不能被授予专利权。

但是，如果发明创造因滥用而可能造成妨害公共利益的，或者发明创造在产生积极效果的同时存在某种缺点的，例如对人体有某种副作用的药品，则不能以"妨害公共利益"为理由拒绝授予专利权。

3.1.4 部分违反专利法第五条第一款的申请

一件专利申请中含有违反法律、社会公德或者妨害公共利益的内容，而其他部分是合法的，则该专利申请称为部分违反专利法第五条第一款的申请。对于这样的专利申请，审查员在审查时，应当通知申请人进行修改，删除违反专利法第五条第一款的部分。如果申请人不同意删除违法的部分，就不能被授予专利权。

例如，一项"投币式弹子游戏机"的发明创造。游戏者如果达到一定的分数，机器则抛出一定数量的钱币。审查员应当通知申请人将抛出钱币的部分删除或对其进行修改，使之成为一个单纯的投币式游戏机。否则，它即使是一项新的有创造性的技术方案，也不能被授予专利权。

法 5.2

3.2 根据专利法第五条第二款不授予专利权的发明创造

根据专利法第五条第二款的规定，对违反法律、行政法规的规定获取或者利用遗传资源，并依赖该遗传资源完成的发明创造，不授予专利权。

根据专利法实施细则第二十六条第一款的规定，专利法所称遗传资源,是指取自人体、动物、植物或者微生物等含有遗传功能单位并具有实际或者潜在价值的材料;专利法所称依赖遗传资源完成的发明创造,是指利用了遗传资源的遗传功能完成的发明创造。

在上述规定中,遗传功能是指生物体通过繁殖将性状或者特征代代相传或者使整个生物体得以复制的能力。

遗传功能单位是指生物体的基因或者具有遗传功能的 DNA 或者 RNA 片段。

取自人体、动物、植物或者微生物等含有遗传功能单位的材料,是指遗传功能单位的载体,既包括整个生物体,也包括生物体的某些部分,例如器官、组织、血液、体液、细胞、基因组、基因、DNA 或者 RNA 片段等。

发明创造利用了遗传资源的遗传功能是指对遗传功能单位进行分离、分析、处理等,以完成发明创造,实现其遗传资源的价值。

违反法律、行政法规的规定获取或者利用遗传资源,是指遗传资源的获取或者利用未按照我国有关法律、行政法规的规定事先获得有关行政管理部门的批准或者相关权利人的许可。例如,按照《中华人民共和国畜牧法》和《中华人民共和国畜禽遗传资源进出境和对外合作研究利用审批办法》的规定,向境外输出列入中国畜禽遗传资源保护名录的畜禽遗传资源应当办理相关审批手续,某发明创造的完成依赖于中国向境外出口的列入中国畜禽遗传资源保护名录的某畜禽遗传资源,未办理审批手续的,该发明创造不能被授予专利权。

法 25

4. 根据专利法第二十五条不授予专利权的客体

专利申请要求保护的主题属于专利法第二十五条第一款所列不授予专利权的客体的,不能被授予专利权。

法 25.1(1)

4.1 科学发现

科学发现,是指对自然界中客观存在的物质、现象、变化过程及其特性和规律的揭示。科学理论是对自然界认识的总结,是更为广义的发现。它们都属于人们认识的延伸。这些被认识的物质、现象、过程、特性和规律不同于改造客观世界的技术方案,不是专利法意义上的发明创造,因此不能被授予专利权。例如,发现卤化银在光照下有感光特性,这种发现不能被授予专利权，但是根据这种发现制造出的感光胶片以及此感光胶片的制造方法则可以被授予专利权。又如，从自然界找到一种以前未知的以天然形态存在的物质，仅仅是一种发现，不能被授予专利权（关于首次从自然界分离或提取出来的物质的审查，适用本部分第十章第 2.1 节的规定）。

应当注意，发明和发现虽有本质不同，但两者关系密切。通常，很多发明是建立在发现的基础之上的，进而发明又促进了发现。发明与发现的这种密切关系在化学物质的"用途发明"上表现最为突出，当发现某种化学物质的特殊性质之后，利用这种性质的"用途发明"则应运而生。

法 25.1（2）
法 2.2

4.2 智力活动的规则和方法

智力活动，是指人的思维运动，它源于人的思维，经过推理、分析和判断产生出抽象的结果，或者必须经过人的思维运动作为媒介，间接地作用于自然产生结果。智力活动的规则和方法是指导人们进行思维、表述、判断和记忆的规则和方法。由于其没有采用技术手段或者利用自然规律，也未解决技术问题和产生技术效果，因而不构成技术方案。它既不符合专利法第二条第二款的规定，又属于专利法第二十五条第一款第（二）项规定的情形。因此，指导人们进行这类活动的规则和方法不能被授予专利权。

在判断涉及智力活动的规则和方法的专利申请要求保护的主题是否属于可授予专利权的客体时，应当遵循以下原则：

（1）如果一项权利要求仅仅涉及智力活动的规则和方法，则不应当被授予专利权。

如果一项权利要求，除其主题名称以外，对其进行限定的全部内容均为智力活动的规则和方法，则该权利要求实质上仅仅涉及智力活动的规则和方法，也不应当被授予专利权。

【例如】
审查专利申请的方法；
组织、生产、商业实施和经济等方面的管理方法及制度；
交通行车规则、时间调度表、比赛规则；
演绎、推理和运筹的方法；
图书分类规则、字典的编排方法、情报检索的方法、专利分类法；
日历的编排规则和方法；

仪器和设备的操作说明；
各种语言的语法、汉字编码方法；
计算机的语言及计算规则；
速算法或口诀；
数学理论和换算方法；
心理测验方法；
教学、授课、训练和驯兽的方法；
各种游戏、娱乐的规则和方法；
统计、会计和记账的方法；
乐谱、食谱、棋谱；
锻炼身体的方法；
疾病普查的方法和人口统计的方法；
信息表述方法；
计算机程序本身。

（2）除了上述（1）所描述的情形之外，如果一项权利要求在对其进行限定的全部内容中既包含智力活动的规则和方法的内容，又包含技术特征，则该权利要求就整体而言并不是一种智力活动的规则和方法，不应当依据专利法第二十五条排除其获得专利权的可能性。

法 25.1（3）

4.3 疾病的诊断和治疗方法

疾病的诊断和治疗方法，是指以有生命的人体或者动物体为直接实施对象，进行识别、确定或消除病因或病灶的过程。

出于人道主义的考虑和社会伦理的原因，医生在诊断和治疗过程中应当有选择各种方法和条件的自由。另外，这类方法直接以有生命的人体或动物体为实施对象，无法在产业上利用，不属于专利法意义上的发明创造。因此疾病的诊断和治疗方法不能被授予专利权。

但是，用于实施疾病诊断和治疗方法的仪器或装置，以及在疾病诊断和治疗方法中使用的物质或材料属于可被授予专利权的客体。

4.3.1 诊断方法

诊断方法，是指为识别、研究和确定有生命的人体或动物体病因或病灶状态的过程。

4.3.1.1 属于诊断方法的发明

一项与疾病诊断有关的方法如果同时满足以下两个条件，则属于疾病的诊断方法，不能被授予专利权：

(1) 以有生命的人体或动物体为对象；

(2) 以获得疾病诊断结果或健康状况为直接目的。

如果一项发明从表述形式上看是以离体样品为对象的，但该发明是以获得同一主体疾病诊断结果或健康状况为直接目的，则该发明仍然不能被授予专利权。

如果请求专利保护的方法中包括了诊断步骤或者虽未包括诊断步骤但包括检测步骤，而根据现有技术中的医学知识和该专利申请公开的内容，只要知晓所说的诊断或检测信息，就能够直接获得疾病的诊断结果或健康状况，则该方法满足上述条件(2)。

以下方法是不能被授予专利权的例子：

血压测量法、诊脉法、足诊法、X光诊断法、超声诊断法、胃肠造影诊断法、内窥镜诊断法、同位素示踪影像诊断法、红外光无损诊断法、患病风险度评估方法、疾病治疗效果预测方法、基因筛查诊断法。

4.3.1.2 不属于诊断方法的发明

以下几类方法是不属于诊断方法的例子：

(1) 在已经死亡的人体或动物体上实施的病理解剖方法；

(2) 直接目的不是获得诊断结果或健康状况，而只是从活的人体或动物体获取作为中间结果的信息的方法，或处理该信息（形体参数、生理参数或其他参数）的方法；

(3) 直接目的不是获得诊断结果或健康状况，而只是对已经脱离人体或动物体的组织、体液或排泄物进行处理或检测以获取作为中间结果的信息的方法，或处理该信息的方法。

对上述(2)和(3)项需要说明的是，只有当根据现有技术中的医学知识和该专利申请公开的内容从所获得的信息本身不能够直接得出疾病的诊断结果或健康状况时，这些信息才能被认为是中间结果。

4.3.2 治疗方法

治疗方法，是指为使有生命的人体或者动物体恢复或获得健康或减少痛苦，进行阻断、缓解或者消除病因或病灶的过程。

治疗方法包括以治疗为目的或者具有治疗性质的各种方法。预防疾病或者免疫的方法视为治疗方法。

对于既可能包含治疗目的，又可能包含非治疗目的的方法，应当明确说明该方法用于非治疗目的，否则不能被授予专利权。

4.3.2.1 属于治疗方法的发明

以下几类方法是属于或者应当视为治疗方法的例子，不能被授予专利权。

（1）外科手术治疗方法、药物治疗方法、心理疗法。

（2）以治疗为目的的针灸、麻醉、推拿、按摩、刮痧、气功、催眠、药浴、空气浴、阳光浴、森林浴和护理方法。

（3）以治疗为目的利用电、磁、声、光、热等种类的辐射刺激或照射人体或者动物体的方法。

（4）以治疗为目的采用涂覆、冷冻、透热等方式的治疗方法。

（5）为预防疾病而实施的各种免疫方法。

（6）为实施外科手术治疗方法和/或药物治疗方法采用的辅助方法，例如返回同一主体的细胞、组织或器官的处理方法、血液透析方法、麻醉深度监控方法、药物内服方法、药物注射方法、药物外敷方法等。

（7）以治疗为目的的受孕、避孕、增加精子数量、体外受精、胚胎转移等方法。

（8）以治疗为目的的整容、肢体拉伸、减肥、增高方法。

（9）处置人体或动物体伤口的方法，例如伤口消毒方法、包扎方法。

（10）以治疗为目的的其他方法，例如人工呼吸方法、输氧方法。

需要指出的是，虽然使用药物治疗疾病的方法是不能被授予专利权的，但是，药物本身是可以被授予专利权的。有关物质的医药用途的专利申请的审查，适用本部分第十章第2.2节和第4.5.2节的规定。

4.3.2.2 不属于治疗方法的发明

以下几类方法是不属于治疗方法的例子，不得依据专利法第二十五条第一款第（三）项拒绝授予其专利权。

（1）制造假肢或者假体的方法，以及为制造该假肢或者假体而实施的测量方法。例如一种制造假牙的方法，该方法包括在病人口腔中制作牙齿模具，而在体外制造假牙。虽然其最终目的是治疗，但是该方法本身的目的是制造出合适的假牙。

（2）通过非外科手术方式处置动物体以改变其生长特性的畜牧业生产方法。例如，通过对活羊施加一定的电磁刺激促进其增长、提高羊肉质量或增加羊毛产量的方法。

（3）动物屠宰方法。

（4）对于已经死亡的人体或动物体采取的处置方法。例如解剖、整理遗容、尸体防腐、制作标本的方法。

（5）单纯的美容方法，即不介入人体或不产生创伤的美容方法，包括在皮肤、毛发、指甲、牙齿外部可为人们所视的部位局部实施的、非治疗目的的身体除臭、保护、装饰或者修饰方法。

（6）为使处于非病态的人或者动物感觉舒适、愉快或者在诸如潜水、防毒等特殊情况下输送氧气、负氧离子、水分的方法。

（7）杀灭人体或者动物体外部（皮肤或毛发上，但不包括伤口和感染部位）的细菌、病毒、虱子、跳蚤的方法。

4.3.2.3 外科手术方法

外科手术方法，是指使用器械对有生命的人体或者动物体实施的剖开、切除、缝合、纹刺等创伤性或者介入性治疗或处置的方法，这种外科手术方法不能被授予专利权。但是，对于已经死亡的人体或者动物体实施的剖开、切除、缝合、纹刺等处置方法，只要该方法不违反专利法第五条第一款，则属于可被授予专利权的客体。

外科手术方法分为治疗目的和非治疗目的的外科手术方法。

以治疗为目的的外科手术方法，属于治疗方法，根据专利法第二十五条第一款第（三）项的规定不授予其专利权。

非治疗目的的外科手术方法的审查，适用本部分第五章第

3.2.4 节的规定。

法 25.1（4）　**4.4 动物和植物品种**

动物和植物是有生命的物体。根据专利法第二十五条第一款第（四）项的规定，动物和植物品种不能被授予专利权。专利法所称的动物不包括人，所述动物是指不能自己合成，而只能靠摄取自然的碳水化合物及蛋白质来维系其生命的生物。专利法所称的植物，是指可以借助光合作用，以水、二氧化碳和无机盐等无机物合成碳水化合物、蛋白质来维系生存，并通常不发生移动的生物。动物和植物品种可以通过专利法以外的其他法律法规保护，例如，植物新品种可以通过《植物新品种保护条例》给予保护。

根据专利法第二十五条第二款的规定，对动物和植物品种的生产方法，可以授予专利权。但这里所说的生产方法是指非生物学的方法，不包括生产动物和植物主要是生物学的方法。

一种方法是否属于"主要是生物学的方法"，取决于在该方法中人的技术介入程度。如果人的技术介入对该方法所要达到的目的或者效果起了主要的控制作用或者决定性作用，则这种方法不属于"主要是生物学的方法"。例如，采用辐照饲养法生产高产牛奶的乳牛的方法；改进饲养方法生产瘦肉型猪的方法等属于可被授予发明专利权的客体。

所谓微生物发明是指利用各种细菌、真菌、病毒等微生物去生产一种化学物质（如抗生素）或者分解一种物质等的发明。微生物和微生物方法可以获得专利保护。关于微生物发明专利申请的审查，适用本部分第十章的有关规定。

法 25.1（5）　**4.5 原子核变换方法和用该方法获得的物质**

原子核变换方法以及用该方法所获得的物质关系到国家的经济、国防、科研和公共生活的重大利益，不宜为单位或私人垄断，因此不能被授予专利权。

4.5.1 原子核变换方法

原子核变换方法，是指使一个或几个原子核经分裂或者聚合，形成一个或几个新原子核的过程，例如：完成核聚变反应的磁镜阱法、封闭阱法以及实现核裂变的各种方法等，这些变换方法是不能被授予专利权的。但是，为实现原子核变换而增加粒子能量的粒子加速方法（如电子行波加速法、电子驻波加速法、电子对撞法、电子环形加速法等），不属于原子核变换方法，而属于可被授予发明专利权的客体。

为实现核变换方法的各种设备、仪器及其零部件等，均属于可被授予专利权的客体。

4.5.2 用原子核变换方法所获得的物质

用原子核变换方法所获得的物质，主要是指用加速器、反应堆以及其他核反应装置生产、制造的各种放射性同位素，这些同位素不能被授予发明专利权。

但是这些同位素的用途以及使用的仪器、设备属于可被授予专利权的客体。

第二章 说明书和权利要求书

1. 引 言

根据专利法第二十六条第一款的规定，一件发明专利申请应当有说明书（必要时应当有附图）及其摘要和权利要求书；一件实用新型专利申请应当有说明书（包括附图）及其摘要和权利要求书。

说明书和权利要求书是记载发明或者实用新型及确定其保护范围的法律文件。

法 26.3

说明书及附图主要用于清楚、完整地描述发明或者实用新型，使所属技术领域的技术人员能够理解和实施该发明或者实用新型。

法 26.4

权利要求书应当以说明书为依据，清楚、简要地限定要求专利保护的范围。

根据专利法第五十九条第一款的规定，发明或者实用新型专利权的保护范围以其权利要求的内容为准，说明书及附图可以用于解释权利要求的内容。

本章对说明书和权利要求书的主要内容及撰写要求作了适用于所有技术领域的一般性规定。涉及计算机程序以及化学领域专利申请的说明书和权利要求书的若干具体问题，适用本部分第九章和第十章的规定。

2. 说 明 书

专利法第二十六条第三款和专利法实施细则第十七条分别对说明书的实质性内容和撰写方式作了规定。

2.1 说明书应当满足的要求

专利法第二十六条第三款规定，说明书应当对发明或者实用新型作出清楚、完整的说明，以所属技术领域的技术人员能够实现为准。

说明书对发明或者实用新型作出的清楚、完整的说明，应当达到所属技术领域的技术人员能够实现的程度。也就是说，说明书应当满足充分公开发明或者实用新型的要求。

关于"所属技术领域的技术人员"的含义，适用本部分第四章第2.4节的规定。

法 26.3

2.1.1 清 楚

说明书的内容应当清楚，具体应满足下述要求：

（1）主题明确。说明书应当从现有技术出发，明确地反映出发明或者实用新型想要做什么和如何去做，使所属技术领域的技术人员能够确切地理解该发明或者实用新型要求保护的主题。换句话说，说明书应当写明发明或者实用新型所要解决的技术问题以及解决其技术问题采用的技术方案，并对照现有技术写明发明或者实用新型的有益效果。上述技术问题、技术方案和有益效果应当相互适应，不得出现相互矛盾或不相关联的情形。

（2）表述准确。说明书应当使用发明或者实用新型所属技术领域的技术术语。说明书的表述应当准确地表达发明或者实用新型的技术内容，不得含糊不清或者模棱两可，以致所属技术领域的技术人员不能清楚、正确地理解该发明或者实用新型。

法 26.3

2.1.2 完 整

完整的说明书应当包括有关理解、实现发明或者实用新型所需的全部技术内容。

一份完整的说明书应当包含下列各项内容：

（1）帮助理解发明或者实用新型不可缺少的内容。例如，有关所属技术领域、背景技术状况的描述以及说明书有附图时的附图说明等。

（2）确定发明或者实用新型具有新颖性、创造性和实用性所需的内容。例如，发明或者实用新型所要解决的技术问题，解决其技术问题采用的技术方案和发明或者实用新型的有益效果。

（3）实现发明或者实用新型所需的内容。例如，为解决发明或者实用新型的技术问题而采用的技术方案的具体实施方式。

对于克服了技术偏见的发明或者实用新型，说明书中还应当解释为什么说该发明或者实用新型克服了技术偏见，新的技术方案与技术偏见之间的差别以及为克服技术偏见所采用的技术手段。

应当指出，凡是所属技术领域的技术人员不能从现有技术中直接、唯一地得出的有关内容，均应当在说明书中描述。

法26.3

2.1.3 能够实现

所属技术领域的技术人员能够实现，是指所属技术领域的技术人员按照说明书记载的内容，就能够实现该发明或者实用新型的技术方案，解决其技术问题，并且产生预期的技术效果。

说明书应当清楚地记载发明或者实用新型的技术方案，详细地描述实现发明或者实用新型的具体实施方式，完整地公开对于理解和实现发明或者实用新型必不可少的技术内容，达到所属技术领域的技术人员能够实现该发明或者实用新型的程度。审查员如果有合理的理由质疑发明或者实用新型没有达到充分公开的要求，则应当要求申请人予以澄清。

以下各种情况由于缺乏解决技术问题的技术手段而被认为无法实现：

（1）说明书中只给出任务和/或设想，或者只表明一种愿望和/或结果，而未给出任何使所属技术领域的技术人员能够实施的技术手段；

（2）说明书中给出了技术手段，但对所属技术领域的技术人员来说，该手段是含糊不清的，根据说明书记载的内容无法具体实施；

（3）说明书中给出了技术手段，但所属技术领域的技术人员采用该手段并不能解决发明或者实用新型所要解决的技术问题；

（4）申请的主题为由多个技术手段构成的技术方案，对于其中一个技术手段，所属技术领域的技术人员按照说明书记载的内容并不能实现；

（5）说明书中给出了具体的技术方案，但未给出实验证据，而该方案又必须依赖实验结果加以证实才能成立。例如，对于已知化合物的新用途发明，通常情况下，需要在说明书中给出实验证据来证实其所述的用途以及效果，否则将无法达到能够实现的要求。

2.2 说明书的撰写方式和顺序

细则17.1

根据专利法实施细则第十七条的规定，发明或者实用新型专利申请的说明书应当写明发明或者实用新型的名称，该名称应当与请求书中的名称一致。说明书应当包括以下组成部分：

（一）技术领域：写明要求保护的技术方案所属的技术领域；

（二）背景技术：写明对发明或者实用新型的理解、检索、审查有用的背景技术；有可能的，并引证反映这些背景技术的文件；

（三）发明或者实用新型内容：写明发明或者实用新型所要解决的技术问题以及解决其技术问题采用的技术方案，并对照现有技术写明发明或者实用新型的有益效果；

（四）附图说明：说明书有附图的，对各幅附图作简略说明；

（五）具体实施方式：详细写明申请人认为实现发明或者实用新型的优选方式；必要时，举例说明；有附图的，对照附图说明。

细则 17.2　　发明或者实用新型的说明书应当按照上述方式和顺序撰写，并在每一部分前面写明标题，除非其发明或者实用新型的性质用其他方式或者顺序撰写能够节约说明书的篇幅并使他人能够准确理解其发明或者实用新型。

细则 17.3　　发明或者实用新型说明书应当用词规范、语句清楚，并且不得使用"如权利要求……所述的……"一类的引用语，也不得使用商业性宣传用语。

细则 17.4　　发明专利申请包含一个或者多个核苷酸或者氨基酸序列的，说明书应当包括符合规定的序列表。有关序列表的提交参见本指南第一部分第一章第4.2节。

以下就上述方式和顺序逐项详细说明。

细则 17.1　　**2.2.1 名　称**

发明或者实用新型的名称应当清楚、简要，写在说明书首页正文部分的上方居中位置。

发明或者实用新型的名称应当按照以下各项要求撰写：

（1）说明书中的发明或者实用新型的名称与请求书中的名称应当一致，一般不得超过25个字，特殊情况下，例如，化学领域的某些申请，可以允许最多到40个字；

（2）采用所属技术领域通用的技术术语，最好采用国际专利分类表中的技术术语，不得采用非技术术语；

（3）清楚、简要、全面地反映要求保护的发明或者实用新型的主题和类型（产品或者方法），以利于专利申请的分类，例如一件包含拉链产品和该拉链制造方法两项发明的申请，其名称应当写成"拉链及其制造方法"；

（4）不得使用人名、地名、商标、型号或者商品名称等，也不得使用商业性宣传用语。

细则 17.1（1）

2.2.2 技术领域

发明或者实用新型的技术领域应当是要求保护的发明或者实用新型技术方案所属或者直接应用的具体技术领域，而不是上位的或者相邻的技术领域，也不是发明或者实用新型本身。该具体的技术领域往往与发明或者实用新型在国际专利分类表中可能分入的最低位置有关。例如，一项关于挖掘机悬臂的发明，其改进之处是将背景技术中的长方形悬臂截面改为椭圆形截面。其所属技术领域可以写成"本发明涉及一种挖掘机，特别是涉及一种挖掘机悬臂"（具体的技术领域），而不宜写成"本发明涉及一种建筑机械"（上位的技术领域），也不宜写成"本发明涉及挖掘机悬臂的椭圆形截面"或者"本发明涉及一种截面为椭圆形的挖掘机悬臂"（发明本身）。

细则 17.1（2）

2.2.3 背景技术

发明或者实用新型说明书的背景技术部分应当写明对发明或者实用新型的理解、检索、审查有用的背景技术，并且尽可能引证反映这些背景技术的文件。尤其要引证包含发明或者实用新型权利要求书中的独立权利要求前序部分技术特征的现有技术文件，即引证与发明或者实用新型专利申请最接近的现有技术文件。说明书中引证的文件可以是专利文件，也可以是非专利文件，例如期刊、杂志、手册和书籍等。引证专利文件的，至少要写明专利文件的国别、公开号，最好包括公开日期；引证非专利文件的，要写明这些文件的标题和详细出处。

此外，在说明书背景技术部分中，还要客观地指出背景技术中存在的问题和缺点，但是，仅限于涉及由发明或者实用新型的技术方案所解决的问题和缺点。在可能的情况下，说明存在这种问题和缺点的原因以及解决这些问题时曾经遇到的困难。

引证文件还应当满足以下要求：

（1）引证文件应当是公开出版物，除纸件形式外，还包括电子出版物等形式。

（2）所引证的非专利文件和外国专利文件的公开日应当在本申请的申请日之前；所引证的中国专利文件的公开日不能晚于本申请的公开日。

（3）引证外国专利或非专利文件的，应当以所引证文件公布或发表时的原文所使用的文字写明引证文件的出处以及相关信息，必要时给出中文译文，并将译文放置在括号内。

如果引证文件满足上述要求，则认为本申请说明书中记载了所引证文件中的内容。但是这样的引证方式是否达到充分公开发明或者实用新型的要求，参见本章第2.2.6节。

细则 17.1（3）

2.2.4 发明或者实用新型内容

本部分应当清楚、客观地写明以下内容：

（1）要解决的技术问题

发明或者实用新型所要解决的技术问题，是指发明或者实用新型要解决的现有技术中存在的技术问题。发明或者实用新型专利申请记载的技术方案应当能够解决这些技术问题。

发明或者实用新型所要解决的技术问题应当按照下列要求撰写：

（i）针对现有技术中存在的缺陷或不足；

（ii）用正面的、尽可能简洁的语言客观而有根据地反映发明或者实用新型要解决的技术问题，也可以进一步说明其技术效果。

对发明或者实用新型所要解决的技术问题的描述不得采用广告式宣传用语。

一件专利申请的说明书可以列出发明或者实用新型所要解决的一个或者多个技术问题，但是同时应当在说明书中描述解决这些技术问题的技术方案。当一件申请包含多项发明或者实用新型时，说明书中列出的多个要解决的技术问题应当都与一个总的发明构思相关。

（2）技术方案

一件发明或者实用新型专利申请的核心是其在说明书中记载的技术方案。

专利法实施细则第十七条第一款第（三）项所说的写明发明或者实用新型解决其技术问题所采用的技术方案是指清楚、完整地描述发明或者实用新型解决其技术问题所采取的技术方案的技术特征。在技术方案这一部分，至少应反映包含全部必要技术特征的独立权利要求的技术方案，还可以给出包含其他附加技术特征的进一步改进的技术方案。

说明书中记载的这些技术方案应当与权利要求所限定的相应技术方案的表述相一致。

一般情况下，说明书技术方案部分首先应当写明独立权利要求的技术方案，其用语应当与独立权利要求的用语相应或者相同，以发明或者实用新型必要技术特征总和的形式阐明其实质，必要时，说明必要技术特征总和与发明或者实用新型效果之间的关系。

然后，可以通过对该发明或者实用新型的附加技术特征的描述，反映对其作进一步改进的从属权利要求的技术方案。

如果一件申请中有几项发明或者几项实用新型，应当说明每项发明或者实用新型的技术方案。

(3) 有益效果

说明书应当清楚、客观地写明发明或者实用新型与现有技术相比所具有的有益效果。

有益效果是指由构成发明或者实用新型的技术特征直接带来的，或者是由所述的技术特征必然产生的技术效果。

有益效果是确定发明是否具有"显著的进步"，实用新型是否具有"进步"的重要依据。

通常，有益效果可以由产率、质量、精度和效率的提高，能耗、原材料、工序的节省，加工、操作、控制、使用的简便，环境污染的治理或者根治，以及有用性能的出现等方面反映出来。

有益效果可以通过对发明或者实用新型结构特点的分析和理论说明相结合，或者通过列出实验数据的方式予以说明，不得只断言发明或者实用新型具有有益的效果。

但是，无论用哪种方式说明有益效果，都应当与现有技术进行比较，指出发明或者实用新型与现有技术的区别。

机械、电气领域中的发明或者实用新型的有益效果，在某些情况下，可以结合发明或者实用新型的结构特征和作用方式进行说明。但是，化学领域中的发明，在大多数情况下，不适于用这种方式说明发明的有益效果，而是借助于实验数据来说明。

对于目前尚无可取的测量方法而不得不依赖于人的感官判

断的,例如味道、气味等,可以采用统计方法表示的实验结果来说明有益效果。

在引用实验数据说明有益效果时,应当给出必要的实验条件和方法。

细则 17.1(4)　**2.2.5 附图说明**

说明书有附图的,应当写明各幅附图的图名,并且对图示的内容作简要说明。在零部件较多的情况下,允许用列表的方式对附图中具体零部件名称列表说明。

附图不止一幅的,应当对所有附图作出图面说明。

例如,一件发明名称为"燃煤锅炉节能装置"的专利申请,其说明书包括四幅附图,这些附图的图面说明如下:

图 1 是燃煤锅炉节能装置的主视图;
图 2 是图 1 所示节能装置的侧视图;
图 3 是图 2 中的 A 向视图;
图 4 是沿图 1 中 B–B 线的剖视图。

细则 17.1(5)　**2.2.6 具体实施方式**

实现发明或者实用新型的优选的具体实施方式是说明书的重要组成部分,它对于充分公开、理解和实现发明或者实用新型,支持和解释权利要求都是极为重要的。因此,说明书应当详细描述申请人认为实现发明或者实用新型的优选的具体实施方式。在适当情况下,应当举例说明;有附图的,应当对照附图进行说明。

优选的具体实施方式应当体现申请中解决技术问题所采用的技术方案,并应当对权利要求的技术特征给予详细说明,以支持权利要求。

对优选的具体实施方式的描述应当详细,使发明或者实用新型所属技术领域的技术人员能够实现该发明或者实用新型。

实施例是对发明或者实用新型的优选的具体实施方式的举例说明。实施例的数量应当根据发明或者实用新型的性质、所属技术领域、现有技术状况以及要求保护的范围来确定。

当一个实施例足以支持权利要求所概括的技术方案时,说明书中可以只给出一个实施例。当权利要求(尤其是独立权利要求)覆盖的保护范围较宽,其概括不能从一个实施例中找到依据时,应当给出至少两个不同实施例,以支持要求保护的范围。当权利要求相对于背景技术的改进涉及数值范围时,通常应给出两端值附近(最好是两端值)的实施例,当数值范围较宽时,还应当给出至少一个中间值的实施例。

在发明或者实用新型技术方案比较简单的情况下,如果说明书涉及技术方案的部分已经就发明或者实用新型专利申请所要求保护的主题作出了清楚、完整的说明,说明书就不必在涉及具体实施方式部分再作重复说明。

对于产品的发明或者实用新型,实施方式或者实施例应当描述产品的机械构成、电路构成或者化学成分,说明组成产品的各部分之间的相互关系。对于可动作的产品,只描述其构成不能使所属技术领域的技术人员理解和实现发明或者实用新型时,还应当说明其动作过程或者操作步骤。

对于方法的发明,应当写明其步骤,包括可以用不同的参数或者参数范围表示的工艺条件。

在具体实施方式部分,对最接近的现有技术或者发明或实用新型与最接近的现有技术共有的技术特征,一般来说可以不作详细的描述,但对发明或者实用新型区别于现有技术的技术特征以及从属权利要求中的附加技术特征应当足够详细地描述,以所属技术领域的技术人员能够实现该技术方案为准。应当注意的是,为了方便专利审查,也为了帮助公众更直接地理解发明或者实用新型,对于那些就满足专利法第二十六条第三款的要求而言必不可少的内容,不能采用引证其他文件的方式撰写,而应当将其具体内容写入说明书。

对照附图描述发明或者实用新型的优选的具体实施方式时,使用的附图标记或者符号应当与附图中所示的一致,并放在相应的技术名称的后面,不加括号。例如,对涉及电路连接的说明,可以写成"电阻 3 通过三极管 4 的集电极与电容 5 相连接",不得写成"3 通过 4 与 5 连接"。

细则 17.3 及 3.1 ### 2.2.7 对于说明书撰写的其他要求

说明书应当用词规范,语句清楚。即说明书的内容应当明确,无含糊不清或者前后矛盾之处,使所属技术领域的技术人员容易理解。

说明书应当使用发明或者实用新型所属技术领域的技术术语。对于自然科学名词,国家有规定的,应当采用统一的术语,国家没有规定的,可以采用所属技术领域约定俗成的术语，也可以采用鲜为人知或者最新出现的科技术语，或者直接使用外来语（中文音译或意译词），但是其含义对所属技术领域的技术人员来说必须是清楚的，不会造成理解错误；必要时可以采用自定义词，在这种情况下，应当给出明确的定义或者说明。一般来说，不应当使用在所属技术领域中具有基本含义的词汇来表示其本意之外的其他含义，以免造成误解和语义混乱。说明书中使用的技术术语与符号应当前后一致。

说明书应当使用中文，但是在不产生歧义的前提下，个别词语可以使用中文以外的其他文字。在说明书中第一次使用非中文技术名词时，应当用中文译文加以注释或者使用中文给予说明。

例如，在下述情况下可以使用非中文表述形式：

（1）本领域技术人员熟知的技术名词可以使用非中文形式表述，例如用"EPROM"表示可擦除可编程只读存储器，用"CPU"表示中央处理器；但在同一语句中连续使用非中文技术名词可能造成该语句难以理解的，则不允许。

（2）计量单位、数学符号、数学公式、各种编程语言、计算机程序、特定意义的表示符号（例如中国国家标准缩写GB）等可以使用非中文形式。

此外，所引用的外国专利文献、专利申请、非专利文献的出处和名称应当使用原文，必要时给出中文译文，并将译文放置在括号内。

说明书中的计量单位应当使用国家法定计量单位，包括国际单位制计量单位和国家选定的其他计量单位。必要时可以在括号内同时标注本领域公知的其他计量单位。

说明书中无法避免使用商品名称时，其后应当注明其型号、规格、性能及制造单位。

说明书中应当避免使用注册商标来确定物质或者产品。

细则 18
法 26.3

2.3 说明书附图

附图是说明书的一个组成部分。

附图的作用在于用图形补充说明书文字部分的描述，使人能够直观地、形象化地理解发明或者实用新型的每个技术特征和整体技术方案。对于机械和电学技术领域中的专利申请，说明书附图的作用尤其明显。因此，说明书附图应该清楚地反映发明或者实用新型的内容。

	对发明专利申请，用文字足以清楚、完整地描述其技术方案的，可以没有附图。
细则 17.5	实用新型专利申请的说明书必须有附图。
细则 18.2	一件专利申请有多幅附图时，在用于表示同一实施方式的各幅图中，表示同一组成部分（同一技术特征或者同一对象）的附图标记应当一致。说明书中与附图中使用的相同的附图标记应当表示同一组成部分。说明书文字部分中未提及的附图标记不得在附图中出现，附图中未出现的附图标记也不得在说明书文字部分中提及。
细则 18.3	附图中除了必需的词语外，不应当含有其他的注释；但对于流程图、框图一类的附图，应当在其框内给出必要的文字或符号。
	关于附图的绘制要求适用本指南第一部分第一章第 4.3 节的规定。

2.4 说明书摘要

细则 23

摘要是说明书记载内容的概述，它仅是一种技术信息，不具有法律效力。

摘要的内容不属于发明或者实用新型原始记载的内容，不能作为以后修改说明书或者权利要求书的根据，也不能用来解释专利权的保护范围。

摘要应当满足以下要求：

细则 23.1 及 .2　　(1) 摘要应当写明发明或者实用新型的名称和所属技术领域，并清楚地反映所要解决的技术问题、解决该问题的技术方案的要点以及主要用途，其中以技术方案为主；摘要可以包含最能说明发明的化学式；

细则 23.2　　(2) 有附图的专利申请，应当提供或者由审查员指定一幅最能反映该发明或者实用新型技术方案的主要技术特征的附图作为摘要附图，该摘要附图应当是说明书附图中的一幅；

细则 23.2　　(3) 摘要附图的大小及清晰度应当保证在该图缩小到 4 厘米 ×6 厘米时，仍能清楚地分辨出图中的各个细节；

细则 23.2　　(4) 摘要文字部分（包括标点符号）不得超过 300 个字，并且不得使用商业性宣传用语。

此外，摘要文字部分出现的附图标记应当加括号。

本章以上各节对说明书的实质性内容和撰写方式的要求作了详细的规定。应当注意，在实质审查中，当说明书因公开不充分而不符合专利法第二十六条第三款的规定时，属于专利法实施细则第五十三条规定的应当予以驳回的情形；若仅仅存在不满足专利法实施细则第十七条要求的缺陷，则不属于可以根据专利法实施细则第五十三条规定予以驳回的情形。如果说明书中存在的用词不规范、语句不清楚缺陷并不导致发明不可实现，那么该情形属于专利法实施细则第十七条所述的缺陷，审查员不应当据此驳回该申请。此外，专利法实施细则第五十三条规定的应当予以驳回的情形中不包括说明书摘要不满足要求的情形。

3. 权利要求书

法 26.4

权利要求书应当以说明书为依据，清楚、简要地限定要求专利保护的范围。

权利要求书应当记载发明或者实用新型的技术特征，技术特征可以是构成发明或者实用新型技术方案的组成要素，也可以是要素之间的相互关系。专利法第二十六条第四款和专利法实施细则第十九条至第二十二条对权利要求的内容及其撰写作了规定。

细则 20.1

一份权利要求书中应当至少包括一项独立权利要求，还可以包括从属权利要求。

3.1 权利要求

3.1.1 权利要求的类型

按照性质划分，权利要求有两种基本类型，即物的权利要求和活动的权利要求，或者简单地称为产品权利要求和方法权利要求。第一种基本类型的权利要求包括人类技术生产的物（产品、设备）；第二种基本类型的权利要求包括有时间过程要素的活动（方法、用途）。属于物的权利要求有物品、物质、材料、工具、装置、设备等权利要求；属于活动的权利要求有制造方法、使用方法、通讯方法、处理方法以及将产品用于特定用途的方法等权利要求。

在类型上区分权利要求的目的是为了确定权利要求的保护范围。通常情况下，在确定权利要求的保护范围时，权利要求中的所有特征均应当予以考虑，而每一个特征的实际限定作用应当最终体现在该权利要求所要求保护的主题上。例如，当产品权利要求中的一个或多个技术特征无法用结构特征并且也不能用参数特征予以清楚地表征时，允许借助于方法特征表征。但是，方法特征表征的产品权利要求的保护主题仍然是产品，其实际的限定作用取决于对所要求保护的产品本身带来何种影响。

对于主题名称中含有用途限定的产品权利要求，其中的用途限定在确定该产品权利要求的保护范围时应当予以考虑，但其实际的限定作用取决于对所要求保护的产品本身带来何种影响。例如，主题名称为"用于钢水浇铸的模具"的权利要求，其中"用于钢水浇铸"的用途对主题"模具"具有限定作用；对于"一种用于冰块成型的塑料模盒"，因其熔点远低于"用于钢水浇铸的模具"的熔点，不可能用于钢水浇铸，故不在上述权利要求的保护范围内。然而，如果"用于……"的限定对所要求保护的产品或设备本身没有带来影响，只是对产品或设备的用途或使用方式的描述，则其对产品或设备例如是否具有新颖性、创造性的判断不起作用。例如，"用于……的化合物 X"，如果其中"用于……"对化合物 X 本身没有带来任何影响，则在判断该化合物 X 是否具有新颖性、创造性时，其中的用途限定不起作用。

3.1.2 独立权利要求和从属权利要求

细则 20.2　　独立权利要求应当从整体上反映发明或者实用新型的技术方案，记载解决技术问题的必要技术特征。

必要技术特征是指，发明或者实用新型为解决其技术问题所不可缺少的技术特征，其总和足以构成发明或者实用新型的技术方案，使之区别于背景技术中所述的其他技术方案。

判断某一技术特征是否为必要技术特征，应当从所要解决的技术问题出发并考虑说明书描述的整体内容，不应简单地将实施例中的技术特征直接认定为必要技术特征。

在一件专利申请的权利要求书中，独立权利要求所限定的一项发明或者实用新型的保护范围最宽。

细则 20.3　　如果一项权利要求包含了另一项同类型权利要求中的所有技术特征，且对该另一项权利要求的技术方案作了进一步的限定，则该权利要求为从属权利要求。由于从属权利要求用附加的技术特征对所引用的权利要求作了进一步的限定，所以其保护范围落在其所引用的权利要求的保护范围之内。

从属权利要求中的附加技术特征，可以是对所引用的权利要求的技术特征作进一步限定的技术特征，也可以是增加的技术特征。

一件专利申请的权利要求书中，应当至少有一项独立权利要求。当有两项或者两项以上独立权利要求时，写在最前面的独立权利要求被称为第一独立权利要求，其他独立权利要求称为并列独立权利要求。审查员应当注意，有时并列独立权利要求也引用在前的独立权利要求，例如，"一种实施权利要求1的方法的装置，……"；"一种制造权利要求1的产品的方法，……"；"一种包含权利要求1的部件的设备，……"；"与权利要求1的插座相配合的插头，……"等。这种引用其他独立权利要求的权利要求是并列的独立权利要求，而不能被看作是从属权利要求。对于这种引用另一权利要求的独立权利要求，在确定其保护范围时，被引用的权利要求的特征均应予以考虑，而其实际的限定作用应当最终体现在对该独立权利要求的保护主题产生了何种影响。

在某些情况下，形式上的从属权利要求（即其包含有从属权利要求的引用部分），实质上不一定是从属权利要求。例如，独立权利要求1为："包括特征X的机床"。在后的另一项权利要求为："根据权利要求1所述的机床，其特征在于用特征Y代替特征X"。在这种情况下，后一权利要求也是独立权利要求。审查员不得仅从撰写的形式上判定在后的权利要求为从属权利要求。

3.2 权利要求书应当满足的要求

专利法第二十六条第四款规定，权利要求书应当以说明书为依据，清楚、简要地限定要求专利保护的范围。专利法实施细则第十九条第一款规定，权利要求书应当记载发明或者实用新型的技术特征。

法 26.4

3.2.1 以说明书为依据

权利要求书应当以说明书为依据，是指权利要求应当得到说明书的支持。权利要求书中的每一项权利要求所要求保护的技术方案应当是所属技术领域的技术人员能够从说明书充分公开的内容中得到或概括得出的技术方案，并且不得超出说明书公开的范围。

权利要求通常由说明书记载的一个或者多个实施方式或实施例概括而成。权利要求的概括应当不超出说明书公开的范围。如果所属技术领域的技术人员可以合理预测说明书给出的实施方式的所有等同替代方式或明显变型方式都具备相同的性能或用途，则应当允许申请人将权利要求的保护范围概括至覆盖其所有的等同替代或明显变型的方式。对于权利要求概括得是否恰当，审查员应当参照与之相关的现有技术进行判断。开拓性发明可以比改进性发明有更宽的概括范围。

对于用上位概念概括或用并列选择方式概括的权利要求，应当审查这种概括是否得到说明书的支持。如果权利要求的概括包含申请人推测的内容，而其效果又难于预先确定和评价，应当认为这种概括超出了说明书公开的范围。如果权利要求的概括使所属技术领域的技术人员有理由怀疑该上位概念或并列概括所包含的一种或多种下位概念或选择方式不能解决发明或者实用新型所要解决的技术问题，并达到相同的技术效果，则应当认为该权利要求没有得到说明书的支持。对于这些情况，审查员应当根据专利法第二十六条第四款的规定，以权利要求得不到说明书的支持为理由，要求申请人修改权利要求。

例如，对于"用高频电能影响物质的方法"这样一个概括较宽的权利要求，如果说明书中只给出一个"用高频电能从气体中除尘"的实施方式，对高频电能影响其他物质的方法未作说明，而且所属技术领域的技术人员也难以预先确定或评价高频电能影响其他物质的效果，则该权利要求被认为未得到说明书的支持。

再如，对于"控制冷冻时间和冷冻程度来处理植物种子的方法"这样一个概括较宽的权利要求，如果说明书中仅记载了适用于处理一种植物种子的方法，未涉及其他种类植物种子的处理方法，而且园艺技术人员也难以预先确定或评价处理其他种类植物种子的效果，则该权利要求也被认为未得到说明书的支持。除非说明书中还指出了这种植物种子和其他植物种子的一般关系，或者记载了足够多的实施例，使园艺技术人员能够明了如何使用这种方法处理植物种子，才可以认为该权利要求得到了说明书的支持。

对于一个概括较宽又与整类产品或者整类机械有关的权利要求，如果说明书中有较好的支持，并且也没有理由怀疑发明或者实用新型在权利要求范围内不可以实施，那么，即使这个权利要求范围较宽也是可以接受的。但是当说明书中给出的信息不充分，所属技术领域的技术人员用常规的实验或者分析方法不足以把说明书记载的内容扩展到权利要求所述的保护范围时，审查员应当要求申请人作出解释，说明所属技术领域的技术人员在说明书给出信息的基础上，能够容易地将发明或者实用新型扩展到权利要求的保护范围；否则，应当要求申请人限制权利要求。例如，对于"一种处理合成树脂成型物来改变其性质的方法"的权利要求，如果说明书中只涉及热塑性树脂的实施例，而且申请人又不能证明该方法也适用于热固性树脂，那么申请人就应当把权利要求限制在热塑性树脂的范围内。

通常，对产品权利要求来说，应当尽量避免使用功能或者效果特征来限定发明。只有在某一技术特征无法用结构特征来限定，或者技术特征用结构特征限定不如用功能或效果特征来限定更为恰当，而且该功能或者效果能通过说明书中规定的实验或者操作或者所属技术领域的惯用手段直接和肯定地验证的情况下，使用功能或者效果特征来限定发明才可能是允许的。

对于权利要求中所包含的功能性限定的技术特征，应当理解为覆盖了所有能够实现所述功能的实施方式。对于含有功能性限定的特征的权利要求，应当审查该功能性限定是否得到说明书的支持。如果权利要求中限定的功能是以说明书实施例中记载的特定方式完成的，并且所属技术领域的技术人员不能明了此功能还可以采用说明书中未提到的其他替代方式来完成，或者所属技术领域的技术人员有理由怀疑该功能性限定所包含的一种或几种方式不能解决发明或者实用新型所要解决的技术问题，并达到相同的技术效果，则权利要求中不得采用覆盖了上述其他替代方式或者不能解决发明或实用新型技术问题的方式的功能性限定。

此外，如果说明书中仅以含糊的方式描述了其他替代方式也可能适用，但对所属技术领域的技术人员来说，并不清楚这些替代方式是什么或者怎样应用这些替代方式，则权利要求中的功能性限定也是不允许的。另外，纯功能性的权利要求得不到说明书的支持，因而也是不允许的。

在判断权利要求是否得到说明书的支持时，应当考虑说明书的全部内容，而不是仅限具体实施方式部分的内容。如果说明书的其他部分也记载了有关具体实施方式或实施例的内容，从说明书的全部内容来看，能说明权利要求的概括是适当的，则应当认为权利要求得到了说明书的支持。

对于包括独立权利要求和从属权利要求或者不同类型权利要求的权利要求书，需要逐一判断各项权利要求是否都得到了说明书的支持。独立权利要求得到说明书支持并不意味着从属权利要求也必然得到支持；方法权利要求得到说明书支持也并不意味着产品权利要求必然得到支持。

当要求保护的技术方案的部分或全部内容在原始申请的权利要求书中已经记载而在说明书中没有记载时，允许申请人将其补入说明书。但是权利要求的技术方案在说明书中存在一致性的表述，并不意味着权利要求必然得到说明书的支持。只有当所属技术领域的技术人员能够从说明书充分公开的内容中得到或概括得出该项权利要求所要求保护的技术方案时，记载该技术方案的权利要求才被认为得到了说明书的支持。

法 26.4

3.2.2 清 楚

权利要求书是否清楚，对于确定发明或者实用新型要求保护的范围是极为重要的。

权利要求书应当清楚，一是指每一项权利要求应当清楚，二是指构成权利要求书的所有权利要求作为一个整体也应当清楚。

首先，每项权利要求的类型应当清楚。权利要求的主题名称应当能够清楚地表明该权利要求的类型是产品权利要求还是方法权利要求。不允许采用模糊不清的主题名称，例如，"一种……技术"，或者在一项权利要求的主题名称中既包含有产品又包含有方法，例如，"一种……产品及其制造方法"。

另一方面，权利要求的主题名称还应当与权利要求的技术内容相适应。

产品权利要求适用于产品发明或者实用新型，通常应当用产品的结构特征来描述。特殊情况下，当产品权利要求中的一个或多个技术特征无法用结构特征予以清楚地表征时，允许借助物理或化学参数表征；当无法用结构特征并且也不能用参数特征予以清楚地表征时，允许借助于方法特征表征。使用参数表征时，所使用的参数必须是所属技术领域的技术人员根据说明书的教导或通过所属技术领域的惯用手段可以清楚而可靠地加以确定的。

方法权利要求适用于方法发明，通常应当用工艺过程、操作条件、步骤或者流程等技术特征来描述。

用途权利要求属于方法权利要求。但应当注意从权利要求的撰写措词上区分用途权利要求和产品权利要求。例如,"用化合物 X 作为杀虫剂"或者"化合物 X 作为杀虫剂的应用"是用途权利要求,属于方法权利要求,而"用化合物 X 制成的杀虫剂"或者"含化合物 X 的杀虫剂",则不是用途权利要求,而是产品权利要求。

其次,每项权利要求所确定的保护范围应当清楚。权利要求的保护范围应当根据其所用词语的含义来理解。一般情况下,权利要求中的用词应当理解为相关技术领域通常具有的含义。在特定情况下,如果说明书中指明了某词具有特定的含义,并且使用了该词的权利要求的保护范围由于说明书中对该词的说明而被限定得足够清楚,这种情况也是允许的。但此时也应要求申请人尽可能修改权利要求,使得根据权利要求的表述即可明确其含义。

权利要求中不得使用含义不确定的用语,如"厚"、"薄"、"强"、"弱"、"高温"、"高压"、"很宽范围"等,除非这种用语在特定技术领域中具有公认的确切含义,如放大器中的"高频"。对没有公认含义的用语,如果可能,应选择说明书中记载的更为精确的措词替换上述不确定的用语。

权利要求中不得出现"例如"、"最好是"、"尤其是"、"必要时"等类似用语。因为这类用语会在一项权利要求中限定出不同的保护范围,导致保护范围不清楚。当权利要求中出现某一上位概念后面跟一个由上述用语引出的下位概念时,应当要求申请人修改权利要求,允许其在该权利要求中保留其中之一,或将两者分别在两项权利要求中予以限定。

在一般情况下,权利要求中不得使用"约"、"接近"、"等"、"或类似物"等类似的用语,因为这类用语通常会使权利要求的范围不清楚。当权利要求中出现了这类用语时,审查员应当针对具体情况判断使用该用语是否会导致权利要求不清楚,如果不会,则允许。

除附图标记或者化学式及数学式中使用的括号之外,权利要求中应尽量避免使用括号,以免造成权利要求不清楚,例如"(混凝土)模制砖"。然而,具有通常可接受含义的括号是允许的,例如"(甲基)丙烯酸酯","含有 10%～60%(重量)的 A"。

最后，构成权利要求书的所有权利要求作为一个整体也应当清楚，这是指权利要求之间的引用关系应当清楚（参见本章第3.1.2和3.3.2节）。

法 26.4

3.2.3 简　要

权利要求书应当简要，一是指每一项权利要求应当简要，二是指构成权利要求书的所有权利要求作为一个整体也应当简要。例如，一件专利申请中不得出现两项或两项以上保护范围实质上相同的同类权利要求。

权利要求的数目应当合理。在权利要求书中，允许有合理数量的限定发明或者实用新型优选技术方案的从属权利要求。

权利要求的表述应当简要，除记载技术特征外，不得对原因或者理由作不必要的描述，也不得使用商业性宣传用语。

为避免权利要求之间相同内容的不必要重复，在可能的情况下，权利要求应尽量采取引用在前权利要求的方式撰写。

3.3 权利要求的撰写规定

权利要求的保护范围是由权利要求中记载的全部内容作为一个整体限定的，因此每一项权利要求只允许在其结尾处使用句号。

细则 19.2

权利要求书有几项权利要求的，应当用阿拉伯数字顺序编号。

细则 19.3

权利要求中使用的科技术语应当与说明书中使用的科技术语一致。权利要求中可以有化学式或者数学式，但是不得有插图。除绝对必要外，权利要求中不得使用"如说明书……部分所述"或者"如图……所示"等类似用语。绝对必要的情况是指当发明或者实用新型涉及的某特定形状仅能用图形限定而无法用语言表达时，权利要求可以使用"如图……所示"等类似用语。

权利要求中通常不允许使用表格，除非使用表格能够更清楚地说明发明或者实用新型要求保护的主题。

细则 19.4

权利要求中的技术特征可以引用说明书附图中相应的标记，以帮助理解权利要求所记载的技术方案。但是，这些标记应当用括号括起来，放在相应的技术特征后面。附图标记不得解释为对权利要求保护范围的限制。

通常，一项权利要求用一个自然段表述。但是当技术特征较多，内容和相互关系较复杂，借助于标点符号难以将其关系表达清楚时，一项权利要求也可以用分行或者分小段的方式描述。

通常，开放式的权利要求宜采用"包含"、"包括"、"主要由……组成"的表达方式，其解释为还可以含有该权利要求中没有述及的结构组成部分或方法步骤。封闭式的权利要求宜采用"由……组成"的表达方式，其一般解释为不含有该权利要求所述以外的结构组成部分或方法步骤。

一般情况下，权利要求中包含有数值范围的，其数值范围尽量以数学方式表达，例如，"$\geq 30℃$"、">5"等。通常，"大于"、"小于"、"超过"等理解为不包括本数；"以上"、"以下"、"以内"等理解为包括本数。

在得到说明书支持的情况下，允许权利要求对发明或者实用新型作概括性的限定。通常，概括的方式有以下两种：

（1）用上位概念概括。例如，用"气体激光器"概括氦氖激光器、氩离子激光器、一氧化碳激光器、二氧化碳激光器等。又如用"C_1—C_4烷基"概括甲基、乙基、丙基和丁基。再如，用"皮带传动"概括平皮带、三角皮带和齿形皮带传动等。

（2）用并列选择法概括，即用"或者"或者"和"并列几个必择其一的具体特征。例如，"特征A、B、C或者D"。又如，"由A、B、C和D组成的物质组中选择的一种物质"等。

采用并列选择法概括时，被并列选择概括的具体内容应当是等效的，不得将上位概念概括的内容，用"或者"与其下位概念并列。另外，被并列选择概括的概念，应含义清楚。例如在"A、B、C、D或者类似物（设备、方法、物质）"这一描述中，"类似物"这一概念含义是不清楚的，因而不能与具体的物或者方法（A、B、C、D）并列。

3.3.1 独立权利要求的撰写规定

根据专利法实施细则第二十一条第一款的规定，发明或者实用新型的独立权利要求应当包括前序部分和特征部分，按照下列规定撰写：

（1）前序部分：写明要求保护的发明或者实用新型技术方案的主题名称和发明或者实用新型主题与最接近的现有技术共有的必要技术特征；

(2)特征部分:使用"其特征是……"或者类似的用语,写明发明或者实用新型区别于最接近的现有技术的技术特征,这些特征和前序部分写明的特征合在一起,限定发明或者实用新型要求保护的范围。

专利法实施细则第二十一条第三款规定一项发明或者实用新型应当只有一项独立权利要求,并且写在同一发明或者实用新型的从属权利要求之前。这一规定的本意是为了使权利要求书从整体上更清楚、简要。

独立权利要求的前序部分中,发明或者实用新型主题与最接近的现有技术共有的必要技术特征,是指要求保护的发明或者实用新型技术方案与最接近的一份现有技术文件中所共有的技术特征。在合适的情况下,选用一份与发明或者实用新型要求保护的主题最接近的现有技术文件进行"划界"。

独立权利要求的前序部分中,除写明要求保护的发明或者实用新型技术方案的主题名称外,仅需写明那些与发明或实用新型技术方案密切相关的、共有的必要技术特征。例如,一项涉及照相机的发明,该发明的实质在于照相机布帘式快门的改进,其权利要求的前序部分只要写出"一种照相机,包括布帘式快门……"就可以了,不需要将其他共有特征,例如透镜和取景窗等照相机零部件都写在前序部分中。独立权利要求的特征部分,应当记载发明或者实用新型的必要技术特征中与最接近的现有技术不同的区别技术特征,这些区别技术特征与前序部分中的技术特征一起,构成发明或者实用新型的全部必要技术特征,限定独立权利要求的保护范围。

独立权利要求分两部分撰写的目的,在于使公众更清楚地看出独立权利要求的全部技术特征中哪些是发明或者实用新型与最接近的现有技术所共有的技术特征,哪些是发明或者实用新型区别于最接近的现有技术的特征。

根据专利法实施细则第二十一条第二款的规定,发明或者实用新型的性质不适于用上述方式撰写的,独立权利要求也可以不分前序部分和特征部分。例如下列情况:

(1)开拓性发明;

(2)由几个状态等同的已知技术整体组合而成的发明,其发明实质在组合本身;

(3)已知方法的改进发明,其改进之处在于省去某种物质或者材料,或者是用一种物质或材料代替另一种物质或材料,或者是省去某个步骤；

（4）已知发明的改进在于系统中部件的更换或者其相互关系上的变化。

3.3.2 从属权利要求的撰写规定

根据专利法实施细则第二十二条第一款的规定，发明或者实用新型的从属权利要求应当包括引用部分和限定部分，按照下列规定撰写：

（1）引用部分：写明引用的权利要求的编号及其主题名称；

（2）限定部分：写明发明或者实用新型附加的技术特征。

细则 22.2

从属权利要求只能引用在前的权利要求。引用两项以上权利要求的多项从属权利要求只能以择一方式引用在前的权利要求，并不得作为被另一项多项从属权利要求引用的基础，即在后的多项从属权利要求不得引用在前的多项从属权利要求。

从属权利要求的引用部分应当写明引用的权利要求的编号，其后应当重述引用的权利要求的主题名称。例如，一项从属权利要求的引用部分应当写成："根据权利要求 1 所述的金属纤维拉拔装置，……"。

多项从属权利要求是指引用两项以上权利要求的从属权利要求，多项从属权利要求的引用方式，包括引用在前的独立权利要求和从属权利要求，以及引用在前的几项从属权利要求。

当从属权利要求是多项从属权利要求时，其引用的权利要求的编号应当用"或"或者其他与"或"同义的择一引用方式表达。例如，从属权利要求的引用部分写成下列方式："根据权利要求 1 或 2 所述的……"；"根据权利要求 2、4、6 或 8 所述的……"；或者"根据权利要求 4 至 9 中任一权利要求所述的……"。

一项引用两项以上权利要求的多项从属权利要求不得作为另一项多项从属权利要求的引用基础。例如，权利要求 3 为"根据权利要求 1 或 2 所述的摄像机调焦装置，……"，如果多项从属权利要求 4 写成"根据权利要求 1、2 或 3 所述的摄像机调焦装置，……"，则是不允许的，因为被引用的权利要求 3 是一项多项从属权利要求。

从属权利要求的限定部分可以对在前的权利要求（独立权利要求或者从属权利要求）中的技术特征进行限定。在前的独立权利要求采用两部分撰写方式的，其后的从属权利要求不仅可以进一步限定该独立权利要求特征部分中的特征,也可以进一步限定前序部分中的特征。

直接或间接从属于某一项独立权利要求的所有从属权利要求都应当写在该独立权利要求之后,另一项独立权利要求之前。

第三章 新颖性

1. 引言

根据专利法第二十二条第一款的规定，授予专利权的发明和实用新型应当具备新颖性、创造性和实用性。因此，申请专利的发明和实用新型具备新颖性是授予其专利权的必要条件之一。

法 22.2

2. 新颖性的概念

新颖性，是指该发明或者实用新型不属于现有技术；也没有任何单位或者个人就同样的发明或者实用新型在申请日以前向专利局提出过申请，并记载在申请日以后（含申请日）公布的专利申请文件或者公告的专利文件中。

2.1 现有技术

根据专利法第二十二条第五款的规定，现有技术是指申请日以前在国内外为公众所知的技术。现有技术包括在申请日（有优先权的，指优先权日）以前在国内外出版物上公开发表、在国内外公开使用或者以其他方式为公众所知的技术。

现有技术应当是在申请日以前公众能够得知的技术内容。换句话说，现有技术应当在申请日以前处于能够为公众获得的状态，并包含有能够使公众从中得知实质性技术知识的内容。

应当注意，处于保密状态的技术内容不属于现有技术。所谓保密状态，不仅包括受保密规定或协议约束的情形，还包括社会观念或者商业习惯上被认为应当承担保密义务的情形，即默契保密的情形。

然而，如果负有保密义务的人违反规定、协议或者默契泄露秘密，导致技术内容公开，使公众能够得知这些技术，这些技术也就构成了现有技术的一部分。

2.1.1 时间界限

现有技术的时间界限是申请日，享有优先权的，则指优先权日。广义上说，申请日以前公开的技术内容都属于现有技术，但申请日当天公开的技术内容不包括在现有技术范围内。

2.1.2 公开方式

现有技术公开方式包括出版物公开、使用公开和以其他方式公开三种，均无地域限制。

2.1.2.1 出版物公开

专利法意义上的出版物是指记载有技术或设计内容的独立存在的传播载体，并且应当表明或者有其他证据证明其公开发表或出版的时间。

符合上述含义的出版物可以是各种印刷的、打字的纸件，例如专利文献、科技杂志、科技书籍、学术论文、专业文献、教科书、技术手册、正式公布的会议记录或者技术报告、报纸、产品样本、产品目录、广告宣传册等，也可以是用电、光、磁、照相等方法制成的视听资料，例如缩微胶片、影片、照相底片、录像带、磁带、唱片、光盘等，还可以是以其他形式存在的资料，例如存在于互联网或其他在线数据库中的资料等。

出版物不受地理位置、语言或者获得方式的限制，也不受年代的限制。出版物的出版发行量多少、是否有人阅读过、申请人是否知道是无关紧要的。

印有"内部资料"、"内部发行"等字样的出版物，确系在特定范围内发行并要求保密的，不属于公开出版物。

出版物的印刷日视为公开日，有其他证据证明其公开日的除外。印刷日只写明年月或者年份的，以所写月份的最后一日或者所写年份的 12 月 31 日为公开日。

审查员认为出版物的公开日期存在疑义的，可以要求该出版物的提交人提出证明。

2.1.2.2 使用公开

由于使用而导致技术方案的公开，或者导致技术方案处于公众可以得知的状态，这种公开方式称为使用公开。

使用公开的方式包括能够使公众得知其技术内容的制造、使用、销售、进口、交换、馈赠、演示、展出等方式。只要通过上述方式使有关技术内容处于公众想得知就能够得知的状态，就构成使用公开，而不取决于是否有公众得知。但是，未给出任何有关技术内容的说明，以致所属技术领域的技术人员无法得知其结构和功能或材料成分的产品展示，不属于使用公开。

如果使用公开的是一种产品，即使所使用的产品或者装置需要经过破坏才能够得知其结构和功能，也仍然属于使用公开。此外，使用公开还包括放置在展台上、橱窗内公众可以阅读的信息资料及直观资料，例如招贴画、图纸、照片、样本、样品等。

使用公开是以公众能够得知该产品或者方法之日为公开日。

2.1.2.3 以其他方式公开

为公众所知的其他方式，主要是指口头公开等。例如，口头交谈、报告、讨论会发言、广播、电视、电影等能够使公众得知技术内容的方式。口头交谈、报告、讨论会发言以其发生之日为公开日。公众可接收的广播、电视或电影的报道，以其播放日为公开日。

2.2 抵触申请

根据专利法第二十二条第二款的规定，在发明或者实用新型新颖性的判断中，由任何单位或者个人就同样的发明或者实用新型在申请日以前向专利局提出并且在申请日以后（含申请日）公布的专利申请文件或者公告的专利文件损害该申请日提出的专利申请的新颖性。为描述简便，在判断新颖性时，将这种损害新颖性的专利申请，称为抵触申请。

审查员在检索时应当注意，确定是否存在抵触申请，不仅要查阅在先专利或专利申请的权利要求书，而且要查阅其说明书（包括附图），应当以其全文内容为准。

抵触申请还包括满足以下条件的进入了中国国家阶段的国际专利申请，即申请日以前由任何单位或者个人提出、并在申请日之后（含申请日）由专利局作出公布或公告的且为同样的发明或者实用新型的国际专利申请。

另外，抵触申请仅指在申请日以前提出的，不包含在申请日提出的同样的发明或者实用新型专利申请。

2.3 对比文件

为判断发明或者实用新型是否具备新颖性或创造性等所引

用的相关文件，包括专利文件和非专利文件，统称为对比文件。

由于在实质审查阶段审查员一般无法得知在国内外公开使用或者以其他方式为公众所知的技术，因此，在实质审查程序中所引用的对比文件主要是公开出版物。

引用的对比文件可以是一份，也可以是数份；所引用的内容可以是每份对比文件的全部内容，也可以是其中的部分内容。

对比文件是客观存在的技术资料。引用对比文件判断发明或者实用新型的新颖性和创造性等时，应当以对比文件公开的技术内容为准。该技术内容不仅包括明确记载在对比文件中的内容，而且包括对于所属技术领域的技术人员来说，隐含的且可直接地、毫无疑义地确定的技术内容。但是，不得随意将对比文件的内容扩大或缩小。另外，对比文件中包括附图的，也可以引用附图。但是，审查员在引用附图时必须注意，只有能够从附图中直接地、毫无疑义地确定的技术特征才属于公开的内容，由附图中推测的内容，或者无文字说明、仅仅是从附图中测量得出的尺寸及其关系，不应当作为已公开的内容。

3. 新颖性的审查

发明或者实用新型专利申请是否具备新颖性，只有在其具备实用性后才予以考虑。

3.1 审查原则

审查新颖性时，应当根据以下原则进行判断：

（1）同样的发明或者实用新型

被审查的发明或者实用新型专利申请与现有技术或者申请日前由任何单位或者个人向专利局提出申请并在申请日后（含申请日）公布或公告的（以下简称申请在先公布或公告在后的）发明或者实用新型的相关内容相比，如果其技术领域、所解决的技术问题、技术方案和预期效果实质上相同，则认为两者为同样的发明或者实用新型。需要注意的是，在进行新颖性判断时，审查员首先应当判断被审查专利申请的技术方案与对比文件的技术方案是否实质上相同，如果专利申请与对比文件公开的内容相比，其权利要求所限定的技术方案与对比文件公开的技术方案实质上相同，所属技术领域的技术人员根据两者的技术方案可以确定两者能够适用于相同的技术领域，解决相同的技术问题，并具有相同的预期效果，则认为两者为同样的发明或者实用新型。

(2) 单独对比

判断新颖性时，应当将发明或者实用新型专利申请的各项权利要求分别与每一项现有技术或申请在先公布或公告在后的发明或实用新型的相关技术内容单独地进行比较，不得将其与几项现有技术或者申请在先公布或公告在后的发明或者实用新型内容的组合、或者与一份对比文件中的多项技术方案的组合进行对比。即，判断发明或者实用新型专利申请的新颖性适用单独对比的原则。这与发明或者实用新型专利申请创造性的判断方法有所不同（参见本部分第四章第3.1节）。

3.2 审查基准

判断发明或者实用新型有无新颖性，应当以专利法第二十二条第二款为基准。

为有助于掌握该基准，以下给出新颖性判断中几种常见的情形。

3.2.1 相同内容的发明或者实用新型

如果要求保护的发明或者实用新型与对比文件所公开的技术内容完全相同，或者仅仅是简单的文字变换，则该发明或者实用新型不具备新颖性。另外，上述相同的内容应该理解为包括可以从对比文件中直接地、毫无疑义地确定的技术内容。例如一件发明专利申请的权利要求是"一种电机转子铁心，所述铁心由钕铁硼永磁合金制成，所述钕铁硼永磁合金具有四方晶体结构并且主相是 $Nd_2Fe_{14}B$ 金属间化合物"，如果对比文件公开了"采用钕铁硼磁体制成的电机转子铁心"，就能够使上述权利要求丧失新颖性，因为该领域的技术人员熟知所谓的"钕铁硼磁体"即指主相是 $Nd_2Fe_{14}B$ 金属间化合物的钕铁硼永磁合金，并且具有四方晶体结构。

3.2.2 具体（下位）概念与一般（上位）概念

如果要求保护的发明或者实用新型与对比文件相比，其区别仅在于前者采用一般（上位）概念，而后者采用具体（下位）概念限定同类性质的技术特征，则具体（下位）概念的公开使采用一般（上位）概念限定的发明或者实用新型丧失新颖性。例如，对比文件公开某产品是"用铜制成的"，就使"用金属制成的"同一产品的发明或者实用新型丧失新颖性。但是，该铜制品的公开并不使铜之外的其他具体金属制成的同一产品的发明或者实用新型丧失新颖性。

反之，一般（上位）概念的公开并不影响采用具体（下位）概念限定的发明或者实用新型的新颖性。例如，对比文件公开的某产品是"用金属制成的"，并不能使"用铜制成的"同一产品的发明或者实用新型丧失新颖性。又如，要求保护的发明或者实用新型与对比文件的区别仅在于发明或者实用新型中选用了"氯"来代替对比文件中的"卤素"或者另一种具体的卤素"氟"，则对比文件中"卤素"的公开或者"氟"的公开并不导致用氯对其作限定的发明或者实用新型丧失新颖性。

3.2.3 惯用手段的直接置换

如果要求保护的发明或者实用新型与对比文件的区别仅仅是所属技术领域的惯用手段的直接置换，则该发明或者实用新型不具备新颖性。例如，对比文件公开了采用螺钉固定的装置，而要求保护的发明或者实用新型仅将该装置的螺钉固定方式改换为螺栓固定方式，则该发明或者实用新型不具备新颖性。

3.2.4 数值和数值范围

如果要求保护的发明或者实用新型中存在以数值或者连续变化的数值范围限定的技术特征，例如部件的尺寸、温度、压力以及组合物的组分含量，而其余技术特征与对比文件相同，则其新颖性的判断应当依照以下各项规定。

（1）对比文件公开的数值或者数值范围落在上述限定的技术特征的数值范围内，将破坏要求保护的发明或者实用新型的新颖性。

【例1】

专利申请的权利要求为一种铜基形状记忆合金，包含10%~35%（重量）的锌和2%~8%（重量）的铝，余量为铜。如果对比文件公开了包含20%（重量）锌和5%（重量）铝的铜基形状记忆合金，则上述对比文件破坏该权利要求的新颖性。

【例2】

专利申请的权利要求为一种热处理台车窑炉,其拱衬厚度为 100~400 毫米。如果对比文件公开了拱衬厚度为 180~250 毫米的热处理台车窑炉,则该对比文件破坏该权利要求的新颖性。

(2) 对比文件公开的数值范围与上述限定的技术特征的数值范围部分重叠或者有一个共同的端点,将破坏要求保护的发明或者实用新型的新颖性。

【例1】

专利申请的权利要求为一种氮化硅陶瓷的生产方法,其烧成时间为 1~10 小时。如果对比文件公开的氮化硅陶瓷的生产方法中的烧成时间为 4~12 小时,由于烧成时间在 4~10 小时的范围内重叠,则该对比文件破坏该权利要求的新颖性。

【例2】

专利申请的权利要求为一种等离子喷涂方法,喷涂时的喷枪功率为 20~50kW。如果对比文件公开了喷枪功率为 50~80kW 的等离子喷涂方法,因为具有共同的端点 50kW,则该对比文件破坏该权利要求的新颖性。

(3) 对比文件公开的数值范围的两个端点将破坏上述限定的技术特征为离散数值并且具有该两端点中任一个的发明或者实用新型的新颖性,但不破坏上述限定的技术特征为该两端点之间任一数值的发明或者实用新型的新颖性。

【例如】

专利申请的权利要求为一种二氧化钛光催化剂的制备方法,其干燥温度为 40℃、58℃、75℃或者 100℃。如果对比文件公开了干燥温度为 40℃~100℃的二氧化钛光催化剂的制备方法,则该对比文件破坏干燥温度分别为 40℃和 100℃时权利要求的新颖性,但不破坏干燥温度分别为 58℃和 75℃时权利要求的新颖性。

(4) 上述限定的技术特征的数值或者数值范围落在对比文件公开的数值范围内,并且与对比文件公开的数值范围没有共同的端点,则对比文件不破坏要求保护的发明或者实用新型的新颖性。

【例1】

专利申请的权利要求为一种内燃机用活塞环,其活塞环的圆环直径为 95 毫米,如果对比文件公开了圆环直径为 70~105

毫米的内燃机用活塞环,则该对比文件不破坏该权利要求的新颖性。

【例2】

专利申请的权利要求为一种乙烯-丙烯共聚物,其聚合度为 100~200,如果对比文件公开了聚合度为 50~400 的乙烯-丙烯共聚物,则该对比文件不破坏该权利要求的新颖性。

有关数值范围的修改适用本部分第八章第 5.2 节的规定。有关通式表示的化合物的新颖性判断适用本部分第十章第 5.1 节的规定。

3.2.5 包含性能、参数、用途或制备方法等特征的产品权利要求

对于包含性能、参数、用途、制备方法等特征的产品权利要求新颖性的审查,应当按照以下原则进行。

(1) 包含性能、参数特征的产品权利要求

对于这类权利要求,应当考虑权利要求中的性能、参数特征是否隐含了要求保护的产品具有某种特定结构和/或组成。如果该性能、参数隐含了要求保护的产品具有区别于对比文件产品的结构和/或组成,则该权利要求具备新颖性;相反,如果所属技术领域的技术人员根据该性能、参数无法将要求保护的产品与对比文件产品区分开,则可推定要求保护的产品与对比文件产品相同,因此申请的权利要求不具备新颖性,除非申请人能够根据申请文件或现有技术证明权利要求中包含性能、参数特征的产品与对比文件产品在结构和/或组成上不同。例如,专利申请的权利要求为用 X 衍射数据等多种参数表征的一种结晶形态的化合物 A,对比文件公开的也是结晶形态的化合物 A,如果根据对比文件公开的内容,难以将两者的结晶形态区分开,则可推定要求保护的产品与对比文件产品相同,该申请的权利要求相对于对比文件而言不具备新颖性,除非申请人能够根据申请文件或现有技术证明,申请的权利要求所限定的产品与对比文件公开的产品在结晶形态上的确不同。

(2) 包含用途特征的产品权利要求

对于这类权利要求,应当考虑权利要求中的用途特征是否隐含了要求保护的产品具有某种特定结构和/或组成。如果该用途由产品本身固有的特性决定,而且用途特征没有隐含产品在结构和/或组成上发生改变,则该用途特征限定的产品权利

要求相对于对比文件的产品不具有新颖性。例如，用于抗病毒的化合物 X 的发明与用作催化剂的化合物 X 的对比文件相比，虽然化合物 X 用途改变，但决定其本质特性的化学结构式并没有任何变化，因此用于抗病毒的化合物 X 的发明不具备新颖性。但是，如果该用途隐含了产品具有特定的结构和/或组成，即该用途表明产品结构和/或组成发生改变，则该用途作为产品的结构和/或组成的限定特征必须予以考虑。例如"起重机用吊钩"是指仅适用于起重机的尺寸和强度等结构的吊钩，其与具有同样形状的一般钓鱼者用的"钓鱼用吊钩"相比，结构上不同，两者是不同的产品。

（3）包含制备方法特征的产品权利要求

对于这类权利要求，应当考虑该制备方法是否导致产品具有某种特定的结构和/或组成。如果所属技术领域的技术人员可以断定该方法必然使产品具有不同于对比文件产品的特定结构和/或组成，则该权利要求具备新颖性；相反，如果申请的权利要求所限定的产品与对比文件产品相比，尽管所述方法不同，但产品的结构和组成相同，则该权利要求不具备新颖性，除非申请人能够根据申请文件或现有技术证明该方法导致产品在结构和/或组成上与对比文件产品不同，或者该方法给产品带来了不同于对比文件产品的性能从而表明其结构和/或组成已发生改变。例如，专利申请的权利要求为用 X 方法制得的玻璃杯，对比文件公开的是用 Y 方法制得的玻璃杯，如果两个方法制得的玻璃杯的结构、形状和构成材料相同，则申请的权利要求不具备新颖性。相反，如果上述 X 方法包含了对比文件中没有记载的在特定温度下退火的步骤，使得用该方法制得的玻璃杯在耐碎性上比对比文件的玻璃杯有明显的提高，则表明要求保护的玻璃杯因制备方法的不同而导致了微观结构的变化，具有了不同于对比文件产品的内部结构，该权利要求具备新颖性。

上述第 3.2.1 至 3.2.5 节中的基准同样适用于创造性判断中对该类技术特征是否相同的对比判断。

4. 优先权

根据专利法第二十九条的规定，申请人就相同主题的发明或者实用新型在外国第一次提出专利申请之日起十二个月内，又在中国提出申请的，依照该国同中国签订的协议或者共同参加的国际条约，或者依照相互承认优先权的原则，可以享有优先权。这种优先权，称为外国优先权。

法 29.2、细则 32　　申请人就相同主题的发明或者实用新型在中国第一次提出专利申请之日起十二个月内，又以该发明专利申请为基础向专利局提出发明专利申请或者实用新型专利申请的，或者又以该实用新型专利申请为基础向专利局提出实用新型专利申请或者发明专利申请的，可以享有优先权。这种优先权称为本国优先权。

法 29.1

4.1 外国优先权

4.1.1 享有外国优先权的条件

享有外国优先权的专利申请应当满足以下条件：

（1）申请人就相同主题的发明创造在外国第一次提出专利申请（以下简称外国首次申请）后又在中国提出专利申请（以下简称中国在后申请）。

（2）就发明和实用新型而言，中国在后申请之日不得迟于外国首次申请之日起十二个月。

（3）申请人提出首次申请的国家或政府间组织应当是同中国签有协议或者共同参加国际条约，或者相互承认优先权原则的国家或政府间组织。

享有外国优先权的发明创造与外国首次申请审批的最终结果无关，只要该首次申请在有关国家或政府间组织中获得了确定的申请日，就可作为要求外国优先权的基础。

4.1.2 相同主题的发明创造的定义

专利法第二十九条所述的相同主题的发明或者实用新型，是指技术领域、所解决的技术问题、技术方案和预期的效果相同的发明或者实用新型。但应注意这里所谓的相同，并不意味在文字记载或者叙述方式上完全一致。

审查员应该注意，对于中国在后申请权利要求中限定的技术方案，只要已记载在外国首次申请中就可享有该首次申请的优先权，而不必要求其包含在该首次申请的权利要求书中（有关优先权的核实适用本部分第八章第 4.6 节的规定）。

4.1.3 外国优先权的效力

申请人在外国首次申请后,就相同主题的发明创造在优先权期限内向中国提出的专利申请,都看作是在该外国首次申请的申请日提出的,不会因为在优先权期间内,即首次申请的申请日与在后申请的申请日之间任何单位和个人提出了相同主题的申请或者公布、利用这种发明创造而失去效力。

此外,在优先权期间内,任何单位和个人可能会就相同主题的发明创造提出专利申请。由于优先权的效力,任何单位和个人提出的相同主题发明创造的专利申请不能被授予专利权。就是说,由于有作为优先权基础的外国首次申请的存在,使得从外国首次申请的申请日起至中国在后申请的申请日中间由任何单位和个人提出的相同主题的发明创造专利申请因失去新颖性而不能被授予专利权。

4.1.4 外国多项优先权和外国部分优先权

根据专利法实施细则第三十二条第一款的规定,申请人在一件专利申请中,可以要求一项或者多项优先权;要求多项优先权的,该申请的优先权期限从最早的优先权日起计算。

关于外国多项优先权和外国部分优先权的规定如下。

(1)要求多项优先权的专利申请,应当符合专利法第三十一条及专利法实施细则第三十四条关于单一性的规定。

(2)作为多项优先权基础的外国首次申请可以是在不同的国家或政府间组织提出的。例如,中国在后申请中,记载了两个技术方案 A 和 B,其中,A 是在法国首次申请中记载的,B 是在德国首次申请中记载的,两者都是在中国在后申请之日以前十二个月内分别在法国和德国提出的,在这种情况下,中国在后申请就可以享有多项优先权,即 A 享有法国的优先权日,B 享有德国的优先权日。如果上述的 A 和 B 是两个可供选择的技术方案,申请人用"或"结构将 A 和 B 记载在中国在后申请的一项权利要求中,则中国在后申请同样可以享有多项优先权,即有不同的优先权日。但是,如果中国在后申请记载的一项技术方案是由两件或者两件以上外国首次申请中分别记载的不同技术特征组合成的,则不能享有优先权。例如,中国在后申请中记载的一项技术方案是由一件外国首次申请中记载的特征 C 和另一件外国首次申请中记载的特征 D 组合而成的,而包含特征 C 和 D 的技术方案未在上述两件外国首次申请中记载，则中国在后申请就不能享有以此两件外国首次申请为基础的外国优先权。

（3）要求外国优先权的申请中，除包括作为外国优先权基础的申请中记载的技术方案外，还可以包括一个或多个新的技术方案。例如中国在后申请中除记载了外国首次申请的技术方案外，还记载了对该技术方案进一步改进或者完善的新技术方案，如增加了反映说明书中新增实施方式或实施例的从属权利要求，或者增加了符合单一性的独立权利要求，在这种情况下，审查员不得以中国在后申请的权利要求书中增加的技术方案未在外国首次申请中记载为理由，拒绝给予优先权，或者将其驳回，而应当对于该中国在后申请中所要求的与外国首次申请中相同主题的发明创造给予优先权，有效日期为外国首次申请的申请日，即优先权日，其余的则以中国在后申请之日为申请日。该中国在后申请中有部分技术方案享有外国优先权，故称为外国部分优先权。

法 29.2　**4.2 本国优先权**

4.2.1 享有本国优先权的条件

享有本国优先权的专利申请应当满足以下条件：

（1）只适用于发明或者实用新型专利申请；

（2）申请人就相同主题的发明或者实用新型在中国第一次提出专利申请（以下简称中国首次申请）后又向专利局提出专利申请（以下简称中国在后申请）；

（3）中国在后申请之日不得迟于中国首次申请之日起十二个月。

细则 32.2　　被要求优先权的中国在先申请的主题有下列情形之一的，不得作为要求本国优先权的基础：

（1）已经要求外国优先权或者本国优先权的，但要求过外国优先权或者本国优先权而未享有优先权的除外；

（2）已经被授予专利权的；

（3）属于按照专利法实施细则第四十二条规定提出的分案申请。

应当注意，当申请人要求本国优先权时，作为本国优先权基础的中国首次申请，自中国在后申请提出之日起即被视为撤回。

4.2.2 相同主题的发明或者实用新型的定义
适用本章第4.1.2节的规定。

4.2.3 本国优先权的效力
参照本章第4.1.3节的相应规定。

4.2.4 本国多项优先权和本国部分优先权
专利法实施细则第三十二条第一款的规定不仅适用于外国多项优先权，也适用于本国多项优先权。关于本国多项优先权和本国部分优先权的规定如下：

（1）要求多项优先权的专利申请，应当符合专利法第三十一条及专利法实施细则第三十四条关于单一性的规定。

（2）一件中国在后申请中记载了多个技术方案。例如，记载了A、B和C三个方案，它们分别在三件中国首次申请中记载过，则该中国在后申请可以要求多项优先权，即A、B、C分别以其中国首次申请的申请日为优先权日。

（3）一件中国在后申请中记载了技术方案A和实施例a_1、a_2、a_3，其中只有a_1在中国首次申请中记载过，则该中国在后申请中a_1可以享有本国优先权，其余则不能享有本国优先权。

（4）一件中国在后申请中记载了技术方案A和实施例a_1、a_2。技术方案A和实施例a_1已经记载在中国首次申请中，则在后申请中技术方案A和实施例a_1可以享有本国优先权，实施例a_2则不能享有本国优先权。

应当指出，本款情形在技术方案A要求保护的范围仅靠实施例a_1支持是不够的时候，申请人为了使方案A得到支持，可以补充实施例a_2。但是，如果a_2在中国在后申请提出时已经是现有技术，则应当删除a_2，并将A限制在由a_1支持的范围内。

（5）继中国首次申请和在后申请之后，申请人又提出第二件在后申请。中国首次申请中仅记载了技术方案A_1；第一件在后申请中记载了技术方案A_1和A_2，其中A_1已享有中国首次申请的优先权；第二件在后申请记载了技术方案A_1、A_2和A_3。对第二件在后申请来说，其中方案A_2可以要求第一件在后申请的优先权；对于方案A_1，由于该第一件在后申请中方案A_1已享有优先权，因而不能再要求第一件在后申请的优先权，但还可要求中国首次申请的优先权。

5. 不丧失新颖性的宽限期

专利法第二十四条规定，申请专利的发明创造在申请日以前六个月内，有下列情形之一的，不丧失新颖性：

细则 30.1 及 .2

（一）在中国政府主办或者承认的国际展览会上首次展出的；

（二）在规定的学术会议或者技术会议上首次发表的；

（三）他人未经申请人同意而泄露其内容的。

关于上述三种情况的审查适用本指南第一部分第一章第 6.3 节的规定。

申请专利的发明创造在申请日以前六个月内，发生专利法第二十四条规定的三种情形之一的，该申请不丧失新颖性。即这三种情况不构成影响该申请的现有技术。所说的六个月期限，称为宽限期，或者称为优惠期。

宽限期和优先权的效力是不同的。它仅仅是把申请人（包括发明人）的某些公开，或者第三人从申请人或发明人那里以合法手段或者不合法手段得来的发明创造的某些公开，认为是不损害该专利申请新颖性和创造性的公开。实际上，发明创造公开以后已经成为现有技术，只是这种公开在一定期限内对申请人的专利申请来说不视为影响其新颖性和创造性的现有技术，并不是把发明创造的公开日看作是专利申请的申请日。所以，从公开之日至提出申请的期间，如果第三人独立地作出了同样的发明创造，而且在申请人提出专利申请以前提出了专利申请，那么根据先申请原则，申请人就不能取得专利权。当然，由于申请人（包括发明人）的公开，使该发明创造成为现有技术，故第三人的申请没有新颖性，也不能取得专利权。

发生专利法第二十四条规定的任何一种情形之日起六个月内，申请人提出申请之前，发明创造再次被公开的，只要该公开不属于上述三种情况，则该申请将由于此在后公开而丧失新颖性。再次公开属于上述三种情况的，该申请不会因此而丧失新颖性，但是，宽限期自发明创造的第一次公开之日起计算。

细则 30.4

专利申请有专利法第二十四条第（三）项所说情形的，专利局在必要时可以要求申请人提出证明文件，证实其发生所说情形的日期及实质内容。

细则 30.5

申请人未按照专利法实施细则第三十条第三款的规定提出

声明和提交证明文件的（参见本指南第一部分第一章第6.3节），或者未按照专利法实施细则第三十条第四款的规定在指定期限内提交证明文件的，其申请不能享受专利法第二十四条规定的新颖性宽限期。

对专利法第二十四条的适用发生争议时，主张该规定效力的一方有责任举证或者作出使人信服的说明。

法9

6. 对同样的发明创造的处理

专利法第九条规定，同样的发明创造只能授予一项专利权。两个以上的申请人分别就同样的发明创造申请专利的，专利权授予最先申请的人。

上述条款规定了不能重复授予专利权的原则。禁止对同样的发明创造授予多项专利权，是为了防止权利之间存在冲突。

对于发明或实用新型，专利法第九条或专利法实施细则第四十一条中所述的"同样的发明创造"是指两件或两件以上申请（或专利）中存在的保护范围相同的权利要求。

在先申请构成抵触申请或已公开构成现有技术的，应根据专利法第二十二条第二、三款，而不是根据专利法第九条对在后专利申请（或专利）进行审查。

6.1 判断原则

专利法第五十九条第一款规定，发明或者实用新型专利权的保护范围以其权利要求的内容为准，说明书及附图可以用于解释权利要求的内容。为了避免重复授权，在判断是否为同样的发明创造时，应当将两件发明或者实用新型专利申请或专利的权利要求书的内容进行比较，而不是将权利要求书与专利申请或专利文件的全部内容进行比较。

判断时，如果一件专利申请或专利的一项权利要求与另一件专利申请或专利的某一项权利要求保护范围相同，应当认为它们是同样的发明创造。

两件专利申请或专利说明书的内容相同，但其权利要求保护范围不同的，应当认为所要求保护的发明创造不同。例如，同一申请人提交的两件专利申请的说明书都记载了一种产品以及制造该产品的方法，其中一件专利申请的权利要求书要求保护的是该产品，另一件专利申请的权利要求书要求保护的是制造该产品的方法，应当认为要求保护的是不同的发明创造。应当注意的是，权利要求保护范围仅部分重叠的，不属于同样的发明创造。例如，权利要求中存在以连续的数值范围限定的技术特征的，其连续的数值范围与另一件发明或者实用新型专利申请或专利权利要求中的数值范围不完全相同的，不属于同样的发明创造。

6.2 处理方式

6.2.1 对两件专利申请的处理

6.2.1.1 申请人相同

在审查过程中，对于同一申请人同日（指申请日，有优先权的指优先权日）就同样的发明创造提出两件专利申请，并且这两件申请符合授予专利权的其他条件的，应当就这两件申请分别通知申请人进行选择或者修改。申请人期满不答复的，相应的申请被视为撤回。经申请人陈述意见或者进行修改后仍不符合专利法第九条第一款规定的，两件申请均予以驳回。

6.2.1.2 申请人不同

在审查过程中，对于不同的申请人同日（指申请日，有优先权的指优先权日）就同样的发明创造分别提出专利申请，并且这两件申请符合授予专利权的其他条件的，应当根据专利法实施细则第四十一条第一款的规定，通知申请人自行协商确定申请人。申请人期满不答复的，其申请被视为撤回；协商不成，或者经申请人陈述意见或进行修改后仍不符合专利法第九条第一款规定的，两件申请均予以驳回。

6.2.2 对一件专利申请和一项专利权的处理

在对一件专利申请进行审查的过程中，对于同一申请人同日（指申请日，有优先权的指优先权日）就同样的发明创造提出的另一件专利申请已经被授予专利权，并且尚未授权的专利申请符合授予专利权的其他条件的，应当通知申请人进行修改。申请人期满不答复的，其申请被视为撤回。经申请人陈述意见或者进行修改后仍不符合专利法第九条第一款规定的，应当驳回其专利申请。

法9.1及细则41.2　　但是，对于同一申请人同日（仅指申请日）对同样的发明创造既申请实用新型又申请发明专利的,在先获得的实用新型专利权尚未终止,并且申请人在申请时分别做出说明的,除通过修改发明专利申请外,还可以通过放弃实用新型专利权避免重复授权。因此,在对上述发明专利申请进行审查的过程中,如果该发明专利申请符合授予专利权的其他条件,应当通知申请人进行选择或者修改,申请人选择放弃已经授予的实用新型专利权的,应当在答复审查意见通知书时附交放弃实用新型专利权的书面声明。此时,对那件符合授权条件、尚未授权的发明专利申请,应当发出授权通知书,并将放弃上述实用新型专利权的书面声明转至有关审查部门,由专利局予以登记和公告,公告上注明上述实用新型专利权自公告授予发明专利权之日起终止。

第四章 创 造 性

1. 引 言

根据专利法第二十二条第一款的规定，授予专利权的发明和实用新型应当具备新颖性、创造性和实用性。因此，申请专利的发明和实用新型具备创造性是授予其专利权的必要条件之一。本章仅对发明的创造性审查作了规定。

2. 发明创造性的概念

法 22.3

发明的创造性，是指与现有技术相比，该发明有突出的实质性特点和显著的进步。

2.1 现有技术

专利法第二十二条第三款所述的现有技术，是指专利法第二十二条第五款和本部分第三章第2.1节所定义的现有技术。

专利法第二十二条第二款中所述的，在申请日以前由任何单位或个人向专利局提出过申请并且记载在申请日以后公布的专利申请文件或者公告的专利文件中的内容，不属于现有技术，因此，在评价发明创造性时不予考虑。

2.2 突出的实质性特点

发明有突出的实质性特点，是指对所属技术领域的技术人员来说，发明相对于现有技术是非显而易见的。如果发明是所属技术领域的技术人员在现有技术的基础上仅仅通过合乎逻辑的分析、推理或者有限的试验可以得到的，则该发明是显而易见的，也就不具备突出的实质性特点。

2.3 显著的进步

发明有显著的进步，是指发明与现有技术相比能够产生有益的技术效果。例如，发明克服了现有技术中存在的缺点和不足，或者为解决某一技术问题提供了一种不同构思的技术方案，或者代表某种新的技术发展趋势。

2.4 所属技术领域的技术人员

发明是否具备创造性，应当基于所属技术领域的技术人员的知识和能力进行评价。所属技术领域的技术人员,也可称为本领域的技术人员,是指一种假设的"人",假定他知晓申请日或者优先权日之前发明所属技术领域所有的普通技术知识,能够获知该领域中所有的现有技术,并且具有应用该日期之前常规实验手段的能力,但他不具有创造能力。如果所要解决的技术问题能够促使本领域的技术人员在其他技术领域寻找技术手段,他也应具有从该其他技术领域中获知该申请日或优先权日之前的相关现有技术、普通技术知识和常规实验手段的能力。

设定这一概念的目的,在于统一审查标准,尽量避免审查员主观因素的影响。

3. 发明创造性的审查

一件发明专利申请是否具备创造性,只有在该发明具备新颖性的条件下才予以考虑。

3.1 审查原则

根据专利法第二十二条第三款的规定,审查发明是否具备创造性,应当审查发明是否具有突出的实质性特点,同时还应当审查发明是否具有显著的进步。

在评价发明是否具备创造性时,审查员不仅要考虑发明的技术方案本身,而且还要考虑发明所属技术领域、所解决的技术问题和所产生的技术效果,将发明作为一个整体看待。

与新颖性"单独对比"的审查原则(参见本部分第三章第3.1节)不同,审查创造性时,将一份或者多份现有技术中的不同的技术内容组合在一起对要求保护的发明进行评价。

如果一项独立权利要求具备创造性,则不再审查该独立权利要求的从属权利要求的创造性。

3.2 审查基准

评价发明有无创造性,应当以专利法第二十二条第三款为基准。为有助于正确掌握该基准,下面分别给出突出的实质性特点的一般性判断方法和显著的进步的判断标准。

3.2.1 突出的实质性特点的判断

判断发明是否具有突出的实质性特点,就是要判断对本领域的技术人员来说，要求保护的发明相对于现有技术是否显而易见。

如果要求保护的发明相对于现有技术是显而易见的，则不具有突出的实质性特点；反之，如果对比的结果表明要求保护的发明相对于现有技术是非显而易见的，则具有突出的实质性特点。

3.2.1.1 判断方法

判断要求保护的发明相对于现有技术是否显而易见，通常可按照以下三个步骤进行。

（1）确定最接近的现有技术

最接近的现有技术，是指现有技术中与要求保护的发明最密切相关的一个技术方案，它是判断发明是否具有突出的实质性特点的基础。最接近的现有技术，例如可以是，与要求保护的发明技术领域相同，所要解决的技术问题、技术效果或者用途最接近和/或公开了发明的技术特征最多的现有技术，或者虽然与要求保护的发明技术领域不同，但能够实现发明的功能，并且公开发明的技术特征最多的现有技术。应当注意的是，在确定最接近的现有技术时，应首先考虑技术领域相同或相近的现有技术。

（2）确定发明的区别特征和发明实际解决的技术问题

在审查中应当客观分析并确定发明实际解决的技术问题。为此，首先应当分析要求保护的发明与最接近的现有技术相比有哪些区别特征，然后根据该区别特征所能达到的技术效果确定发明实际解决的技术问题。从这个意义上说，发明实际解决的技术问题，是指为获得更好的技术效果而需对最接近的现有技术进行改进的技术任务。

审查过程中，由于审查员所认定的最接近的现有技术可能不同于申请人在说明书中所描述的现有技术，因此，基于最接近的现有技术重新确定的该发明实际解决的技术问题，可能不同于说明书中所描述的技术问题；在这种情况下，应当根据审查员所认定的最接近的现有技术重新确定发明实际解决的技术问题。

重新确定的技术问题可能要依据每项发明的具体情况而定。作为一个原则，发明的任何技术效果都可以作为重新确定技术问题的基础，只要本领域的技术人员从该申请说明书中所记载的内容能够得知该技术效果即可。

（3）判断要求保护的发明对本领域的技术人员来说是否显而易见

在该步骤中，要从最接近的现有技术和发明实际解决的技术问题出发，判断要求保护的发明对本领域的技术人员来说是否显而易见。判断过程中，要确定的是现有技术整体上是否存在某种技术启示，即现有技术中是否给出将上述区别特征应用到该最接近的现有技术以解决其存在的技术问题（即发明实际解决的技术问题）的启示，这种启示会使本领域的技术人员在面对所述技术问题时，有动机改进该最接近的现有技术并获得要求保护的发明。如果现有技术存在这种技术启示，则发明是显而易见的，不具有突出的实质性特点。

下述情况，通常认为现有技术中存在上述技术启示：

（i）所述区别特征为公知常识，例如，本领域中解决该重新确定的技术问题的惯用手段，或教科书或者工具书等中披露的解决该重新确定的技术问题的技术手段。

【例如】

要求保护的发明是一种用铝制造的建筑构件，其要解决的技术问题是减轻建筑构件的重量。一份对比文件公开了相同的建筑构件，同时说明建筑构件是轻质材料，但未提及使用铝材。而在建筑标准中，已明确指出铝作为一种轻质材料，可作为建筑构件。该要求保护的发明明显应用了铝材轻质的公知性质。因此可认为现有技术中存在上述技术启示。

（ii）所述区别特征为与最接近的现有技术相关的技术手段，例如，同一份对比文件其他部分披露的技术手段，该技术手段在该其他部分所起的作用与该区别特征在要求保护的发明中为解决该重新确定的技术问题所起的作用相同。

【例如】

要求保护的发明是一种氦气检漏装置，其包括：检测真空箱是否有整体泄漏的整体泄漏检测装置；对泄漏氦气进行回收的回收装置；和用于检测具体漏点的氦质谱检漏仪，所述氦质谱检漏仪包括有一个真空吸枪。

对比文件1的某一部分公开了一种全自动氦气检漏系统，该系统包括：检测真空箱是否有整体泄漏的整体泄漏检测装置和对泄漏的氦气进行回收的回收装置。该对比文件1的另一部分公开了一种具有真空吸枪的氦气漏点检测装置，其中指明该漏点检测装置可以是检测具体漏点的氦质谱检漏仪，此处记载的氦质谱检漏仪与要求保护的发明中的氦质谱检漏仪的作用相同。根据对比文件1中另一部分的教导，本领域的技术人员能容易地将对比文件1中的两种技术方案结合成发明的技术方案。因此可认为现有技术中存在上述技术启示。

（ⅲ）所述区别特征为另一份对比文件中披露的相关技术手段，该技术手段在该对比文件中所起的作用与该区别特征在要求保护的发明中为解决该重新确定的技术问题所起的作用相同。

【例如】

要求保护的发明是设置有排水凹槽的石墨盘式制动器，所述凹槽用以排除为清洗制动器表面而使用的水。发明要解决的技术问题是如何清除制动器表面上因摩擦产生的妨碍制动的石墨屑。对比文件1记载了一种石墨盘式制动器。对比文件2公开了在金属盘式制动器上设有用于冲洗其表面上附着的灰尘而使用的排水凹槽。

要求保护的发明与对比文件1的区别在于发明在石墨盘式制动器表面上设置了凹槽，而该区别特征已被对比文件2所披露。由于对比文件1所述的石墨盘式制动器会因为摩擦而在制动器表面产生磨屑，从而妨碍制动。对比文件2所述的金属盘式制动器会因表面上附着灰尘而妨碍制动，为了解决妨碍制动的技术问题，前者必须清除磨屑，后者必须清除灰尘，这是性质相同的技术问题。为了解决石墨盘式制动器的制动问题，本领域的技术人员按照对比文件2的启示，容易想到用水冲洗，从而在石墨盘式制动器上设置凹槽，把冲洗磨屑的水从凹槽中排出。由于对比文件2中凹槽的作用与发明要求保护的技术方案中凹槽的作用相同，因此本领域的技术人员有动机将对比文件1和对比文件2相结合，从而得到发明所述的技术方案。因此可认为现有技术中存在上述技术启示。

3.2.1.2 判断示例

专利申请的权利要求涉及一种改进的内燃机排气阀，该排气阀包括一个由耐热镍基合金A制成的主体，还包括一个阀头部分，其特征在于所述阀头部分涂敷了由镍基合金B制成的覆层，发明所要解决的是阀头部分耐腐蚀、耐高温的技术问题。

对比文件1公开了一种内燃机排气阀，所述的排气阀包括主体和阀头部分，主体由耐热镍基合金 A 制成，而阀头部分的覆层使用的是与主体所用合金不同的另一种合金，对比文件 1 进一步指出，为了适应高温和腐蚀性环境，所述的覆层可以选用具有耐高温和耐腐蚀特性的合金。

对比文件 2 公开的是有关镍基合金材料的技术内容。其中指出，镍基合金 B 对极其恶劣的腐蚀性环境和高温影响具有优异的耐受性，这种镍基合金 B 可用于发动机的排气阀。

在两份对比文件中，由于对比文件 1 与专利申请的技术领域相同，所解决的技术问题相同，且公开专利申请的技术特征最多，因此可以认为对比文件 1 是最接近的现有技术。

将专利申请的权利要求与对比文件 1 对比之后可知，发明要求保护的技术方案与对比文件 1 的区别在于发明将阀头覆层的具体材料限定为镍基合金 B，以便更好地适应高温和腐蚀性环境。由此可以得出发明实际解决的技术问题是如何使发动机的排气阀更好地适应高温和腐蚀性的工作环境。

根据对比文件 2，本领域的技术人员可以清楚地知道镍基合金 B 适用于发动机的排气阀，并且可以起到提高耐腐蚀性和耐高温的作用，这与该合金在本发明中所起的作用相同。由此，可以认为对比文件 2 给出了可将镍基合金 B 用作有耐腐蚀和耐高温要求的阀头覆层的技术启示，进而使得本领域的技术人员有动机将对比文件 2 和对比文件 1 结合起来构成该专利申请权利要求的技术方案，故该专利申请要求保护的技术方案相对于现有技术是显而易见的。

3.2.2 显著的进步的判断

在评价发明是否具有显著的进步时，主要应当考虑发明是否具有有益的技术效果。以下情况，通常应当认为发明具有有益的技术效果，具有显著的进步：

（1）发明与现有技术相比具有更好的技术效果，例如，质量改善、产量提高、节约能源、防治环境污染等；

（2）发明提供了一种技术构思不同的技术方案，其技术效果能够基本上达到现有技术的水平；

（3）发明代表某种新技术发展趋势；

（4）尽管发明在某些方面有负面效果，但在其他方面具有明显积极的技术效果。

4. 几种不同类型发明的创造性判断

应当注意的是，本节中发明类型的划分主要是依据发明与最接近的现有技术的区别特征的特点作出的，这种划分仅是参考性的，审查员在审查申请案时，不要生搬硬套，而要根据每项发明的具体情况，客观地做出判断。

以下就几种不同类型发明的创造性判断举例说明。

4.1 开拓性发明

开拓性发明，是指一种全新的技术方案，在技术史上未曾有过先例，它为人类科学技术在某个时期的发展开创了新纪元。

开拓性发明同现有技术相比，具有突出的实质性特点和显著的进步，具备创造性。例如，中国的四大发明——指南针、造纸术、活字印刷术和火药。此外，作为开拓性发明的例子还有：蒸汽机、白炽灯、收音机、雷达、激光器、利用计算机实现汉字输入等。

4.2 组合发明

组合发明，是指将某些技术方案进行组合，构成一项新的技术方案，以解决现有技术客观存在的技术问题。

在进行组合发明创造性的判断时通常需要考虑：组合后的各技术特征在功能上是否彼此相互支持、组合的难易程度、现有技术中是否存在组合的启示以及组合后的技术效果等。

(1) 显而易见的组合

如果要求保护的发明仅仅是将某些已知产品或方法组合或连接在一起，各自以其常规的方式工作，而且总的技术效果是各组合部分效果之总和，组合后的各技术特征之间在功能上无相互作用关系，仅仅是一种简单的叠加，则这种组合发明不具备创造性。

【例如】

一项带有电子表的圆珠笔的发明，发明的内容是将已知的电子表安装在已知的圆珠笔的笔身上。将电子表同圆珠笔组合后，两者仍各自以其常规的方式工作，在功能上没有相互作用关系，只是一种简单的叠加，因而这种组合发明不具备创造性。

此外，如果组合仅仅是公知结构的变型，或者组合处于常规技术继续发展的范围之内，而没有取得预料不到的技术效果，则这样的组合发明不具备创造性。

(2) 非显而易见的组合

如果组合的各技术特征在功能上彼此支持，并取得了新的技术效果；或者说组合后的技术效果比每个技术特征效果的总和更优越，则这种组合具有突出的实质性特点和显著的进步，发明具备创造性。其中组合发明的每个单独的技术特征本身是否完全或部分已知并不影响对该发明创造性的评价。

【例如】

一项"深冷处理及化学镀镍－磷－稀土工艺"的发明，发明的内容是将公知的深冷处理和化学镀相互组合。现有技术在深冷处理后需要对工件采用非常规温度回火处理，以消除应力，稳定组织和性能。本发明在深冷处理后，对工件不作回火或时效处理，而是在80℃±10℃的镀液中进行化学镀，这不但省去了所说的回火或时效处理，还使该工件仍具有稳定的基体组织以及耐磨、耐蚀并与基体结合良好的镀层，这种组合发明的技术效果，对本领域的技术人员来说，预先是难以想到的，因而，该发明具备创造性。

4.3 选择发明

选择发明，是指从现有技术中公开的宽范围中，有目的地选出现有技术中未提到的窄范围或个体的发明。

在进行选择发明创造性的判断时，选择所带来的预料不到的技术效果是考虑的主要因素。

(1) 如果发明仅是从一些已知的可能性中进行选择，或者发明仅仅是从一些具有相同可能性的技术方案中选出一种，而选出的方案未能取得预料不到的技术效果，则该发明不具备创造性。

【例如】

现有技术中存在很多加热的方法，一项发明是在已知的采用加热的化学反应中选用一种公知的电加热法，该选择发明没有取得预料不到的技术效果，因而该发明不具备创造性。

(2) 如果发明是在可能的、有限的范围内选择具体的尺寸、温度范围或者其他参数，而这些选择可以由本领域的技术人员通过常规手段得到并且没有产生预料不到的技术效果，则该发明不具备创造性。

【例如】

一项已知反应方法的发明,其特征在于规定一种惰性气体的流速,而确定流速是本领域的技术人员能够通过常规计算得到的,因而该发明不具备创造性。

(3) 如果发明是可以从现有技术中直接推导出来的选择,则该发明不具备创造性。

【例如】

一项改进组合物 Y 的热稳定性的发明,其特征在于确定了组合物 Y 中某组分 X 的最低含量,实际上,该含量可以从组分 X 的含量与组合物 Y 的热稳定性关系曲线中推导出来,因而该发明不具备创造性。

(4) 如果选择使得发明取得了预料不到的技术效果,则该发明具有突出的实质性特点和显著的进步,具备创造性。

【例如】

在一份制备硫代氯甲酸的现有技术对比文件中,催化剂羧酸酰胺和/或尿素相对于原料硫醇,其用量比大于 0、小于等于 100%(mol);在给出的例子中,催化剂用量比为 2%(mol)~13%(mol),并且指出催化剂用量比从 2%(mol)起,产率开始提高;此外,一般专业人员为提高产率,也总是采用提高催化剂用量比的办法。一项制备硫代氯甲酸方法的选择发明,采用了较小的催化剂用量比(0.02%(mol)~0.2%(mol)),提高产率 11.6%~35.7%,大大超出了预料的产率范围,并且还简化了对反应物的处理工艺。这说明,该发明选择的技术方案,产生了预料不到的技术效果,因而该发明具备创造性。

4.4 转用发明

转用发明,是指将某一技术领域的现有技术转用到其他技术领域中的发明。

在进行转用发明的创造性判断时通常需要考虑:转用的技术领域的远近、是否存在相应的技术启示、转用的难易程度、是否需要克服技术上的困难、转用所带来的技术效果等。

(1) 如果转用是在类似的或者相近的技术领域之间进行的,并且未产生预料不到的技术效果,则这种转用发明不具备创造性。

【例如】

将用于柜子的支撑结构转用到桌子的支撑，这种转用发明不具备创造性。

（2）如果这种转用能够产生预料不到的技术效果，或者克服了原技术领域中未曾遇到的困难，则这种转用发明具有突出的实质性特点和显著的进步，具备创造性。

【例如】

一项潜艇副翼的发明，现有技术中潜艇在潜入水中时是靠自重和水对它产生的浮力相平衡停留在任意点上，上升时靠操纵水平舱产生浮力，而飞机在航行中完全是靠主翼产生的浮力浮在空中，发明借鉴了飞机中的技术手段，将飞机的主翼用于潜艇，使潜艇在起副翼作用的可动板作用下产生升浮力或沉降力，从而极大地改善了潜艇的升降性能。由于将空中技术运用到水中需克服许多技术上的困难，且该发明取得了极好的效果，所以该发明具备创造性。

4.5 已知产品的新用途发明

已知产品的新用途发明，是指将已知产品用于新的目的的发明。

在进行已知产品新用途发明的创造性判断时通常需要考虑：新用途与现有用途技术领域的远近、新用途所带来的技术效果等。

（1）如果新的用途仅仅是使用了已知材料的已知的性质，则该用途发明不具备创造性。

【例如】

将作为润滑油的已知组合物在同一技术领域中用作切削剂，这种用途发明不具备创造性。

（2）如果新的用途是利用了已知产品新发现的性质，并且产生了预料不到的技术效果，则这种用途发明具有突出的实质性特点和显著的进步，具备创造性。

【例如】

将作为木材杀菌剂的五氯酚制剂用作除草剂而取得了预料不到的技术效果，该用途发明具备创造性。

4.6 要素变更的发明

要素变更的发明，包括要素关系改变的发明、要素替代的发明和要素省略的发明。

在进行要素变更发明的创造性判断时通常需要考虑：要素关系的改变、要素替代和省略是否存在技术启示、其技术效果是否可以预料等。

4.6.1 要素关系改变的发明

要素关系改变的发明，是指发明与现有技术相比，其形状、尺寸、比例、位置及作用关系等发生了变化。

（1）如果要素关系的改变没有导致发明效果、功能及用途的变化，或者发明效果、功能及用途的变化是可预料到的，则发明不具备创造性。

【例如】

现有技术公开了一种刻度盘固定不动、指针转动式的测量仪表，一项发明是指针不动而刻度盘转动的同类测量仪表，该发明与现有技术之间的区别仅是要素关系的调换，即"动静转换"。这种转换并未产生预料不到的技术效果，所以这种发明不具备创造性。

（2）如果要素关系的改变导致发明产生了预料不到的技术效果，则发明具有突出的实质性特点和显著的进步，具备创造性。

【例如】

一项有关剪草机的发明，其特征在于刀片斜角与公知的不同，其斜角可以保证刀片的自动研磨，而现有技术中所用刀片的角度没有自动研磨的效果。该发明通过改变要素关系，产生了预料不到的技术效果，因此具备创造性。

4.6.2 要素替代的发明

要素替代的发明，是指已知产品或方法的某一要素由其他已知要素替代的发明。

（1）如果发明是相同功能的已知手段的等效替代，或者是为解决同一技术问题，用已知最新研制出的具有相同功能的材料替代公知产品中的相应材料，或者是用某一公知材料替代公知产品中的某材料，而这种公知材料的类似应用是已知的，且没有产生预料不到的技术效果，则该发明不具备创造性。

【例如】

一项涉及泵的发明，与现有技术相比，该发明中的动力源是液压马达替代了现有技术中使用的电机,这种等效替代的发明不具备创造性。

(2)如果要素的替代能使发明产生预料不到的技术效果,则该发明具有突出的实质性特点和显著的进步,具备创造性。

4.6.3 要素省略的发明

要素省略的发明,是指省去已知产品或者方法中的某一项或多项要素的发明。

(1)如果发明省去一项或多项要素后其功能也相应地消失,则该发明不具备创造性。

【例如】

一种涂料组合物发明,与现有技术的区别在于不含防冻剂。由于取消使用防冻剂后,该涂料组合物的防冻效果也相应消失,因而该发明不具备创造性。

(2)如果发明与现有技术相比,发明省去一项或多项要素(例如,一项产品发明省去了一个或多个零、部件或者一项方法发明省去一步或多步工序)后,依然保持原有的全部功能,或者带来预料不到的技术效果,则具有突出的实质性特点和显著的进步,该发明具备创造性。

5. 判断发明创造性时需考虑的其他因素

发明是否具备创造性,通常应当根据本章第3.2节所述的审查基准进行审查。应当强调的是,当申请属于以下情形时,审查员应当予以考虑,不应轻易作出发明不具备创造性的结论。

5.1 发明解决了人们一直渴望解决但始终未能获得成功的技术难题

如果发明解决了人们一直渴望解决但始终未能获得成功的技术难题,这种发明具有突出的实质性特点和显著的进步,具备创造性。

【例如】

自有农场以来,人们一直期望解决在农场牲畜(如奶牛)身上无痛而且不损坏牲畜表皮地打上永久性标记的技术问题,某发明人基于冷冻能使牲畜表皮着色这一发现而发明的一项冷冻"烙印"的方法成功地解决了这个技术问题,该发明具备创造性。

5.2 发明克服了技术偏见

技术偏见,是指在某段时间内、某个技术领域中,技术人员对某个技术问题普遍存在的、偏离客观事实的认识,它引导人们不去考虑其他方面的可能性,阻碍人们对该技术领域的研究和开发。如果发明克服了这种技术偏见,采用了人们由于技术偏见而舍弃的技术手段,从而解决了技术问题,则这种发明具有突出的实质性特点和显著的进步,具备创造性。

【例如】

对于电动机的换向器与电刷间界面,通常认为越光滑接触越好,电流损耗也越小。一项发明将换向器表面制出一定粗糙度的细纹,其结果电流损耗更小,优于光滑表面。该发明克服了技术偏见,具备创造性。

5.3 发明取得了预料不到的技术效果

发明取得了预料不到的技术效果,是指发明同现有技术相比,其技术效果产生"质"的变化,具有新的性能;或者产生"量"的变化,超出人们预期的想象。这种"质"的或者"量"的变化,对所属技术领域的技术人员来说,事先无法预测或者推理出来。当发明产生了预料不到的技术效果时,一方面说明发明具有显著的进步,同时也反映出发明的技术方案是非显而易见的,具有突出的实质性特点,该发明具备创造性。

5.4 发明在商业上获得成功

当发明的产品在商业上获得成功时,如果这种成功是由于发明的技术特征直接导致的,则一方面反映了发明具有有益效果,同时也说明了发明是非显而易见的,因而这类发明具有突出的实质性特点和显著的进步,具备创造性。但是,如果商业上的成功是由于其他原因所致,例如由于销售技术的改进或者广告宣传造成的,则不能作为判断创造性的依据。

6. 审查创造性时应当注意的问题

在审查发明的创造性时还应当注意以下的问题。

6.1 创立发明的途径

不管发明者在创立发明的过程中是历尽艰辛,还是唾手而得,都不应当影响对该发明创造性的评价。绝大多数发明是发明者创造性劳动的结晶,是长期科学研究或者生产实践的总结。但是,也有一部分发明是偶然做出的。

【例如】

公知的汽车轮胎具有很好的强度和耐磨性能,它曾经是由于一名工匠在准备黑色橡胶配料时,把决定加入3%的碳黑错用为30%而造成的。事实证明,加入30%碳黑生产出来的橡胶具有原先不曾预料到的高强度和耐磨性能,尽管它是由于操作者偶然的疏忽而造成的,但不影响该发明具备创造性。

6.2 避免"事后诸葛亮"

审查发明的创造性时,由于审查员是在了解了发明内容之后才作出判断,因而容易对发明的创造性估计偏低,从而犯"事后诸葛亮"的错误。审查员应当牢牢记住,对发明的创造性评价是由发明所属技术领域的技术人员依据申请日以前的现有技术与发明进行比较而作出的,以减少和避免主观因素的影响。

6.3 对预料不到的技术效果的考虑

在创造性的判断过程中,考虑发明的技术效果有利于正确评价发明的创造性。按照本章第5.3节中所述,如果发明与现有技术相比具有预料不到的技术效果,则不必再怀疑其技术方案是否具有突出的实质性特点,可以确定发明具备创造性。但是,应当注意的是,如果通过本章第3.2节中所述的方法,可以判断出发明的技术方案对本领域的技术人员来说是非显而易见的,且能够产生有益的技术效果,则发明具有突出的实质性特点和显著的进步,具备创造性,此种情况不应强调发明是否具有预料不到的技术效果。

6.4 对要求保护的发明进行审查

发明是否具备创造性是针对要求保护的发明而言的,因此,对发明创造性的评价应当针对权利要求限定的技术方案进行。发明对现有技术作出贡献的技术特征,例如,使发明产生预料不到的技术效果的技术特征,或者体现发明克服技术偏见的技术特征,应当写入权利要求中;否则,即使说明书中有记载,评价发明的创造性时也不予考虑。此外,创造性的判断,应当针对权利要求限定的技术方案整体进行评价,即评价技术方案是否具备创造性,而不是评价某一技术特征是否具备创造性。

第五章 实 用 性

1. 引 言

根据专利法第二十二条第一款的规定，授予专利权的发明和实用新型应当具备新颖性、创造性和实用性。因此，申请专利的发明和实用新型具备实用性是授予其专利权的必要条件之一。

2. 实用性的概念

法 22.4

实用性，是指发明或者实用新型申请的主题必须能够在产业上制造或者使用，并且能够产生积极效果。

授予专利权的发明或者实用新型，必须是能够解决技术问题，并且能够应用的发明或者实用新型。换句话说，如果申请的是一种产品（包括发明和实用新型），那么该产品必须在产业中能够制造，并且能够解决技术问题；如果申请的是一种方法（仅限发明），那么这种方法必须在产业中能够使用，并且能够解决技术问题。只有满足上述条件的产品或者方法专利申请才可能被授予专利权。

所谓产业，它包括工业、农业、林业、水产业、畜牧业、交通运输业以及文化体育、生活用品和医疗器械等行业。

在产业上能够制造或者使用的技术方案，是指符合自然规律、具有技术特征的任何可实施的技术方案。这些方案并不一定意味着使用机器设备，或者制造一种物品，还可以包括例如驱雾的方法，或者将能量由一种形式转换成另一种形式的方法。

能够产生积极效果，是指发明或者实用新型专利申请在提出申请之日，其产生的经济、技术和社会的效果是所属技术领域的技术人员可以预料到的。这些效果应当是积极的和有益的。

3. 实用性的审查

发明或者实用新型专利申请是否具备实用性，应当在新颖性和创造性审查之前首先进行判断。

3.1 审查原则

审查发明或者实用新型专利申请的实用性时,应当遵循下列原则:

(1) 以申请日提交的说明书(包括附图)和权利要求书所公开的整体技术内容为依据,而不仅仅局限于权利要求所记载的内容;

(2) 实用性与所申请的发明或者实用新型是怎样创造出来的或者是否已经实施无关。

3.2 审查基准

专利法第二十二条第四款所说的"能够制造或者使用"是指发明或者实用新型的技术方案具有在产业中被制造或使用的可能性。满足实用性要求的技术方案不能违背自然规律并且应当具有再现性。因不能制造或者使用而不具备实用性是由技术方案本身固有的缺陷引起的,与说明书公开的程度无关。

以下给出不具备实用性的几种主要情形。

3.2.1 无再现性

具有实用性的发明或者实用新型专利申请主题,应当具有再现性。反之,无再现性的发明或者实用新型专利申请主题不具备实用性。

再现性,是指所属技术领域的技术人员,根据公开的技术内容,能够重复实施专利申请中为解决技术问题所采用的技术方案。这种重复实施不得依赖任何随机的因素,并且实施结果应该是相同的。

但是,审查员应当注意,申请发明或者实用新型专利的产品的成品率低与不具有再现性是有本质区别的。前者是能够重复实施,只是由于实施过程中未能确保某些技术条件(例如环境洁净度、温度等)而导致成品率低;后者则是在确保发明或者实用新型专利申请所需全部技术条件下,所属技术领域的技术人员仍不可能重复实现该技术方案所要求达到的结果。

3.2.2 违背自然规律

具有实用性的发明或者实用新型专利申请应当符合自然规律。违背自然规律的发明或者实用新型专利申请是不能实施的，因此，不具备实用性。

审查员应当特别注意，那些违背能量守恒定律的发明或者实用新型专利申请的主题，例如永动机，必然是不具备实用性的。

3.2.3 利用独一无二的自然条件的产品

具备实用性的发明或者实用新型专利申请不得是由自然条件限定的独一无二的产品。利用特定的自然条件建造的自始至终都是不可移动的唯一产品不具备实用性。应当注意的是，不能因为上述利用独一无二的自然条件的产品不具备实用性，而认为其构件本身也不具备实用性。

3.2.4 人体或者动物体的非治疗目的的外科手术方法

外科手术方法包括治疗目的和非治疗目的的手术方法。以治疗为目的的外科手术方法属于本部分第一章第4.3节中不授予专利权的客体；非治疗目的的外科手术方法，由于是以有生命的人或者动物为实施对象，无法在产业上使用，因此不具备实用性。例如，为美容而实施的外科手术方法，或者采用外科手术从活牛身体上摘取牛黄的方法，以及为辅助诊断而采用的外科手术方法，例如实施冠状造影之前采用的外科手术方法等。

3.2.5 测量人体或者动物体在极限情况下的生理参数的方法

测量人体或动物体在极限情况下的生理参数需要将被测对象置于极限环境中，这会对人或动物的生命构成威胁，不同的人或动物个体可以耐受的极限条件是不同的，需要有经验的测试人员根据被测对象的情况来确定其耐受的极限条件，因此这类方法无法在产业上使用，不具备实用性。

以下测量方法属于不具备实用性的情况：

（1）通过逐渐降低人或动物的体温，以测量人或动物对寒冷耐受程度的测量方法；

（2）利用降低吸入气体中氧气分压的方法逐级增加冠状动脉的负荷，并通过动脉血压的动态变化观察冠状动脉的代偿反应，以测量冠状动脉代谢机能的非侵入性的检查方法。

3.2.6 无积极效果

具备实用性的发明或者实用新型专利申请的技术方案应当能够产生预期的积极效果。明显无益、脱离社会需要的发明或者实用新型专利申请的技术方案不具备实用性。

第六章 单一性和分案申请

1. 引 言

专利申请应当符合专利法及其实施细则有关单一性的规定。专利法第三十一条第一款及其实施细则第三十四条对发明或者实用新型专利申请的单一性作了规定。专利法实施细则第四十二条、第四十三条对不符合单一性的专利申请的分案及其修改作了规定。

本章的单一性规定主要涉及发明专利申请，其中基本概念和原则也适用于实用新型专利申请。关于外观设计专利申请单一性的审查，适用本指南第一部分第三章第9节的规定。关于化学领域发明专利申请单一性审查的特殊问题，适用本部分第十章第8节的规定。

2. 单 一 性

2.1 单一性的基本概念

2.1.1 单一性要求

法31.1

单一性，是指一件发明或者实用新型专利申请应当限于一项发明或者实用新型，属于一个总的发明构思的两项以上发明或者实用新型，可以作为一件申请提出。也就是说，如果一件申请包括几项发明或者实用新型，则只有在所有这几项发明或者实用新型之间有一个总的发明构思使之相互关联的情况下才被允许。这是专利申请的单一性要求。

专利申请应当符合单一性要求的主要原因是：

（1）经济上的原因：为了防止申请人只支付一件专利的费用而获得几项不同发明或者实用新型专利的保护。

（2）技术上的原因：为了便于专利申请的分类、检索和审查。

缺乏单一性不影响专利的有效性，因此缺乏单一性不应当作为专利无效的理由。

2.1.2 总的发明构思

专利法实施细则第三十四条规定，可以作为一件专利申请提出的属于一个总的发明构思的两项以上的发明或者实用新型，应当在技术上相互关联，包含一个或者多个相同或者相应的特定技术特征，其中特定技术特征是指每一项发明或者实用新型作为整体，对现有技术作出贡献的技术特征。

上述条款定义了一种判断一件申请中要求保护两项以上的发明是否属于一个总的发明构思的方法。也就是说，属于一个总的发明构思的两项以上的发明在技术上必须相互关联，这种相互关联是以相同或者相应的特定技术特征表示在它们的权利要求中的。

上述条款还对特定技术特征作了定义。特定技术特征是专门为评定专利申请单一性而提出的一个概念，应当把它理解为体现发明对现有技术作出贡献的技术特征，也就是使发明相对于现有技术具有新颖性和创造性的技术特征，并且应当从每一项要求保护的发明的整体上考虑后加以确定。

因此，专利法第三十一条第一款所称的"属于一个总的发明构思"是指具有相同或者相应的特定技术特征。

2.2 单一性的审查

2.2.1 审查原则

审查员在审查发明专利申请的单一性时，应当遵循以下基本原则：

（1）根据专利法第三十一条第一款及其实施细则第三十四条所规定的内容，判断一件专利申请中要求保护的两项以上发明是否满足发明单一性的要求，就是要看权利要求中记载的技术方案的实质性内容是否属于一个总的发明构思，即判断这些权利要求中是否包含使它们在技术上相互关联的一个或者多个相同或者相应的特定技术特征。这一判断是根据权利要求的内容来进行的，必要时可以参照说明书和附图的内容。

（2）属于一个总的发明构思的两项以上发明的权利要求可以按照以下六种方式之一撰写；但是，不属于一个总的发明构思的两项以上独立权利要求，即使按照所列举的六种方式中的某一种方式撰写，也不能允许在一件申请中请求保护：

（i）不能包括在一项权利要求内的两项以上产品或者方法的同类独立权利要求；

（ii）产品和专用于制造该产品的方法的独立权利要求；

（iii）产品和该产品的用途的独立权利要求；

（iv）产品、专用于制造该产品的方法和该产品的用途的独立权利要求；

（v）产品、专用于制造该产品的方法和为实施该方法而专门设计的设备的独立权利要求；

（vi）方法和为实施该方法而专门设计的设备的独立权利要求。

其中，第（i）种方式中所述的"同类"是指独立权利要求的类型相同，即一件专利申请中所要求保护的两项以上发明仅涉及产品发明，或者仅涉及方法发明。只要有一个或者多个相同或者相应的特定技术特征使多项产品类独立权利要求之间或者多项方法类独立权利要求之间在技术上相关联，则允许在一件专利申请中包含多项同类独立权利要求。

第（ii）至第（vi）种方式涉及的是两项以上不同类独立权利要求的组合。

对于产品与专用于生产该产品的方法独立权利要求的组合，该"专用"方法使用的结果就是获得该产品，两者之间在技术上相关联。但"专用"并不意味该产品不能用其他方法制造。

对于产品与该产品用途独立权利要求的组合，该用途必须是由该产品的特定性能决定的，它们在技术上相关联。

对于方法与为实施该方法而专门设计的设备独立权利要求的组合，除了该"专门设计"的设备能够实施该方法外，该设备对现有技术作出的贡献还必须与该方法对现有技术作出的贡献相对应。但是，"专门设计"的含义并不是指该设备不能用来实施其他方法，或者该方法不能用其他设备来实施。

不同类独立权利要求之间是否按照引用关系撰写，只是形式上的不同，不影响它们的单一性。例如，与一项产品 A 独立权利要求相并列的一项专用于制造该产品 A 的方法独立权利要求，可以写成"权利要求 1 的产品 A 的制造方法，……"也可以写成"产品 A 的制造方法，……"

（3）以上列举了六种可允许包括在一件申请中的两项以上同类或不同类独立权利要求的组合方式及适当的排列次序，但是，所列六种方式并非穷举，也就是说，在属于一个总的发明构思的前提下，除上述排列组合方式外，还允许有其他的方式。

（4）评定两项以上发明是否属于一个总的发明构思，无须考虑这些发明是分别在各自的独立权利要求中要求保护，还是在同一项权利要求中作为并列选择的技术方案要求保护。对于上述两种情况，均应当按照相同的标准判断其单一性。后一种情况经常出现在马库什权利要求中，关于马库什权利要求单一性的审查，适用本部分第十章第 8.1 节的规定。此外，权利要求的排列次序也不应当影响发明单一性的判断。

（5）一般情况下，审查员只需要考虑独立权利要求之间的单一性，从属权利要求与其所从属的独立权利要求之间不存在缺乏单一性的问题。但是，在遇有形式上为从属权利要求而实质上是独立权利要求的情况时，应当审查其是否符合单一性规定。

如果一项独立权利要求由于缺乏新颖性、创造性等理由而不能被授予专利权，则需要考虑其从属权利要求之间是否符合单一性的规定。

（6）某些申请的单一性可以在检索现有技术之前确定，而某些申请的单一性则只有在考虑了现有技术之后才能确定。当一件申请中不同的发明明显不具有一个总的发明构思时，则在检索之前即可判断其缺乏单一性。例如一件申请中包括了除草剂和割草机两项独立权利要求，由于两者之间没有相同或者相应的技术特征，更不可能有相同或者相应的特定技术特征，因而明显不具有单一性，检索前即可得出结论。然而，由于特定技术特征是体现发明对现有技术作出贡献的技术特征，是相对于现有技术而言的，只有在考虑了现有技术之后才能确定，因此，不少申请的单一性问题常常要在检索之后才能作出判断。

当申请与现有技术比较后，在否定了第一独立权利要求的新颖性或创造性的情形下，与其并列的其余独立权利要求之间是否还属于一个总的发明构思，应当重新确定。

2.2.2 单一性审查的方法和举例

在对包含在一件申请中的两项以上发明进行检索之前，应当首先判断它们之间是否明显不具有单一性。如果这几项发明没有包含相同或相应的技术特征，或所包含的相同或相应的技术特征均属于本领域惯用的技术手段,则它们不可能包含相同或相应的体现发明对现有技术作出贡献的特定技术特征,因而明显不具有单一性。

对于不明显缺乏单一性的两项以上发明,即需要通过检索之后才能判断单一性的情形,通常采用以下的分析方法:

(1)将第一项发明的主题与相关的现有技术进行比较,确定体现发明对现有技术作出贡献的特定技术特征。

(2)判断第二项发明中是否存在一个或者多个与第一项发明相同或者相应的特定技术特征,从而确定这两项发明是否在技术上相关联。

(3)如果在发明之间存在一个或者多个相同或者相应的特定技术特征,即存在技术上的关联,则可以得出它们属于一个总的发明构思的结论。相反,如果各项发明之间不存在技术上的关联,则可以作出它们不属于一个总的发明构思的结论,进而确定它们不具有单一性。

以下结合单一性的基本概念、审查原则及判断方法举例说明单一性的审查要点。

2.2.2.1 同类独立权利要求的单一性

【例1】

权利要求1:一种传送带X,特征为A。

权利要求2:一种传送带Y,特征为B。

权利要求3:一种传送带Z,特征为A和B。

现有技术中没有公开具有特征A或B的传送带,从现有技术来看,具有特征A或B的传送带不是显而易见的,且A与B不相关。

说明:权利要求1和权利要求2没有记载相同或相应的技术特征,也就不可能存在相同或者相应的特定技术特征,因此,它们在技术上没有相互关联,不具有单一性。权利要求1中的特征A是体现发明对现有技术作出贡献的特定技术特征,权利要求3中包括了该特定技术特征A,两者之间存在相同的特定技术特征,具有单一性。类似地,权利要求2和权利要求3之间存在相同的特定技术特征B,具有单一性。

【例2】

权利要求1:一种发射器,特征在于视频信号的时轴扩展器。

权利要求 2：一种接收器，特征在于视频信号的时轴压缩器。

权利要求 3：一种传送视频信号的设备，包括权利要求 1 的发射器和权利要求 2 的接收器。

现有技术中既没有公开也没有暗示在本领域中使用时轴扩展器和时轴压缩器，这种使用不是显而易见的。

说明：权利要求 1 的特定技术特征是视频信号时轴扩展器，权利要求 2 的特定技术特征是视频信号时轴压缩器，它们之间相互关联不能分开使用，两者是彼此相应的特定技术特征，权利要求 1 与 2 有单一性；权利要求 3 包含了权利要求 1 和 2 两者的特定技术特征，因此它与权利要求 1 或与权利要求 2 均有单一性。

【例 3】

权利要求 1：一种插头，特征为 A。

权利要求 2：一种插座，特征与 A 相应。

现有技术中没有公开和暗示具有特征 A 的插头及相应的插座，这种插头和插座不是显而易见的。

说明：权利要求 1 与 2 具有相应的特定技术特征，其要求保护的插头和插座是相互关联且必须同时使用的两种产品，因此有单一性。

【例 4】

权利要求 1：一种用于直流电动机的控制电路，所说的电路具有特征 A。

权利要求 2：一种用于直流电动机的控制电路，所说的电路具有特征 B。

权利要求 3：一种设备，包括一台具有特征 A 的控制电路的直流电机。

权利要求 4：一种设备，包括一台具有特征 B 的控制电路的直流电机。

从现有技术来看，特征 A 和 B 分别是体现发明对现有技术作出贡献的技术特征，而且特征 A 和 B 完全不相关。

说明：特征 A 是权利要求 1 和 3 的特定技术特征，特征 B 是权利要求 2 和 4 的特定技术特征，但 A 与 B 不相关。因此，权利要求 1 与 3 之间或者权利要求 2 与 4 之间有相同的特定技术特征，因而有单一性；而权利要求 1 与 2 或 4 之间，或者权利要求 3 与 2 或 4 之间没有相同或相应的特定技术特征，因而无单一性。

【例5】

权利要求1：一种灯丝A。

权利要求2：一种用灯丝A制成的灯泡B。

权利要求3：一种探照灯，装有用灯丝A制成的灯泡B和旋转装置C。

与现有技术公开的用于灯泡的灯丝相比，灯丝A是新的并具有创造性。

说明：该三项权利要求具有相同的特定技术特征灯丝A，因此它们之间有单一性。

【例6】

权利要求1：一种制造产品A的方法B。

权利要求2：一种制造产品A的方法C。

权利要求3：一种制造产品A的方法D。

与现有技术相比，产品A是新的并具有创造性。

说明：产品A是上述三项方法权利要求的相同的特定技术特征，这三项方法B、C、D之间有单一性。当然，产品A本身还可以有一项产品权利要求。如果产品A是已知的，则其不能作为特定技术特征，这时应重新判断这三项方法的单一性。

【例7】

权利要求1：一种树脂组合物，包括树脂A、填料B及阻燃剂C。

权利要求2：一种树脂组合物，包括树脂A、填料B及抗静电剂D。

本领域中树脂A、填料B、阻燃剂C及抗静电剂D分别都是已知的，且AB组合不体现发明对现有技术的贡献，而ABC的组合形成了一种性能良好的不易燃树脂组合物，ABD的组合也形成了一种性能良好的防静电树脂组合物，它们分别具有新颖性和创造性。

说明：尽管这两项权利要求都包括相同的特征A和B，但是，A、B及AB组合都不体现发明对现有技术的贡献，权利要求1的特定技术特征是ABC组合，权利要求2的特定技术特征是ABD组合，两者不相同也不相应，因此，权利要求2与权利要求1没有单一性。

2.2.2.2 不同类独立权利要求的单一性

【例8】

权利要求1：一种化合物X。

权利要求2：一种制备化合物X的方法。

权利要求3：化合物X作为杀虫剂的应用。

（1）第一种情况：化合物X具有新颖性和创造性。

说明：化合物X是这三项权利要求相同的技术特征。由于它是体现发明对现有技术作出贡献的技术特征，即特定技术特征，因此，权利要求1至3存在相同的特定技术特征，权利要求1、2和3有单一性。

（2）第二种情况：通过检索发现化合物X与现有技术相比不具有新颖性或创造性。

说明：权利要求1不具有新颖性或创造性，不能被授予专利权。权利要求2和3之间的相同技术特征仍为化合物X，但是，由于化合物X对现有技术没有作出贡献，故不是相同的特定技术特征，而且，权利要求2和3之间也没有相应的特定技术特征。因此，权利要求2和3之间不存在相同或相应的特定技术特征，缺乏单一性。

【例9】

权利要求1：一种高强度、耐腐蚀的不锈钢带，主要成分为（按%重量计）Ni=2.0~5.0，Cr=15~19，Mo=1~2及平衡量的Fe，带的厚度为0.5mm~2.0mm，其伸长率为0.2%时屈服强度超过$50kg/mm^2$。

权利要求2：一种生产高强度、耐腐蚀不锈钢带的方法，该带的主要成分为（按%重量计）Ni=2.0~5.0，Cr=15~19，Mo=1~2及平衡量的Fe，该方法包括以下次序的工艺步骤：

（1）热轧至2.0mm~5.0mm的厚度；

（2）退火该经热轧后的带子，退火温度为800℃~1000℃；

（3）冷轧该带子至0.5mm~2.0mm厚度；

（4）退火：温度为1120℃~1200℃，时间为2~5分钟。

与现有技术相比，伸长率为0.2%时屈服强度超过$50kg/mm^2$的不锈钢带具有新颖性和创造性。

说明：权利要求1与2之间有单一性。该产品权利要求1的特定技术特征是伸长率为0.2%时屈服强度超过$50kg/mm^2$。方法权利要求2中的工艺步骤正是为生产出具有这样的屈服强度的不锈钢带而采用的加工方法,虽然在权利要求 2 的措词中没有体现出这一点,但是从说明书中可以清楚地看出,因此,这些工艺步骤就是与产品权利要求 1 所限定的强度特征相应的特定技术特征。

本例的权利要求 2 也可以写成引用权利要求 1 的形式,而不影响它们之间的单一性,如:

权利要求 2:一种生产权利要求 1 的不锈钢带的方法,包括以下工艺步骤:

(步骤(1)至(4)同前所述,此处省略。)

【例 10】

权利要求 1:一种含有防尘物质 X 的涂料。

权利要求 2:应用权利要求 1 所述的涂料涂布制品的方法,包括以下步骤:(1)用压缩空气将涂料喷成雾状;(2)将雾状的涂料通过一个电极装置 A 使之带电后再喷涂到制品上。

权利要求 3:一种喷涂设备,包括一个电极装置 A。

与现有技术相比,含有物质 X 的涂料是新的并具有创造性,电极装置 A 也是新的并具有创造性。但是,用压缩空气使涂料雾化以及使雾化涂料带电后再直接喷涂到制品上的方法是已知的。

说明:权利要求 1 与 2 有单一性,其中含 X 的涂料是它们相同的特定技术特征;权利要求 2 与 3 也有单一性,其中电极装置 A 是它们相同的特定技术特征。但权利要求 1 与 3 缺乏单一性,因为它们之间缺乏相同或者相应的特定技术特征。

【例 11】

权利要求 1:一种处理纺织材料的方法,其特征在于用涂料 A 在工艺条件 B 下喷涂该纺织材料。

权利要求 2:根据权利要求 1 的方法喷涂得到的一种纺织材料。

权利要求 3:权利要求 1 方法中用的一种喷涂机,其特征在于有一喷嘴 C 能使涂料均匀分布在纺织材料上。

现有技术中公开了用涂料处理纺织品的方法,但是,没有公开权利要求 1 的用一种特殊的涂料 A 在特定的工艺条件 B 下(例如温度、辐照度等)喷涂的方法,而且,权利要求 2 的纺织材料具有预想不到的特性。喷嘴 C 是新的并具有创造性。

说明:权利要求 1 的特定技术特征是由于选用了特殊的涂料而必须相应地采用的特定的工艺条件;而在采用该特殊涂料

和特定工艺条件处理之后得到了权利要求 2 所述的纺织材料，因此，权利要求 1 与权利要求 2 具有相应的特定技术特征，有单一性。权利要求 3 的喷涂机与权利要求 1 或 2 无相应的特定技术特征，因此权利要求 3 与权利要求 1 或 2 均无单一性。

【例 12】

权利要求 1：一种制造方法，包括步骤 A 和 B。

权利要求 2：为实施步骤 A 而专门设计的设备。

权利要求 3：为实施步骤 B 而专门设计的设备。

没有检索到任何与权利要求 1 方法相关的现有技术文献。

说明：步骤 A 和 B 分别为两个体现发明对现有技术作出贡献的特定技术特征，权利要求 1 与 2 或者权利要求 1 与 3 之间有单一性。权利要求 2 与 3 之间由于不存在相同的或相应的特定技术特征，因而没有单一性。

【例 13】

权利要求 1：一种燃烧器，其特征在于混合燃烧室有正切方向的燃料进料口。

权利要求 2：一种制造燃烧器的方法，其特征在于其中包括使混合燃烧室形成具有正切方向燃料进料口的步骤。

权利要求 3：一种制造燃烧器的方法，其特征在于浇铸工序。

权利要求 4：一种制造燃烧器的设备，其特征在于该设备有一个装置 X，该装置使燃料进料口按正切方向设置在混合燃烧室上。

权利要求 5：一种制造燃烧器的设备，其特征在于有一个自动控制装置 D。

权利要求 6：一种用权利要求 1 的燃烧器制造碳黑的方法，其特征在于其中包括使燃料从正切方向进入燃烧室的步骤。

现有技术公开了具有非切向的燃料进料口和混合室的燃烧器，从现有技术来看，带有正切方向的燃料进料口的燃烧器既不是已知的，也不是显而易见的。

说明：权利要求 1、2、4 与 6 有单一性，它们的特定技术特征都涉及正切方向的进料口。而权利要求 3 或 5 与权利要求 1、2、4 或 6 之间不存在相同或相应的特定技术特征，所以权利要求 3 或 5 与权利要求 1、2、4 或 6 之间无单一性。此外，权利要求 3 与 5 之间也无单一性。

2.2.2.3 从属权利要求的单一性

根据本章第2.2.1节（5）所述的原则，凡符合规定的从属权利要求，与其所引用的独立权利要求之间不存在缺乏单一性的问题，即使该从属权利要求还包含着另外的发明。

例如，一项独立权利要求是一种生产铸铁的新方法。在一个具体的实施例中，提出了在某一温度范围内按所说的方法生产铸铁。在此情况下，对该温度范围可撰写一项从属权利要求，即使在独立权利要求中没有提到温度，也不应当对该从属权利要求提出缺乏单一性的意见。

又如，权利要求1是制造产品A的方法，其特征是使用B为原料；权利要求2是按照权利要求1制造产品A的方法，其特征是所述的原料B是由C制备的。由于权利要求2包含了权利要求1的全部特征，所以，无论由C制造B的方法本身是否是一项发明，均不能认为权利要求1与2之间缺乏单一性。

再如，权利要求1是一种汽轮机的叶片，其特征在于该叶片有某种特定的形状；权利要求2是按照权利要求1所述的汽轮机叶片，其特征是该叶片是由合金A制造的。在该例中，即使合金A是新的，它本身可构成一项独立的发明，且它在汽轮机叶片中的应用是有创造性的，也不应当对权利要求2与权利要求1之间的单一性提出意见。

应当注意，在某些情况下，形式上的从属权利要求，实际上是独立权利要求，有可能存在缺乏单一性的问题。例如，权利要求1是一种接触器，具有特征A、B和C；权利要求2是一种权利要求1的接触器，而其中特征C由特征D代替。由于权利要求2并没有包括权利要求1的全部特征，因此不是从属权利要求，而是独立权利要求。应当按照同类的独立权利要求的单一性审查原则来判断它们的单一性。

在一项独立权利要求因缺乏新颖性、创造性等原因不能被授予专利权的情况下，其从属权利要求之间有可能存在缺乏单一性的问题。

【例如】

权利要求1：一种显示器，具有特征A和B。

权利要求2：权利要求1所述的显示器，具有另一特征C。

权利要求3：权利要求1所述的显示器，具有另一特征D。

（1）第一种情况：与现有技术公开的显示器相比，权利要求 1 所述的具有特征 A 和 B 的显示器具有新颖性和创造性。

说明：权利要求 2 和 3 是进一步限定权利要求 1 保护范围的从属权利要求，因此，权利要求 1、2 和 3 具有单一性。

（2）第二种情况：从两份现有技术文献的结合来看，权利要求 1 所述的显示器不具有创造性。而特征 C 和 D 分别是对现有技术作出贡献的技术特征，并且两者完全不相关。

说明：由于权利要求 1 不具有创造性而不能被授予专利权，剩下的权利要求 2 和 3 实际上应视为独立权利要求来确定其是否具有单一性。而权利要求 2 中的特定技术特征 C 与权利要求 3 中的特定技术特征 D 不相同也不相应，因此，权利要求 2 和 3 无单一性。

3. 分案申请

3.1 分案的几种情况

一件申请有下列不符合单一性情况的，审查员应当要求申请人对申请文件进行修改（包括分案处理），使其符合单一性要求。

（1）原权利要求书中包含不符合单一性规定的两项以上发明。

原始提交的权利要求书中包含不属于一个总的发明构思的两项以上发明的，应当要求申请人将该权利要求书限制至其中一项发明（一般情况是权利要求 1 所对应的发明）或者属于一个总的发明构思的两项以上的发明，对于其余的发明，申请人可以提交分案申请。

（2）在修改的申请文件中所增加或替换的独立权利要求与原权利要求书中的发明之间不具有单一性。

在审查过程中，申请人在修改权利要求时，将原来仅在说明书中描述的发明作为独立权利要求增加到原权利要求书中，或者在答复审查意见通知书时修改权利要求，将原来仅在说明书中描述的发明作为独立权利要求替换原独立权利要求，而该发明与原权利要求书中的发明之间缺乏单一性。在此情况下，审查员一般应当要求申请人将后增加或替换的发明从权利要求书中删除。申请人可以对该删除的发明提交分案申请。

（3）独立权利要求之一缺乏新颖性或创造性，其余的权利要求之间缺乏单一性。

某一独立权利要求（通常是权利要求1）缺乏新颖性或创造性，导致与其并列的其余独立权利要求之间，甚至其从属权利要求之间失去相同或者相应的特定技术特征，即缺乏单一性，因此需要修改，对于因修改而删除的主题，申请人可以提交分案申请。例如，一件包括产品、制造方法及用途的申请，经检索和审查发现，产品是已知的，其余的该产品制造方法独立权利要求与该产品用途独立权利要求之间显然不可能有相同或者相应的特定技术特征，因此它们需要修改。

上述情况的分案，可以是申请人主动要求分案，也可以是申请人按照审查员要求而分案。应当指出，由于提出分案申请是申请人自愿的行为，所以审查员只需要求申请人将不符合单一性要求的两项以上发明改为一项发明，或者改为属于一个总的发明构思的两项以上发明，至于修改后对其余的发明是否提出分案申请，完全由申请人自己决定。

另外，针对一件申请，可以提出一件或者一件以上的分案申请，针对一件分案申请还可以以原申请为依据再提出一件或者一件以上的分案申请。针对一件分案申请再提出分案申请的，若其递交日不符合本指南第一部分第一章第5.1.1节（3）的规定，则不能被允许，除非审查员指出了单一性的缺陷。

3.2 分案申请应当满足的要求

分案申请应当满足如下要求。

（1）分案申请的文本

分案申请应当在其说明书的起始部分，即发明所属技术领域之前，说明本申请是哪一件申请的分案申请，并写明原申请的申请日、申请号和发明创造名称。

在提交分案申请时，应当提交原申请文件的副本；要求优先权的，还应当提交原申请的优先权文件副本。

（2）分案申请的内容

细则53（3）　　分案申请的内容不得超出原申请记载的范围。否则，应当以不符合专利法实施细则第四十三条第一款或者专利法第三十三条规定为理由驳回该分案申请。

（3）分案申请的说明书和权利要求书

分案以后的原申请与分案申请的权利要求书应当分别要求保护不同的发明；而它们的说明书可以允许有不同的情况。例如，分案前原申请有A、B两项发明；分案之后，原申请的权利要求书若要求保护 A，其说明书可以仍然是 A 和 B，也可以只保留 A；分案申请的权利要求书若要求保护 B，其说明书可以仍然是 A 和 B，也可以只是 B。

有关分案申请的申请人、递交时间和分案申请的类别的要求，适用本指南第一部分第一章第 5.1.1 节的规定。

3.3 分案的审查

在一件申请需要分案的情况下，对分案的审查包括对分案申请的审查以及对分案以后的原申请的审查，应当依据专利法实施细则第四十二条和第四十三条进行。

（1）根据专利法实施细则第四十三条第一款的规定，分案申请的内容不得超出原申请记载的范围。否则，审查员应当要求申请人进行修改。如果申请人不修改或者进一步修改的内容超出原申请说明书和权利要求书记载的范围，则审查员可以根据专利法实施细则第五十三条第（三）项的规定，以分案申请不符合专利法实施细则第四十三条第一款规定或修改不符合专利法第三十三条规定为理由驳回该分案申请。

（2）根据专利法实施细则第四十二条第二款的规定，一件申请不符合专利法第三十一条第一款和专利法实施细则第三十四条规定的，应当通知申请人在指定期限内对其申请进行修改。也就是说，在该期限内将原申请改为一项发明或者属于一个总的发明构思的几项发明。同时应当提醒申请人注意：无正当理由期满未答复的，则该申请被视为撤回；无充分理由不将原申请改为具有单一性的申请的，审查员可以以申请不符合专利法第三十一条第一款的规定为理由驳回该申请。同样，对于原申请的分案申请不符合单一性规定的，也应当按照上述方式处理。

（3）除了依据专利法实施细则第四十二条和第四十三条进行审查之外，其他的审查与对一般申请的审查相同。

第七章 检 索

1. 引 言

每一件发明专利申请在被授予专利权前都应当进行检索。检索是发明专利申请实质审查程序中的一个关键步骤，其目的在于找出与申请的主题密切相关或者相关的现有技术中的对比文件，或者找出抵触申请文件和防止重复授权的文件，以确定申请的主题是否具备专利法第二十二条第二款和第三款规定的新颖性和创造性，或者是否符合专利法第九条第一款的规定。

实用新型专利检索和香港特别行政区短期专利检索参照本章执行。

检索的结果应当记载在检索报告中。

2. 审查用检索资料

2.1 检索用专利文献

发明专利申请实质审查程序中的检索，主要在检索用专利文献中进行。检索用专利文献主要包括：电子形式（机检数据库和光盘）的多国专利文献；纸件形式的、按国际专利分类号排列的审查用检索文档和按流水号排列的各国专利文献；缩微胶片形式的各国专利文献。

专利局的电子形式的专利文献主要包括：中国发明专利申请公开说明书、中国发明专利说明书、中国实用新型专利说明书、欧洲专利申请公开说明书、专利合作条约的国际专利申请公开说明书、美国专利说明书、日本专利申请公开说明书和日本实用新型专利说明书及多国专利分类文摘等。专利局的纸件形式的专利文献主要包括：中国发明专利申请公开说明书、中国发明专利说明书、中国实用新型专利说明书、美国专利说明书、欧洲专利申请公开说明书、专利合作条约的国际专利申请公开说明书及多国专利分类文摘等。

2.2 检索用非专利文献

审查员除在专利文献中进行检索外，还应当查阅检索用非专利文献。检索用非专利文献主要包括：电子或纸件等形式的国内外科技图书、期刊、索引工具及手册等。

3. 检索的主题

3.1 检索依据的申请文本

检索依据的申请文本,通常是申请人在申请日提交的原权利要求书和说明书(有附图的,包括附图)。申请人按照专利法实施细则第四十四条应审查员的要求对权利要求书和/或说明书进行了修改,或者按照专利法实施细则第五十一条第一款规定对权利要求书和/或说明书提出了主动修改的,检索依据的申请文本应当是申请人最后提交的、并且符合专利法第三十三条规定的权利要求书和/或说明书(参见本部分第八章第4.1节)。

3.2 对独立权利要求的检索

检索主要针对申请的权利要求书进行,并考虑说明书及其附图的内容。审查员首先应当以独立权利要求所限定的技术方案作为检索的主题。这时,应当把重点放在独立权利要求的发明构思上,而不应当只限于独立权利要求的字面意义,但也不必扩展到考虑说明书及其附图的内容后得出的每个细节。

3.3 对从属权利要求的检索

对独立权利要求限定的技术方案进行检索,找到了使该技术方案丧失新颖性或者创造性的对比文件的,为了评价从属权利要求进一步限定的技术方案是否具备专利法第二十二条第二款和第三款规定的新颖性和创造性,审查员还需要以从属权利要求进一步限定的技术方案作为检索的主题,继续检索。但是,对于其限定部分的附加技术特征属于公知常识范围的从属权利要求则可不作进一步的检索。

当检索的结果显示独立权利要求限定的技术方案具有新颖性和创造性时,一般不需要再对其从属权利要求限定的技术方案作进一步的检索。

3.4 对要素组合的权利要求的检索

权利要求是要素 A、B 和 C 的组合的,审查员在检索这种权利要求时,应当首先对 A+B+C 的技术方案进行检索,如果未查找到可评述其新颖性、创造性的对比文件,则应当对 A+

B、B+C、A+C 的分组组合以及 A、B 和 C 单个要素进行检索。

3.5 对不同类型权利要求的检索

申请中包含了几种不同类型（产品、方法、设备或者用途）权利要求的，审查员应当对所有不同类型的权利要求进行检索。在某些情况下，即使申请只包含一种类型的权利要求，也可能需要对相关的其他类型的主题进行检索。例如，对一项化学方法权利要求进行检索时，除了对该方法权利要求本身进行检索外，为了评价其创造性，对用该方法制造的最终产品，除它们是明显已知的以外，也应当进行检索。

3.6 对说明书及其附图的检索

除了对由权利要求限定的技术方案，即申请请求保护的主题（以下简称申请的主题）进行检索之外，审查员有时还应当针对说明书及其附图中公开的对该申请的主题作进一步限定的其他实质性内容进行检索。因为申请人在修改权利要求时，有可能把它们补充到权利要求中去。例如，一件有关电路的申请，其权利要求限定的技术方案仅仅是电路的功能和工作方式。但是，在说明书及其附图中，详细公开了一个重要的晶体管电路，对于这件申请，审查员不但应当对权利要求所限定的电路的功能和工作方式进行检索，而且还应当将该晶体管电路作为检索的主题。这样，即使申请人以后通过修改将该晶体管电路写入权利要求书，审查员也不必再进行补充检索。但是，对于在说明书中记载的那些与权利要求限定的技术方案之间不具有单一性的发明内容不必进行检索，因为通过修改将这些不具有单一性的发明内容作为申请请求保护的主题写入权利要求书是不允许的（参见本部分第八章第 5.2.1.3 节（3））。

4. 检索的时间界限

4.1 检索现有技术中相关文献的时间界限

审查员应当检索发明专利申请在中国提出申请之日以前公开的所有相同或相近技术领域的专利文献和非专利文献。这样做的好处是，审查员可以省去核实优先权是否成立的工作，除非出现了本部分第八章第 4.6.1 节所述的需要核实优先权的情况，例如检索到在该申请的优先权期间申请或公开的、影响其新颖性或创造性的对比文件。

4.2 检索抵触申请的时间界限

为了确定是否存在影响发明专利申请主题新颖性的抵触申请，审查员至少还需要检索：

（1）所有由任何单位或个人在该申请的申请日之前向专利局提交的，并且在该申请的申请日后十八个月内已经公布或公告的相同或相近技术领域的专利申请或专利文件；

（2）所有由任何单位或个人在该申请的申请日之前向国际申请受理局提交的，并且在该申请的申请日后十八个月内作出国际公布的相同或相近技术领域的指定中国的国际申请，以便检索出与该申请相同的、可能会按照专利合作条约（PCT）的规定进入中国国家阶段而成为该申请的抵触申请的国际申请。

5. 检索前的准备

5.1 阅读有关文件

说明书中引证了下面的文件的，审查员在必要时应当找出并阅读这些文件：

（1）作为申请主题的基础的文件；
（2）与发明所要解决的技术问题相关的背景技术文件；
（3）有助于正确理解申请的主题的文件。

法36　如果上述文件在专利局内不能得到，而它们对于正确理解和评价申请的主题又是必要的，没有这类文件，审查员不能进行有效的检索，那么审查员应当暂缓进行检索，通知申请人在规定的期限内提供这类文件的副本，待收到副本后再进行检索（参见本部分第八章第3.2.4和3.2.5节）。

如果说明书中所引证的文件明显与申请的主题没有直接关系，那么审查员可以不予考虑。

如果申请人提交了外国的检索报告，审查员应当阅读检索报告中引证的文件，尤其要阅读其中对申请的主题的新颖性、创造性有影响的文件。

5.2 核对申请的国际专利分类号

为了更有效地进行检索，审查员应当先确定申请的国际专利分类号（简称分类号）。关于如何确定分类号，适用本指南第一部分第四章的规定。为此，审查员应当在正确理解申请的主题的基础上，运用分类知识核对分类部门或国际检索单位所给出的分类号。当发现分类号不准确时，应当按照本部分第八章第3.1节中的规定处理。

5.3 确定检索的技术领域

通常，审查员在申请的主题所属的技术领域中进行检索，必要时应当把检索扩展到功能类似的技术领域。所属技术领域是根据权利要求书中限定的内容来确定的，特别是根据明确指出的那些特定的功能和用途以及相应的具体实施例来确定的。审查员确定的表示发明信息的分类号，就是申请的主题所属的技术领域。功能类似的技术领域是根据申请文件中揭示出的申请的主题所必须具备的本质功能或者用途来确定，而不是只根据申请的主题的名称，或者申请文件中明确指出的特定功能来确定。例如，茶叶搅拌机和混凝土搅拌机属于功能类似的技术，因为搅拌是两者都必须具备的本质功能。同理，切砖机和切饼干机也是功能类似的技术。再如，一件申请的独立权利要求限定了具有某种结构特征的电缆夹子。如果在电缆夹子所属的技术领域中检索不到相关的文件，应当把检索扩展到有关管夹和其他类似的夹子的技术领域，因为这些夹子具有与电缆夹子类似的本质功能，因此很可能具有申请的独立权利要求中限定的结构特征。也就是说，进行扩展检索时，对于可能包含有与申请的主题的全部特征或者某些特征相关的内容的文献都应当检索。

5.3.1 利用机检数据库

审查员可以用关键词、发明名称、发明人等检索入口在机检数据库中通过计算机检索来确定检索的技术领域。其中利用关键词检索入口来确定检索的技术领域是最主要的方式。

在正确理解申请的主题的基础上，确定一个或者几个"关键词"，然后根据确定的"关键词"在机检数据库中进行检索和统计分析，例如，对检索得到的文献的分类号进行统计分析，尽可能准确、全面地确定检索的技术领域。采用同样的方法，也可以确定针对前面所述的其他的检索主题应当检索的技术领域。

5.3.2 利用国际专利分类表

在利用机检数据库得不到确切的检索技术领域的情况下，审查员可以按照下面的步骤查阅国际专利分类表，确定检索的技术领域：

(1) 查阅国际专利分类表每个部开始部分的"部的内容"栏，按类名选择可能的分部和大类。

(2) 阅读所选定分部和大类下面的类名，从中选择最适合于覆盖检索的主题内容的小类。

在进行以上两步时，审查员应当注意分部类名和/或大类、小类类名中的附注或者参见。这种附注或者参见可能影响小类的内容，指出小类之间的可能的差别，并可能指示所期望的检索的主题所在的位置。如果选择的小类在高级版分类表的电子层信息中有分类定义，则应当注意其详细内容，因为分类定义对小类的范围给出了最准确的指示。另外，审查员还应当注意，当存在与检索主题的功能类似的功能性分类位置时，可能还存在与检索主题的功能相关的一个或多个应用性分类位置。在找不到检索主题的专门位置时，可以考虑将类名或者组名为"其他 XX"、"未列入 XX 组的 XX"的这一类剩余分类位置的分类号作为检索的技术领域。

(3) 参看小类开始部分的"小类索引"，阅读大组完整的类名及附注和参见，选择最适合于覆盖检索的主题的大组。

(4) 阅读所选择的大组下面全部带一个圆点的小组，确定一个最适合于覆盖检索的主题的小组。如果该小组有附注和参见部分，则应当根据它们考虑其他分类位置，以便找到一个或者多个更适合于检索的主题的分类位置。

(5) 选择带一个以上圆点的，但仍旧覆盖检索的主题的小组。

通过以上五个步骤可以选定最适合于覆盖检索的主题的小组。这个小组及其下的不明显排除检索的主题的全部小组就是检索的技术领域。如果选定的小组有优先注释，那么由优先注释确定的小组及其下的不明显排除检索的主题的全部小组也是检索的技术领域。此外，选定的小组上面的高一级小组直到大组都是检索的技术领域，因为在那里具有包含了检索的主题且范围更宽的主题的文献资料。如果选定的小组处于按"最后位置规则"分类的小类中，那么除了对选定小组及其下不明显排除检索的主题的小组进行检索外,还应当对与选定小组具有相同点数、且相关的在后的小组及其下不明显排除检索的主题的小组进行检索,此外,还应当对该选定小组的高一级相关的各小组直到大组进行检索。例如,C08G8/00 中的三点组 8/20,是按"最后位置规则"选定的小组,其下有四点组 8/22。在 8/20 后,具有与 8/20 相同点数、且相关的小组,还有三点组 8/24。在三点组以上,有相关的二点组 8/08 及一点组 8/04。因此,审查员应当首先检索 8/20 小组,然后依次检索 8/22、8/24、8/08、8/04 小组,直到 8/00 大组。

(6)用上述方法考虑同一小类中可能的其他大组或小组,以及通过步骤(2)选择的其他小类。

5.4 分析权利要求、确定检索要素

审查员在阅读申请文件、充分理解了发明内容并初步确定了分类号和检索的技术领域后,应该进一步分析权利要求,确定检索要素。

5.4.1 整体分析权利要求

阅读权利要求书,找出全部独立权利要求,初步分析独立权利要求,以确定独立权利要求所请求保护的技术方案是否属于本章第 10 节所述的不必检索的情况。

对于能够检索的权利要求,确定请求保护范围最宽的独立权利要求并分析该独立权利要求。一般首先针对保护范围最宽的独立权利要求进行检索。

5.4.2 确定检索要素

首先分析请求保护范围最宽的独立权利要求的技术方案,确定反映该技术方案的基本检索要素。基本检索要素是体现技术方案的基本构思的可检索的要素。一般地,确定基本检索要素时需要考虑技术领域、技术问题、技术手段、技术效果等方面。

在确定了基本检索要素之后,应该结合检索的技术领域的特点,确定这些基本检索要素中每个要素在计算机检索系统中的表达形式,例如关键词、分类号、化学结构式等。为了全面检索,通常需要尽可能地以关键词、分类号等多种形式表达这些检索要素,并将用不同表达形式检索到的结果合并作为针对

该检索要素的检索结果。

在选取关键词时，一般需要考虑相应检索要素的各种同义或近义表达形式，而且在必要时还需要考虑相关的上位概念、下位概念以及其他相关概念及其各种同义或近义表达形式。

在确定反映技术方案的检索要素时，不仅要考虑技术方案中明确的技术特征，必要时还应当考虑技术方案中的某些技术特征的等同特征。等同特征是指与所记载的技术特征相比，以基本相同的手段，实现基本相同的功能，达到基本相同的效果，并且所属技术领域的技术人员能够联想到的特征。在确定等同特征时，应当考虑说明书中描述的各种变型实施例、说明书中不明显排除的内容等因素。

6. 对发明专利申请的检索

6.1 检索的要点

审查员在检索时，要把注意力集中到新颖性上，同时也要注意和创造性有关的现有技术，把那些相互结合后可能使申请的主题不具备创造性的两份或者多份对比文件检索出来。此外，审查员也要注意那些由于其他原因可能是重要的文件。例如，有助于理解申请的主题的文件；或者最适于说明申请的主题，并可能成为审查员要求申请人改写独立权利要求前序部分及说明书的有关部分的最接近的现有技术文件。

在检索时，审查员应当注意现有技术中专利文献的全部内容，尤其是专利文献的说明书（及其附图）的内容，而不应仅将注意力放在权利要求书上，应当将要检索的申请的权利要求书的内容与有关的现有技术中专利文献所公开的内容进行对比。

6.2 检索的顺序

6.2.1 在所属技术领域中检索

所属技术领域是申请的主题所在的主要技术领域，在这些领域中检索，找到密切相关的对比文件的可能性最大。因此，审查员首先应当在这些领域的检索用专利文献中进行全面检索。例如，表示发明信息的分类号为×××7/16……（7/12优先），那么首先检索7/16，然后检索7/12；之后，还应当检索

7/16 及 7/12 之下属于不明显排除申请的主题的各个小组；最后检索覆盖申请的主题的高一级小组直到大组。如果表示发明信息的分类号不止一个，那么还应当以同样的方法，在其他分类号的技术领域的检索用专利文献中进行检索。

对申请的其他应检索的主题，应当在其所属和相关的技术领域采用类似的方法进行检索。

6.2.2 在功能类似的技术领域中检索

审查员应当根据本章第 6.2.1 节所述的检索的结果，考虑是否需要把检索扩展到功能类似的技术领域。如有必要，应当在功能类似的技术领域中按照本章第 6.2.1 节所述的方法进行检索。

6.2.3 重新确定技术领域后再进行检索

如果通过本章第 6.2.1 及 6.2.2 节中的检索，没有找到对比文件，有可能是原来确定的技术领域不正确。这时，审查员应当重新确定技术领域，在该技术领域中进行检索。

在本章第 6.2.1、6.2.2 及 6.2.3 节的检索中，检索的时间顺序，即所查阅的检索资料的公开时间的顺序，一般都是相对于申请日而言由近至远。

6.2.4 检索其他资料

根据需要，审查员还应当在检索用非专利文献（参见本章第 2.2 节）中进行检索。

此外，审查员还可以查阅在上述第 6.2.1 至 6.2.3 节检索得到的对比文件中所引证的文件，以及查阅检索出的专利申请公开说明书或专利说明书中"引证参考资料"栏下列举的相关文件。

6.3 具体的步骤

6.3.1 机检方式

在进行计算机检索时，为尽可能全面地检索，对于每个检索要素，审查员应当尽可能地从多个角度进行表达，如用关键词、分类号、化学结构式等。例如，对于一个包含两个基本检索要素 A 和 B 的权利要求，基本的检索思路可以表示为：

将涉及检索要素 A 的分类号和关键词的两种检索结果以逻辑或的关系合并，作为针对检索要素 A 的检索结果；将涉及检索要素 B 的分类号和关键词的两种检索结果以逻辑或的关系合并，作为针对检索要素 B 的检索结果；然后将上述针对检索要素 A、B 的检索结果以逻辑与的关系合并，作为针对该权利要求的检索结果。

在实际检索过程中，审查员可以根据申请的具体情况采用不同组合方式进行检索，例如：

（1）将涉及要素 A 的分类号和涉及要素 B 的关键词的两种检索结果以逻辑与的关系合并；

（2）将涉及要素 A 的分类号和涉及要素 B 的分类号的两种检索结果以逻辑与的关系合并；

（3）将涉及要素 A 的关键词和涉及要素 B 的关键词的两种检索结果以逻辑与的关系合并；

（4）将涉及要素 A 的关键词和涉及要素 B 的分类号的两种检索结果以逻辑与的关系合并；

（5）将涉及要素 A 的分类号和涉及要素 A 的关键词的两种检索结果以逻辑或的关系合并，其结果再与涉及要素 B 的关键词或分类号的结果以逻辑与的关系合并。

当采用一种方式检索没有找到较相关的对比文件时，应当考虑所采用的这种方式可能遗漏的文献。比如在方式（1）中，可能遗漏的文献有：含有至少与 A、B 之一相关的关键词，但未分在 A 的分类号下的文献；分类号至少与 A、B 的分类号之一相同，但不含有与 B 相关的关键词的文献。对于可能遗漏的文献，应当调整检索方式进行针对性的检索。如果针对检索要素 A、B 的结合没有检索到能够评价该技术方案的新颖性或创造性的单份文件时，一般还应当考虑分别针对单独检索要素 A 或 B 进行检索的结果。如果技术方案包含有多个基本检索要素，例如基本检索要素 A、B 和 C，在找不到能够评价该技术方案的新颖性或创造性的单份文献时，一般应该考虑基本检索要素的组合，例如考虑 A＋B、A＋C 和 B＋C 的组合；必要时，还需要考虑单独检索要素 A、B、C。

此外，在计算机检索过程中，审查员还可以随时根据相关文献进行针对引用文献、被引用文献、发明人、申请人的跟踪检索，以便找到进一步相关的文献。

6.3.2 手检方式

在用手检方式进行检索时，审查员可以按照下述步骤查阅专利文献：

第一步，迅速浏览要检索的技术领域的审查用检索文档中专利文献扉页上的摘要和附图以及权利要求书中独立权利要求的内容；日本、俄罗斯（包括原苏联）、德国（包括原联邦德国）、英国、法国和瑞士等国的专利分类文摘；中外期刊论文分类题录等，将那些初步判断可能与申请的主题有关的文件提出来。如果检索针对的申请有显示各种具体结构的附图，审查员可以把申请的附图与审查用检索文档中文件的附图一一对照，将那些附图所显示的结构特征与申请中的结构相同或者类似的文件提出来。

第二步，仔细阅读第一步中提出的那些文件的摘要、附图和权利要求，以及有关文摘和题录所对应的文件，选出与申请较相关的对比文件。

第三步，仔细阅读和分析研究第二步中选出的文件的说明书部分，最后确定在检索报告和审查意见通知书正文中将引用的对比文件。

6.4 抵触申请的检索

6.4.1 基本原则

在对申请发出授予专利权的通知前，抵触申请的检索应当完成到尽可能完善的程度，即应当作到已经全面查阅了当时的检索用专利文献中在本申请的申请日之前提出并在其后公布的专利申请文件和公告的专利文件。

6.4.2 申请满十八个月公布后进入实质审查程序的检索

通常，发明专利申请在其申请日起满十八个月公布，此后进入实质审查程序。对这种情况，审查员在发出第一次审查意见通知书之前所作的检索，应当包括抵触申请的检索。

6.4.3 申请提前公布后进入实质审查程序的检索

发明专利申请提前公布后进入实质审查程序的，审查员在发出第一次审查意见通知书之前，可以初步检索抵触申请。如果对该申请作出审查结论的日期在从该申请的申请日起十八个月之内，审查员可视抵触申请进入检索用专利文献中的情况不断进行抵触申请的补充检索；如果对该申请作出审查结论的日期，在该申请的申请日起满十八个月当天或者之后，审查员应当在满十八个月当天或者之后，在作出审查结论前，进一步进行抵触申请检索。

7. 防止重复授权的检索

法9.1

在对申请发出授予专利权的通知前，防止重复授权的检索应当完成到尽可能完善的程度，即应当将在中国专利文献中已经有的涉及同样的发明创造的专利申请或者专利文件检索出来。有关同样的发明创造的判断，适用本部分第三章第6节的规定。

8. 中止检索

8.1 检索的限度

从理论上说，任何完善的检索都应当是既全面又彻底的检索。但是从成本的合理性角度考虑，检索要有一定的限度。审查员要随时根据已经检索出的对比文件的数量和质量决定是否应当中止检索。考虑的原则是用于检索的时间、精力和成本与预期可能获得的结果要相称。

8.2 可中止检索的几种情况

检索过程中，出现下列情况之一时，审查员可以中止检索：

（1）审查员已经找到一份与申请的全部主题密切相关的对比文件，并且认为它清楚地公开了申请的全部主题的全部技术特征，或者由它所公开的内容使所属技术领域的技术人员能够得出权利要求书中的全部技术方案，即审查员认为该对比文件单独影响申请的全部主题的新颖性或创造性，构成检索报告中所规定的 X 类文件或 E 类文件；

（2）审查员已经找到两份或者多份与申请的全部主题密切相关的对比文件，并且认为，申请所属技术领域的技术人员能够容易地把它们结合起来，得出权利要求书中的全部技术方案，即审查员认为这些对比文件结合起来影响申请的全部主题的创造性，构成检索报告中所规定的 Y 类文件；

（3）审查员根据其知识和工作经验，认为不可能找到密切相关的对比文件，或者认为预期的结果与需要花费的时间、精力和成本相比十分不相称，不值得继续检索；

（4）审查员从公众提供的材料中，或者从申请人提交的外国为其申请进行检索的资料或者审查结果的资料中，发现了上述（1）或（2）所述的密切相关的对比文件（通常为检索报告中所规定的 X 或 Y 类文件）。

9. 特殊情况的检索

9.1 申请的主题跨领域时的检索

如果申请的主题跨越不同的技术领域，审查员除了在其负责审查的技术领域进行检索外，还应当视情况与负责其他技术领域的审查员商量，决定如何进行进一步检索。

9.2 申请缺乏单一性时的检索

9.2.1 对明显缺乏单一性的申请的检索

审查员在分析研究权利要求书和说明书（及其附图）后，就能判断申请的主题之间缺乏单一性的，可以采取下列方式之一处理申请：

（1）待申请人修改申请并消除缺乏单一性的缺陷后再进行检索；

（2）如果缺乏单一性的两项或者多项独立权利要求的技术方案都属于该审查员负责审查的技术领域，且它们涉及的检索领域非常接近或者在很大程度上重叠，则审查员可以在不增加太多工作量的情况下同时完成对它们检索，这样，在撰写审查意见通知书正文时，既可以指出缺乏单一性的缺陷，又可以对这些独立权利要求作出评价，减少一次审查意见通知书，从而加速审查进程。如果通过检索发现申请中的一项或者几项独立权利要求不具备新颖性或者创造性，那么申请人在收到审查意见通知书之后，就可以删去这样的权利要求，而且不会再对它或者它们提出分案申请，从而避免了一些不必要的工作。此外，通过这样的检索还有可能找到进一步证明申请的主题缺乏单一性的对比文件。

9.2.2 对不明显缺乏单一性的申请的检索

不明显缺乏单一性的申请，是指只有经过检索，才能确定其申请的主题之间缺乏单一性的那些申请。对于这些申请，审查员应当按照下列方式进行检索：

（1）对第一独立权利要求进行检索，若发现它不具备新颖性或者创造性，则按照本部分第六章第2.2.1节所述的单一性审查原则，根据已有检索结果判断其余各独立权利要求之间是否缺乏单一性，对缺乏单一性的独立权利要求可以不再进行检索。

（2）如果一件申请中的两项或者多项相互并列的独立权利要求，在发明构思上非常接近，而且其中没有一项独立权利要求需要在其他的技术领域中进行检索，则可以对申请的全部主题进行检索，因为这不会增加太多工作量。

（3）对独立权利要求进行检索，若发现它不具备新颖性或创造性，从而导致其相互并列的从属权利要求之间缺乏单一性，则可参照本章第9.2.1节（1）或（2）或者本节（1）或（2）所述的方式处理。

9.3 其他情况的检索

申请的部分主题属于本章第10节中列出的情形的，审查员应当对该申请其他不属于这些情形的主题进行检索；申请中其他不属于这些情形的主题之间存在单一性缺陷的，按本章第9.2节的规定进行检索。

10. 不必检索的情况

一件申请的全部主题属于下列情形之一的，审查员对该申请不必进行检索：

（1）属于专利法第五条或者第二十五条规定的不授予专利权的情形；

（2）不符合专利法第二条第二款的规定；

（3）不具备实用性；

（4）说明书和权利要求书未对该申请的主题作出清楚、完整的说明，以致于所属技术领域的技术人员不能实现。

11. 补充检索

在申请的实质审查过程中，有下列情形之一的，为了获得更适合的对比文件，审查员应当对申请进行补充检索：

（1）申请人修改了权利要求，原先的检索没有覆盖修改后权利要求请求保护的范围；

（2）申请人澄清了某些内容，使得原先的检索不完整、不准确；

（3）第一次审查意见通知书以前的检索不完整或者不准确；

（4）审查意见的改变使得已经作出的检索不完整或者不准确而需要增加或者改变其检索领域的。

在复审后的继续审查过程中，如果出现上述情形，也应当进行补充检索。

此外，对于本章第4.2节（2）中所述的可能构成抵触申请的指定中国的国际专利申请文件，在对申请发出授予专利权的通知之前，应当通过补充检索查看其是否进入了中国国家阶段并作出了中文公布。

12. 检索报告

检索报告用于记载检索的结果，特别是记载构成相关现有技术的文件。检索报告采用专利局规定的表格。审查员应当在检索报告中清楚地记载检索的领域、数据库以及所用的基本检索要素及其表达形式（如关键词等）、由检索获得的对比文件以及对比文件与申请主题的相关程度，并且应当按照检索报告表格的要求完整地填写其他各项。

在检索报告中，审查员采用下列符号来表示对比文件与权利要求的关系：

X：单独影响权利要求的新颖性或创造性的文件；

Y：与检索报告中其他Y类文件组合后影响权利要求的创造性的文件；

A：背景技术文件，即反映权利要求的部分技术特征或者有关的现有技术的文件；

R：任何单位或个人在申请日向专利局提交的、属于同样的发明创造的专利或专利申请文件；

P：中间文件，其公开日在申请的申请日与所要求的优先权日之间的文件，或者会导致需要核实该申请优先权的文件；

E：单独影响权利要求新颖性的抵触申请文件。

上述类型的文件中，符号 X、Y 和 A 表示对比文件与申请的权利要求在内容上的相关程度；符号 R 和 E 同时表示对比文件与申请在时间上的关系和在内容上的相关程度；而符号 P 表示对比文件与申请在时间上的关系，其后应附带标明文件内容相关程度的符号 X、Y、E 或 A，它属于在未核实优先权的情况下所作的标记。

一项权利要求中包括几个并列的技术方案，而一份对比文件与这些技术方案的相关程度各不相同的，审查员在检索报告中应当用表示其中最高相关程度的符号来标注该对比文件。

除上述类型的文献外，审查意见通知书中引用的其他文献也应当填写在检索报告中，但不填写文献类型和/或所涉及的权利要求。

第八章 实质审查程序

1. 引言

根据专利法第三十五条的规定，专利局对发明专利申请进行实质审查。

对发明专利申请进行实质审查的目的在于确定发明专利申请是否应当被授予专利权，特别是确定其是否符合专利法有关新颖性、创造性和实用性的规定。

根据专利法第三十五条第一款的规定，实质审查程序通常由申请人提出请求后启动。根据该条第二款的规定，实质审查程序也可以由专利局启动。

根据专利法第三十九条的规定，发明专利申请经实质审查没有发现驳回理由的，专利局应当作出授予发明专利权的决定。

根据专利法第三十八条的规定，在实质审查中，发明专利申请经申请人陈述意见或者进行修改后，专利局认为仍然不符合专利法规定，即仍然存在属于专利法实施细则第五十三条规定情形的缺陷的，应当予以驳回。

根据专利法第三十二条的规定，申请人可以在被授予专利权之前随时撤回其专利申请。专利法第三十六条第二款、第三十七条以及专利法实施细则第四十二条第二款还规定了在实质审查程序中专利申请被视为撤回的情形。

本章所说的实质审查，是指中国发明专利申请的实质审查。对于进入中国国家阶段的国际申请的实质审查，在本指南第三部分第二章"进入国家阶段的国际申请的实质审查"中有具体规定的，适用该章规定；无具体规定的，适用本章的规定。

2. 实质审查程序及其基本原则

2.1 实质审查程序概要

在发明专利申请的实质审查程序中可能发生的行为如下：

法37

（1）对发明专利申请进行实质审查后，审查员认为该申请不符合专利法及其实施细则的有关规定的，应当通知申请人，要求其在指定的期限内陈述意见或者对其申请进行修改；审查员发出通知书（审查意见通知书、分案通知书或提交资料通知书等）和申请人的答复可能反复多次，直到申请被授予专利权、被驳回、被撤回或者被视为撤回；

法 39
（2）对经实质审查没有发现驳回理由，或者经申请人陈述意见或修改后消除了原有缺陷的专利申请，审查员应当发出授予发明专利权的通知书；

法 38
（3）专利申请经申请人陈述意见或者修改后，仍然存在通知书中指出过的属于专利法实施细则第五十三条所列情形的缺陷的，审查员应当予以驳回；

法 37 及 36.2
细则 42.2
（4）申请人无正当理由对审查意见通知书、分案通知书或者提交资料通知书等逾期不答复的，审查员应当发出申请被视为撤回通知书。

此外，根据需要，审查员还可以按照本指南的规定在实质审查程序中采用会晤、电话讨论和现场调查等辅助手段。

2.2 实质审查程序中的基本原则

（1）请求原则

除专利法及其实施细则另有规定外，实质审查程序只有在申请人提出实质审查请求的前提下才能启动。审查员只能根据申请人依法正式呈请审查（包括提出申请时、依法提出修改时或者答复审查意见通知书时）的申请文件进行审查。

（2）听证原则

在实质审查过程中，审查员在作出驳回决定之前，应当给申请人提供至少一次针对驳回所依据的事实、理由和证据陈述意见和/或修改申请文件的机会，即审查员作出驳回决定时，驳回所依据的事实、理由和证据应当在之前的审查意见通知书中已经告知过申请人。

（3）程序节约原则

在对发明专利申请进行实质审查时，审查员应当尽可能地缩短审查过程。换言之，审查员要设法尽早地结案。因此，除非确认申请根本没有被授权的前景，审查员应当在第一次审查意见通知书中，将申请中不符合专利法及其实施细则规定的所有问题通知申请人，要求其在指定期限内对所有问题给予答复，尽量地减少与申请人通信的次数，以节约程序。

但是，审查员应当注意，不得以节约程序为理由而违反请求原则和听证原则。

3. 申请文件的核查与实审准备

3.1 核对申请的国际专利分类号

审查员接到申请案后，不管近期是否进行审查，都应当首先核对申请的国际专利分类号。

审查员认为申请不属于自己负责审查的分类范围的，应当根据专利分类协调的规定及时处理，以免延误审查。

审查员认为分类号不确切，但仍属于自己负责审查的范围的，应当自行改正分类号。

3.2 查对申请文档

审查员对属于自己负责审查的分类范围的申请案，或者调配给自己的申请案，不管近期是否进行审查，都应当及时查对申请文档。对于应由其他部门处理的手续文件以及与实质审查无关的其他文件，审查员应当及时转交相应的部门，以免延误。

法 35
细则 50

3.2.1 查对启动程序的依据

审查员应当查对申请文档中是否有实质审查请求书，其提交的时间是否在自申请日起三年之内（分案申请参见本指南第一部分第一章第5.1.2节），是否有发明专利申请公布及进入实质审查程序通知书；专利局决定自行对发明专利申请进行实质审查的，是否有经局长签署的通知书和已经通知申请人的记录。

法 26.1
细则 51.1

3.2.2 查对申请文件

审查员应当查对实质审查所需要的文件（包括原始申请文件及公布的申请文件，如果申请人对申请文件进行了主动修改或在初审期间应专利局的要求作过修改，还应当包括经修改的申请文件）是否齐全。

法 30

3.2.3 查对涉及优先权的资料

申请人要求外国优先权的，审查员应当查对申请文档中是否有要求优先权声明以及经受理在先申请的国家或者政府间组织的主管部门出具的在先申请文件的副本；申请人要求本国优先权的,审查员应当查对申请文档中是否有要求优先权声明以及在中国第一次提出的专利申请文件的副本。

法 36.2
细则 49

3.2.4 查对其他有关文件

发明已在外国提出过专利申请的,审查员应当查对申请文档中是否有申请人提交的该国为审查其申请进行检索的资料或者审查结果的资料。

法 36.2

3.2.5 申请文档存在缺陷时的处理

审查员如果发现申请文档中缺少上述第 3.2.1 节至 3.2.3 节中任何一项所述的依据、文件或资料,或者某些文件不符合专利法及其实施细则的规定,应当将申请案返回流程管理部门并且说明理由。审查员如果发现申请文档中缺少上述第 3.2.4 节所述的资料,而且确信申请人已获得这样的资料,可以填写提交资料通知书,要求申请人在指定的两个月期限内提交有关资料;申请人无正当理由逾期不提交的,该申请被视为撤回。

此外,在实质审查前,审查员最好能初阅申请文件,查看是否需要申请人提交有关的参考资料,如果需要,可填写提交资料通知书,通知申请人在指定的两个月期限内提交。提前做好此项工作,有利于加快审查程序。

3.3 建立个人审查档案

审查员查对申请文档之后,应当着手建立个人审查档案,记载本人审查的案件的重要数据,并在此后的审查过程中补充有关信息,以便随时掌握各申请案的审查过程及其基本情况。

3.4 审查的顺序

3.4.1 一般原则

对于接收的发明专利申请,除本章第 3.4.2 节所述的特殊情况外,都应当按照接收的先后顺序进行审查,但可以将先后接收的同类的专利申请放在一起同时审查。

在申请人对第一次审查意见通知书作出答复之后,审查员对申请继续审查时,一般应按照答复的先后顺序进行。

3.4.2 特殊处理

对下列几种情况可作特殊处理：

（1）对国家利益或者公共利益具有重大意义的申请，由申请人或者其主管部门提出请求，经专利局局长批准后，可以优先审查，并在随后的审查过程中予以优先处理。

法 35.2

（2）对于专利局自行启动实质审查的专利申请，可以优先处理。

（3）保留原申请日的分案申请，可以与原申请一起审查。

4. 实质审查

4.1 审查的文本

审查员首次审查所针对的文本通常是申请人按照专利法及其实施细则规定提交的原始申请文件或者应专利局初步审查部门要求补正后的文件。

细则 51.1

申请人在提出实质审查请求时，或者在收到专利局发出的发明专利申请进入实质审查阶段通知书之日起的三个月内，对发明专利申请进行了主动修改的，无论修改的内容是否超出原说明书和权利要求书记载的范围，均应当以申请人提交的经过该主动修改的申请文件作为审查文本。

申请人在上述规定期间内多次对申请文件进行了主动修改的，应当以最后一次提交的申请文件为审查文本。申请人在上述规定以外的时间对申请文件进行的主动修改，一般不予接受，其提交的经修改的申请文件，不应作为审查文本。审查员应当在审查意见通知书中告知此修改文本不作为审查文本的理由，并以之前的能够接受的文本作为审查文本。如果申请人进行的修改不符合专利法实施细则第五十一条第一款的规定，但审查员在阅读该经修改的文件后认为其消除了原申请文件存在的应当消除的缺陷，又符合专利法第三十三条的规定，且在该修改文本的基础上进行审查将有利于节约审查程序，则可以接受该经修改的申请文件作为审查文本。

4.2 阅读申请文件并理解发明

审查员在开始实质审查后，首先要仔细阅读申请文件，力求准确地理解发明。重点在于了解发明所要解决的技术问题，理解解决所述技术问题的技术方案,并且明确该技术方案的全部必要技术特征,特别是其中区别于背景技术的特征,还应了解该技术方案所能带来的技术效果。审查员在阅读和理解发明时,可以作必要的记录,便于进一步审查。

4.3 不必检索即可发出审查意见通知书的情况

专利申请的全部主题明显属于本部分第七章第 10 节情形的,审查员不必检索即可发出第一次审查意见通知书。

应当指出的是,如果申请中只有部分主题属于上述情形,而其他主题不属于上述情形,则应当对不属于上述情形的其他主题进行检索后再发出第一次审查意见通知书。

4.4 对缺乏单一性申请的处理

专利申请缺乏单一性的缺陷有时是明显的,有时要通过检索与审查后才能确定。缺乏单一性的缺陷既可能存在于相互并列的独立权利要求之间,也可能因所引用的独立权利要求不具备新颖性或创造性而存在于相互并列的从属权利要求之间,还可能存在于一项权利要求的多个并列技术方案之间。

法 31.1

细则 34 及 42.2

对于缺乏单一性的申请,审查员可以采用下述之一的方法进行处理。

(1)先通知申请人修改

审查员在阅读申请文件时,立即能判断出申请的主题之间明显缺乏单一性的,可以暂缓进行检索(参见本部分第七章第 9.2.1 节(1)),先向申请人发出分案通知书,通知申请人在指定的两个月期限内对其申请进行修改。

(2)检索后再通知申请人修改

检索后才能确定申请的主题之间缺乏单一性的,审查员可以视情况决定是暂缓进一步检索和审查还是继续进一步检索和审查(参见本部分第七章第 9.2.2 节):

如果经检索和审查后认为第一独立权利要求或者其从属权利要求具有被授权的前景,而其他独立权利要求与该有授权前景的权利要求之间缺乏单一性,则审查员可以暂缓对其他独立权利要求的检索和审查,并且在第一次审查意见通知书中只针对第一独立权利要求或者其从属权利要求提出审查意见,同时要求申请人删除或者修改缺乏单一性的其他权利要求,以克服申请缺乏单一性的缺陷。

如果经检索和审查后确认第一独立权利要求和其从属权利要求没有授权前景，而其他的独立权利要求之间缺乏单一性，审查员可以暂缓对其他独立权利要求的检索和审查，在第一次审查意见通知书中指出第一独立权利要求和其从属权利要求没有授权前景的同时，指出该专利申请缺乏单一性的缺陷；也可以继续检索和审查其他独立权利要求，尤其是当检索领域非常接近或者在很大程度上重叠时，并在第一次审查意见通知书中，同时指出单一性缺陷和其他缺陷（参见本部分第七章第9.2.2节（1）或（2））。

如果申请人按照第一次审查意见通知书的要求，对申请进行了符合本章第5.2节规定的修改，且权利要求书已不存在缺乏单一性的缺陷，审查员应当对该权利要求书继续进行审查。

对于因独立权利要求不具备新颖性或创造性而导致其相互并列的从属权利要求之间缺乏单一性的情况，参照上述（1）或（2）的方式处理。

应当注意的是，有时申请的主题之间虽然缺乏单一性，特别是因独立权利要求不具备新颖性或创造性而导致其相互并列的从属权利要求之间缺乏单一性，但是它们所对应的检索领域非常接近，或者在很大程度上是重叠的，在这种情况下，审查员最好一并检索和审查这些权利要求，在审查意见通知书中指出这些权利要求不符合专利法及其实施细则的其他规定的缺陷，同时指出申请缺乏单一性的缺陷，以利于节约审查程序（参见本部分第七章第9.2.1节（2））。

细则42.2　无论申请属于上述第（1）、（2）项中的哪一种情形，申请人都应当在指定的期限内，对其申请进行修改，例如对权利要求书进行限制，以克服单一性缺陷。申请人期满不答复的，该申请被视为撤回。

申请人在答复中对审查员关于申请缺乏单一性的论点提出了反对意见，审查员认为反对意见成立，或者申请人修改了权利要求书并克服了单一性缺陷的，申请的审查程序应当继续进行；反对意见不成立，或者未消除单一性缺陷的，审查员可以根据专利法第三十八条的有关规定驳回该申请。

4.5 检　索

每一件发明专利申请在被授予专利权之前都应当进行检索。如何确定检索的技术领域及如何进行检索，参见本部分第七章的内容。

4.6 优先权的核实

4.6.1 需要核实优先权的情况

审查员应当在检索后确定是否需要核实优先权。当检索得到的所有对比文件的公开日都早于申请人所要求的优先权日时，不必核实优先权。出现下列情形之一时，需要核实优先权：

（1）对比文件公开了与申请的主题相同或密切相关的内容，而且对比文件的公开日在申请日和所要求的优先权日之间，即该对比文件构成 PX 或 PY 类文件；

（2）任何单位或者个人在专利局的申请所公开的内容与申请的全部主题相同，或者与部分主题相同，前者的申请日在后者的申请日和所要求的优先权日之间，而前者的公布或公告日在后者的申请日或申请日之后，即任何单位或者个人在专利局的申请构成 PE 类文件；

（3）任何单位或者个人在专利局的申请所公开的内容与申请的全部主题相同，或者与部分主题相同，前者所要求的优先权日在后者的申请日和所要求的优先权日之间，而前者的公布或公告日在后者的申请日或申请日之后，即任何单位或者个人在专利局的申请构成 PE 类文件。

对于第（3）种情形，应当首先核实所审查的申请的优先权；当所审查的申请不能享有优先权时，还应当核实作为对比文件的任何单位或个人在专利局的申请的优先权。

4.6.2 优先权核实的一般原则

一般来说，核实优先权是指核查申请人要求的优先权是否能依照专利法第二十九条的规定成立。为此，审查员应当在初步审查部门审查的基础上（参见本指南第一部分第一章第 6.2 节）核实：

（1）作为要求优先权的基础的在先申请是否涉及与要求优先权的在后申请相同的主题；

（2）该在先申请是否是记载了同一主题的首次申请；

（3）在后申请的申请日是否在在先申请的申请日起十二个月内。

进行上述第（1）项核实，即判断在后申请中各项权利要求所述的技术方案是否清楚地记载在上述在先申请的文件（说明书和权利要求书，不包括摘要）中。为此，审查员应当把在先申请作为一个整体进行分析研究，只要在先申请文件清楚地记载了在后申请权利要求所述的技术方案，就应当认定该在先申请与在后申请涉及相同的主题。审查员不得以在先申请的权利要求书中没有包含该技术方案为理由，而拒绝给予优先权。

所谓清楚地记载，并不要求在叙述方式上完全一致，只要阐明了申请的权利要求所述的技术方案即可。但是，如果在先申请对上述技术方案中某一或者某些技术特征只作了笼统或者含糊的阐述，甚至仅仅只有暗示，而要求优先权的申请增加了对这一或者这些技术特征的详细叙述，以致于所属技术领域的技术人员认为该技术方案不能从在先申请中直接和毫无疑义地得出，则该在先申请不能作为在后申请要求优先权的基础。

在某些情况下，应当对上述第（2）项进行核实。例如，一件申请 A 以申请人的另一件在先申请 B 为基础要求优先权，在对申请 A 进行检索时审查员找到了该申请人的又一件在申请 A 的申请日和优先权日之间公布的专利申请文件或公告的专利文件 C，文件 C 中已公开了申请 A 的主题，且文件 C 的申请日早于申请 A 的优先权日，即早于申请 B 的申请日，因此可以确定在先申请 B 并不是该申请人提出的记载了申请 A 的相同主题的首次申请，因此申请 A 不能要求以在先申请 B 的申请日为优先权日。

4.6.2.1 部分优先权的核实

由于对在先申请中的发明作进一步的改进或者完善，申请人在其在后申请中，可能会增加在先申请中没有的技术方案。在这种情况下，审查员在核实优先权时，不能以在后申请增加内容为理由断定优先权要求不成立，而应当对在后申请中被在先申请清楚记载过的相同主题给予优先权，即给予部分优先权。具体地说，在在后申请中，其技术方案已在在先申请中清楚记载的权利要求可以享有优先权；而其技术方案未在在先申请中记载的权利要求则不能享有优先权，应当视为是在在后申请的申请日提出的。就整个申请而言，这种情况称为部分优先权，即该申请的部分主题享有优先权，也就是说部分权利要求所限定的技术方案享有优先权。

4.6.2.2 多项优先权的核实

细则 32.1

如果一件具有单一性的专利申请要求了多项优先权，审查员在核实优先权时，应当检查该申请的权利要求书中所反映的各种技术方案，是否分别在作为优先权基础的多件外国或者本国的专利申请中已有清楚的记载。此外，审查员还要核实所有的在先申请的申请日是否都在在后申请的优先权期限之内。满足上述两个条件的，在后申请的多项优先权成立，并且其记载上述各种技术方案的各项权利要求具有不同的优先权日。如果某些权利要求不满足上述条件，但其他权利要求满足上述条件，则不满足上述条件的那些权利要求的优先权不能成立，而满足上述条件的其他权利要求的优先权成立。

如果作为优先权基础的多件外国或者本国的专利申请，分别记载了不同的技术特征，而在后申请的权利要求是这些特征的组合，则多项优先权不能成立。

4.6.3 优先权核实后的处理程序

经核实，申请的优先权不成立的，审查员应当在审查意见通知书中说明优先权不成立的理由，并以新确定的优先权日（在没有其他优先权时，以申请日）为基础，进行后续审查。在该申请被授予专利权时，审查员应当在著录项目变更通知单中对其优先权作出变更。

4.7 全面审查

为节约程序，审查员通常应当在发出第一次审查意见通知书之前对专利申请进行全面审查，即审查申请是否符合专利法及其实施细则有关实质方面和形式方面的所有规定。

审查的重点是说明书和全部权利要求是否存在专利法实施细则第五十三条所列的情形。一般情况下，首先审查申请的主题是否属于专利法第五条、第二十五条规定的不授予专利权的情形；是否符合专利法第二条第二款的规定；是否具有专利法第二十二条第四款所规定的实用性；说明书是否按照专利法第二十六条第三款的要求充分公开了请求保护的主题。然后审查权利要求所限定的技术方案是否具备专利法第二十二条第二款和第三款规定的新颖性和创造性；权利要求书是否按照专利法第二十六条第四款的规定，以说明书为依据，清楚、简要地限

细则 20.2	定要求专利保护的范围；独立权利要求是否表述了一个解决技术问题的完整的技术方案。在进行上述审查的过程中，还应当审查权利要求书是否存在缺乏单一性的缺陷；申请的修改是否符合专利法第三十三条及实施细则第五十一条的规定；分案申请是否符合专利法实施细则第四十三条第一款的规定；对于依赖遗传资源完成的发明创造，还需审查申请文件是否符合专利法第二十六条第五款的规定。
法 31.1	

如果审查员有理由认为申请所涉及的发明是在中国完成，且向外国申请专利之前未报经专利局进行保密审查，应当审查申请是否符合专利法第二十条的规定。

细则 17～19
及 21～23

申请不存在专利法实施细则第五十三条所列情形，或者虽然存在专利法实施细则第五十三条所列情形的实质性缺陷但经修改后仍有授权前景的，为节约程序，审查员应当一并审查其是否符合专利法及其实施细则的其他所有规定。

审查员在检索之后已经确切地理解了请求保护的主题及其对现有技术作出的贡献的，这一阶段的主要工作是根据检索结果对上述审查重点作出肯定或者否定的判断。

4.7.1 审查权利要求书

根据专利法第二十六条第四款的规定，权利要求书应当以说明书为依据，清楚、简要地限定要求专利保护的范围。根据专利法第五十九条第一款的规定，专利权的保护范围以其权利要求的内容为准。因此，实质审查应当围绕权利要求书，特别是独立权利要求进行。

一般情况下，在确定申请的主题不属于专利法第五条、第二十五条规定的不授予专利权的情形，符合专利法第二条第二款的规定，具有专利法第二十二条第四款所规定的实用性，且说明书充分公开了请求保护的主题后，应当对权利要求书进行下述审查。

法 22.2 及 .3

（1）按照本部分第三章和第四章的规定审查独立权利要求是否具备新颖性和创造性。

如果经审查认为独立权利要求不具备新颖性或创造性，则应当进一步审查从属权利要求是否具备新颖性和创造性。如果经审查认为全部独立权利要求和从属权利要求均不具备新颖性或创造性，则对权利要求书不必再继续进行审查。

如果经审查认为独立权利要求具备新颖性和创造性，或者虽然独立权利要求不具备新颖性或创造性，但是从属权利要求具备新颖性和创造性，则该申请有被授予专利权的前景，审查员应当遵循程序节约的原则，对权利要求书进行下述第（2）至第（7）项的审查。

法 26.4　　（2）审查权利要求书中的全部权利要求是否得到说明书（及其附图）的支持，以及是否清楚、简要地限定要求专利保护的范围。

细则 20.2　　（3）审查独立权利要求是否表述了一个针对发明所要解决的技术问题的完整的技术方案。判断独立权利要求的技术方案是否完整的关键，在于查看独立权利要求是否记载了解决上述技术问题的全部必要技术特征。

　　（4）审查从属权利要求是否符合专利法实施细则第二十条第三款及第二十二条的规定。

细则 21.3　　（5）审查一项发明是否只有一个独立权利要求，并且该独立权利要求写在同一发明的从属权利要求之前。

细则 19.3　　（6）审查权利要求书中的技术术语（科技术语）是否符合专利法实施细则第三条第一款的规定，是否与说明书中使用的技术术语一致。

法 9.1　　（7）如果检索出任何单位或个人在同一申请日向专利局提交的属于同样的发明创造的对比文件，应当注意避免对相同权利要求的重复授权。有关同样的发明创造的处理方式，适用本部分第三章第 6 节的规定。如果两件或两件以上的发明专利申请涉及同样的发明创造，则应当由同一审查员进行审查，原则上由最先提出转案要求的审查员审查。

　　需要说明的是，对于某些申请，由于存在例如权利要求不清楚等问题，而导致审查员无法先审查该申请权利要求的新颖性和创造性，则应当先就这些问题进行审查。同时审查员也可以根据对说明书的理解，就说明书中的技术方案给出有关新颖性或创造性的审查意见，供申请人参考。

4.7.2 审查说明书和摘要

法 26.3 及 .4
法 59.1
　　说明书（及其附图）应当清楚、完整地公开发明，使所属技术领域的技术人员能够实现。同时，说明书作为权利要求书的依据，在确定专利权的保护范围时，用于解释权利要求的内容。

　　对于说明书（及其附图），审查员应当审查下列内容：

法 26.3	(1) 说明书(及其附图)是否清楚、完整地公开了发明,使所属技术领域的技术人员能够实现;说明书中记载的技术方案能否解决发明的技术问题并取得预期的有益效果(参见本部分第二章第2.1节);
法 26.4、细则 17	(2) 各权利要求的技术方案所表述的请求保护的范围能否在说明书中找到根据,且说明书中发明内容部分所述的技术方案与权利要求所限定的相应技术方案的表述是否一致;

(3) 说明书是否包含专利法实施细则第十七条规定的相关内容,是否按照规定的方式和顺序撰写,并且用词规范、语句清楚(参见本部分第二章第2.2节)。

如果发明的性质使采用其他方式或者顺序撰写说明书能节约篇幅并有利于他人准确地理解发明,则根据专利法实施细则第十七条第二款的规定,这种撰写也是允许的。

专利申请包含一个或多个核苷酸或氨基酸序列的,应当审查说明书是否包括符合规定的序列表。

对于有附图的申请,应当审查附图是否符合专利法实施细则第十八条的规定(参见本部分第二章第2.3节)。

在不需要附图的申请中,其说明书可以不包括专利法实施细则第十七条第一款第(四)项的内容。

细则 3.1	另外,审查员还应当审查说明书中所用的科技术语是否规范;外国人名、地名和科技术语尚无标准中文译文的,是否注明了原文等。
细则 23	审查员还应当重视对说明书摘要的审查。对于说明书摘要的审查,适用本部分第二章第2.4节的规定。

审查员按照本章第4.7.1节(1)进行审查后,如果认为全部权利要求都不具备新颖性或创造性,则应当注意说明书中是否记载了与原独立权利要求属于同一个总的发明构思且具备新颖性和创造性的其他技术方案,以便确定申请属于本章第4.10.2.2节中所列的第(3)种情形还是第(4)种情形。

法 26.5	**4.7.3 审查其他申请文件**
细则 26.2	对于依赖遗传资源完成的发明创造,审查员还应当审查申请人是否提交了专利局制定的遗传资源来源披露登记表,该遗传资源来源披露登记表中是否说明了该遗传资源的直接来源和原始来源;对于未说明原始来源的,是否说明了理由。

4.8 不全面审查的情况

对于一件发明专利申请，通常应当按照本章第4.7节的要求进行全面审查，以节约程序。

但是，申请文件存在严重不符合专利法及其实施细则规定的缺陷的，即存在专利法实施细则第五十三条所列情形的缺陷，并且该申请不可能被授予专利权的，审查员可以对该申请不作全面审查，在审查意见通知书中仅指出对审查结论起主导作用的实质缺陷即可，此时指出其次要的缺陷和/或形式方面的缺陷是没有实际意义的。

细则48

4.9 对公众意见的处理

任何人对不符合专利法规定的发明专利申请向专利局提出的意见，应当存入该申请文档中供审查员在实质审查时考虑。如果公众的意见是在审查员发出授予专利权的通知之后收到的，就不必考虑。专利局对公众意见的处理情况，不必通知提出意见的公众。

4.10 第一次审查意见通知书

4.10.1 总的要求

审查员对申请进行实质审查后，通常以审查意见通知书的形式，将审查的意见和倾向性结论通知申请人。

在审查意见通知书正文中，审查员必须根据专利法及其实施细则具体阐述审查的意见。审查的意见应当明确、具体，使申请人能够清楚地了解其申请存在的问题。

在任何情况下，审查的意见都应当说明理由，明确结论，并引用专利法或专利法实施细则的相关条款，但不应当写入带有个人感情色彩的词语。为了使申请人尽快地作出符合要求的修改，必要时审查员可以提出修改的建议供申请人修改时参考。如果申请人接受审查员的建议，应当正式提交经过修改的文件，审查员在通知书中提出的修改建议不能作为进一步审查的文本。

为了加快审查程序，应当尽可能减少审查意见通知书的次数。因此，除该申请因存在严重实质性缺陷而无授权前景（例如本章第4.3节、第4.8节的情况）或者审查员因申请缺乏单一性而暂缓继续审查之外，第一次审查意见通知书应当写明审查员对申请的实质方面和形式方面的全部意见。此外，在审查文本不符合专利法第三十三条规定的情况下，审查员也可以针对审查文本之外的其他文本提出审查意见，供申请人参考。

4.10.2 组成部分和要求

第一次审查意见通知书应当包括标准表格和通知书正文。审查意见通知书中引用对比文件的，视情况，还应当包括对比文件的复制件。

4.10.2.1 标准表格

审查员应当按照要求完整地填写标准表格中的各项内容，尤其要注意确认和填写审查依据的文本，该审查依据的文本应当是依据本章第4.1节的规定确认的审查文本，在审查意见通知书正文中对其提出参考性的审查意见的文本不在该表格中填写。申请人有两个以上的，应当写明全部申请人或其代表人。

在标准表格的引用对比文件一项中，审查员应当按照下列要求填写。

（1）对比文件为专利文献（指专利说明书或者专利申请公开说明书）的，应当按照"巴黎联盟专利局间情报检索国际合作委员会"（ICIREPAT）的规定，写明国别代码、文献号和文献类别；此外，还应注明这些文献的公开日期；对于抵触申请还应注明其申请日。

例如：文献名称　　　　　　公开日
　　　　CN1161293A　　　　1997.10.8
　　　　US4243128A　　　　1981.1.6
　　　　JP昭59-144825（A）　1984.8.20

（2）对比文件为期刊中的文章的，应当写明文章的名称、作者姓名、期刊名称、期刊卷号、相关内容的起止页数、出版日期等。

例如："激光两坐标测量仪"，中国计量科学研究院激光两坐标测量仪研制小组，计量学报，第1卷第2期，第84~85页，1980年4月。

（3）对比文件为书籍的，应当写明书名、作者姓名、相关内容的起止页数、出版社名称及出版日期。

例如："气体放电"，杨津基，第258~260页，科学出版社，1983 年 10 月。

4.10.2.2 审查意见通知书正文

根据申请的具体情况和检索结果，通知书正文可以按照如下几种方式撰写。

(1) 申请属于本章第 4.3 节所述的不必检索即可发出审查意见通知书的情形的，通知书正文只需指出主要问题并说明理由，而不必指出任何其他缺陷，最后指出因申请属于专利法实施细则第五十三条所列的某种驳回情形，将根据专利法第三十八条驳回申请。

(2) 申请虽然可以被授予专利权，但还存在某些不重要的缺陷的，为了加快审查程序，审查员可以在通知书中提出具体的修改建议，或者直接在作为通知书附件的申请文件复制件上进行建议性修改，并在通知书正文中说明建议的理由，然后指出，如果申请人同意审查员建议的修改，应当正式提交修改的文件或者替换页。

(3) 申请虽然可以被授予专利权，但还存在较严重的缺陷，而且这些缺陷既涉及权利要求书，又涉及说明书的，通知书正文应当按照审查意见的重要性的顺序来撰写。通常，首先阐述对独立权利要求的审查意见；其次是对从属权利要求的审查意见；再次是对说明书（及其附图）和说明书摘要的审查意见。对说明书的审查意见，可以按照专利法实施细则第十七条规定的顺序加以陈述。

独立权利要求必须进行修改的，通常应当要求申请人对说明书的有关部分作相应的修改。此外，如果审查员检索到比申请人在说明书中引证的对比文件更相关的对比文件，则在通知书正文中，应当要求申请人对说明书背景技术部分和其他相关部分作相应的修改。

细则 21.1
细则 17.1 (2)

对于改进型发明，审查员如果检索到一份与发明最接近的对比文件，使原先用作独立权利要求划界所依据的对比文件显然不适合，则应当要求申请人对独立权利要求重新划界。在这种情况下，通知书正文还应当详细说明根据引用的这份对比文件如何划界，并要求申请人对说明书进行相应的修改，例如在说明书的背景技术部分对该对比文件公开的内容作客观的评述。

如果说明书中没有明确记载或者仅仅笼统地记载了发明所

要解决的技术问题,但审查员通过阅读整个说明书的内容,能够理解出发明所要解决的技术问题,并据此进行了检索和实质审查,那么审查员应当在通知书正文一开始就明确指出其认定的发明所要解决的技术问题。

(4)申请由于不具备新颖性或创造性而不可能被授予专利权的,审查员在通知书正文中,必须对每项权利要求的新颖性或者创造性提出反对意见,首先对独立权利要求进行评述,然后对从属权利要求一一评述。但是,在权利要求较多或者反对意见的理由相同的情况下,也可以将从属权利要求分组加以评述;最后还应当指出说明书中也没有可以取得专利权的实质内容。

在此种情况下,审查员在通知书正文中不必指出次要的缺陷和形式方面的缺陷,也不必要求申请人作任何修改。

审查员在审查意见通知书中依据所引用的对比文件的某部分提出意见的,应当指出对比文件中相关的具体段落或者附图的图号及附图中零部件的标记。

如何根据专利法第二十二条有关新颖性和创造性的规定,对权利要求及说明书的内容提出审查意见并说明理由,请参见本部分第三章和第四章的有关内容。

审查员在审查意见通知书中引用的本领域的公知常识应当是确凿的,如果申请人对审查员引用的公知常识提出异议,审查员应当能够说明理由或提供相应的证据予以证明。

细则42.2及.1　(5)申请属于本章第4.4节(1)中所述的明显缺乏单一性的情形的,审查员可发出分案通知书,要求申请人修改申请文件,并明确告之待申请克服单一性缺陷后再进行审查;申请属于本章第4.4节(2)中所述的情形的,审查员在审查意见通知书正文中阐述具体审查意见的同时,还应当指出申请包含的几项发明不符合专利法第三十一条第一款有关单一性的规定。审查员检索后发现独立权利要求不具备新颖性或创造性,从而导致发明专利申请缺乏单一性的,应当根据本章第4.4节的规定,决定是否继续审查。

4.10.2.3 对比文件的复制件

审查意见通知书中引用的对比文件,应复制一份放入申请案卷中。当引用的对比文件篇幅较长时,只需复制其中与审查意见通知书正文相关的部分。此外,对比文件的复制件上应当有清楚的标记，表明其来源及公开日，尤其是对比文件引自期刊或者书籍的，更需要包含上述标记。

法37

4.10.3 答复期限

在审查意见通知书中，审查员应当指定答复期限。该期限由审查员考虑与申请有关的因素后确定。这些因素包括：审查意见的数量和性质；申请可能进行修改的工作量和复杂程度等。答复第一次审查意见通知书的期限为四个月。

4.10.4 签　署

审查意见通知书应当由负责审查的审查员盖章。如果审查意见通知书是由实习审查员起草的，应当由实习审查员和负责指导其审查的审查员共同盖章。

4.11 继续审查

在申请人答复第一次审查意见通知书之后，审查员应当对申请继续进行审查，考虑申请人陈述的意见和/或对申请文件作出的修改。审查员应当在审查程序的各阶段，使用相同的审查标准。

在继续审查前，审查员应当核实答复文件中的申请号、申请人、专利代理机构及代理人、发明名称等事项，以避免差错。

如果审查员在撰写第一次审查意见通知书之前，已对申请进行了全面审查，则在继续审查阶段应当把注意力集中在申请人对通知书正文中提出的各审查意见的反应上，特别应当注意申请人针对全部或者部分审查意见进行争辩时所陈述的理由和提交的证据。如果申请人同时提交了经修改的说明书和/或权利要求书，审查员首先应当按照专利法第三十三条和专利法实施细则第五十一条第三款的规定，分别审查修改是否超出原说明书和权利要求书记载的范围以及修改是否按照审查意见通知书要求进行（参见本章第5.2节）；如果修改符合上述规定，再进一步审查经过修改的申请是否克服了审查意见通知书中所指出的缺陷，是否出现了新的不符合专利法及其实施细则有关规定的缺陷，尤其是审查新修改的独立权利要求是否符合专利法第二十二条的规定，从而确定该经修改的申请是否可以被授予专利权。

4.11.1 对申请继续审查后的处理

审查员继续审查申请后，视不同情况，可对申请作如下不同的处理。

（1）申请人根据审查员的意见，对申请作了修改，消除了可能导致被驳回的缺陷，使修改后的申请有可能被授予专利权的，如果申请仍存在某些缺陷，则审查员应当再次通知申请人消除这些缺陷，必要时，还可以通过与申请人会晤的方式（参见本章第 4.12 节）来加速审查；对个别的问题，如有可能，审查员可以用本章第 4.13 节所述的方式通过电话与申请人讨论；但是，除审查员对明显错误进行依职权修改（参见本章第 5.2.4.2 和第 6.2.2 节）的情况外，不论采用什么方式提出修改意见，都必须以申请人正式提交的书面修改文件为依据。

法 38

（2）申请经申请人陈述意见或者进行修改后，仍然存在原审查意见通知书中指出过的、属于专利法实施细则第五十三条规定情形的缺陷的，在符合听证原则的前提下，审查员可以作出驳回申请的决定。

法 39

（3）申请经过修改或者申请人陈述意见后已经符合专利法及其实施细则的规定的，审查员应当发出授予发明专利权通知书。

4.11.2 补充检索

在继续审查（包括复审后的审查）中，必要时，审查员应当进行补充检索。例如，在阅读申请人的答复之后，审查员意识到，原先对发明的理解不够准确，从而影响了检索的全面性；或者由于申请人对申请文件进行了修改，需要进一步的检索；或者由于在首次检索时检索到了本部分第七章第 4.2 节（2）中所述的有可能构成抵触申请的指定中国的国际申请文件（参见本部分第七章第 11 节），而需要通过补充检索确定其是否进入了中国国家阶段，并作出了中文公布。

4.11.3 再次审查意见通知书

4.11.3.1 再次发出审查意见通知书的情况

出现下列情况之一时，审查员应当再次发出审查意见通知书：

（1）审查员发现与申请的主题更加相关的对比文件，需要对权利要求进行重新评价；

（2）在前一阶段的审查中，审查员未对某项或某几项权利要求提出审查意见，经继续审查后，发现其中有不符合专利法及其实施细则规定的情况；

（3）经申请人陈述意见和/或进行修改之后，审查员认为有必要提出新的审查意见；

（4）修改后的申请有可能被授予专利权，但仍存在不符合专利法及其实施细则规定的缺陷，这些缺陷可能是修改后出现的新缺陷、审查员新发现的缺陷以及已经通知过申请人但仍未完全消除的缺陷；

（5）审查员拟驳回申请，但在此前的审查意见通知书中未向申请人明确指出驳回所依据的事实、理由或证据。

4.11.3.2 再次审查意见通知书的内容及要求

第一次审查意见通知书的撰写方式及要求同样适用于再次审查意见通知书。

申请人在答复审查意见通知书时提交了修改文本的，审查员应当针对修改文本提出审查意见，指出新修改的权利要求书和说明书中存在的问题。

申请人在答复时仅陈述意见而未对申请文件作修改的，审查员通常可以在再次审查意见通知书正文中，坚持先前阐述过的意见；但是如果申请人提出了充分的理由，或者出现本章第4.11.3.1节中所述的某些情形时，审查员应当考虑新的审查意见。

审查员在再次审查意见通知书中，应当对申请人提交的意见陈述书中的争辩意见进行必要的评述。

为了加快审查程序，再次审查意见通知书应当将对申请审查的结论明确告知申请人。再次审查意见通知书指定的答复期限为两个月。

4.12 会 晤

在某些情况下，例如本章第4.11.1节（1）中所述的情况，审查员可以约请申请人会晤，以加快审查程序。申请人亦可以要求会晤，此时，审查员只要认为通过会晤能达到有益的目的，就应当同意申请人提出的会晤要求；反之，审查员可以拒绝会晤要求。

4.12.1 举行会晤的条件

举行会晤的条件是：

（1）审查员已发出第一次审查意见通知书；并且

（2）申请人在答复审查意见通知书的同时或者之后提出了会晤要求，或者审查员根据案情的需要向申请人发出了约请。

不管是审查员约请的，还是申请人要求的会晤，都应当预先约定。可采用会晤通知书或通过电话来约定，会晤通知书的副本和约定会晤的电话记录应当存放在申请案卷中。在会晤通知书或约定会晤的电话记录中，应当写明经审查员确认的会晤内容、时间和地点。如果审查员或者申请人准备在会晤中提出新的文件，应当事先提交给对方。

会晤日期确定后一般不得变动；必须变动时，应当提前通知对方。申请人无正当理由不参加会晤的，审查员可以不再安排会晤，而通过书面方式继续审查。

4.12.2 会晤地点和参加人

会晤应当在专利局指定的地点进行，审查员不得在其他地点同申请人就有关申请的问题进行会晤。

会晤由负责审查该申请的审查员主持。必要时，可以邀请有经验的其他审查员协助。实习审查员主持的会晤，应当有负责指导的审查员参加。

申请人委托了专利代理机构的，会晤必须有代理人参加。参加会晤的代理人应当出示代理人执业证。申请人更换代理人的，应当办理著录项目变更手续，并在著录项目变更手续合格后由变更后的代理人参加会晤。在委托代理机构的情况下，申请人可以与代理人一起参加会晤。

申请人没有委托专利代理机构的，申请人应当参加会晤；申请人是单位的，由该单位指定的人员参加，该参加会晤的人员应当出示证明其身份的证件和单位出具的介绍信。

上述规定也适用于共同申请人。除非另有声明或者委托了代理机构，共有专利申请的单位或者个人都应当参加会晤。

必要时，发明人受申请人的指定或委托，可以同代理人一起参加会晤，或者在申请人未委托代理机构的情况下受申请人的委托代表申请人参加会晤。

参加会晤的申请人或代理人等的总数,一般不得超过两名;两个以上单位或者个人共有一项专利申请,又未委托代理机构的,可以按共同申请的单位或个人的数目确定参加会晤的人数。

4.12.3 会晤记录

会晤结束后,审查员应当填写会晤记录。会晤记录采用专利局统一制定的标准表格,一式两份,经审查员和参加会晤的申请人(或者代理人)签字或盖章后,一份交申请人,一份留在申请案卷中。

通常,在会晤记录中应当写明讨论的问题、结论或者同意修改的内容。如果会晤时讨论的问题很多,例如涉及有关新颖性、创造性、修改是否引入了新的内容等诸方面的问题,审查员应当详尽记录讨论的情况和取得一致的意见。

会晤记录不能代替申请人的正式书面答复或者修改。即使在会晤中,双方就如何修改申请达成了一致的意见,申请人也必须重新提交正式的修改文件,审查员不能代为修改。

如果在会晤中,对申请文件的修改没有取得一致意见,审查工作将通过书面方式继续进行。

法37　　会晤后,需要申请人重新提交修改文件或者作出书面意见陈述的,如果对原定答复期限的监视还继续存在,则该答复期限可以不因会晤而改变,或者视情况延长一个月;如果对原定答复期限的监视已不再存在,则审查员应当在会晤记录中另行指定提交修改文件或意见陈述书的期限。此提交的修改文件或意见陈述书视为对审查意见通知书的答复,申请人未按期答复的,该申请将被视为撤回。

如果会晤时,申请人提出了新的文件,而会晤前审查员没有收到这些文件,审查员可以决定中止会晤。

4.13 电话讨论

审查员可以与申请人就申请文件中存在的问题进行电话讨论,但电话讨论仅适用于解决次要的且不会引起误解的形式方面的缺陷所涉及的问题。审查员应当记录电话讨论的内容,并将其存入申请案卷。对于电话讨论中审查员同意的修改内容,通常申请人应当正式提交经过该修改的书面文件,审查员应当根据该书面修改文件作出审查结论。

细则 51.4 　　如果审查员在电话讨论中同意的修改内容属于本章第 5.2.4.2 节和第 6.2.2 节所述的情况，则审查员可以对这些明显错误依职权进行修改。

4.14 取证和现场调查

一般说来，在实质审查程序中审查员不必要求申请人提供证据，因为审查员的主要职责是向申请人指出申请不符合专利法及其实施细则规定的问题。如果申请人不同意审查员的意见，那么，由申请人决定是否提供证据来支持其主张。如果申请人决定提供证据，审查员应当给予申请人一个适当的机会，使其能提供任何可能有关的证据，除非审查员确信提供证据也达不到有益的目的。

申请人提供的证据可以是书面文件或者实物模型。例如，申请人提供有关发明的技术优点方面的资料，以证明其申请具有创造性；又如，申请人提供实物模型进行演示，以证明其申请具有实用性等。

如果某些申请中的问题，需要审查员到现场调查方能得到解决，则应当由申请人提出要求，经负责审查该申请的实质审查部的部长批准后，审查员方可去现场调查。调查所需的费用由专利局承担。

5. 答复和修改

5.1 答　复

法 37　　对专利局发出的审查意见通知书，申请人应当在通知书指定的期限内作出答复。

申请人的答复可以仅仅是意见陈述书，也可以进一步包括经修改的申请文件（替换页和/或补正书）。申请人在其答复中对审查意见通知书中的审查意见提出反对意见或者对申请文件进行修改时，应当在其意见陈述书中详细陈述其具体意见，或者对修改内容是否符合相关规定以及如何克服原申请文件存在的缺陷予以说明。例如当申请人在修改后的权利要求中引入新的技术特征以克服审查意见通知书中指出的该权利要求不具有创造性的缺陷时，应当在其意见陈述书中具体指出该技术特征可以从说明书的哪些部分得到，并说明修改后的权利要求具有创造性的理由。

申请人可以请求专利局延长指定的答复期限。但是，延长期限的请求应当在期限届满前提出。有关延长期限请求的处理适用本指南第五部分第七章第4节的规定。专利局收到申请人的答复之后即可以开始后续的审查程序，如果后续审查程序的通知书或者决定已经发出，对于此后在原答复期限内申请人再次提交的答复，审查员不予考虑。

5.1.1 答复的方式

法 37
细则 2

对于审查意见通知书，申请人应当采用专利局规定的意见陈述书或补正书的方式（参见本指南第五部分第一章第4节），在指定的期限内作出答复。申请人提交的无具体答复内容的意见陈述书或补正书，也是申请人的正式答复，对此审查员可理解为申请人未对审查意见通知书中的审查意见提出具体反对意见，也未克服审查意见通知书所指出的申请文件中存在的缺陷。

申请人的答复应当提交给专利局受理部门。直接提交给审查员的答复文件或征询意见的信件不视为正式答复，不具备法律效力。

5.1.2 答复的签署

细则 119.1

申请人未委托专利代理机构的，其提交的意见陈述书或者补正书，应当有申请人的签字或者盖章；申请人是单位的，应当加盖公章；申请人有两个以上的，可以由其代表人签字或者盖章。

申请人委托了专利代理机构的，其答复应当由其所委托的专利代理机构盖章，并由委托书中指定的专利代理人签字或者盖章。专利代理人变更之后，由变更后的专利代理人签字或者盖章。

申请人未委托专利代理机构的，如果其答复没有申请人的签字或者盖章（当申请人有两个以上时，应当有全部申请人的签字或盖章，或者至少有其代表人的签字或盖章），审查员应当将该答复退回初步审查部门处理。

申请人委托了专利代理机构的，如果其答复没有专利代理机构盖章，或者由申请人本人作出了答复，审查员应当将该答复退回初步审查部门处理。

细则 119.2

如果申请人或者委托的专利代理人发生变更，则审查员应当核查案卷中是否有相应的著录项目变更通知单；没有该通知单的，审查员应当将答复退回初步审查部门处理。

5.2 修　改

根据专利法第三十三条的规定，申请人可以对其专利申请文件进行修改，但是，对发明和实用新型专利申请文件的修改不得超出原说明书和权利要求书记载的范围。国际申请的申请人根据专利合作条约规定所提交的修改文件，同样应当符合专利法第三十三条的规定。

根据专利法实施细则第五十一条第一款的规定，发明专利申请人在提出实质审查请求时以及在收到专利局发出的发明专利申请进入实质审查阶段通知书之日起的三个月内，可以对发明专利申请主动提出修改。

根据专利法实施细则第五十一条第三款的规定，申请人在收到专利局发出的审查意见通知书后修改专利申请文件，应当针对通知书指出的缺陷进行修改。

5.2.1 修改的要求

专利法第三十三条对修改的内容与范围作出了规定。专利法实施细则第五十一条第一款对主动修改的时机作出了规定，专利法实施细则第五十一条第三款对答复审查意见通知书时的修改方式作出了规定。

法 33

5.2.1.1 修改的内容与范围

在实质审查程序中，为了使申请符合专利法及其实施细则的规定，对申请文件的修改可能会进行多次。审查员对申请人提交的修改文件进行审查时，要严格掌握专利法第三十三条的规定。不论申请人对申请文件的修改属于主动修改还是针对通知书指出的缺陷进行的修改，都不得超出原说明书和权利要求书记载的范围。原说明书和权利要求书记载的范围包括原说明书和权利要求书文字记载的内容和根据原说明书和权利要求书文字记载的内容以及说明书附图能直接地、毫无疑义地确定的内容。申请人在申请日提交的原说明书和权利要求书记载的范围，是审查上述修改是否符合专利法第三十三条规定的依据，申请人向专利局提交的申请文件的外文文本和优先权文件的内容，不能作为判断申请文件的修改是否符合专利法第三十三条规定的依据。但进入国家阶段的国际申请的原始提交的外文文本除外，其法律效力参见本指南第三部分第二章第3.3节。

如果修改的内容与范围不符合专利法第三十三条的规定，则这样的修改不能被允许。

5.2.1.2 主动修改的时机

细则 51.1

申请人仅在下述两种情形下可对其发明专利申请文件进行主动修改：

（1）在提出实质审查请求时；

（2）在收到专利局发出的发明专利申请进入实质审查阶段通知书之日起的三个月内。

细则 51.3

在答复专利局发出的审查意见通知书时，不得再进行主动修改。

5.2.1.3 答复审查意见通知书时的修改方式

根据专利法实施细则第五十一条第三款的规定，在答复审查意见通知书时，对申请文件进行修改的，应当针对通知书指出的缺陷进行修改，如果修改的方式不符合专利法实施细则第五十一条第三款的规定，则这样的修改文本一般不予接受。

然而，对于虽然修改的方式不符合专利法实施细则第五十一条第三款的规定，但其内容与范围满足专利法第三十三条要求的修改，只要经修改的文件消除了原申请文件存在的缺陷，并且具有被授权的前景，这种修改就可以被视为是针对通知书指出的缺陷进行的修改，因而经此修改的申请文件可以接受。这样处理有利于节约审查程序。但是，当出现下列情况时，即使修改的内容没有超出原说明书和权利要求书记载的范围，也不能被视为是针对通知书指出的缺陷进行的修改，因而不予接受。

（1）主动删除独立权利要求中的技术特征，扩大了该权利要求请求保护的范围。

例如，申请人从独立权利要求中主动删除技术特征，或者主动删除一个相关的技术术语，或者主动删除限定具体应用范围的技术特征，即使该主动修改的内容没有超出原说明书和权利要求书记载的范围，只要修改导致权利要求请求保护的范围扩大，则这种修改不予接受。

（2）主动改变独立权利要求中的技术特征，导致扩大了请求保护的范围。

例如，申请人主动将原权利要求中的技术特征"螺旋弹簧"修改为"弹性部件"，尽管原说明书中记载了"弹性部件"这一技术特征，但由于这种修改扩大了请求保护的范围，因而不予接受。

又如，本章第 5.2.3.2 节（1）的例1至例4中，即使这四种改变后的内容在原说明书中有记载，也不予接受，因为这样的修改扩大了其请求保护的范围。

（3）主动将仅在说明书中记载的与原来要求保护的主题缺乏单一性的技术内容作为修改后权利要求的主题。

例如，一件有关自行车新式把手的发明专利申请，申请人在说明书中不仅描述了新式把手，而且还描述了其他部件，例如，自行车的车座等。经实质审查，权利要求限定的新式把手不具备创造性。在这种情况下，申请人作出主动修改，将权利要求限定为自行车车座。由于修改后的主题与原来要求保护的主题之间缺乏单一性，这种修改不予接受。

（4）主动增加新的独立权利要求，该独立权利要求限定的技术方案在原权利要求书中未出现过。

（5）主动增加新的从属权利要求，该从属权利要求限定的技术方案在原权利要求书中未出现过。

如果申请人答复审查意见通知书时提交的修改文本不是针对通知书指出的缺陷作出的，而是属于上述不予接受的情况，则审查员应当发出审查意见通知书，说明不接受该修改文本的理由，要求申请人在指定期限内提交符合专利法实施细则第五十一条第三款规定的修改文本。同时应当指出，到指定期限届满日为止，申请人所提交的修改文本如果仍然不符合专利法实施细则第五十一条第三款规定或者出现其他不符合专利法实施细则第五十一条第三款规定的内容，审查员将针对修改前的文本继续审查，如作出授权或驳回决定。

如果审查员对当前修改文本中符合要求的部分文本有新的审查意见，可以在本次通知书中一并指出。

5.2.2 允许的修改

这里所说的"允许的修改"，主要指符合专利法第三十三条规定的修改。

5.2.2.1 对权利要求书的修改

对权利要求书的修改主要包括：通过增加或变更独立权利要求的技术特征，或者通过变更独立权利要求的主题类型或主题名称以及其相应的技术特征，来改变该独立权利要求请求保护的范围；增加或者删除一项或多项权利要求；修改独立权利要求，使其相对于最接近的现有技术重新划界；修改从属权利要求的引用部分，改正其引用关系，或者修改从属权利要求的限定部分，以清楚地限定该从属权利要求请求保护的范围。对于上述修改，只要经修改后的权利要求的技术方案已清楚地记载在原说明书和权利要求书中，就应该允许。

允许的对权利要求书的修改，包括下述各种情形：

法 22.2 及 .3
法 26.4
细则 20.2

（1）在独立权利要求中增加技术特征，对独立权利要求作进一步的限定，以克服原独立权利要求无新颖性或创造性、缺少解决技术问题的必要技术特征、未以说明书为依据或者未清楚地限定要求专利保护的范围等缺陷。只要增加了技术特征的独立权利要求所述的技术方案未超出原说明书和权利要求书记载的范围，这样的修改就应当被允许。

法 22.2 及 .3
法 26.4

（2）变更独立权利要求中的技术特征，以克服原独立权利要求未以说明书为依据、未清楚地限定要求专利保护的范围或者无新颖性或创造性等缺陷。只要变更了技术特征的独立权利要求所述的技术方案未超出原说明书和权利要求书记载的范围，这种修改就应当被允许。

对于含有数值范围技术特征的权利要求中数值范围的修改，只有在修改后数值范围的两个端值在原说明书和/或权利要求书中已确实记载且修改后的数值范围在原数值范围之内的前提下，才是允许的。例如，权利要求的技术方案中，某温度为20℃～90℃，对比文件公开的技术内容与该技术方案的区别是其所公开的相应的温度范围为0℃～100℃，该文件还公开了该范围内的一个特定值40℃，因此，审查员在审查意见通知书中指出该权利要求无新颖性。如果发明专利申请的说明书或者权利要求书还记载了20℃～90℃范围内的特定值40℃、60℃和80℃，则允许申请人将权利要求中该温度范围修改成60℃～80℃或者60℃～90℃。

法 22.2 及 .3
法 26.4

（3）变更独立权利要求的类型、主题名称及相应的技术特征，以克服原独立权利要求类型错误或者缺乏新颖性或创造性等缺陷。只要变更后的独立权利要求所述的技术方案未超出原说明书和权利要求书记载的范围，就可允许这种修改。

法 31.1 及 26.4
细则 21.3

（4）删除一项或多项权利要求，以克服原第一独立权利要求和并列的独立权利要求之间缺乏单一性，或者两项权利要求具有相同的保护范围而使权利要求书不简要，或者权利要求未以说明书为依据等缺陷，这样的修改不会超出原权利要求书和说明书记载的范围，因此是允许的。

细则 21.1

（5）将独立权利要求相对于最接近的现有技术正确划界。这样的修改不会超出原权利要求书和说明书记载的范围，因此是允许的。

细则 22.1 及 .2

（6）修改从属权利要求的引用部分，改正引用关系上的错误，使其准确地反映原说明书中所记载的实施方式或实施例。这样的修改不会超出原权利要求书和说明书记载的范围，因此是允许的。

细则 20.3
及 22.1

（7）修改从属权利要求的限定部分，清楚地限定该从属权利要求的保护范围，使其准确地反映原说明书中所记载的实施方式或实施例，这样的修改不会超出原说明书和权利要求书记载的范围，因此是允许的。

上面对权利要求书允许修改的几种情况作了说明，由于这些修改符合专利法第三十三条的规定，因而是允许的。但经过上述修改后的权利要求书是否符合专利法及其实施细则的其他所有规定，还有待审查员对其进行继续审查。对于答复审查意见通知书时所作的修改，审查员要判断修改后的权利要求书是否已克服了审查意见通知书所指出的缺陷，这样的修改是否造成了新出现的其他缺陷；对于申请人所作出的主动修改，审查员应当判断该修改后的权利要求书是否存在不符合专利法及其实施细则规定的其他缺陷。

5.2.2.2 对说明书及其摘要的修改

对于说明书的修改，主要有两种情况，一种是针对说明书中本身存在的不符合专利法及其实施细则规定的缺陷作出的修改，另一种是根据修改后的权利要求书作出的适应性修改，上述两种修改只要不超出原说明书和权利要求书记载的范围，则都是允许的。

细则 17

允许的说明书及其摘要的修改包括下述各种情形。

（1）修改发明名称，使其准确、简要地反映要求保护的主题的名称。如果独立权利要求的类型包括产品、方法和用途，则这些请求保护的主题都应当在发明名称中反映出来。发明名称应当尽可能简短，一般不得超过 25 个字，特殊情况下，例如，化学领域的某些专利申请，可以允许最多到 40 个字。

（2）修改发明所属技术领域。该技术领域是指该发明在国际专利分类表中的分类位置所反映的技术领域。为便于公众和审查员清楚地理解发明和其相应的现有技术，应当允许修改发明所属技术领域，使其与国际专利分类表中最低分类位置涉及的领域相关。

（3）修改背景技术部分，使其与要求保护的主题相适应。独立权利要求按照专利法实施细则第二十一条的规定撰写的，说明书背景技术部分应当记载与该独立权利要求前序部分所述的现有技术相关的内容，并引证反映这些背景技术的文件。如果审查员通过检索发现了比申请人在原说明书中引用的现有技术更接近所要求保护的主题的对比文件，则应当允许申请人修改说明书，将该文件的内容补入这部分，并引证该文件，同时删除描述不相关的现有技术的内容。应当指出，这种修改实际上使说明书增加了原申请的权利要求书和说明书未曾记载的内容，但由于修改仅涉及背景技术而不涉及发明本身，且增加的内容是申请日前已经公知的现有技术，因此是允许的。

（4）修改发明内容部分中与该发明所解决的技术问题有关的内容，使其与要求保护的主题相适应，即反映该发明的技术方案相对于最接近的现有技术所解决的技术问题。当然，修改后的内容不应超出原说明书和权利要求书记载的范围。

细则 3.1

（5）修改发明内容部分中与该发明技术方案有关的内容，使其与独立权利要求请求保护的主题相适应。如果独立权利要求进行了符合专利法及其实施细则规定的修改，则允许该部分作相应的修改；如果独立权利要求未作修改，则允许在不改变原技术方案的基础上，对该部分进行理顺文字、改正不规范用词、统一技术术语等修改。

（6）修改发明内容部分中与该发明的有益效果有关的内容。只有在某（些）技术特征在原始申请文件中已清楚地记载，而其有益效果没有被清楚地提及，但所属技术领域的技术人员可以直接地、毫无疑义地从原始申请文件中推断出这种效果的情况下，才允许对发明的有益效果作合适的修改。

（7）修改附图说明。申请文件中有附图，但缺少附图说明的，允许补充所缺的附图说明；附图说明不清楚的，允许根据上下文作出合适的修改。

（8）修改最佳实施方式或者实施例。这种修改中允许增加的内容一般限于补入原实施方式或者实施例中具体内容的出处以及已记载的反映发明的有益效果数据的标准测量方法（包括所使用的标准设备、器具）。如果由检索结果得知原申请要求保护的部分主题已成为现有技术的一部分，则申请人应当将反映这部分主题的内容删除，或者明确写明其为现有技术。

细则18

（9）修改附图。删除附图中不必要的词语和注释，可将其补入说明书文字部分之中；修改附图中的标记使之与说明书文字部分相一致；在文字说明清楚的情况下，为使局部结构清楚起见，允许增加局部放大图；修改附图的阿拉伯数字编号，使每幅图使用一个编号。

细则23

（10）修改摘要。通过修改使摘要写明发明的名称和所属技术领域，清楚地反映所要解决的技术问题、解决该问题的技术方案的要点以及主要用途；删除商业性宣传用语；更换摘要附图，使其最能反映发明技术方案的主要技术特征。

（11）修改由所属技术领域的技术人员能够识别出的明显错误，即语法错误、文字错误和打印错误。对这些错误的修改必须是所属技术领域的技术人员能从说明书的整体及上下文看出的唯一的正确答案。

5.2.3 不允许的修改

法33

作为一个原则，凡是对说明书（及其附图）和权利要求书作出不符合专利法第三十三条规定的修改，均是不允许的。

具体地说，如果申请的内容通过增加、改变和/或删除其中的一部分，致使所属技术领域的技术人员看到的信息与原申请记载的信息不同，而且又不能从原申请记载的信息中直接地、毫无疑义地确定，那么，这种修改就是不允许的。

这里所说的申请内容，是指原说明书（及其附图）和权利要求书记载的内容，不包括任何优先权文件的内容。

5.2.3.1 不允许的增加

不能允许的增加内容的修改，包括下述几种。

（1）将某些不能从原说明书（包括附图）和/或权利要求书中直接明确认定的技术特征写入权利要求和/或说明书。

（2）为使公开的发明清楚或者使权利要求完整而补入不能从原说明书（包括附图）和/或权利要求书中直接地、毫无疑义地确定的信息。

（3）增加的内容是通过测量附图得出的尺寸参数技术特征。

（4）引入原申请文件中未提及的附加组分，导致出现原申请没有的特殊效果。

（5）补入了所属技术领域的技术人员不能直接从原始申请中导出的有益效果。

（6）补入实验数据以说明发明的有益效果，和/或补入实施方式和实施例以说明在权利要求请求保护的范围内发明能够实施。

（7）增补原说明书中未提及的附图，一般是不允许的；如果增补背景技术的附图，或者将原附图中的公知技术附图更换为最接近现有技术的附图，则应当允许。

5.2.3.2 不允许的改变

不能允许的改变内容的修改，包括下述几种。

（1）改变权利要求中的技术特征，超出了原权利要求书和说明书记载的范围。

【例1】

原权利要求限定了一种在一边开口的唱片套。附图中也只给出了一幅三边胶接在一起、一边开口的套子视图。如果申请人后来把权利要求修改成"至少在一边开口的套子"，而原说明书中又没有任何地方提到过"一个以上的边可以开口"，那么，这种改变超出了原权利要求书和说明书记载的范围。

【例2】

原权利要求涉及制造橡胶的成分，不能将其改成制造弹性材料的成分，除非原说明书已经清楚地指明。

【例3】

原权利要求请求保护一种自行车闸，后来申请人把权利要求修改成一种车辆的闸，而从原权利要求书和说明书不能直接得到修改后的技术方案。这种修改也超出了原权利要求书和说明书记载的范围。

【例4】

用不能从原申请文件中直接得出的"功能性术语＋装置"的方式，来代替具有具体结构特征的零件或者部件。这种修改超出了原权利要求书和说明书记载的范围。

(2) 由不明确的内容改成明确具体的内容而引入原申请文件中没有的新的内容。

【例如】

一件有关合成高分子化合物的发明专利申请,原申请文件中只记载在"较高的温度"下进行聚合反应。当申请人看到审查员引证的一份对比文件中记载了在40℃下进行同样的聚合反应后,将原说明书中"较高的温度"改成"高于40℃的温度"。虽然"高于40℃的温度"的提法包括在"较高的温度"范围内,但是,所属技术领域的技术人员,并不能从原申请文件中理解到"较高的温度"是指"高于40℃的温度"。因此,这种修改引入了新内容。

(3) 将原申请文件中的几个分离的特征,改变成一种新的组合,而原申请文件没有明确提及这些分离的特征彼此间的关联。

(4) 改变说明书中的某些特征,使得改变后反映的技术内容不同于原申请文件记载的内容,超出了原说明书和权利要求书记载的范围。

【例1】

一件有关多层层压板的发明专利申请,其原申请文件中描述了几种不同的层状安排的实施方式,其中一种结构是外层为聚乙烯。如果申请人修改说明书,将外层的聚乙烯改变为聚丙烯,那么,这种修改是不允许的。因为修改后的层压板完全不同于原来记载的层压板。

【例2】

原申请文件中记载了"例如螺旋弹簧支持物"的内容,说明书经修改后改变为"弹性支持物",导致将一个具体的螺旋弹簧支持方式,扩大到一切可能的弹性支持方式,使所反映的技术内容超出了原说明书和权利要求书记载的范围。

【例3】

原申请文件中限定温度条件为10℃或者300℃,后来说明书中修改为10℃～300℃,如果根据原申请文件记载的内容不能直接地、毫无疑义地得到该温度范围,则该修改超出了原说明书和权利要求书记载的范围。

【例4】

原申请文件中限定组合物的某成分的含量为5%或者45%～

60%，后来说明书中修改为 5%～60%，如果根据原申请文件记载的内容不能直接地、毫无疑义地得到该含量范围，则该修改超出了原说明书和权利要求书记载的范围。

5.2.3.3 不允许的删除

不能允许删除某些内容的修改，包括下述几种。

（1）从独立权利要求中删除在原申请中明确认定为发明的必要技术特征的那些技术特征，即删除在原说明书中始终作为发明的必要技术特征加以描述的那些技术特征；或者从权利要求中删除一个与说明书记载的技术方案有关的技术术语；或者从权利要求中删除在说明书中明确认定的关于具体应用范围的技术特征。

例如，将"有肋条的侧壁"改成"侧壁"。又例如，原权利要求是"用于泵的旋转轴密封……"，修改后的权利要求是"旋转轴密封"。上述修改都是不允许的，因为在原说明书中找不到依据。

（2）从说明书中删除某些内容而导致修改后的说明书超出了原说明书和权利要求书记载的范围。

例如，一件有关多层层压板的发明专利申请，其说明书中描述了几种不同的层状安排的实施方式，其中一种结构是外层为聚乙烯。如果申请人修改说明书，将外层的聚乙烯这一层去掉，那么，这种修改是不允许的。因为修改后的层压板完全不同于原来记载的层压板。

（3）如果在原说明书和权利要求书中没有记载某特征的原数值范围的其他中间数值，而鉴于对比文件公开的内容影响发明的新颖性和创造性，或者鉴于当该特征取原数值范围的某部分时发明不可能实施，申请人采用具体"放弃"的方式，从上述原数值范围中排除该部分，使得要求保护的技术方案中的数值范围从整体上看来明显不包括该部分，由于这样的修改超出了原说明书和权利要求书记载的范围，因此除非申请人能够根据申请原始记载的内容证明该特征取被"放弃"的数值时，本发明不可能实施，或者该特征取经"放弃"后的数值时，本发明具有新颖性和创造性，否则这样的修改不能被允许。例如，要求保护的技术方案中某一数值范围为 $X_1 = 600\sim10000$，对比文件公开的技术内容与该技术方案的区别仅在于其所述的数值范围为 $X_2 = 240\sim1500$，因为 X_1 与 X_2 部分重叠，故该权利要求无新颖性。申请人采用具体"放弃"的方式对 X_1 进行修改，排除 X_1 中与 X_2 相重叠的部分，即 600～1500，将要求保护的技术方案中该数值范围修改为 $X_1 > 1500$ 至 $X_1 = 10000$。如果申请人不能根据原始记载的内容和现有技术证明本发明在 $X_1 > 1500$ 至 $X_1 = 10000$ 的数值范围相对于对比文件公开的 $X_2 = 240～1500$ 具有创造性，也不能证明 X_1 取 600～1500 时，本发明不能实施，则这样的修改不能被允许。

5.2.4 修改的具体形式

5.2.4.1 提交替换页

根据专利法实施细则第五十二条的规定，说明书或者权利要求书的修改部分，应当按照规定格式提交替换页。替换页的提交有两种方式。

（1）提交重新打印的替换页和修改对照表。

这种方式适用于修改内容较多的说明书、权利要求书以及所有作了修改的附图。申请人在提交替换页的同时，要提交一份修改前后的对照明细表。

（2）提交重新打印的替换页和在原文复制件上作出修改的对照页。

这种方式适用于修改内容较少的说明书和权利要求书。申请人在提交重新打印的替换页的同时提交直接在原文复制件上修改的对照页，使审查员更容易察觉修改的内容。

细则 52 及 51.4

5.2.4.2 审查员依职权修改

通常，对申请的修改必须由申请人以正式文件的形式提出。对于申请文件中个别文字、标记的修改或者增删及对发明名称或者摘要的明显错误（参见本章第 5.2.2.2 节（11）和第 6.2.2 节）的修改，审查员可以依职权进行，并通知申请人。此时，应当使用钢笔、签字笔或者圆珠笔作出清楚明显的修改，而不得使用铅笔进行修改。

6. 驳回决定和授予专利权的通知

法 38 及 39
细则 58

审查员应当在尽可能短的时间内完成申请的实质审查。通常，在发出一次或者两次审查意见通知书后，审查员就可以作出驳回决定或者发出授予专利权的通知书。决定或者通知书一经发出，申请人的任何呈文、答复和修改均不再予以考虑。

6.1 驳回决定

6.1.1 驳回申请的条件

法 38　　审查员在作出驳回决定之前，应当将其经实质审查认定申请属于专利法实施细则第五十三条规定的应予驳回情形的事实、理由和证据通知申请人，并给申请人至少一次陈述意见和/或修改申请文件的机会。

驳回决定一般应当在第二次审查意见通知书之后才能作出。但是，如果申请人在第一次审查意见通知书指定的期限内未针对通知书指出的可驳回缺陷提出有说服力的意见陈述和/或证据，也未针对该缺陷对申请文件进行修改或者修改仅是改正了错别字或更换了表述方式而技术方案没有实质上的改变，则审查员可以直接作出驳回决定。

如果申请人对申请文件进行了修改，即使修改后的申请文件仍然存在用已通知过申请人的理由和证据予以驳回的缺陷，但只要驳回所针对的事实改变，就应当给申请人再一次陈述意见和/或修改申请文件的机会。但对于此后再次修改涉及同类缺陷的，如果修改后的申请文件仍然存在足以用已通知过申请人的理由和证据予以驳回的缺陷，则审查员可以直接作出驳回决定，无需再次发出审查意见通知书，以兼顾听证原则与程序节约原则。

6.1.2 驳回的种类

专利法实施细则第五十三条规定的驳回发明专利申请的情形如下：

法 5
法 25　　（1）专利申请的主题违反法律、社会公德或者妨害公共利益，或者申请的主题是违反法律、行政法规的规定获取或者利用遗传资源，并依赖该遗传资源完成的，或者申请的主题属于专利法第二十五条规定的不授予发明专利权的客体；

法 2.2　　（2）专利申请不是对产品、方法或者其改进所提出的新的技术方案；

法 20.1　　（3）专利申请所涉及的发明在中国完成，且向外国申请专利前未报经专利局进行保密审查的；

法 22　　（4）专利申请的发明不具备新颖性、创造性或实用性；

法 26.3 及 .4	（5）专利申请没有充分公开请求保护的主题，或者权利要求未以说明书为依据，或者权利要求未清楚、简要地限定要求专利保护的范围；
法 26.5	（6）专利申请是依赖遗传资源完成的发明创造，申请人在专利申请文件中没有说明该遗传资源的直接来源和原始来源；对于无法说明原始来源的，也没有陈述理由；
法 31.1	（7）专利申请不符合专利法关于发明专利申请单一性的规定；
法 9	（8）专利申请的发明是依照专利法第九条规定不能取得专利权的；
细则 20.2	（9）独立权利要求缺少解决技术问题的必要技术特征；
法 33 细则 43.1	（10）申请的修改或者分案的申请超出原说明书和权利要求书记载的范围。

6.1.3 驳回决定的组成

驳回决定应当包括如下两部分。

（1）标准表格

标准表格中各项应当按照要求填写完整；申请人有两个以上的，应当填写所有申请人的姓名或者名称（参见本指南第五部分第六章第1.2节）。

（2）驳回决定正文

驳回决定正文包括案由、驳回的理由以及决定三个部分。

6.1.4 驳回决定正文的撰写

6.1.4.1 案　由

案由部分应当简要陈述申请的审查过程，特别是与驳回决定有关的情况，即历次的审查意见（包括所采用的证据）和申请人的答复概要、申请所存在的导致被驳回的缺陷以及驳回决定所针对的申请文本。

6.1.4.2 驳回的理由

在驳回理由部分，审查员应当详细论述驳回决定所依据的事实、理由和证据，尤其应当注意下列各项要求。

（1）正确选用法律条款。当可以同时根据专利法及其实施细则的不同条款驳回申请时，应当选择其中最为适合、占主导地位的条款作为驳回的主要法律依据,同时简要地指出申请中存在的其他实质性缺陷。

(2)以令人信服的事实、理由和证据作为驳回的依据,而且对于这些事实、理由和证据的听证,已经符合本章第6.1.1节所述的驳回申请的条件。

(3)对于不符合专利法第二十二条规定并且即使经过修改也不可能被授予专利权的申请,应当逐一地对每项权利要求进行分析。

驳回的理由要充分完整、说理透彻、逻辑严密、措词恰当,不能只援引法律条款或者只作出断言。审查员在驳回理由部分还应当对申请人的争辩意见进行简要的评述。

6.1.4.3 决　定

在决定部分,审查员应当写明驳回的理由属于专利法实施细则第五十三条的哪一种情形,并根据专利法第三十八条的规定引出驳回该申请的结论。

6.2 授予专利权的通知

6.2.1 发出授予专利权的通知书的条件

法 39
细则 54.1

发明专利申请经实质审查没有发现驳回理由的,专利局应当作出授予专利权的决定。在作出授予专利权的决定之前,应当发出授予发明专利权的通知书。授权的文本,必须是经申请人以书面形式最后确认的文本。

6.2.2 发出授予专利权的通知书时应做的工作

在发出授予专利权的通知书前,允许审查员对准备授权的文本依职权作如下的修改(参见本章第5.2.4.2节)。

细则 51.4

(1)说明书方面:修改明显不适当的发明名称和/或发明所属技术领域;改正错别字、错误的符号、标记等;修改明显不规范的用语;增补说明书各部分所遗漏的标题;删除附图中不必要的文字说明等。

(2)权利要求书方面:改正错别字、错误的标点符号、错误的附图标记、附图标记增加括号。但是,可能引起保护范围变化的修改,不属于依职权修改的范围。

(3)摘要方面:修改摘要中不适当的内容及明显的错误。

审查员所作的上述修改应当通知申请人。

审查员还应当依次做好下述工作：在案卷封面上填写自己确定的该专利的 IPC 分类号并交本审查处的分类裁决负责人核定；将整理好的准备授权的文本放入公报袋，同时在公报袋上填写规定的项目并且盖章；填写授予专利权的通知书（标准表格），一式两份，盖章后，一份装订在案卷中，另一份放入申请案卷封面里夹；整理好一份完整的案卷，并且在封面和封底填写授权时案卷交接记录和授权发文记录；申请人对发明的名称进行了修改的，优先权经核实有变化的，或者经核定的 IPC 分类号相对于原分类号有变化的，还应当填写"著录项目变更通知单"一式两份，一份装订在案卷第一装订条的首页之前，另一份放入案卷封面里夹。

7. 实质审查程序的终止、中止和恢复

7.1 程序的终止

发明专利申请的实质审查程序，因审查员作出驳回决定且决定生效，或者发出授予专利权的通知书，或者因申请人主动撤回申请，或者因申请被视为撤回而终止。

对于驳回或者授权的申请，审查员应当在其案卷封面上的"实审"一栏内写明"驳回"或者"授权"字样，并且盖章。

对于每件申请，审查员应当建立个人审查档案，便于今后的查询、统计（参见本章第 3.3 节）。

7.2 程序的中止

实质审查程序可能因专利申请权归属纠纷的当事人根据专利法实施细则第八十六条第一款的规定提出请求而中止或因财产保全而中止。一旦审查员接到程序中止调回案卷的通知，应当在规定的期限内将案卷返还流程管理部门。

7.3 程序的恢复

专利申请因不可抗拒的事由或正当理由耽误专利法或其实施细则规定的期限或者专利局指定的期限造成被视为撤回而导致程序终止的，根据专利法实施细则第六条第一款和第二款的规定，申请人可以向专利局请求恢复被终止的实质审查程序，权利被恢复的，专利局恢复实质审查程序。

细则 86.3 　　对于因专利申请权归属纠纷当事人的请求而中止的实质审查程序，在专利局收到发生法律效力的调解书或判决书后，凡不涉及权利人变动的，应及时予以恢复；涉及权利人变动的，在办理相应的著录项目变更手续后予以恢复。若自上述请求中止之日起一年内，专利申请权归属纠纷未能结案，请求人又未请求延长中止的，专利局将自行恢复被中止的实质审查程序。

　　审查员在接到流程管理部门送达的有关恢复审查程序的书面通知和专利申请案卷后，应当重新启动实质审查程序。

8. 前置审查与复审后的继续审查

　　根据专利法实施细则第六十二条的规定，审查员应当对专利复审委员会转送的复审请求书进行前置审查，并在收到转交的案卷之日起一个月内作出前置审查意见书，该前置审查意见书随案卷转送专利复审委员会，由专利复审委员会作出复审决定。前置审查的要求适用本指南第四部分第二章第 3 节的规定。

细则 63.2 　　专利复审委员会作出撤销专利局的驳回决定的复审决定后，审查员应当对专利申请进行继续审查。对继续审查的要求适用本章的规定，但在继续审查过程中，审查员不得以同一事实、理由和证据作出与该复审决定意见相反的驳回决定（参见本指南第四部分第二章第 7 节）。

第九章　关于涉及计算机程序的发明专利申请审查的若干规定

1. 引　言

涉及计算机程序的发明专利申请的审查具有一定的特殊性，本章旨在根据专利法及其实施细则的规定，对涉及计算机程序的发明专利申请的审查特殊性作出具体规定。

涉及计算机程序的发明专利申请还具有与其他领域的发明专利申请相同的一般性，对于本章未提及的一般性审查事项，应当遵循本指南其他章的规定，对涉及计算机程序的发明专利申请进行审查。

本章所说的计算机程序本身是指为了能够得到某种结果而可以由计算机等具有信息处理能力的装置执行的代码化指令序列，或者可被自动转换成代码化指令序列的符号化指令序列或者符号化语句序列。计算机程序本身包括源程序和目标程序。

本章所说的涉及计算机程序的发明是指为解决发明提出的问题，全部或部分以计算机程序处理流程为基础，通过计算机执行按上述流程编制的计算机程序，对计算机外部对象或者内部对象进行控制或处理的解决方案。所说的对外部对象的控制或处理包括对某种外部运行过程或外部运行装置进行控制，对外部数据进行处理或者交换等；所说的对内部对象的控制或处理包括对计算机系统内部性能的改进，对计算机系统内部资源的管理，对数据传输的改进等。涉及计算机程序的解决方案并不必须包含对计算机硬件的改变。

2. 涉及计算机程序的发明专利申请的审查基准

审查应当针对要求保护的解决方案，即每项权利要求所限定的解决方案。

根据专利法第二十五条第一款第（二）项的规定，对智力活动的规则和方法不授予专利权。涉及计算机程序的发明专利申请属于本部分第一章第 4.2 节所述情形的，按照该节的原则进行审查：

（1）如果一项权利要求仅仅涉及一种算法或数学计算规则，或者计算机程序本身或仅仅记录在载体（例如磁带、磁盘、光盘、磁光盘、ROM、PROM、VCD、DVD 或者其他的计算机可读介质）上的计算机程序，或者游戏的规则和方法等，则该权利要求属于智力活动的规则和方法，不属于专利保护的客体。

如果一项权利要求除其主题名称之外，对其进行限定的全部内容仅仅涉及一种算法或者数学计算规则，或者程序本身，或者游戏的规则和方法等，则该权利要求实质上仅仅涉及智力活动的规则和方法，不属于专利保护的客体。

例如，仅由所记录的程序限定的计算机可读存储介质或者一种计算机程序产品，或者仅由游戏规则限定的、不包括任何技术性特征，例如不包括任何物理实体特征限定的计算机游戏装置等，由于其实质上仅仅涉及智力活动的规则和方法，因而不属于专利保护的客体。但是，如果专利申请要求保护的介质涉及其物理特性的改进，例如叠层构成、磁道间隔、材料等，则不属此列。

（2）除了上述（1）所述的情形之外，如果一项权利要求在对其进行限定的全部内容中既包含智力活动的规则和方法的内容，又包含技术特征，例如在对上述游戏装置等限定的内容中既包括游戏规则，又包括技术特征，则该权利要求就整体而言并不是一种智力活动的规则和方法，不应当依据专利法第二十五条排除其获得专利权的可能性。

根据专利法第二条第二款的规定，专利法所称的发明是指对产品、方法或者其改进所提出的新的技术方案。涉及计算机程序的发明专利申请只有构成技术方案才是专利保护的客体。

如果涉及计算机程序的发明专利申请的解决方案执行计算机程序的目的是解决技术问题，在计算机上运行计算机程序从而对外部或内部对象进行控制或处理所反映的是遵循自然规律的技术手段，并且由此获得符合自然规律的技术效果，则这种解决方案属于专利法第二条第二款所说的技术方案，属于专利保护的客体。

如果涉及计算机程序的发明专利申请的解决方案执行计算机程序的目的不是解决技术问题，或者在计算机上运行计算机程序从而对外部或内部对象进行控制或处理所反映的不是利用自然规律的技术手段，或者获得的不是受自然规律约束的效果，则这种解决方案不属于专利法第二条第二款所说的技术方案，不属于专利保护的客体。

例如，如果涉及计算机程序的发明专利申请的解决方案执行计算机程序的目的是为了实现一种工业过程、测量或测试过程控制，通过计算机执行一种工业过程控制程序，按照自然规律完成对该工业过程各阶段实施的一系列控制，从而获得符合自然规律的工业过程控制效果，则这种解决方案属于专利法第二条第二款所说的技术方案，属于专利保护的客体。

如果涉及计算机程序的发明专利申请的解决方案执行计算机程序的目的是为了处理一种外部技术数据，通过计算机执行一种技术数据处理程序，按照自然规律完成对该技术数据实施的一系列技术处理，从而获得符合自然规律的技术数据处理效果，则这种解决方案属于专利法第二条第二款所说的技术方案，属于专利保护的客体。

如果涉及计算机程序的发明专利申请的解决方案执行计算机程序的目的是为了改善计算机系统内部性能，通过计算机执行一种系统内部性能改进程序，按照自然规律完成对该计算机系统各组成部分实施的一系列设置或调整，从而获得符合自然规律的计算机系统内部性能改进效果，则这种解决方案属于专利法第二条第二款所说的技术方案，属于专利保护的客体。

3. 涉及计算机程序的发明专利申请的审查示例

以下，根据上述审查基准，给出涉及计算机程序的发明专利申请的审查示例。

（1）属于专利法第二十五条第一款第（二）项范围之内的涉及计算机程序的发明专利申请，不属于专利保护的客体。

【例1】

利用计算机程序求解圆周率的方法

申请内容概述

发明专利申请的解决方案是一种利用计算机程序求解圆周率的方法，该方法首先将一正方形的面积用均匀的足够精确的"点"进行划分，再作此正方形的内切圆，然后执行一个计算机程序来求解圆周率 π，该计算机程序先对上述正方形内均匀分布的"点"进行脉冲计数，然后按照如下公式进行计算求出圆周率 π：

$$\pi = \frac{\Sigma \text{圆内"点"计数值}}{\Sigma \text{正方形内"点"计数值}} \times 4$$

在计算中，若取样的"点"划分得越多越细，则圆周率的值也就计算得越精确。

申请的权利要求

一种利用计算机程序求解圆周率的方法,其特征在于,包括以下步骤:

计算一个正方形内"点"的数目;

计算该正方形内切圆内"点"的数目;

根据公式

$$\pi = \frac{\Sigma\ 圆内"点"计数值}{\Sigma\ 正方形内"点"计数值} \times 4$$

来求解圆周率。

分析及结论

这种解决方案仅仅涉及一种由计算机程序执行的纯数学运算方法或者规则,本质属于人的抽象思维方式,因此,该发明专利申请属于专利法第二十五条第一款第(二)项规定的智力活动的规则和方法,不属于专利保护的客体。

【例2】

一种自动计算动摩擦系数 μ 的方法

申请内容概述

发明专利申请的解决方案涉及一种使用计算机程序计算动摩擦系数 μ 的方法。测量动摩擦系数的传统方法是采用一种装置以固定速度牵引被测绳状物,分别测出摩擦片的位置变化量 S_1 和 S_2,再按下列公式:

$$\mu = (\log S_2 - \log S_1)/e$$

计算出被测绳状物的动摩擦系数 μ。

申请的权利要求

一种利用计算机程序实现自动计算动摩擦系数 μ 的方法,其特征在于,包括以下步骤:

计算摩擦片的位置变化量 S_1 和 S_2 的比值;

计算变化量的比值 S_2/S_1 的对数 $\log S_2/S_1$;

求出对数 $\log S_2/S_1$ 与 e 的比值。

分析及结论

这种解决方案不是对测量方法的改进,而是一种由计算机程序执行的数值计算方法,求解的虽然与物理量有关,但求解过程是一种数值计算,该解决方案整体仍旧属于一种数学计算方法。因此,该发明专利申请属于专利法第二十五条第一款第(二)项规定的智力活动的规则和方法,不属于专利保护的客体。

【例3】
一种全球语言文字通用转换方法
申请内容概述

现有的自动翻译系统只是一对一、一对多或者多对多的语言处理系统，其存在的问题是程序复杂、各种词性的词性标注方式不同、数量繁多且复杂。针对上述缺陷，发明专利申请提供一种统一的、针对全球任意多种语言进行翻译的方法，利用与世界语辅助语标注方式相同的"全球语言文字输入方法"实现不同语言在语法、句法上一体化，在语言转换时，使用世界语和世界语辅助语作为机器翻译的中介语。

申请的权利要求

一种利用计算机进行全球语言文字通用转换的方法，包括以下步骤：

将全球语言文字统一在单词后先以辅音字母标词法，后以辅音字母标句法的方式，形成与各种录入语言相对应的录入语言辅助语；

利用中介语与录入的语言辅助语的对应关系进行语言转换，所述中介语为世界语和世界语辅助语；

其特征在于，所述录入时的标词法和标句法方式与形成世界语辅助语的标词法和标句法方式相同，其中标词法方式为：-m为名词，-x为形容词，-y为复数，-s为数量词，-f为副词；所述标句法的方式为：-z为主语，-w为谓语，-d为定语，-n为宾语，-b为补语，其包括表语，-k为状语。

分析及结论

这种解决方案虽然在主题名称中包括有计算机，但对其限定的全部内容只是利用统一的翻译中介语，通过人为规定全球语言文字的录入规则，实现对全球语言进行统一方式的翻译转换。该解决方案不是对机器翻译方法的改进，没有在机器翻译上体现不同语言文字自身固有的客观语言规律与计算机技术结合的改进，而是根据发明人自己的主观认识对语言文字转换规则进行重新规定和定义，所体现的只是录入语言辅助语与中介语的对应关系被统一于世界语辅助语的标词和标句规则，其本质属于专利法第二十五条第一款第（二）项规定的智力活动的规则和方法，不属于专利保护的客体。

（2）为了解决技术问题而利用技术手段，并获得技术效果的涉及计算机程序的发明专利申请属于专利法第二条第二款规定的技术方案,因而属于专利保护的客体。

【例4】

一种控制橡胶模压成型工艺的方法

申请内容概述

发明专利申请涉及一种利用计算机程序对橡胶模压成型工艺进行控制的方法,该计算机程序可以精确、实时地控制该成型工艺中的橡胶硫化时间,克服了现有技术的橡胶模压成型工艺过程中经常出现的过硫化和欠硫化的缺陷,使橡胶产品的质量大为提高。

申请的权利要求

一种采用计算机程序控制橡胶模压成型工艺的方法,其特征在于包括以下步骤:

通过温度传感器对橡胶硫化温度进行采样;

响应所述硫化温度计算橡胶制品在硫化过程中的正硫化时间;

判断所述的正硫化时间是否达到规定的正硫化时间;

当所述正硫化时间达到规定的正硫化时间时即发出终止硫化信号。

分析及结论

该解决方案是利用计算机程序控制橡胶模压成型工艺过程,其目的是为了防止橡胶的过硫化和欠硫化,解决的是技术问题,该方法通过执行计算机程序完成对橡胶模压成型工艺进行的处理,反映的是根据橡胶硫化原理对橡胶硫化时间进行精确、实时控制,利用的是遵循自然规律的技术手段,由于精确实时地控制了硫化时间,从而使橡胶产品的质量大为提高,所获得的是技术效果。因此,该发明专利申请是一种通过执行计算机程序实现工业过程控制的解决方案,属于专利法第二条第二款规定的技术方案,属于专利保护的客体。

【例5】

一种扩充移动计算设备存储容量的方法

申请内容概述

现有移动计算设备例如便携式计算机、手机等由于其体积以及便携性的要求,通常使用存储容量较小的闪存卡作为存储介质,使得移动计算设备由于受到存储容量的限制而不能处理需要大存储容量的多媒体数据,因而在移动计算设备上无法应用多媒体技术。发明专利申请提供了一种利用虚拟设备文件系统来扩充移动计算设备的存储容量的方法，使移动计算设备能够将服务器上的大容量存储空间用于本地应用。

申请的权利要求

一种利用虚拟设备文件系统扩充移动计算设备存储容量的方法，其特征在于，包括以下步骤：

在移动计算设备上建立一个虚拟设备文件系统模块，并挂入移动设备的操作系统；

通过虚拟设备文件系统模块向移动计算设备上的应用提供一个虚拟的存储空间，并把对这个虚拟存储空间的读写请求通过网络发送到远端服务器；

在远端服务器上，把从移动计算设备传来的读写请求转化为对服务器上本地存储设备的读写请求，并把读写的结果通过网络传回移动计算设备。

分析及结论

该解决方案是一种改进移动计算设备存储容量的方法，解决的是如何增加便携式计算机等移动计算设备的有效存储容量的技术问题，该方法通过执行计算机程序实现对移动计算设备内部运行性能的改进，反映的是利用虚拟设备文件系统模块在本地计算机上建立虚拟存储空间，将对本地存储设备的访问转换为对服务器上的存储设备的访问，利用的是遵循自然规律的技术手段，获得移动计算设备对数据的存储不受其本身存储容量限制的技术效果。因此，该发明专利申请是一种通过执行计算机程序实现计算机系统内部性能改进的解决方案，属于专利法第二条第二款规定的技术方案，属于专利保护的客体。

【例6】

一种去除图像噪声的方法

申请内容概述

现有技术通常采用均值滤波方式，即用噪声周围的像素点的均值替代噪声的像素值的方式来去除图像噪声，但这会造成相邻像素的灰度差值被缩小，从而产生图像模糊的现象。发明专利申请提出一种去除图像噪声的方法，利用概率统计论中的3θ原理，将灰度值落在均值上下3倍方差外的像素点看作是噪声进行去除，而对灰度值落在均值上下3倍方差内的像素点不修改其灰度值，从而既能有效地去除图像噪声，又能够减少因去除图像噪声处理产生的图像模糊现象。

申请的权利要求

一种去除图像噪声的方法，其特征在于，包括以下步骤：

获取输入计算机的待处理图像的各个像素数据；

使用该图像所有像素的灰度值，计算出该图像的灰度均值及其灰度方差值；

读取图像所有像素的灰度值，逐个判断各个像素的灰度值是否落在均值上下3倍方差内，如果是，则不修改该像素的灰度值，否则该像素为噪声，通过修改该像素的灰度值去除噪声。

分析及结论

该解决方案是一种图像数据处理方法，所要解决的问题是如何在有效地去除图像噪声的同时，又能够减少因去除图像噪声处理产生的图像模糊现象，是技术问题，该方法通过执行计算机程序实现图像数据的去除噪声处理，反映的是根据具有技术含义的像素数据的灰度均值及其灰度方差值，对灰度值落在均值上下3倍方差外的像素点视为图像噪声予以去除，对灰度值落在均值上下3倍方差内的像素点视为图像信号不修改其灰度值，避免像现有技术那样对所有像素点都用均值替代的缺陷，利用的是遵循自然规律的技术手段，获得既能有效去除图像噪声又能减少因去除图像噪声处理造成的图像模糊现象的效果，同时由于被替换的像素点明显减少，使得系统的运算量减少，图像处理速度和图像质量提高，因而获得的是技术效果。因此，该发明专利申请是一种通过执行计算机程序实现外部技术数据处理的解决方案，属于专利法第二条第二款规定的技术方案，属于专利保护的客体。

【例7】

一种利用计算机程序测量液体粘度的方法

申请内容概述

液体粘度是液体生产和应用过程中一个常用的重要技术指标，通常的液体粘度测量方法是利用一种旋转式测量装置通过人工操作的方式进行的，首先电机带动转子在液体中旋转，转子转动的角度通过指针在刻度盘上扭转的角度反映出来，然后读取刻度盘上的扭转角度，从而测出液体粘度值。该测量方法存在的问题是测量过程由人工操作完成，测量速度慢，精度低，不适宜在生产现场实时检测。发明专利申请提出一种利用计算机程序控制的粘度测量方法，通过执行计算机程序对液体粘度测量的数据采集、数据处理和数据显示过程进行自动控制,实现在生产现场对液体粘度进行实时检测。

申请的权利要求

一种利用计算机程序测量液体粘度的方法,其特征在于包括以下步骤:

通过前置参数信号处理程序,根据液体种类确定合适的传感探头转速;

通过传感探头控制程序启动传感探头,使传感探头在液体中以上述转速做旋转剪切运动,并将传感探头感应到的液体粘滞阻力值变换成电流信号;

通过传感探头信号处理程序,根据上述电流信号计算出液体的粘度值,并将计算得到的粘度值传送到液晶显示器上显示,或者通过通讯接口送入生产控制中心。

分析及结论

该解决方案是一种测量液体粘度的方法,所要解决的是如何提高液体粘度测量的速度和精度的技术问题,该方法通过执行计算机程序实现对液体粘度测量过程的控制,反映的是对传感探头的转速选定、启动运动状态等传感探头工作过程以及对所采集技术数据的处理过程和测量结果的显示过程进行自动控制,利用的是遵循自然规律的技术手段,从而实现对液体粘度的现场实时检测,获得提高液体粘度测量的速度和精度的技术效果。因此,该发明专利申请是一种通过执行计算机程序实现测量或者测试过程控制的解决方案,属于专利法第二条第二款规定的技术方案,属于专利保护的客体。

(3)未解决技术问题,或者未利用技术手段,或者未获得技术效果的涉及计算机程序的发明专利申请,不属于专利法第二条第二款规定的技术方案,因而不属于专利保护的客体。

【例8】

一种计算机游戏方法

申请内容概述

就现有计算机游戏类型而言,一种是通过问答方式达到寓教于乐的目的,另一种是成长类游戏,根据游戏角色的成长来实现游戏角色和游戏环境的变化。发明专利申请要集中上述两种游戏类型的优点于一身,通过游戏中的问答方式实现游戏角色和游戏环境的变化。该游戏方法向用户提供一个游戏界面,根据游戏进度,将对应所述游戏进度的问题显示出来,当使用者输入问题答案时,判断上述答案是否正确以决定是否需要改变受用户操作的游戏角色在该计算机游戏中的等级、装备或环境。

申请的权利要求

一种向用户提供兼具成长类及问答类游戏方式的计算机游戏方法，其特征在于，该方法包括：

提问步骤，当使用者通过计算机游戏装置进入该计算机游戏的游戏环境时，从存储的题目资料、对应该题目资料的答案资料及游戏进度资料中调出对应该游戏进度的问题资料，并将问题资料显示给使用者；

成绩判断步骤，根据提供的问题资料判断使用者所输入的答案是否与存储的对应该题目的答案资料一致，若是，则进到下一步骤，若否，则返回提问步骤；

改变游戏状态步骤，依据成绩判断步骤的判断结果及所存储的问答成绩记录资料，决定受使用者操作的游戏角色在该计算机游戏中的等级、装备或环境，若答对问题的次数达到一定的标准，则其等级、装备或环境会相应升级、增加；若未达到一定的次数标准，则其等级、装备或环境不予改变。

分析与评述

该解决方案是利用公知计算机执行问答游戏过程控制的程序，从而形成将问答类游戏及成长类游戏结合在一起的计算机游戏方法，该方法通过问答以及改变游戏角色状态的方式，使游戏角色和环境在问答过程中相应变化。该解决方案虽然通过游戏装置进入计算机游戏环境并通过执行计算机程序对游戏过程进行控制，但该游戏装置是公知的游戏装置，对游戏过程进行的控制既没有给游戏装置的内部性能例如数据传输、内部资源管理等带来改进，也没有给游戏装置的构成或功能带来任何技术上的改变。而该方案所要解决的问题是如何根据人的主观意志来兼顾两种游戏的特点，不构成技术问题，采用的手段是根据人为制定的活动规则将问答类游戏和成长类游戏结合，而不是技术手段，获得的效果仅仅是对问答类游戏和成长类游戏结合的过程进行管理和控制，该效果仍然只是对游戏过程或游戏规则的管理和控制，而不是技术效果。因此，该发明专利申请不属于专利法第二条第二款规定的技术方案，不属于专利保护的客体。

【例9】

一种以自定学习内容的方式学习外语的系统

申请内容概述

现有计算机辅助学习系统的学习内容都是由系统预先确定的，因此用户必须学习这些预先确定的内容，而不能根据自己的外语水平需求自行确定学习内容。发明专利申请能够使用户根据自己的需求选择学习资料，并将资料输入到系统中，系统程序将资料中的句子分割为多个句子单元，用户将分割的句子单元重组并输入给系统，系统程序将用户重组的句子与原句子进行比较，并根据预先确定的评分标准给出得分分数，然后将分数输出给学习者。

申请的权利要求

一种以自定学习内容的方式学习外语的系统，其特征在于包括：

学习机，将选择出的学习资料输入给该学习机；

文件接收模块，接收用户所传送的语言文件；

文件分割模块，将所述语言文件分割成至少一个独立句子；

句子分割模块，将所述独立句子分割成多个分割单元；

造句式语言学习模块，将所述分割单元输出给用户，并接受用户自己重组的句子，将所述独立句子与用户自己重组输入的句子进行比较，根据预先确定的评分标准给出得分分数，将分数输出给所述学习者。

分析及结论

该解决方案是利用一组计算机程序功能模块构成学习系统，这些功能模块能够接收用户确定并传送的语言文件，将其中的句子和用户重组的句子进行比较，并将比较结果输出给用户。该系统虽然通过学习机执行计算机程序来实现对学习过程的控制，但该学习机是公知的电子设备，对外语语句所进行的分割、重组、对比和评分既没有给学习机的内部性能带来改进，也没有给学习机的构成或功能带来任何技术上的改变。而该系统解决的问题是如何根据用户的主观愿望确定学习内容，不构成技术问题，所采用的手段是人为制定了学习规则，并按照规则的要求来进行，不受自然规律的约束，因而未利用技术手段，该方法可以使用户根据自身需求自行确定学习内容，进而提高学习效率，所获得的不是符合自然规律的技术效果。因此，该发明专利申请不属于专利法第二条第二款规定的技术方案，不属于专利保护的客体。

法 25.1（2）

4. 汉字编码方法及计算机汉字输入方法

汉字编码方法属于一种信息表述方法，它与声音信号、语言信号、可视显示信号或者交通指示信号等各种信息表述方式一样，解决的问题仅取决于人的表达意愿，采用的解决手段仅是人为规定的编码规则，实施该编码方法的结果仅仅是一个符号/字母数字串，解决的问题、采用的解决手段和获得的效果也未遵循自然规律。因此，仅仅涉及汉字编码方法的发明专利申请属于专利法第二十五条第一款第（二）项规定的智力活动的规则和方法，不属于专利保护的客体。

例如，一项发明专利申请的解决方案仅仅涉及一种汉语字根编码方法，这种汉语字根编码方法用于编纂字典和利用所述字典检索汉字，该发明专利申请的汉字编码方法仅仅是根据发明人的认识和理解，人为地制定编码汉字的相应规则，选择、指定和组合汉字编码码元，形成表示汉字的代码/字母数字串。该汉字编码方法没有解决技术问题，未使用技术手段，且不具有技术效果。因此，该发明专利申请的汉字编码方法属于专利法第二十五条第一款第（二）项规定的智力活动的规则和方法，不属于专利保护的客体。

但是，如果把汉字编码方法与该编码方法可使用的特定键盘相结合，构成计算机系统处理汉字的一种计算机汉字输入方法或者计算机汉字信息处理方法，使计算机系统能够以汉字信息为指令，运行程序，从而控制或处理外部对象或者内部对象，则这种计算机汉字输入方法或者计算机汉字信息处理方法构成专利法第二条第二款所说的技术方案，不再属于智力活动的规则和方法，而属于专利保护的客体。

对于这种由汉字编码方法与该编码方法所使用的特定键盘相结合而构成的计算机汉字输入方法的发明专利申请，在说明书及权利要求书中应当描述该汉字输入方法的技术特征，必要时，还应当描述该输入方法所使用键盘的技术特征，包括该键盘中对各键位的定义以及各键位在该键盘中的位置等。

例如，发明专利申请的主题涉及一种计算机汉字输入方法，包括从组成汉字的所有字根中选择确定数量的特定字根作为编码码元的步骤、将这些编码码元指定到所述特定键盘相应键位上的步骤、利用键盘上的特定键位根据汉字编码输入规则输入汉字的步骤。

该发明专利申请涉及将汉字编码方法与特定键盘相结合的计算机汉字输入方法,通过该输入方法,使计算机系统能够运行汉字,增加了计算机系统的处理功能。该发明专利申请要解决的是技术问题,采用的是技术手段,并能够产生技术效果,因此该发明专利申请构成技术方案,属于专利保护的客体。

5. 涉及计算机程序的发明专利申请的说明书及权利要求书的撰写

涉及计算机程序的发明专利申请的说明书及权利要求书的撰写要求与其他技术领域的发明专利申请的说明书及权利要求书的撰写要求原则上相同。以下仅就涉及计算机程序的发明专利申请的说明书及权利要求书在撰写方面的特殊要求作如下说明。

法 26.3

5.1 说明书的撰写

涉及计算机程序的发明专利申请的说明书除了应当从整体上描述该发明的技术方案之外,还必须清楚、完整地描述该计算机程序的设计构思及其技术特征以及达到其技术效果的实施方式。为了清楚、完整地描述该计算机程序的主要技术特征,说明书附图中应当给出该计算机程序的主要流程图。说明书中应当以所给出的计算机程序流程为基础,按照该流程的时间顺序,以自然语言对该计算机程序的各步骤进行描述。说明书对该计算机程序主要技术特征的描述程度应当以本领域的技术人员能够根据说明书所记载的流程图及其说明编制出能够达到所述技术效果的计算机程序为准。为了清楚起见,如有必要,申请人可以用惯用的标记性程序语言简短摘录某些关键部分的计算机源程序以供参考,但不需要提交全部计算机源程序。

涉及计算机程序的发明专利申请包含对计算机装置硬件结构作出改变的发明内容的,说明书附图应当给出该计算机装置的硬件实体结构图,说明书应当根据该硬件实体结构图,清楚、完整地描述该计算机装置的各硬件组成部分及其相互关系,以本领域的技术人员能够实现为准。

法 26.4
细则 20.2

5.2 权利要求书的撰写

涉及计算机程序的发明专利申请的权利要求可以写成一种方法权利要求,也可以写成一种产品权利要求,即实现该方法的装置。无论写成哪种形式的权利要求,都必须得到说明书的支持,并且都必须从整体上反映该发明的技术方案,记载解决技术问题的必要技术特征,而不能只概括地描述该计算机程序所具有的功能和该功能所能够达到的效果。如果写成方法权利要求,应当按照方法流程的步骤详细描述该计算机程序所执行的各项功能以及如何完成这些功能;如果写成装置权利要求,应当具体描述该装置的各个组成部分及其各组成部分之间的关系,并详细描述该计算机程序的各项功能是由哪些组成部分完成以及如何完成这些功能。

如果全部以计算机程序流程为依据,按照与该计算机程序流程的各步骤完全对应一致的方式,或者按照与反映该计算机程序流程的方法权利要求完全对应一致的方式,撰写装置权利要求,即这种装置权利要求中的各组成部分与该计算机程序流程的各个步骤或者该方法权利要求中的各个步骤完全对应一致,则这种装置权利要求中的各组成部分应当理解为实现该程序流程各步骤或该方法各步骤所必须建立的功能模块,由这样一组功能模块限定的装置权利要求应当理解为主要通过说明书记载的计算机程序实现该解决方案的功能模块构架,而不应当理解为主要通过硬件方式实现该解决方案的实体装置。

下面给出涉及计算机程序的发明分别撰写成装置权利要求和方法权利要求的例子,以供参考。

【例1】

一件关于"对CRT屏幕上的字符进行游标控制"的发明专利申请,其独立权利要求可以按下述方法权利要求撰写。

一种CRT显示屏幕的游标控制方法,包括:

用于输入信息的输入步骤;

用于将游标水平和垂直移动起始位置地址存储到H/V起始位置存储装置中的步骤;

用于将游标水平和垂直移动终点位置地址存储到H/V终点位置存储装置中的步骤;

用于将游标当前位置的水平和垂直地址存储到游标位置存储装置中的步骤;

其特征是所述游标控制方法还包括:

用于分别将存储在所述游标位置存储装置中的游标当前的水平及垂直地址与存储在所述H/V终点位置存储装置中相应于其水平及垂直终点位置的地址进行比较的比较步骤;

由所述输入键盘输出信号和所述比较器输出信号控制的游标位置变换步骤；该步骤可对如下动作进行选择：

对存储在游标位置存储装置中的水平及垂直地址，按单个字符位置给予增1，

或对存储在游标位置存储装置中的水平及垂直地址，按单个字符位置给予减1，

或把存储在H/V起点存储装置中的水平及垂直起始位置的地址向游标位置存储装置进行置位；

用于根据所述游标位置存储装置中的存储状态在显示屏上显示所述游标当前位置的游标显示步骤。

【例2】

将上述例1所述涉及计算机程序的发明专利申请的权利要求写成装置权利要求。

一种CRT显示屏幕的游标控制器，包括：

用于输入信息的输入装置；

用于存储游标水平和垂直移动起始位置地址的H/V起始位置存储装置；

用于存储游标水平和垂直移动终点位置地址的H/V终点位置存储装置；

用于存储游标当前位置的水平和垂直地址的游标位置存储装置；

其特征是所述游标控制器还包括：

用于分别将存储在所述游标位置存储装置中的游标当前的水平及垂直地址与存储在所述H/V终点位置存储装置中相应于其水平及垂直终点位置的地址进行比较的比较器；

由所述输入键盘输出信号和所述比较器输出信号控制的游标位置变换装置；该装置包含：

对存储在游标位置存储装置中的水平及垂直地址，按单个字符位置给予增1的装置，

或对存储在游标位置存储装置中的水平及垂直地址，按单个字符位置给予减1的装置，

或把存储在H/V起点存储装置中的水平及垂直起始位置的地址向游标位置存储装置进行置位的装置；

用于根据所述游标位置存储装置中的存储状态在显示屏上显示所述游标当前位置的游标显示装置。

【例3】

一件有关"适用作顺序控制和伺服控制的计算机系统"的发明专利申请，其采用并行处理，以打开、关闭和暂停三种指令作为在第一和第二程序之间并行处理指令来进行顺序控制和伺服控制。其写成的方法独立权利要求如下。

利用打开、关闭和暂停指令作为并行处理指令来进行顺序控制和伺服控制的方法，其特征在于采用下列步骤：

将欲执行任务的顺序控制或者伺服控制程序存入该计算机系统的程序存贮器中；

启动该计算机系统工作，CPU按程序计数器内容读取指令、执行操作，并根据所执行指令的内容更新程序计数器；

当所执行指令为通常的程序指令时，程序计数器的更新与通用计算机相同；

当所执行指令为打开指令时，程序计数器被更新为此打开指令之后指令的地址，即要打开的并行处理程序的首地址，从而启动控制子过程操作；

当所执行指令为关闭指令时，程序计数器由地址表中选择得到的地址，或者此关闭指令之后指令的地址来更新，从而使发出该关闭指令的程序本身或者另一并行程序终止执行，同时伴随着启动其他的并行程序；

当所执行的指令为暂停指令时，程序计数器由该暂停指令之后的指令地址更新，从而使此程序按需要暂停执行一定的时间，同时在此期间内启动另一并行程序。

第十章 关于化学领域发明专利申请审查的若干规定

1. 引 言

化学领域发明专利申请的审查存在着许多特殊的问题。例如，在多数情况下，化学发明能否实施往往难以预测，必须借助于试验结果加以证实才能得到确认；有的化学产品的结构尚不清楚，不得不借助于性能参数和/或制备方法来定义；发现已知化学产品新的性能或用途并不意味着其结构或组成的改变，因此不能视为新的产品；某些涉及生物材料的发明仅仅按照说明书的文字描述很难实现，必须借助于保藏生物材料作为补充手段。本章旨在按照专利法和专利法实施细则的原则，并在符合本指南一般性规定的前提下，对于如何处理化学发明审查中的某些特殊问题作出若干规定。

2. 不授予专利权的化学发明专利申请

2.1 天然物质

人们从自然界找到以天然形态存在的物质，仅仅是一种发现，属于专利法第二十五条第一款第（一）项规定的"科学发现"，不能被授予专利权。但是，如果是首次从自然界分离或提取出来的物质，其结构、形态或者其他物理化学参数是现有技术中不曾认识的，并能被确切地表征，且在产业上有利用价值，则该物质本身以及取得该物质的方法均可依法被授予专利权。

2.2 物质的医药用途

物质的医药用途如果是用于诊断或治疗疾病，则因属于专利法第二十五条第一款第（三）项规定的情形，不能被授予专利权。但是如果它们用于制造药品，则可依法被授予专利权（参见本章第4.5.2节）。

法 26.3　　**3. 化学发明的充分公开**

3.1 化学产品发明的充分公开

这里所称的化学产品包括化合物、组合物以及用结构和/或组成不能够清楚描述的化学产品。要求保护的发明为化学产品本身的，说明书中应当记载化学产品的确认、化学产品的制备以及化学产品的用途。

（1）化学产品的确认

对于化合物发明，说明书中应当说明该化合物的化学名称及结构式（包括各种官能基团、分子立体构型等）或者分子式，对化学结构的说明应当明确到使本领域的技术人员能确认该化合物的程度；并应当记载与发明要解决的技术问题相关的化学、物理性能参数（例如各种定性或者定量数据和谱图等），使要求保护的化合物能被清楚地确认。此外，对于高分子化合物，除了应当对其重复单元的名称、结构式或者分子式按照对上述化合物的相同要求进行记载之外，还应当对其分子量及分子量分布、重复单元排列状态（如均聚、共聚、嵌段、接枝等）等要素作适当的说明；如果这些结构要素未能完全确认该高分子化合物，则还应当记载其结晶度、密度、二次转变点等性能参数。

对于组合物发明，说明书中除了应当记载组合物的组分外，还应当记载各组分的化学和/或物理状态、各组分可选择的范围、各组分的含量范围及其对组合物性能的影响等。

对于仅用结构和/或组成不能够清楚描述的化学产品，说明书中应当进一步使用适当的化学、物理参数和/或制备方法对其进行说明，使要求保护的化学产品能被清楚地确认。

（2）化学产品的制备

对于化学产品发明，说明书中应当记载至少一种制备方法，说明实施所述方法所用的原料物质、工艺步骤和条件、专用设备等，使本领域的技术人员能够实施。对于化合物发明，通常需要有制备实施例。

（3）化学产品的用途和/或使用效果

对于化学产品发明，应当完整地公开该产品的用途和/或使用效果，即使是结构首创的化合物，也应当至少记载一种用途。

如果所属技术领域的技术人员无法根据现有技术预测发明能够实现所述用途和/或使用效果，则说明书中还应当记载对于本领域技术人员来说，足以证明发明的技术方案可以实现所述用途和/或达到预期效果的定性或者定量实验数据。

对于新的药物化合物或者药物组合物，应当记载其具体医药用途或者药理作用，同时还应当记载其有效量及使用方法。如果本领域技术人员无法根据现有技术预测发明能够实现所述医药用途、药理作用，则应当记载对于本领域技术人员来说，足以证明发明的技术方案可以解决预期要解决的技术问题或者达到预期的技术效果的实验室试验（包括动物试验）或者临床试验的定性或者定量数据。说明书对有效量和使用方法或者制剂方法等应当记载至所属技术领域的技术人员能够实施的程度。

对于表示发明效果的性能数据，如果现有技术中存在导致不同结果的多种测定方法，则应当说明测定它的方法，若为特殊方法，应当详细加以说明，使所属技术领域的技术人员能实施该方法。

3.2 化学方法发明的充分公开

（1）对于化学方法发明，无论是物质的制备方法还是其他方法，均应当记载方法所用的原料物质、工艺步骤和工艺条件，必要时还应当记载方法对目的物质性能的影响，使所属技术领域的技术人员按照说明书中记载的方法去实施时能够解决该发明要解决的技术问题。

（2）对于方法所用的原料物质，应当说明其成分、性能、制备方法或者来源，使得本领域技术人员能够得到。

3.3 化学产品用途发明的充分公开

对于化学产品用途发明，在说明书中应当记载所使用的化学产品、使用方法及所取得的效果，使得本领域技术人员能够实施该用途发明。如果所使用的产品是新的化学产品，则说明书对于该产品的记载应当满足本章第3.1节的相关要求。如果本领域的技术人员无法根据现有技术预测该用途，则应当记载对于本领域的技术人员来说，足以证明该物质可以用于所述用途并能解决所要解决的技术问题或者达到所述效果的实验数据。

3.4 关于实施例

由于化学领域属于实验性学科,多数发明需要经过实验证明,因此说明书中通常应当包括实施例,例如产品的制备和应用实施例。

(1) 说明书中实施例的数目,取决于权利要求的技术特征的概括程度,例如并列选择要素的概括程度和数据的取值范围;在化学发明中,根据发明的性质不同,具体技术领域不同,对实施例数目的要求也不完全相同。一般的原则是,应当能足以理解发明如何实施,并足以判断在权利要求所限定的范围内都可以实施并取得所述的效果。

(2) 判断说明书是否充分公开,以原说明书和权利要求书记载的内容为准,申请日之后补交的实施例和实验数据不予考虑。

4. 化学发明的权利要求

法 26.4

4.1 化合物权利要求

化合物权利要求应当用化合物的名称或者化合物的结构式或分子式来表征。化合物应当按通用的命名法来命名,不允许用商品名或者代号;化合物的结构应当是明确的,不能用含糊不清的措词。

4.2 组合物权利要求

法 26.4

4.2.1 开放式、封闭式及它们的使用要求

根据专利法实施细则第二十一条第二款的规定,发明的性质不适合将独立权利要求分为前序和特征两部分撰写的,独立权利要求可以用其他方式撰写。组合物权利要求一般属于这种情况。

组合物权利要求应当用组合物的组分或者组分和含量等组成特征来表征。组合物权利要求分开放式和封闭式两种表达方式。开放式表示组合物中并不排除权利要求中未指出的组分;封闭式则表示组合物中仅包括所指出的组分而排除所有其他的组分。开放式和封闭式常用的措词如下:

(1) 开放式,例如"含有"、"包括"、"包含"、"基本含

有"、"本质上含有"、"主要由……组成"、"主要组成为"、"基本上由……组成"、"基本组成为"等,这些都表示该组合物中还可以含有权利要求中所未指出的某些组分,即使其在含量上占较大的比例。

(2)封闭式,例如"由……组成"、"组成为"、"余量为"等,这些都表示要求保护的组合物由所指出的组分组成,没有别的组分,但可以带有杂质,该杂质只允许以通常的含量存在。

使用开放式或者封闭式表达方式时,必须要得到说明书的支持。例如,权利要求的组合物 A+B+C,如果说明书中实际上没有描述除此之外的组分,则不能使用开放式权利要求。

另外还应当指出的是,一项组合物独立权利要求为 A+B+C,假如其下面一项权利要求为 A+B+C+D,则对于开放式的 A+B+C 权利要求而言,含 D 的这项为从属权利要求;对于封闭式的 A+B+C 权利要求而言,含 D 的这项为独立权利要求。

4.2.2 组合物权利要求中组分和含量的限定

细则 20.2　(1)如果发明的实质或者改进只在于组分本身,其技术问题的解决仅取决于组分的选择,而组分的含量是本领域的技术人员根据现有技术或者通过简单实验就能够确定的,则在独立权利要求中可以允许只限定组分;但如果发明的实质或者改进既在组分上,又与含量有关,其技术问题的解决不仅取决于组分的选择,而且还取决于该组分特定含量的确定,则在独立权利要求中必须同时限定组分和含量,否则该权利要求就不完整,缺少必要技术特征。

细则 20.2　(2)在某些领域中,例如在合金领域中,合金的必要成分及其含量通常应当在独立权利要求中限定。

法 26.4　(3)在限定组分的含量时,不允许有含糊不清的用词,例如"大约"、"左右"、"近"等等,如果出现这样的词,一般应当删去。组分含量可以用"0~X"、"<X"或者"X 以下"等表示,以"0~X"表示的,为选择组分,"<X"、"X 以下"等的含义为包括 X=0。通常不允许以">X"表示含量范围。

法 26.4　(4)一个组合物中各组分含量百分数之和应当等于 100%,几个组分的含量范围应当符合以下条件:

某一组分的上限值+其他组分的下限值≤100

某一组分的下限值+其他组分的上限值≥100

法26.4　　　（5）用文字或数值难以表示组合物各组分之间的特定关系的，可以允许用特性关系或者用量关系式，或者用图来定义权利要求。图的具体意义应当在说明书中加以说明。

法26.4　　　（6）用文字定性表述来代替数字定量表示的方式，只要其意思是清楚的，且在所属技术领域是众所周知的，就可以接受，例如"含量为足以使某物料湿润"、"催化量的"等等。

法26.4
4.2.3 组合物权利要求的其他限定

组合物权利要求一般有三种类型，即非限定型、性能限定型以及用途限定型。例如：

（1）"一种水凝胶组合物，含有分子式（Ⅰ）的聚乙烯醇、皂化剂和水"（分子式（Ⅰ）略）；

（2）"一种磁性合金，含有10%～60%（重量）的A和90%～40%（重量）的B"；

（3）"一种丁烯脱氢催化剂，含有Fe_3O_4和K_2O……"。

以上（1）为非限定型，（2）为性能限定型，（3）为用途限定型。

当该组合物具有两种或者多种使用性能和应用领域时，可以允许用非限定型权利要求。例如，上述（1）的水凝胶组合物，在说明书中叙述了它具有可成型性、吸湿性、成膜性、粘结性以及热容量大等性能，因而可用于食品添加剂、上胶剂、粘合剂、涂料、微生物培养介质以及绝热介质等多种领域。

如果在说明书中仅公开了组合物的一种性能或者用途，则应写成性能限定型或者用途限定型，例如（2）、（3）。在某些领域中，例如合金，通常应当写明发明合金所固有的性质和/或用途。大多数药品权利要求应当写成用途限定型。

4.3 仅用结构和/或组成特征不能清楚表征的化学产品权利要求

对于仅用结构和/或组成特征不能清楚表征的化学产品权利要求，允许进一步采用物理-化学参数和/或制备方法来表征。

法26.4　　　（1）允许用物理-化学参数来表征化学产品权利要求的情况是：仅用化学名称或者结构式或者组成不能清楚表征的结构不明的化学产品。参数必须是清楚的。

（2）允许用制备方法来表征化学产品权利要求的情况是：用制备方法之外的其他特征不能充分表征的化学产品。

4.4 化学方法权利要求

化学领域中的方法发明，无论是制备物质的方法还是其他方法（如物质的使用方法、加工方法、处理方法等），其权利要求可以用涉及工艺、物质以及设备的方法特征来进行限定。

涉及工艺的方法特征包括工艺步骤（也可以是反应步骤）和工艺条件，例如温度、压力、时间、各工艺步骤中所需的催化剂或者其他助剂等；

涉及物质的方法特征包括该方法中所采用的原料和产品的化学成分、化学结构式、理化特性参数等；

涉及设备的方法特征包括该方法所专用的设备类型及其与方法发明相关的特性或者功能等。

对于一项具体的方法权利要求来说，根据方法发明要求保护的主题不同、所解决的技术问题不同以及发明的实质或者改进不同，选用上述三种技术特征的重点可以各不相同。

4.5 用途权利要求

4.5.1 用途权利要求的类型

化学产品的用途发明是基于发现产品新的性能，并利用此性能而作出的发明。无论是新产品还是已知产品，其性能是产品本身所固有的，用途发明的本质不在于产品本身，而在于产品性能的应用。因此，用途发明是一种方法发明，其权利要求属于方法类型。

如果利用一种产品 A 而发明了一种产品 B，那么自然应当以产品 B 本身申请专利，其权利要求属于产品类型，不作为用途权利要求。

审查员应当注意从权利要求的撰写措词上区分用途权利要求和产品权利要求。例如，"用化合物 X 作为杀虫剂"或者"化合物 X 作为杀虫剂的应用"是用途权利要求，属于方法类型，而"用化合物 X 制成的杀虫剂"或者"含化合物 X 的杀虫剂"，则不是用途权利要求，而是产品权利要求。

还应当明确的是，不应当把"化合物 X 作为杀虫剂的应用"理解为与"作杀虫剂用的化合物 X"相等同。后者是限定用途的产品权利要求，不是用途权利要求。

4.5.2 物质的医药用途权利要求

物质的医药用途如果以"用于治病"、"用于诊断病"、"作为药物的应用"等等这样的权利要求申请专利，则属于专利法第二十五条第一款第（三）项"疾病的诊断和治疗方法"，因此不能被授予专利权；但是由于药品及其制备方法均可依法授予专利权，因此物质的医药用途发明以药品权利要求或者例如"在制药中的应用"、"在制备治疗某病的药物中的应用"等等属于制药方法类型的用途权利要求申请专利，则不属于专利法第二十五条第一款第（三）项规定的情形。

上述的属于制药方法类型的用途权利要求可撰写成例如"化合物 X 作为制备治疗 Y 病药物的应用"或与此类似的形式。

5. 化学发明的新颖性

法 22.2

5.1 化合物的新颖性

（1）专利申请要求保护一种化合物的，如果在一份对比文件里已经提到该化合物，即推定该化合物不具备新颖性，但申请人能提供证据证明在申请日之前无法获得该化合物的除外。这里所谓"提到"的含义是：明确定义或者说明了该化合物的化学名称、分子式（或结构式）、理化参数或制备方法（包括原料）。

例如，如果一份对比文件中所公开的化合物的名称和分子式（或结构式）难以辨认或者不清楚，但该文件公开了与专利申请要求保护的化合物相同的理化参数或者鉴定化合物用的其他参数等，即推定该化合物不具备新颖性，但申请人能提供证据证明在申请日之前无法获得该化合物的除外。

如果一份对比文件中所公开的化合物的名称、分子式（或结构式）和理化参数不清楚，但该文件公开了与专利申请要求保护的化合物相同的制备方法，即推定该化合物不具备新颖性。

（2）通式不能破坏该通式中一个具体化合物的新颖性。一个具体化合物的公开使包括该具体化合物的通式权利要求丧失新颖性，但不影响该通式所包括的除该具体化合物以外的其他化合物的新颖性。一系列具体的化合物能破坏这系列中相应的化合物的新颖性。一个范围的化合物（例如 C_{1-4}）能破坏该范围内两端具体化合物（C_1 和 C_4）的新颖性，但若 C_4 化合物有几种异构体，则 C_{1-4} 化合物不能破坏每个单独异构体的新颖性。

（3）天然物质的存在本身并不能破坏该发明物质的新颖性，只有对比文件中公开的与发明物质的结构和形态一致或者直接等同的天然物质，才能破坏该发明物质的新颖性。

法 22.2

5.2 组合物的新颖性

（1）仅涉及组分时的新颖性判断

一份对比文件公开了由组分（A＋B＋C）组成的组合物甲，如果

（i）发明专利申请为组合物乙（组分：A＋B），并且权利要求采用封闭式撰写形式，如"由 A＋B 组成"，即使该发明与组合物甲所解决的技术问题相同，该权利要求仍有新颖性。

（ii）上述发明组合物乙的权利要求采用开放式撰写形式，如"含有 A＋B"，且该发明与组合物甲所解决的技术问题相同，则该权利要求无新颖性。

（iii）上述发明组合物乙的权利要求采取排除法撰写形式，即指明不含 C，则该权利要求仍有新颖性。

（2）涉及组分含量时的新颖性判断

涉及组分含量时的新颖性判断适用本部分第三章第 3.2.4 节的规定。

法 22.2

5.3 用物理化学参数或者用制备方法表征的化学产品的新颖性

（1）对于用物理化学参数表征的化学产品权利要求，如果无法依据所记载的参数对由该参数表征的产品与对比文件公开的产品进行比较，从而不能确定采用该参数表征的产品与对比文件产品的区别，则推定用该参数表征的产品权利要求不具备专利法第二十二条第二款所述的新颖性。

（2）对于用制备方法表征的化学产品权利要求，其新颖性审查应针对该产品本身进行，而不是仅仅比较其中的制备方法是否与对比文件公开的方法相同。制备方法不同并不一定导致产品本身不同。

如果申请没有公开可与对比文件公开的产品进行比较的参数以证明该产品的不同之处，而仅仅是制备方法不同，也没有表明由于制备方法上的区别为产品带来任何功能、性质上的改

变，则推定该方法表征的产品权利要求不具备专利法第二十二条第二款所述的新颖性。

法 22.2

5.4 化学产品用途发明的新颖性

一种新产品的用途发明由于该产品是新的而自然具有新颖性。

一种已知产品不能因为提出了某一新的应用而被认为是一种新的产品。例如，产品 X 作为洗涤剂是已知的，那么一种用作增塑剂的产品 X 不具有新颖性。但是，如果一项已知产品的新用途本身是一项发明，则已知产品不能破坏该新用途的新颖性。这样的用途发明属于使用方法发明，因为发明的实质不在于产品本身，而在于如何去使用它。例如，上述原先作为洗涤剂的产品 X，后来有人研究发现将它配以某种添加剂后能作为增塑剂用。那么如何配制、选择什么添加剂、配比多少等就是使用方法的技术特征。这时，审查员应当评价该使用方法本身是否具备新颖性，而不能凭产品 X 是已知的认定该使用方法不具备新颖性。

对于涉及化学产品的医药用途发明，其新颖性审查应考虑以下方面：

（1）新用途与原已知用途是否实质上不同。仅仅表述形式不同而实质上属于相同用途的发明不具备新颖性。

（2）新用途是否被原已知用途的作用机理、药理作用所直接揭示。与原作用机理或者药理作用直接等同的用途不具有新颖性。

（3）新用途是否属于原已知用途的上位概念。已知下位用途可以破坏上位用途的新颖性。

（4）给药对象、给药方式、途径、用量及时间间隔等与使用有关的特征是否对制药过程具有限定作用。仅仅体现在用药过程中的区别特征不能使该用途具有新颖性。

法 22.3

6. 化学发明的创造性

6.1 化合物的创造性

（1）结构上与已知化合物不接近的、有新颖性的化合物，并有一定用途或者效果，审查员可以认为它有创造性而不必要求其具有预料不到的用途或者效果。

(2)结构上与已知化合物接近的化合物,必须要有预料不到的用途或者效果。此预料不到的用途或者效果可以是与该已知化合物的已知用途不同的用途;或者是对已知化合物的某一已知效果有实质性的改进或提高;或者是在公知常识中没有明确的或不能由常识推论得到的用途或效果。

(3)两种化合物结构上是否接近,与所在的领域有关,审查员应当对不同的领域采用不同的判断标准。以下仅举几个例子。

【例1】

现有技术:

(Ⅰa)

申请:

(Ⅰb)

结构接近的化合物,它们必须有相同的基本核心部分或者基本的环。以上的(Ⅰb)与(Ⅰa)结构不接近,在创造性判断时,不必要求举证(Ⅰb)比(Ⅰa)有预料不到的用途或效果。

【例2】

现有技术:$H_2N - C_6H_4 - SO_2NHR^1$ (Ⅱa)

申请:$H_2N - C_6H_4 - SO_2 - NHCONHR^1$ (Ⅱb)

(Ⅱa)磺胺是抗菌素,(Ⅱb)磺酰脲是抗糖尿药,结构接近,但药理作用不同,有预料不到的用途或效果,有创造性。

【例3】

现有技术:$H_2N - C_6H_4 - SO_2NHCONHR^1$ (Ⅲa)

申请：$H_3C-C_6H_4-SO_2NHCONHR^1$　　　　（Ⅲb）

（Ⅲa）氨基-磺酰脲与（Ⅲb）甲基-磺酰脲结构接近，只有 NH_2 与 CH_3 之区别，无预料不到的用途或效果，无创造性。

（4）应当注意，不要简单地仅以结构接近为由否定一种化合物的创造性，还需要进一步说明它的用途或效果是可以预计的，或者说明本领域的技术人员在现有技术的基础上通过合乎逻辑的分析、推理或者有限的试验就能制造或使用此化合物。

（5）若一项技术方案的效果是已知的必然趋势所导致的，则该技术方案没有创造性。例如，现有技术的一种杀虫剂 A-R，其中 R 为 C_{1-3} 的烷基，并且已经指出杀虫效果随着烷基 C 原子数的增加而提高。如果某一申请的杀虫剂是 $A-C_4H_9$，杀虫效果比现有技术的杀虫效果有明显提高。由于现有技术中指出了提高杀虫效果的必然趋势，因此该申请不具备创造性。

法 22.3　　6.2 化学产品用途发明的创造性

（1）新产品用途发明的创造性

对于新的化学产品，如果该用途不能从结构或者组成相似的已知产品预见到，可认为这种新产品的用途发明有创造性。

（2）已知产品用途发明的创造性

对于已知产品的用途发明，如果该新用途不能从产品本身的结构、组成、分子量、已知的物理化学性质以及该产品的现有用途显而易见地得出或者预见到，而是利用了产品新发现的性质，并且产生了预料不到的技术效果，可认为这种已知产品的用途发明有创造性。

法 22.4　　7. 化学发明的实用性

7.1 菜肴和烹调方法

不适于在产业上制造和不能重复实施的菜肴，不具备实用性，不能被授予专利权；依赖于厨师的技术、创作等不确定因素导致不能重复实施的烹调方法不适于在产业上应用，也不具备实用性，不能被授予专利权。

7.2 医生处方

医生处方，指医生根据具体病人的病情所开的药方。医生

法 31.1
细则 34

8. 化学发明的单一性

8.1 马库什权利要求的单一性

8.1.1 基本原则

如果一项申请在一个权利要求中限定多个并列的可选择要素，则构成"马库什"权利要求。马库什权利要求同样应当符合专利法第三十一条第一款及专利法实施细则第三十四条关于单一性的规定。如果一项马库什权利要求中的可选择要素具有相类似的性质，则应当认为这些可选择要素在技术上相互关联，具有相同或相应的特定技术特征，该权利要求可被认为符合单一性的要求。这种可选择要素称为马库什要素。

当马库什要素是化合物时，如果满足下列标准，应当认为它们具有类似的性质，该马库什权利要求具有单一性：

（1）所有可选择化合物具有共同的性能或作用；和

（2）所有可选择化合物具有共同的结构，该共同结构能够构成它与现有技术的区别特征，并对通式化合物的共同性能或作用是必不可少的；或者在不能有共同结构的情况下，所有的可选择要素应属于该发明所属领域中公认的同一化合物类别。

"公认的同一化合物类别"是指根据本领域的知识可以预期到该类的成员对于要求保护的发明来说其表现是相同的一类化合物。也就是说，每个成员都可以互相替代，而且可以预期所要达到的效果是相同的。

8.1.2 举 例

【例 1】

权利要求 1：通式为

的化合物，式中 R^1 为吡啶基；R^2 - R^4 是甲基、甲苯基或苯基，……该化合物是用作进一步提高血液吸氧能力的药物。

说明：通式中吲哚部分构成所有马库什化合物的共有部分，但是由于现有技术中存在以所述吲哚部分为共同结构且具有增强血液吸氧能力的化合物，因此吲哚部分不能够构成权利要求1通式化合物与现有技术的区别技术特征，所以无法根据吲哚部分判断权利要求1的单一性。

权利要求1通式化合物将吲哚上的 R^1 基团改变为3-吡啶基，其作用是进一步提高血液吸氧能力，因此，可以将3-吡啶基吲哚部分看作是对通式化合物的作用不可缺少的，是区别于现有技术的共同结构，所以该马库什权利要求具有单一性。

【例2】

权利要求1：通式为

$$X \left(\overset{O}{\underset{}{C}} - \underset{}{\bigcirc} - \overset{O}{\underset{}{C}} - O - (CH_2)_6 - O \right)_n H$$

的化合物，式中 $100 \geq n \geq 50$，X 为

$$\underset{}{\bigcirc} H - CH_2O- \quad (I)$$

或

$$\overset{CH_2}{\underset{H}{\overset{\|}{C}}} - \underset{}{\bigcirc} - CH_2O- \quad (II)$$

说明：说明书中指出，所述化合物是由已知的聚亚己基对苯二甲酸酯的端基经酯化制得的。当酯化成（I）时，具有抗热降解性能；但当酯化成（II）时，因为有"$CH_2 = CH-$"存在而不具有抗热降解性能。因此，它们没有共同的性能，所以该马库什权利要求不具有单一性。

【例3】

权利要求1：一种杀线虫组合物，含有作为活性成分的以下通式化合物：

$$\begin{array}{c}(R^3)_m \underset{X}{\overline{\bigcirc}}_n \\ \quad\quad R^1 \\ \quad\quad | \\ \quad\quad C - Y \\ \quad\quad | \\ \quad\quad R^2\end{array}$$

式中 m、n＝1、2 或 3；X＝O、S；R^3＝H、$C_1 - C_8$ 烷基；R^1 和 R^2＝H、卤素、$C_1 - C_3$ 烷基；Y＝H、卤素、胺基；……

说明：该通式的所有化合物，虽具有共同的杀线虫作用，但是，它们分别为五元、六元或七元环化合物，并且是不同类别的杂环化合物，因此它们没有共同的结构；同时根据本领域的现有技术不能够预期到这些化合物对于发明来说具有相同的表现，可以相互代替并且得到相同的效果。所以该马库什权利要求不具有单一性。

【例4】

权利要求1：一种除草组合物，包括有效量的 A 和 B 两种化合物的混合物和稀释剂或惰性载体，A 是 2，4－二氯苯氧基醋酸；B 选自如下化合物：硫酸铜，氯化钠，氨基磺酸铵，三氯醋酸钠，二氯丙酸，3－氨基－2，5－二氯苯甲酸，联苯甲酰胺，碘苯腈，2－（1－甲基－正丙基）4，6－二硝基苯酚，二硝基苯胺和三嗪。

说明：在此情况下，由于马库什要素 B 没有共同的结构而且不能根据本领域内现有技术预期这些马库什要素 B 的各类化合物在作除草成分时可以相互替代并且得到相同结果，因而在该发明的相关技术中也不能被认为是属于同一类化合物，而是属于如下不同类的化合物：（a）无机盐：硫酸铜，氯化钠，氨基磺酸铵；（b）有机盐或酸：三氯醋酸钠，二氯丙酸，3－氨基－2，5－二氯苯甲酸；（c）酰胺：联苯甲酰胺；（d）腈：碘苯腈；（e）苯酚：2－（1－甲基－正丙基）4，6－二硝基苯酚；（f）胺：二硝基苯胺；（g）杂环：三嗪，所以权利要求1所要求保护的发明不具有单一性。

【例5】

权利要求1：烃类气相氧化催化剂，含有 X 或 X＋A。

说明：说明书中，X 使 RCH_3 氧化成 RCH_2OH，X＋A 使 RCH_3 氧化成 RCOOH。这两种催化剂具有共同的作用，都是用

于 RCH_3 的氧化,虽然 X + A 使 RCH_3 氧化得更完全,但作用是相同的,并且这两种催化剂都具有区别于现有技术并对该共同作用是必不可少的共同成分 X,所以权利要求 1 具有单一性。

8.2 中间体与最终产物的单一性

涉及中间体的申请的单一性同样需要符合专利法第三十一条第一款和专利法实施细则第三十四条的规定。

8.2.1 基本原则

(1) 中间体与最终产物之间同时满足以下两个条件,则有单一性:

(i) 中间体与最终产物有相同的基本结构单元,或者它们的化学结构在技术上密切相关,中间体的基本结构单元进入最终产物;

(ii) 最终产物是直接由中间体制备的,或者直接从中间体分离出来的。

(2) 由不同中间体制备同一最终产物的几种方法,如果这些不同的中间体具有相同的基本结构单元,允许在同一件申请中要求保护。

(3) 用于同一最终产物的不同结构部分的不同中间体,不能在同一件申请中要求保护。

8.2.2 举 例

【例 1】

权利要求 1:

(中间体)

权利要求2：

$$\begin{array}{c} R^2 \diagdown \quad \diagup R^1 \\ N \diagdown \quad \diagup R^3 \\ \quad N \\ \quad | \\ O \diagdown P \diagup O\text{—}R^4 \\ \quad \| \diagdown X\text{—}R^5 \\ \quad Y \end{array}$$

（最终产物）

说明：以上中间体与最终产物的化学结构在技术上密切相关，中间体的基本结构单元进入最终产物，并可从该中间体直接制备最终产物。因此，权利要求1和2有单一性。

【例2】

权利要求1：一种无定型聚异戊二烯（中间体）

权利要求2：一种结晶聚异戊二烯（最终产物）

说明：在此例中，无定型聚异戊二烯经过拉伸后直接得到结晶型的聚异戊二烯，它们的化学结构相同，该两项权利要求有单一性。

9. 生物技术领域发明专利申请的审查

在本节中，术语"生物材料"是指任何带有遗传信息并能够自我复制或者能够在生物系统中被复制的材料，如基因、质粒、微生物、动物和植物等。

术语"动物"、"植物"的定义适用本部分第一章第4.4节的规定。其中所述的动物和植物可以是动物和植物的各级分类单位，如界、门、纲、目、科、属和种等。

9.1 对要求保护的客体的审查

9.1.1 依据专利法第五条对要求保护的客体的审查

在本部分第一章第3.1.2节中例举了一些属于专利法第五条第一款规定的不能被授予专利权的生物技术发明类型。此外，下列情况也属于专利法第五条规定的不能被授予专利权的发明。

9.1.1.1 人类胚胎干细胞

人类胚胎干细胞及其制备方法，均属于专利法第五条第一款规定的不能被授予专利权的发明。

9.1.1.2 处于各形成和发育阶段的人体

处于各个形成和发育阶段的人体，包括人的生殖细胞、受精卵、胚胎及个体，均属于专利法第五条第一款规定的不能被授予专利权的发明。

9.1.1.3 违法获取或利用遗传资源完成的发明创造

违反法律、行政法规的规定获取或者利用遗传资源，并依赖该遗传资源完成的发明创造，属于专利法第五条第二款规定的不能被授予专利权的发明创造，其审查适用本部分第一章第3.2节的规定。

9.1.2 根据专利法第二十五条对要求保护的客体的审查

9.1.2.1 微 生 物

微生物包括：细菌、放线菌、真菌、病毒、原生动物、藻类等。由于微生物既不属于动物，也不属于植物的范畴，因而微生物不属于专利法第二十五条第一款第（四）项所列的情况。

法 25.1（1）

但是未经人类的任何技术处理而存在于自然界的微生物由于属于科学发现，所以不能被授予专利权。只有当微生物经过分离成为纯培养物，并且具有特定的工业用途时，微生物本身才属于可给予专利保护的客体。

9.1.2.2 基因或 DNA 片段

无论是基因或是 DNA 片段，其实质是一种化学物质。这里所述的基因或 DNA 片段包括从微生物、植物、动物或人体分离获得的，以及通过其他手段制备得到的。

正如本章第2.1节所述，人们从自然界找到以天然形态存在的基因或 DNA 片段，仅仅是一种发现，属于专利法第二十五条第一款第（一）项规定的"科学发现"，不能被授予专利权。但是，如果是首次从自然界分离或提取出来的基因或 DNA 片段，其碱基序列是现有技术中不曾记载的，并能被确切地表征，且在产业上有利用价值，则该基因或 DNA 片段本身及其得到方法均属于可给予专利保护的客体。

9.1.2.3 动物和植物个体及其组成部分

动物的胚胎干细胞、动物个体及其各个形成和发育阶段例如生殖细胞、受精卵、胚胎等，属于本部分第一章第 4.4 节所述的"动物品种"的范畴，根据专利法第二十五条第一款第（四）项规定，不能被授予专利权。

动物的体细胞以及动物组织和器官（除胚胎以外）不符合本部分第一章第 4.4 节所述的"动物"的定义，因此不属于专利法第二十五条第一款第（四）项规定的范畴。

可以借助光合作用，以水、二氧化碳和无机盐等无机物合成碳水化合物、蛋白质来维系生存的植物的单个植株及其繁殖材料（如种子等），属于本部分第一章第 4.4 节所述的"植物品种"的范畴，根据专利法第二十五条第一款第（四）项规定，不能被授予专利权。

植物的细胞、组织和器官如果不具有上述特性，则其不能被认为是"植物品种"，因此不属于专利法第二十五条第一款第（四）项规定的范畴。

9.1.2.4 转基因动物和植物

转基因动物或植物是通过基因工程的重组 DNA 技术等生物学方法得到的动物或植物。其本身仍然属于本部分第一章第 4.4 节定义的"动物品种"或"植物品种"的范畴，根据专利法第二十五条第一款第（四）项规定，不能被授予专利权。

法 26.3

9.2 说明书的充分公开

9.2.1 生物材料的保藏

（1）专利法第二十六条第三款规定，说明书应当对发明或者实用新型作出清楚、完整的说明，以所属技术领域的技术人员能够实现为准。

通常情况下，说明书应当通过文字记载充分公开申请专利保护的发明。在生物技术这一特定的领域中，有时由于文字记载很难描述生物材料的具体特征，即使有了这些描述也得不到生物材料本身，所属技术领域的技术人员仍然不能实施发明。在这种情况下，为了满足专利法第二十六条第三款的要求，应按规定将所涉及的生物材料到国家知识产权局认可的保藏单位进行保藏。

如果申请涉及的完成发明必须使用的生物材料是公众不能得到的，而申请人却没有按专利法实施细则第二十四条的规定进行保藏，或者虽然按规定进行了保藏，但是未在申请日或者最迟自申请日起四个月内提交保藏单位出具的保藏证明和存活证明的，审查员应当以申请不符合专利法第二十六条第三款的规定驳回该申请。

细则 24（3）　　对于涉及公众不能得到的生物材料的专利申请，应当在请求书和说明书中均写明生物材料的分类命名、拉丁文学名、保藏该生物材料样品的单位名称、地址、保藏日期和保藏编号。在说明书中第一次提及该生物材料时，除描述该生物材料的分类命名、拉丁文学名以外，还应当写明其保藏日期、保藏该生物材料样品的保藏单位全称及简称和保藏编号；此外，还应当将该生物材料的保藏日期、保藏单位全称及简称和保藏编号作为说明书的一个部分集中写在相当于附图说明的位置。如果申请人按时提交了符合专利法实施细则第二十四条规定的请求书、保藏证明和存活证明，但未在说明书中写明与保藏有关的信息，允许申请人在实质审查阶段根据请求书的内容将相关信息补充到说明书中。

（2）专利法实施细则第二十四条中所说的"公众不能得到的生物材料"包括：个人或单位拥有的、由非专利程序的保藏机构保藏并对公众不公开发放的生物材料；或者虽然在说明书中描述了制备该生物材料的方法，但是本领域技术人员不能重复该方法而获得所述的生物材料，例如通过不能再现的筛选、突变等手段新创制的微生物菌种。这样的生物材料均要求按照规定进行保藏。

以下情况被认为是公众可以得到、而不要求进行保藏：

（i）公众能从国内外商业渠道买到的生物材料，应当在说明书中注明购买的渠道，必要时，应提供申请日（有优先权的，指优先权日）前公众可以购买得到该生物材料的证据；

（ii）在各国专利局或国际专利组织承认的用于专利程序的保藏机构保藏的，并且在向我国提交的专利申请的申请日（有优先权的，指优先权日）前已在专利公报中公布或已授权的生

物材料;

(iii) 专利申请中必须使用的生物材料在申请日 (有优先权的,指优先权日) 前已在非专利文献中公开的,应当在说明书中注明了文献的出处,说明了公众获得该生物材料的途径,并由专利申请人提供了保证从申请日起二十年内向公众发放生物材料的证明。

(3) 在国家知识产权局认可的机构内保藏的生物材料,应当由该单位确认生物材料的生存状况,如果确认生物材料已经死亡、污染、失活或变异的,申请人必须将与原来保藏的样品相同的生物材料和原始样品同时保藏,并将此事呈报专利局,即可认为后来的保藏是原来保藏的继续。

(4) 国家知识产权局认可的保藏单位是指布达佩斯条约承认的生物材料样品国际保藏单位,其中包括位于我国北京的中国微生物菌种保藏管理委员会普通微生物中心 (CGMCC) 和位于武汉的中国典型培养物保藏中心 (CCTCC)。

9.2.2 涉及遗传工程的发明

术语"遗传工程"指基因重组、细胞融合等人工操作基因的技术。涉及遗传工程的发明包括基因 (或 DNA 片段)、载体、重组载体、转化体、多肽或蛋白质、融合细胞、单克隆抗体等的发明。

9.2.2.1 产品发明

对于涉及基因、载体、重组载体、转化体、多肽或蛋白质、融合细胞、单克隆抗体本身的发明,说明书应当包括下列内容:产品的确认,产品的制备,产品的用途和/或效果。

(1) 产品的确认

对于涉及基因、载体、重组载体、转化体、多肽或蛋白质、融合细胞、单克隆抗体等的发明,说明书应明确记载其结构,如基因的碱基序列,多肽或蛋白质的氨基酸序列等。在无法清楚描述其结构的情况下,应当描述其相应的物理-化学参数,生物学特性和/或制备方法等。

(2) 产品的制备

说明书中应描述制造该产品的方式,除非本领域的技术人员根据原始说明书、权利要求书和附图的记载和现有技术无需该描述就可制备该产品。

对于涉及基因、载体、重组载体、转化体、多肽或蛋白质、融合细胞、单克隆抗体等的发明，如果说明书中描述的制备所述产物的方法，是本领域技术人员不能重复实施的方法，则获得的导入了基因、载体、重组载体的转化体（包括产生多肽或蛋白质的转化体）或融合细胞等应当按照专利法实施细则第二十四条的规定进行生物材料的保藏，具体保藏事项适用本章第 9.2.1 节的规定。

对于制备基因、载体、重组载体、转化体、多肽或蛋白质、融合细胞、单克隆抗体等的方法，如果其实施过程中使用了在申请日（有优先权的，指优先权日）前公众不能获得的生物材料，则应当按照专利法实施细则第二十四条的规定将所述的生物材料进行保藏，具体保藏事项适用本章第 9.2.1 节的规定。

具体可采用下列方式进行描述：

（i）基因、载体或者重组载体

对于产生基因、载体或重组载体的方法，应当描述其各自的起源或来源，获得所述基因、载体或重组载体的方法，所用的酶、处理条件、收集和纯化它的步骤、鉴定方法等。

（ii）转化体

对于制备转化体的方法，应当描述导入的基因或重组载体、宿主（微生物、植物或动物）、将基因或重组载体导入宿主的方法、选择性收集转化体的方法或鉴定方法等。

（iii）多肽或者蛋白质

对于以基因重组技术制备多肽或蛋白质的方法，应当描述获得编码多肽或蛋白质的基因的方法、获得表达载体的方法、获得宿主的方法、将基因导入宿主的方法、选择性收集转化体的方法、从导入基因的转化体收集和纯化多肽或蛋白质的步骤或鉴定所获得的多肽或蛋白质的方法等。

（iv）融合细胞

对于制备融合细胞（例如杂交瘤等）的方法，应当描述亲本细胞的来源、对亲本细胞的预处理、融合条件、选择性收集融合细胞的方法或其鉴定方法等。

（v）单克隆抗体

对于制备单克隆抗体的方法，应当描述获得或制备免疫原的方法、免疫方法、选择性获得产生抗体的细胞的方法或鉴定单克隆抗体的方法等。

当发明涉及满足特定条件（例如用特定的结合常数来说明其与抗原 A 的亲和性）的单克隆抗体时，即使按照上文"（iv）融合细胞"部分所述记载了制备产生满足所述特定条件的单克隆抗体的杂交瘤的方法，但是由于实施该方法获得某一特定结果是随机的，不能重复再现，因此所述杂交瘤应当按照专利法实施细则第二十四条的规定进行保藏，但申请人能够提供足够的证据证明本领域技术人员可根据说明书的记载重复制备该杂交瘤的除外。

（3）产品的用途和/或效果

对于涉及基因、载体、重组载体、转化体、多肽或蛋白质、融合细胞、单克隆抗体等的发明，应在说明书中描述其用途和/或效果，明确记载获得所述效果所需的技术手段、条件等。

例如，应在说明书中提供证据证明基因具有特定的功能，对于结构基因，应该证明所述基因编码的多肽或蛋白质具有特定的功能。

9.2.2.2 制备产品的方法发明

对于制备基因、载体、重组载体、转化体、多肽或蛋白质、融合细胞和单克隆抗体等的方法的发明，说明书应当清楚、完整地描述所述方法以使本领域技术人员能使用该方法制备所述的产品，而且当所述产品为新物质时，应记载所述产品的至少一种用途。具体要求适用本章第 9.2.2.1 节的规定。

9.2.3 核苷酸或氨基酸序列表

细则 17.4
（1）当发明涉及由 10 个或更多核苷酸组成的核苷酸序列，或由 4 个或更多 L－氨基酸组成的蛋白质或肽的氨基酸序列时，应当递交根据国家知识产权局发布的《核苷酸和/或氨基酸序列表和序列表电子文件标准》撰写的序列表。

细则 17.4
（2）序列表应作为单独部分来描述并置于说明书的最后。此外申请人还应当提交记载有核苷酸或氨基酸序列表的计算机可读形式的副本。有关序列表的提交参见第一部分第一章 4.2 节。

如果申请人提交的计算机可读形式的核苷酸或氨基酸序列表与说明书和权利要求书中书面记载的序列表不一致，则以书面提交的序列表为准。

细则 24

9.2.4 涉及微生物的发明

（1）经保藏的微生物应以分类鉴定的微生物株名、种名、属名进行表述。如未鉴定到种名的应当给出属名。在说明书中，第一次提及该发明所使用的微生物时，应用括号注明其拉丁文学名。如果该微生物已按专利法实施细则第二十四条的规定在国家知识产权局认可的保藏单位保藏，应当在说明书中按本章第 9.2.1 节的规定写明其保藏日期、保藏单位全称及简称和保藏编号。在说明书的其他位置可以用该保藏单位的简称以及该微生物的保藏编号代表所保藏的微生物，例如以"金黄色葡萄球菌 CCTCC8605"进行描述。

（2）当涉及的微生物属于新种时，要详细记载其分类学性质，要写明鉴定为新种的理由，并给出作为判断基准的有关文献。

9.3 生物技术领域发明的权利要求书

权利要求书应当符合专利法第二十六条第四款、专利法实施细则第二十条第二款的规定。

9.3.1 涉及遗传工程的发明

对于涉及基因、载体、重组载体、转化体、多肽或蛋白质、融合细胞和单克隆抗体等的发明，其权利要求可按下面所述进行描述。

9.3.1.1 基　因

（1）直接限定其碱基序列。

（2）对于结构基因，可限定由所述基因编码的多肽或蛋白质的氨基酸序列。

（3）当该基因的碱基序列或其编码的多肽或蛋白质的氨基酸序列记载在序列表或说明书附图中时，可以采用直接参见序列表或附图的方式进行描述。

【例如】

一种 DNA 分子，其碱基序列如 SEQ ID NO：1（或附图1）所示。

（4）对于具有某一特定功能，例如其编码的蛋白质具有酶 A 活性的基因，可采用术语"取代、缺失或添加"与功能相结合的方式进行限定。

【例如】

编码如下蛋白质（a）或（b）的基因：

（a）由 Met – Tyr – … – Cys – Leu 所示的氨基酸序列组成的蛋白质，

（b）在（a）限定的氨基酸序列中经过取代、缺失或添加一个或几个氨基酸且具有酶 A 活性的由（a）衍生的蛋白质。

允许用上述方式表示的条件是：

I. 说明书例如实施例中例举了（b）所述的衍生的蛋白质；

II. 说明书中记载了制备（b）所述衍生的蛋白质以及证明其功能的技术手段（否则认为说明书公开不充分）。

（5）对于具有某一特定功能，例如其编码的蛋白质具有酶 A 活性的基因，可采用在严格条件下"杂交"，并与功能相结合的方式进行限定。

【例如】

如下（a）或（b）的基因：

（a）其核苷酸序列为 ATGTATCGG…TGCCT 所示的 DNA 分子，

（b）在严格条件下与（a）限定的 DNA 序列杂交且编码具有酶 A 活性的蛋白质的 DNA 分子。

允许用上述方式表示的条件是：

I. 说明书中详细描述了"严格条件"；

II. 说明书如实施例中例举了（b）所述 DNA 分子。

（6）当无法使用前述五种方式进行描述时，通过限定所述基因的功能、理化特性、起源或来源、产生所述基因的方法等描述基因才可能是允许的。

9.3.1.2 载 体

（1）限定其 DNA 的碱基序列。

（2）利用 DNA 的裂解图谱、分子量、碱基对数量、载体来源、生产该载体的方法、该载体的功能或特征等进行描述。

9.3.1.3 重组载体

重组载体可通过限定至少一个基因和载体来描述。

9.3.1.4 转化体

转化体可通过限定其宿主和导入的基因（或重组载体）来描述。

9.3.1.5 多肽或蛋白质

（1）限定氨基酸序列或编码所述氨基酸序列的结构基因的碱基序列。

（2）当其氨基酸序列记载在序列表或说明书附图中时，可以采用直接参见序列表或附图的方式进行描述。

【例如】

一种蛋白质，其氨基酸序列如 SEQ ID NO：2（或附图2）所示。

（3）对于具有某一特定功能，例如具有酶 A 活性的蛋白质，可采用术语"取代、缺失或添加"与功能相结合的方式进行限定，具体方式如下：

如下（a）或（b）的蛋白质：

（a）由 Met－Tyr－…－Cys－Leu 所示的氨基酸序列组成的蛋白质，

（b）在（a）中的氨基酸序列经过取代、缺失或添加一个或几个氨基酸且具有酶 A 活性的由（a）衍生的蛋白质。

允许用上述方式表示的条件是：

I. 说明书例如实施例中例举了（b）所述的衍生的蛋白质；

II. 说明书中记载了制备（b）所述衍生的蛋白质以及证明其功能的技术手段（否则认为说明书公开不充分）。

（4）当无法使用前述三种方式进行描述时，采用所述多肽或蛋白质的功能、理化特性、起源或来源、产生所述多肽或蛋白质的方法等进行描述才可能是允许的。

9.3.1.6 融合细胞

融合细胞可通过限定亲本细胞，融合细胞的功能和特征，或产生该融合细胞的方法等进行描述。

9.3.1.7 单克隆抗体

针对单克隆抗体的权利要求可以用产生它的杂交瘤来限定。

【例如】

抗原 A 的单克隆抗体，由保藏号为 CGMCC NO：×××的杂交瘤产生。

9.3.2 涉及微生物的发明

法 26.4　（1）权利要求中所涉及的微生物应按微生物学分类命名法进行表述，有确定的中文名称的，应当用中文名称表述，并在第一次出现时用括号注明该微生物的拉丁文学名。如果微生物已在国家知识产权局认可的保藏单位保藏，还应当以该微生物的保藏单位的简称和保藏编号表述该微生物。

法 26.4　（2）如果说明书中没有提及某微生物的具体突变株，或者虽提及具体突变株，但是没有提供相应的具体实施方式，而权利要求中却要求保护这样的突变株，则不允许。

法 26.4　对于要求保护某一微生物的"衍生物"的权利要求，由于"衍生物"含义不仅是指由该微生物产生的新的微生物菌株，而且可以延伸到由该微生物产生的代谢产物等，因此其含义是不确定的，这样的权利要求的保护范围是不清楚的。

9.4 新颖性、创造性和实用性的审查

法 22.2　### 9.4.1 涉及遗传工程的发明的新颖性

（1）基因

如果某蛋白质本身具有新颖性，则编码该蛋白质的基因的发明也具有新颖性。

（2）重组蛋白

如果以单一物质形式被分离和纯化的蛋白质是已知的，那么由不同的制备方法定义的、具有同样氨基酸序列的重组蛋白的发明不具有新颖性。

（3）单克隆抗体

如果抗原 A 是新的，那么抗原 A 的单克隆抗体也是新的。但是，如果某已知抗原 A′的单克隆抗体是已知的，而发明涉及的抗原 A 具有与已知抗原 A′相同的表位，即推定已知抗原 A′的单克隆抗体就能与发明涉及的抗原 A 结合。在这种情况下，抗原 A 的单克隆抗体的发明不具有新颖性，除非申请人能够根据申请文件或现有技术证明，申请的权利要求所限定的单克隆抗体与对比文件公开的单克隆抗体的确不同。

法 22.3

9.4.2 创造性

9.4.2.1 涉及遗传工程的发明

(1) 基因

如果在申请的发明中，某蛋白质已知而其氨基酸序列是未知的，那么只要本领域技术人员在该申请提交时可以容易地确定其氨基酸序列，编码该蛋白质的基因发明就不具有创造性。但是，如果该基因具有特定的碱基序列，而且与其他编码所述蛋白质的、具有不同碱基序列的基因相比，具有本领域技术人员预料不到的效果，则该基因的发明具有创造性。

如果某蛋白质的氨基酸序列是已知的，则编码该蛋白质的基因的发明不具有创造性。但是，如果该基因具有特定的碱基序列，而且与其他编码所述蛋白质的、具有不同碱基序列的基因相比，具有本领域技术人员预料不到的效果，则该基因的发明具有创造性。

如果一项发明要求保护的结构基因是一个已知结构基因的可自然获得的突变的结构基因，且该要求保护的结构基因与该已知结构基因源于同一物种，也具有相同的性质和功能，则该发明不具备创造性。

(2) 重组载体

如果载体与插入的基因都是已知的，通常由它们的结合所得到的重组载体的发明不具有创造性。但是，如果由它们的特定结合形成的重组载体的发明与现有技术相比具有预料不到的技术效果，则该重组载体的发明具有创造性。

(3) 转化体

如果宿主与插入的基因都是已知的，通常由它们的结合所得到的转化体的发明不具有创造性。但是，如果由它们的特定结合形成的转化体的发明与现有技术相比具有预料不到的技术效果，则该转化体的发明具有创造性。

(4) 融合细胞

如果亲代细胞是已知的，通常由这些亲代细胞融合所得到的融合细胞的发明不具有创造性。但是，如果该融合细胞与现有技术相比具有预料不到的技术效果，则该融合细胞的发明具有创造性。

(5) 单克隆抗体

如果抗原是已知的，并且很清楚该抗原具有免疫原性（例如由该抗原的多克隆抗体是已知的或者该抗原是大分子多肽就能得知该抗原明显具有免疫原性），那么该抗原的单克隆抗体的发明不具有创造性。但是，如果该发明进一步由其他特征等限定，并因此使其产生了预料不到的效果，则该单克隆抗体的发明具有创造性。

9.4.2.2 涉及微生物的发明

（1）微生物本身

与已知种的分类学特征明显不同的微生物（即新的种）具有创造性。如果发明涉及的微生物的分类学特征与已知种的分类学特征没有实质区别，但是该微生物产生了本领域技术人员预料不到的技术效果，那么该微生物的发明具有创造性。

（2）有关微生物应用的发明

对于微生物应用的发明，如果发明中使用的微生物是已知的种，并且该微生物与已知的、用于同样用途的另一微生物属于同一个属，那么该微生物应用的发明不具有创造性。但是，如果与应用已知的、属于同一个属中的另一微生物相比，该微生物的应用产生了预料不到的技术效果，那么该微生物应用的发明具有创造性。

如果发明中所用的微生物与已知种的微生物具有明显不同的分类学特征（即发明所用的微生物是新的种），那么即使用途相同，该微生物应用的发明也具有创造性。

法 22.4

9.4.3 实用性

在生物技术领域中，某些发明由于不能重现而不具有工业实用性，因此不能被授予专利权。

9.4.3.1 由自然界筛选特定微生物的方法

这种类型的方法由于受到客观条件的限制，且具有很大随机性，因此在大多数情况下都是不能重现的。例如从某省某县某地的土壤中分离筛选出一种特定的微生物，由于其地理位置的不确定和自然、人为环境的不断变化，再加上同一块土壤中特定的微生物存在的偶然性，致使不可能在专利有效期二十年内能重现地筛选出同种同属、生化遗传性能完全相同的微生物体。因此,由自然界筛选特定微生物的方法,一般不具有工业实用性,除非申请人能够给出充足的证据证明这种方法可以重复实施,否则这种方法不能被授予专利权。

9.4.3.2 通过物理、化学方法进行人工诱变生产新微生物的方法

这种类型的方法主要依赖于微生物在诱变条件下所产生的随机突变,这种突变实际上是DNA复制过程中的一个或者几个碱基的变化,然后从中筛选出具有某种特征的菌株。由于碱基变化是随机的,因此即使清楚记载了诱变条件,也很难通过重复诱变条件而得到完全相同的结果。这种方法在绝大多数情况下不符合专利法第二十二条第四款的规定,除非申请人能够给出足够的证据证明在一定的诱变条件下经过诱变必然得到具有所需特性的微生物,否则这种类型的方法不能被授予专利权。

法 26.5
细则 26.2

9.5 遗传资源来源的披露

9.5.1 术语的解释

专利法所称遗传资源的直接来源,是指获取遗传资源的直接渠道。申请人说明遗传资源的直接来源,应当提供获取该遗传资源的时间、地点、方式、提供者等信息。

专利法所称遗传资源的原始来源,是指遗传资源所属的生物体在原生环境中的采集地。遗传资源所属的生物体为自然生长的生物体的,原生环境是指该生物体的自然生长环境;遗传资源所属的生物体为培植或者驯化的生物体的,原生环境是指该生物体形成其特定性状或者特征的环境。申请人说明遗传资源的原始来源,应当提供采集该遗传资源所属的生物体的时间、地点、采集者等信息。

9.5.2 对披露内容的具体要求

就依赖遗传资源完成的发明创造申请专利,申请人应当在请求书中予以说明,并且在专利局制定的遗传资源来源披露登记表(以下简称为登记表)中填写有关遗传资源直接来源和原始来源的具体信息。

申请人对直接来源和原始来源的披露应符合登记表的填写要求,清楚、完整地披露相关信息。

如果遗传资源的直接来源为从某个机构获得，例如保藏机构、种子库（种质库）、基因文库等，该机构知晓并能够提供原始来源的，申请人应当提供该遗传资源的原始来源信息。申请人声称无法说明原始来源的，应当陈述理由，必要时提供有关证据。例如指明"该种子库未记载该遗传资源的原始来源"、"该种子库不能提供该遗传资源的原始来源"，并提供该种子库出具的相关书面证明。

9.5.3 遗传资源来源披露的审查

在依据专利法第二十六条第五款和专利法实施细则第二十六条第二款进行审查时，审查员应当首先仔细阅读说明书和权利要求书，准确理解发明，在此基础上确定发明创造的完成是否依赖于遗传资源以及所依赖的是何种遗传资源。

对于依赖于遗传资源完成的发明创造，审查员应当审查申请人是否提交了登记表。

如果申请人未提交登记表，审查员应当在审查意见通知书中告知申请人补交登记表，通知书中还应当具体指明哪些遗传资源需要披露来源并说明理由。

如果申请人提交的登记表中仅披露了部分遗传资源的来源，审查员应当在审查意见通知书中告知申请人补全登记表，通知书中还应当具体指明需要补充披露来源的遗传资源并说明理由。

如果申请人提交了登记表，审查员应当审查该登记表中是否说明了该遗传资源的直接来源和原始来源；对于未说明原始来源的，是否说明了理由。如果申请人填写的登记表不符合规定，审查员应当在审查意见通知书中指出登记表中存在的缺陷。经申请人陈述意见或者进行修改后仍不符合专利法第二十六条第五款规定的，审查员应当驳回其专利申请。

需要注意的是，登记表中的内容不属于原说明书和权利要求书记载的内容，因此不能作为判断说明书是否充分公开的依据，也不得作为修改说明书和权利要求书的基础。

第三部分

进入国家阶段的国际申请的审查

目 录

第一章	**进入国家阶段的国际申请的初步审查和事务处理**	313（3–1）
1.	引　言	313（3–1）
2.	国际申请进入国家阶段手续的审查	314（3–2）
2.1	在中国没有效力	314（3–2）
2.2	在中国的效力丧失	314（3–2）
2.2.1	国际局通知效力丧失	314（3–2）
2.2.2	延误办理进入国家阶段的手续	315（3–3）
2.2.3	关于选定	315（3–3）
2.3	进入国家阶段的处理	316（3–4）
3.	进入国家阶段时提交的申请文件的审查	316（3–4）
3.1	进入国家阶段的书面声明	316（3–4）
3.1.1	国际申请日	316（3–4）
3.1.2	保护类型	316（3–4）
3.1.3	发明名称	317（3–5）
3.1.4	发　明　人	317（3–5）
3.1.4.1	发明人信息的确定	317（3–5）
3.1.4.2	国际申请没有发明人事项	318（3–6）
3.1.4.3	发明人的译名	318（3–6）
3.1.5	申　请　人	318（3–6）
3.1.5.1	申请人信息的确定	318（3–6）
3.1.5.2	申请人的资格	319（3–7）
3.1.5.3	申请人的译名	319（3–7）
3.1.6	审查基础文本声明	320（3–8）
3.2	原始申请的译文和附图	320（3–8）
3.2.1	说明书和权利要求书的译文	321（3–9）
3.2.2	附　图	322（3–10）
3.2.3	摘要译文和摘要附图	322（3–10）
3.3	使用中文完成国际公布的国际申请	323（3–11）
3.4	期限届满前的处理	323（3–11）
3.4.1	提前处理	323（3–11）
3.4.2	暂时不作处理	324（3–12）

4.	国际阶段的修改文件译文的审查	324（3–12）
4.1	按照专利合作条约第19条修改的权利要求书的译文	324（3–12）
4.2	按照专利合作条约第34条作出的修改的译文	325（3–13）
5.	其他文件的审查	326（3–14）
5.1	委托和委托书	326（3–14）
5.1.1	委 托	326（3–14）
5.1.2	委 托 书	326（3–14）
5.2	要求优先权	326（3–14）
5.2.1	要求优先权声明	326（3–14）
5.2.2	在先申请文件副本的提供	328（3–16）
5.2.3	在先申请文件副本的审查	328（3–16）
5.2.3.1	与优先权声明不一致	328（3–16）
5.2.3.2	提供享有优先权的证明	328（3–16）
5.2.4	优先权要求费	329（3–17）
5.2.5	优先权要求的恢复	329（3–17）
5.2.6	在先申请是在中国提出	330（3–18）
5.3	援引加入	330（3–18）
5.4	不丧失新颖性的公开	331（3–19）
5.5	生物材料样品保藏事项	332（3–20）
5.5.1	进入声明中的指明	332（3–20）
5.5.2	生物材料样品保藏说明	332（3–20）
5.5.3	生物材料样品保藏证明	333（3–21）
5.6	遗传资源的来源	333（3–21）
5.7	进入国家阶段后对申请文件的修改	334（3–22）
5.8	改正译文错误	334（3–22）
5.9	实质审查请求	335（3–23）
5.10	著录项目变更	335（3–23）
5.10.1	经国际局记录的变更	335（3–23）
5.10.1.1	国际局通知的效力	335（3–23）
5.10.1.2	补交证明材料	335（3–23）
5.10.2	国家阶段的著录项目变更	336（3–24）
5.11	请求复查	336（3–24）
5.11.1	提出复查请求	336（3–24）
5.11.2	其他手续	337（3–25）
5.11.3	复查及复查后的处理	337（3–25）

5.12	国际单位错误的改正	337（3-25）
5.12.1	改正国际单位错误的声明	337（3-25）
5.12.2	附　件	338（3-26）
5.12.3	改正后的处理	338（3-26）
6.	国家公布	338（3-26）
6.1	何时公布	339（3-27）
6.2	公布形式	339（3-27）
6.2.1	国际公布是使用外文的申请	339（3-27）
6.2.2	国际公布是使用中文的申请	339（3-27）
6.3	公布内容	339（3-27）
6.3.1	发明专利公报中国家公布的内容	339（3-27）
6.3.2	发明专利申请单行本的内容	340（3-28）
7.	缴费的特殊规定	340（3-28）
7.1	申请费、公布印刷费、申请附加费及宽限费	340（3-28）
7.2	费用减免	340（3-28）
7.2.1	申请费的免缴	340（3-28）
7.2.2	实质审查费的减免	340（3-28）
7.2.3	复审费和年费的减缓	341（3-29）
7.3	其他特殊费用	341（3-29）
第二章	**进入国家阶段的国际申请的实质审查**	342（3-30）
1.	引　言	342（3-30）
2.	实质审查原则	342（3-30）
2.1	实质审查的基本原则	342（3-30）
2.2	与授予专利权的实质条件有关的条款	343（3-30）
3.	实质审查依据文本的确认	343（3-31）
3.1	申请人的请求	343（3-31）
3.2	审查依据的文本	343（3-31）
3.3	原始提交的国际申请文件的法律效力	345（3-33）
4.	实质审查中的检索	345（3-33）
4.1	一般原则	345（3-33）
4.2	节约原则	345（3-33）
5.	实质审查所涉及的内容和审查要求	346（3-34）
5.1	专利性国际初步报告的使用	346（3-34）
5.2	审查申请是否属于不授予专利权的发明创造	346（3-34）
5.3	优先权的审查	347（3-35）

5.4	新颖性和创造性的审查	348（3-36）
5.5	单一性的审查	348（3-36）
5.6	避免重复授权的审查	349（3-37）
5.7	改正译文错误	349（3-37）

第一章 进入国家阶段的国际申请的初步审查和事务处理

1. 引 言

按照专利合作条约（即 PCT）提出的国际申请，指明希望获得中国的发明专利或者实用新型专利保护的，在完成国际阶段的程序后，应当根据专利法实施细则第一百零三条、第一百零四条的规定，向专利局办理进入中国国家阶段（以下简称国家阶段）的手续，从而启动国家阶段的程序。国家阶段程序包括：在专利合作条约允许的限度内进行的初步审查、国家公布，参考国际检索和国际初步审查结果进行的实质审查、授权或驳回，以及可能发生的其他程序。

本章涉及国际申请进入国家阶段条件的审查、在国家阶段中对国际申请的初步审查以及在国家阶段中对国际申请所作的事务处理等内容。本章仅对上述内容中的特殊问题作出说明和规定；与国家申请相同的其他问题，本章没有说明和规定的，应当参照本指南第一部分第一章、第二章和第五部分的规定。

本章所涉及的初步审查和事务处理的主要内容是：

（1）根据专利法实施细则第一百零五条，审查声称进入国家阶段的国际申请是否符合规定的条件，对在中国没有效力或失去效力的申请作出处理。

（2）根据专利法实施细则第一百零四条，审查国际申请进入国家阶段时是否提交了符合规定的原始申请的中文译文（以下简称译文）或文件，根据专利法实施细则第四十四条审查译文和文件是否符合规定，对于不符合规定的申请作出处理。

（3）根据专利法实施细则第一百零六条，审查申请人提交国际阶段作出的修改文件译文的时机是否符合规定，对于不符合规定的文件作出处理。

（4）根据专利法实施细则第一百零四条、第一百零七条、第一百零八条、第一百零九条、第一百一十条、第一百一十二条、第一百一十三条以及专利法第十八条、第十九条第一款，审查与申请有关的其他文件是否提交并符合规定，如有缺陷，作出相应处理。

（5）根据专利法实施细则第一百一十四条，对国际申请的国家公布等事务作出处理。

2. 国际申请进入国家阶段手续的审查

国际申请希望在中国获得专利保护的，申请人应当在专利法实施细则第一百零三条规定的期限内办理进入国家阶段手续。国际申请在中国没有效力或者在中国的效力丧失的，不能进入国家阶段。办理进入国家阶段手续的，应当符合专利法实施细则第一百零四条的规定。

申请人在办理进入国家阶段手续时提出撤回优先权要求的，办理该手续的期限仍按照原最早优先权日起算。

因中国对专利合作条约及其实施细则的有关规定作出保留，而使国际申请的优先权在国家阶段不成立的，办理进入国家阶段手续的期限仍按照原最早优先权日起算。

进入国家阶段的国际申请的文件提交地点和方式适用本指南第五部分第三章的规定。进入国家阶段的国际申请的费用缴纳除本章规定的外，适用本指南第五部分第二章的规定。

2.1 在中国没有效力

凡是确定了国际申请日的国际申请均已由受理局对其是否符合专利合作条约第 11 条进行了审查，并作出了肯定的结论，所以只要国际申请指定了中国，根据专利法实施细则第一百零二条的规定，专利局应当承认该申请有正规的国家申请的效力。审查员应当审查声称进入国家阶段的国际申请对中国的指定是否继续有效。

声称进入国家阶段的国际申请，其国际公布文本中没有指定中国的记载的，该国际申请在中国没有效力，审查员应当发出国际申请不能进入中国国家阶段通知书，通知申请人该国际申请进入国家阶段的手续不予接受。

2.2 在中国的效力丧失

2.2.1 国际局通知效力丧失

条约 24（1）(i) 及(ii)

对于声称进入国家阶段的国际申请，在国际阶段中，国际局曾经向专利局传送了"撤回国际申请"（PCT/IB/307 表）或"国际申请被认为撤回"（PCT/IB/325 表）通知的，或者传送了该国际申请对中国"撤回指定"（PCT/IB/307 表）的，根据专利法实施细则第一百零五条第一款第（一）项的规定，该国际申请在中国的效力终止，审查员应当发出国际申请不能进入中国国家阶段通知书，通知申请人该国际申请进入国家阶段的手续不予接受。

2.2.2 延误办理进入国家阶段的手续

条约24(1)(iii)

申请人未在专利法实施细则第一百零三条规定的期限内办理进入国家阶段手续，或者虽然办理进入国家阶段手续，但是不符合专利法实施细则第一百零四条第一款第（一）项至第（三）项的规定，根据专利法实施细则第一百零五条第一款第（二）项和第（三）项的规定，该国际申请在中国的效力终止，审查员应当发出国际申请不能进入中国国家阶段通知书，通知申请人该国际申请进入国家阶段的手续不予接受。

申请人在专利法实施细则第一百零三条规定期限内办理的进入国家阶段手续不符合规定的，审查员应当通知申请人进入国家阶段的手续存在缺陷而不予接受。申请人在规定期限届满之前再次办理进入国家阶段手续，并且克服了上述缺陷的，该国际申请在中国仍然具有效力。

由于耽误了专利法实施细则第一百零三条规定的期限造成国际申请在中国的效力终止，申请人按照专利法实施细则第六条第二款提出恢复权利请求的，审查员应当通知申请人，根据专利法实施细则第一百零五条第二款的规定，该请求不予接受。如果申请人提出耽误上述期限是由于不可抗拒的事由造成的，审查员应当参照专利法实施细则第六条第一款的规定处理。

2.2.3 关于选定

条约细则54之二

国际申请在规定的期限内选定中国，并且该选定直至进入国家阶段时仍然有效的，应当在专利法实施细则第一百零三条规定的期限内办理进入国家阶段手续。

是否选定中国应当以国际局传送的"选定通知书"（PCT/IB/331表）为依据。

在国际局传送"选定通知书"之后，又传送"撤回要求书或者选定通知书"（PCT/IB/339表）或者"要求书被认为未提交或者选定被认为未作出通知书"（PCT/IB/350表），并且上述通知书涉及到撤回选定或选定被认为未作出的，如果标明的国家有"CN"，则该国际申请对中国的选定无效。

2.3 进入国家阶段的处理

细则 104.2

按照规定办理进入国家阶段手续的国际申请，凡是经审查在中国具有效力，且符合专利法实施细则第一百零四条第一款第（一）项至第（三）项要求的，专利局应当给予国家申请号，明确国际申请进入国家阶段的日期（以下简称进入日），并发出国际申请进入中国国家阶段通知书。进入日是指向专利局办理并满足专利法实施细则第一百零四条第一款第（一）项至第（三）项规定的进入国家阶段手续之日。上述满足要求的进入国家阶段手续是在同一日办理的，该日即为进入日。上述满足要求的进入国家阶段手续是在不同日办理的，以进入国家阶段手续最后办理之日为进入日。在随后的审批程序中，申请人办理各种手续、审查员发出的各种通知应当使用国家申请号予以标明。

3. 进入国家阶段时提交的申请文件的审查

3.1 进入国家阶段的书面声明

3.1.1 国际申请日

细则 102

国际申请日是在国际阶段由受理局确定的。在国际阶段国际申请日由于某种原因被更改的，以更改后的日期为准。进入国家阶段的书面声明（以下简称进入声明）中填写的国际申请日应当与国际公布文本扉页上的记载相同。出现不一致情况的，审查员应当依据国际公布文本上的记载依职权加以改正，并将改正通知申请人。

除因中国对专利合作条约及其实施细则的有关规定作出保留而需要重新确定相对于中国的申请日外，由受理局确定的国际申请日视为该申请在中国的实际申请日。

细则 104.1（1）
条约细则4.9（a）

3.1.2 保护类型

专利法第九条第一款规定：同样的发明创造只能授予一项专利权。国际申请指定中国的，办理进入国家阶段手续时，应当选择要求获得的是"发明专利"或者"实用新型专利"，两者择其一，不允许同时要求获得"发明专利"和"实用新型专利"。不符合规定的，审查员应当发出国际申请不能进入中国国家阶段通知书。

3.1.3 发明名称

进入声明中的发明名称应当与国际公布文本扉页中记载的一致。国际申请以外文进行国际公布的，发明名称的译文除准确表达原意外，还应当使译文简短。在译文没有多余词汇的情况下，不得根据本指南第一部分第一章第4.1.1节中的规定对发明名称的字数加以限制。

国际公布文本扉页上记载的发明名称一般来自于原始国际申请请求书，个别是由国际检索单位审查员确定的。对于经国际检索单位审查员确定的，进入声明中应当是该审查员确定的发明名称的译文。

进入国家阶段时请求修改发明名称的，应当以修改申请文件的形式提出，不得将修改后的发明名称直接填写在进入声明中，国家公布时不公布修改后的发明名称。

3.1.4 发 明 人

3.1.4.1 发明人信息的确定

细则 104.1（4）

除在国际阶段由国际局记录过变更的情况外，进入声明中填写的发明人应当是国际申请请求书中写明的发明人。专利合作条约规定，国际申请有多个发明人的，可以针对不同的指定国有不同的发明人。在这种情况下，进入声明中要求填写的是针对中国的发明人。国际公布使用外文的，应当准确地将发明人的姓名译成中文。审查员应当将进入声明中写明的发明人姓名与国际公布文本扉页上的记载进行核对。不符合规定的，审查员应当发出补正通知书，通知申请人补正。期满未补正的，审查员应当发出视为撤回通知书。

在国际阶段曾经由国际局传送过"记录变更通知书"（PCT/IB/306表），通报发明人或者发明人姓名变更的，应当认为已经向专利局申报，在进入声明中直接填写变更以后的信息。审查员应当根据国际局的通知，将进入声明中写明的有关内容与国际公布文本及通知书中记载的信息进行核对。不符合规定的，审查员应当发出补正通知书，通知申请人补正。期满未补正的，审查员应当发出视为撤回通知书。

针对中国的发明人经国际局登记已经死亡的，在进入国家阶段时，仍应作为发明人填写在进入声明中。

3.1.4.2 国际申请没有发明人事项

细则 104.1（4）

在国际公布文本中没有记载发明人姓名的国际申请，在进入国家阶段时应当在进入声明中补充写明发明人。不符合规定的，审查员应当发出补正通知书，通知申请人补正。期满未补正的，审查员应当发出视为撤回通知书。

审查员对发明人的资格不必审查。

3.1.4.3 发明人的译名

在国际阶段中规定，发明人姓名的写法应当姓在前、名在后，在进入声明中填写发明人译名时姓和名的先后顺序应当按照其所属国的习惯写法书写。

申请人认为进入声明中填写的发明人译名不准确的，在专利局作好公布发明专利申请或者公告实用新型专利权的准备工作之前可以用主动补正的方式提出。审查员经审查确认改正后的译名与原文相符，应当接受补正，并在国家公布或者公告中使用新译名。在专利局作好准备工作之后要求改正发明人译名的，应当办理著录项目变更手续。

3.1.5 申请人

3.1.5.1 申请人信息的确定

细则 104.1（4）

进入声明中填写的申请人，除在国际阶段由国际局记录过变更的情况外，应当是国际申请请求书中写明的申请人。国际申请有多个申请人的，根据专利合作条约的规定，对不同的指定国可以写明不同的申请人。进入声明中要求填写的是对中国的申请人。国际公布使用外文的，应当准确地将申请人的姓名或名称、地址译成中文；申请人是企业或者其他组织的，其名称应当使用中文正式译文的全称。审查员应当将进入声明中写明的内容与国际公布文本扉页上的记载进行核对。不符合规定的，审查员应当发出补正通知书，通知申请人补正。期满未补正的，审查员应当发出视为撤回通知书。

在国际阶段曾经由国际局传送过"记录变更通知书"（PCT/IB/306 表），通报申请人变更或者申请人的姓名或名称、地址变更的，应当认为已向专利局申报，在进入声明中直接填写变更以后的信息。审查员应当根据国际局的通知，将进入声明中写明的有关内容与国际公布文本及通知书中记载的信息进行核对。不符合规定的，审查员应当发出补正通知书，通知申请人补正。期满未补正的，审查员应当发出视为撤回通知书。

经国际局登记已经死亡的申请人，进入国家阶段时，不应写入进入声明中，已死亡申请人的继承人尚未确定的除外。

专利合作条约规定，申请人的国籍、居所是否如其所声称，应当由受理局根据其本国法审查并决定。经过受理局审查过的信息记载在国际局出版的国际公布文本扉页上，审查员一般不得再提出疑问。

3.1.5.2 申请人的资格

申请人是外国人、外国企业或者外国其他组织的，应当根据专利法第十八条的规定审查申请人是否有资格提出申请。

国际申请是由一个申请人提出的，该申请人通常是PCT缔约国的国民或居民，至少是巴黎公约成员国的国民或居民，所以申请人未发生变化的，不必再审查其是否符合专利法第十八条的规定。国际申请中有两个或两个以上申请人的，专利合作条约规定只要其中至少有一人是PCT缔约国的国民或居民即可，照此规定，国际申请提出时对中国的申请人就有可能是非PCT缔约国的国民或居民。另外，专利合作条约只对提出国际申请时的申请人的所属国加以限定，而当申请人发生变更时，对于受让人的所属国没有任何规定。

进入国家阶段时申请人或部分申请人所属国有可能是非PCT缔约国。在这种情况下，应当参照本指南第一部分第一章第4.1.3.2节的规定进行审查。所有申请人都不符合专利法第十八条规定的，应当驳回该申请。部分申请人不符合专利法第十八条规定的，应当发出审查意见通知书，通知申请人删除没有资格的申请人。如果申请人拒绝删除，应当驳回该申请。

3.1.5.3 申请人的译名

在国际阶段中规定，申请人为个人时姓名的写法应当姓在前、名在后，在进入声明中填写申请人译名时姓和名的先后顺序应当按照其所属国的习惯写法书写。

申请人认为进入声明中填写的申请人译名不准确的，在专利局作好公布发明专利申请或者公告实用新型专利权的准备工作之前可以用主动补正的方式提出。审查员经审查确认改正后的译名与原文相符，应当接受补正，并在国家公布或者公告中使用新译名。申请人在专利局作好准备工作之后要求改正译名的，应当办理著录项目变更手续。

3.1.6 审查基础文本声明

在国际阶段，申请人在收到国际检索报告之后，可以根据专利合作条约第19条的规定对权利要求书作出修改，修改应当在规定的期限内向国际局提出。在国际初步审查过程中，申请人还可以按照专利合作条约第34条的规定对说明书、附图和权利要求书作出修改，修改应当向国际初步审查单位提出。此外，国际申请进入国家阶段时，申请人也可能按照专利合作条约第28条或第41条提出修改。

由此可见，国际申请进入国家阶段时，除原始申请文件外，可能还要提出一份或几份修改文本，申请人应当在进入声明中审查基础一栏内指明在后续程序中应当依据的文本，即对审查基础文本作出声明。

在国际阶段及进入国家阶段后均没有对申请作出修改的，审查基础应当是原始申请。国际阶段或者进入国家阶段时作出过修改并在审查基础文本声明中加以指明的，审查使用的文本应当是以修改文件替换原始申请相应部分之后的文本。国际阶段作出过修改但在审查基础文本声明中没有指明的，应当认为该修改已经放弃，专利局对该修改不予考虑。

审查基础文本声明中提及的国际阶段按照专利合作条约第19条的修改，应当在国际公布文本中有相应内容；按照专利合作条约第34条的修改，应当在专利性国际初步报告之后附有相应内容。审查基础文本声明中提及的国际阶段的修改实际不存在的，审查员应当发出补正通知书，通知申请人改正进入声明中审查基础一栏中的有关内容。

细则106　　审查基础文本声明中提及国际阶段的修改的，应当自进入日起两个月内提交该修改文件的译文。期限届满时仍未提交的，对声明中提及的修改将不予考虑，审查员应当发出修改不予考虑通知书。

3.2 原始申请的译文和附图

根据专利法实施细则第一百零四条第一款第（三）项的规

定，国际申请以外文提出的，在进入国家阶段时，需提交原始国际申请的说明书、权利要求书的译文。译文与原文明显不符的，该译文不作为确定进入日的基础。

根据专利法实施细则第一百零四条第一款第（五）项的规定，国际申请以外文提出的，应当提交摘要的译文，有附图和摘要附图的，还应当提交附图副本和摘要附图副本，附图中有文字的，应当将其替换为对应的中文文字。

3.2.1 说明书和权利要求书的译文

说明书、权利要求书的译文应当与国际局传送的国际公布文本中说明书、权利要求书的内容相符。译文应当完整，并忠实于原文。申请人不得将任何修改的内容加入到原始申请的译文中。

国际公布文本中标明是替换页、更正页的内容一般认为是原始申请的内容。在国际申请提出时作为说明书、权利要求书的一部分的内容，经过受理局审查后宣布"不予考虑"，并且在国际公布文本中加以标注的，在译文中应当用中文作出同样的标注，例如在没有提供附图的情况下说明书中提及附图的内容。

说明书（包括附图）、权利要求书中含有违反道德或公共秩序的内容，或者其他贬低性的陈述，经国际局认定，并在国际公布时删除的内容，不应当再加入到原始申请的译文中。如果上述内容又出现在译文中，审查员应当发出补正通知书，通知申请人改正译文中的错误。国际公布时对上述内容没有删除，并出现在译文中的，应当参照本指南第一部分第一章第7节的规定处理。

条约细则 49.5
（a 之二）

在国际阶段，国际申请说明书、权利要求书中包含有核苷酸和/或氨基酸序列，并且序列表是作为说明书单独部分提交的，在提交译文时，也应当将其作为说明书单独部分，并且单独编写页码。申请人还应当提交与该序列表相一致的计算机可读形式的副本。如果提交的计算机可读形式的副本中记载的序列表与说明书中的序列表不一致，以说明书中的序列表为准。未提交计算机可读形式的副本，或者所提交的副本与说明书中的序列表明显不一致的，审查员应当发出补正通知书，通知申请人补正。期满未补正的，审查员应当发出视为撤回通知书。

序列表部分的自由文字内容已写入说明书的主要部分的，

序列表部分的任何文字不需要翻译。

在国际阶段，国际申请说明书中包含纸页在 400 页以上的核苷酸和/或氨基酸序列表部分的，在进入国家阶段时可以只提交符合规定的计算机可读形式的序列表。

说明书中引用的计算机程序语言不需要翻译，引用的参考资料中的编者姓名、文献标题的翻译只要满足国家公布的要求即可。

3.2.2 附　图

根据专利法实施细则第一百零四条第一款第（五）项的规定，国际申请以外文提出，有附图的应当提交附图副本。附图中有文字的，应当将其替换为对应的中文文字，并且重新绘制附图，以中文文字替换原文并标注在适当的位置上。即使附图中的文字内容不符合专利法实施细则第十八条的规定，也应当按照原始申请译出。重新绘制的附图应当与国际公布文本中的附图相同，同时要满足本指南第一部分第一章第 4.3 节对附图的格式要求。

附图中的"Fig"字样可以不译成中文。附图中出现的计算机程序语言或作为屏幕显示图像的某些文字内容不必译成中文。

不符合规定的，审查员应当发出补正通知书，通知申请人补正。期满未补正的，审查员应当发出视为撤回通知书。

3.2.3 摘要译文和摘要附图

细则 104.1（5）

摘要译文应当与国际公布文本扉页记载的摘要内容一致。国际检索单位的审查员对申请人提交的摘要作出修改的，应当提交修改后摘要的译文。例如，国际检索报告不包含在首次公布的国际公布文本 A2 中，而在随后公布的国际公布文本 A3 中，并且国际公布文本 A3 与国际公布文本 A2 扉页记载的摘要内容不相同的，应当以国际公布文本 A3 中的摘要内容为依据译出。

译文在不改变原文内容的基础上应当简短，在没有多余词句的情况下，审查员不得以不符合专利法实施细则第二十三条第二款关于摘要字数的规定为理由要求申请人修改或依职权修改。

国际公布中没有摘要的，进入国家阶段时，申请人也应提交国际申请原始摘要的译文。

国际申请有摘要附图的，应当提交摘要附图副本。摘要附图副本应当与国际公布时的摘要附图一致。附图中有文字的，应当将其替换为对应的中文文字，并且重新绘制附图，以中文文字替换原文并标注在适当的位置上。首次公布不包括检索报告，并且首次公布的国际公布文本 A2 与随后公布的国际公布文本 A3 使用的摘要附图不一致的，应当以随后公布时的摘要附图为准。

不符合规定的，审查员应当发出补正通知书，通知申请人补正。期满未补正的，审查员应当发出视为撤回通知书。

细则 104.1

3.3 使用中文完成国际公布的国际申请

使用中文完成国际公布的国际申请在进入国家阶段时只需要提交进入声明、原始申请中摘要的副本及摘要附图（有摘要附图时）的副本，不需要提交说明书、权利要求书及附图的副本。但是，以中文提出的国际申请在完成国际公布前，申请人请求提前处理并要求提前进行国家公布的，还需要提交原始申请的说明书、权利要求书及附图（有附图时）的副本。

3.4 期限届满前的处理

专利合作条约第 23 条（1）规定，在按照第 22 条适用的期限届满以前，任何指定局不应处理或审查国际申请。适用的期限是指自优先权日起三十个月。同时在第 23 条（2）又规定，尽管有（1）的规定，指定局根据申请人的明确的请求，可以在任何时候处理或审查国际申请。对于选定局，专利合作条约第 40 条也作了相应的规定。

3.4.1 提前处理

要求专利局在优先权日起三十个月期限届满前处理和审查国际申请的，根据专利法实施细则第一百一十一条的规定，申请人除应当办理第一百零三条和第一百零四条所述的进入国家阶段手续外，还应当办理下述手续：

（1）按照专利合作条约第 23 条（2）的规定提出明确的请求。

（2）国际局尚未向专利局传送国际申请的，申请人应当提交经确认的国际申请副本，该副本是经受理局确认的"受理本"副本，或者是经国际局确认的"登记本"副本。

（3）申请人也可以要求国际局按照专利合作条约实施细则47.4的规定向专利局传送国际申请副本，或者向专利局提出请求，由专利局要求国际局传送国际申请副本。

对于满足上述要求的国际申请，审查员应当及时处理和审查。

3.4.2 暂时不作处理

对于在优先权日起三十个月期限届满前办理了进入国家阶段手续，但是没有办理专利法实施细则第一百一十一条所述手续的国际申请，按照专利合作条约的规定暂时不作处理。

4. 国际阶段的修改文件译文的审查

4.1 按照专利合作条约第19条修改的权利要求书的译文

申请人声明以按照专利合作条约第19条作出修改的权利要求书作为审查基础，并且该修改的国际公布使用外文的，申请人应当在办理进入国家阶段手续时，最迟应当自进入日起两个月内提交其译文。根据专利法实施细则第一百零六条的规定，在该期限之后提交译文的，修改部分将不予考虑，审查员应当发出修改不予考虑通知书。国际公布文本中包含按照专利合作条约第19条（1）提出的修改声明，并且申请人要求审查员考虑该声明的，应当在提交修改的权利要求书译文的同时提交该声明的译文。

修改的权利要求书（包括修改、增加、删除权利要求）的译文应当与国际公布文本中记载的相应部分内容一致。在国际阶段虽然提出过，但是由于不符合专利合作条约实施细则第46条的规定而未被国际局接受的修改，在进入国家阶段时不能再作为按照专利合作条约第19条的修改提出。

修改部分的译文应当作成能够与原始申请译文中对应部分互相替换的修改页。修改的权利要求书译文的第一页上方应标明"权利要求书（按照专利合作条约第19条的修改）"字样。

在进入国家阶段之后提交该修改文件译文的，应当附有补交修改文件的译文或修改文件表，在该表中应当表明将修改后的内容作为审查基础的意愿。

按照专利合作条约第19条修改的权利要求书的译文与原始

申请的权利要求书的译文一起公布，该译文应当满足本指南关于公布的格式要求。

修改文件的译文不符合规定的，审查员应当发出修改文件缺陷通知书，通知申请人改正。期满未改正的，审查员应当发出修改不予考虑通知书。

按照专利合作条约第 19 条修改的权利要求书又作为国际初步审查的基础，并且申请人在进入国家阶段时将其作为专利性国际初步报告附件的译文提交的，在国家公布时不再公布该译文。

4.2 按照专利合作条约第 34 条作出的修改的译文

细则 106

申请人声明以按照专利合作条约第 34 条作出的修改作为审查基础，并且该修改是以外文作出的，应当在办理进入国家阶段手续时，最迟应当自进入日起两个月内提交其译文。在该期限之后提交译文的，修改部分将不予考虑，审查员应当发出修改不予考虑通知书。

修改部分的译文内容应当与国际局传送的专利性国际初步报告所附修改页的内容相符。在国际阶段申请人声称按照专利合作条约第 34 条作出修改，但未被审查员采纳，因而没有作为专利性国际初步报告附件传送的，在进入国家阶段时申请人不应当再将该内容作为按照专利合作条约第 34 条的修改向专利局提出。

修改部分的译文应当作成能够与原始申请译文中对应部分互相替换的修改页。如果由于修改使该页内容增加，可以在该页之后补入一页或几页。其页码为"Xa"、"Xb"或"X－1"、"X－2"。由于修改使某页完全删除的，应当在修改说明中指出。权利要求书中某项被删除时，可以保留原编号，注明"删除"字样，也可以将修改后的权利要求书中的权利要求重新连续编号，并加以说明。修改的译文前应附有简短的修改说明，该说明上方应标有"专利性国际初步报告附件译文"字样。修改说明只需指明修改所涉及的部分。

在进入国家阶段之后提交专利性国际初步报告附件译文的，应当附有补交修改文件的译文或修改文件表，在该表中表明以该修改为审查基础的意愿。

修改文件的译文不符合规定的，审查员应当发出修改文件缺陷通知书，通知申请人改正。期满未改正的，审查员应当发出修改不予考虑通知书。

专利性国际初步报告附件译文在国家公布时不予公布。

5. 其他文件的审查

5.1 委托和委托书

5.1.1 委　托

法 19.1　　在中国内地没有经常居所或者营业所的外国申请人，其国际申请在进入国家阶段时，应当委托专利代理机构办理有关事务。如果申请人没有委托专利代理机构，审查员应当参照本指南第一部分第一章第 6.1.1 节中的有关规定处理。

在中国内地有经常居所或者营业所的申请人，其国际申请在进入国家阶段时，可以不委托专利代理机构。

5.1.2 委 托 书

细则 15.3　　国际申请进入国家阶段时，提交的委托书除应当符合本指南第一部分第一章第 6.1.2 节的规定外，还应当写明国际申请号、申请人（即委托人）的原文姓名或名称以及中文译名。申请人的原文姓名或名称，除有变更的情况外，应当与国际公布文本扉页的记载使用相同的语言并且内容完全一致；国际阶段作过变更的，应当与"记录变更通知书"（PCT/IB/306 表）上记载的变更后的内容完全一致。译名应当与进入声明中的记载完全一致。

在进入国家阶段的同时办理变更申请人手续的，可以只提交变更后申请人签署的委托书。

国际申请在进入国家阶段时没有提交委托书，或者提交的委托书存在缺陷的，应当适用本指南第一部分第一章第 6.1.2 节中的有关规定。

5.2 要求优先权

5.2.1 要求优先权声明

根据专利法实施细则第一百一十条第一款的规定，申请人在国际阶段要求了一项或者多项优先权，而且在进入国家阶段时该优先权要求继续有效的，视为已经依照专利法第三十条的规定提出了书面声明。

因中国对专利合作条约及其实施细则的有关规定作出保留，专利局对国际申请在国际阶段恢复的优先权（例如，国际申请日在该优先权日起十二个月之后、十四个月之内）不予认可，相应的优先权要求在中国不发生效力，审查员应当针对该项优先权要求发出视为未要求优先权通知书。

申请人应当在进入声明中准确地写明其在先申请的申请日、申请号及原受理机构名称。除下段所述情况外，写明的内容应当与国际公布文本扉页中的记载一致。审查员发现不一致时，可以以国际公布文本扉页中记载的内容为依据，依职权改正进入声明中的不符之处，并且及时通知申请人。

国际局曾经向专利局传送的"撤回优先权要求通知书"（PCT/IB/317 表）或"优先权要求被认为未提出通知书"（PCT/IB/318 表）中所涉及的优先权要求应认为已经失去效力，不应写入进入声明中。不符合规定的，审查员应当针对该项优先权要求发出视为未要求优先权通知书。

在国际阶段受理局对于优先权要求的有效性，即作为优先权基础的在先申请是否在巴黎公约成员国或世界贸易组织成员中提出、申请人是否为巴黎公约成员国的国民或居民、在先申请的申请日是否在国际申请日前十二个月之内等已经作出审查，并且对不符合上述条件的优先权要求宣布视为未提出的，专利局不再提出疑问。

申请人在国际阶段没有提供在先申请的申请号的，应当在进入声明中写明。不符合规定的，审查员应当发出办理手续补正通知书，期满未答复或者补正后仍不符合规定的，审查员应当针对该项优先权要求发出视为未要求优先权通知书。

申请人认为在国际阶段提出的优先权书面声明中某一事项有书写错误，可以在办理进入国家阶段手续的同时或者自进入日起两个月内提出改正请求。改正请求应以书面形式提出，写明改正后的优先权事项。对于申请人未向国际局提交过在先申请文件副本的，在提出改正请求的同时还应当附上在先申请文件副本作为改正的依据。不符合规定的，视为未提出该改正请求。

进入国家阶段不允许提出新的优先权要求。

5.2.2 在先申请文件副本的提供

细则 110.3

根据专利合作条约实施细则第 17 条的规定，如果申请人已向受理局提交了在先申请文件副本或者向受理局提出制作在先申请文件副本的要求，专利局不得要求申请人本人提供在先申请文件副本，该在先申请文件副本由专利局请求国际局提供。专利局的审查员认为有必要核查在先申请文件副本的，应当请求国际局传送该申请的在先申请文件副本。例如，国际检索报告中相关文件一栏内标明"PX"、"PY"等类文件的，或者国际检索单位审查员没有检索到，但是专利局负责实质审查的审查员在补充检索中检索到"PX"、"PY"等类文件的。

国际局通知专利局，申请人在国际阶段没有按照规定提交在先申请文件副本的，审查员应当发出办理手续补正通知书，通知申请人在指定期限内补交；期满仍未提交的，审查员应当针对相应的优先权要求发出视为未要求优先权通知书。

5.2.3 在先申请文件副本的审查

国际局提供了在先申请文件副本或者申请人补交了在先申请文件副本的，审查员应当对在先申请文件副本进行审查。

5.2.3.1 与优先权声明不一致

审查员应当以在先申请文件副本为依据，检查优先权声明中的各项内容，如果与在先申请文件副本中记载的一项或者两项内容不一致，审查员应当发出办理手续补正通知书，期满未答复或者补正后仍不符合规定的，审查员应当发出视为未要求优先权通知书。

5.2.3.2 提供享有优先权的证明

审查员应当检查国际申请的申请人在申请日时是否有权要求申请中指明的在先申请的优先权。对于不是向专利局提出的在先申请，符合下列情况之一的，应当认为申请人有权要求优先权：

（1）在后申请的申请人与在先申请的申请人为同一人。

（2）在后申请的申请人是在先申请的申请人之一。

（3）在后申请的申请人由于在先申请的申请人的转让、赠与或者其他方式形成的权利转移而享有优先权。

对于（3）的情况，除申请人在国际阶段已经作出符合要求的享有优先权的声明以外，申请人应当提交相应的证明文件。证明文件应当由转让人签字或者盖章。证明文件应当是原件，或者是经过公证的复印件。

经审查发现国际申请的申请人不符合上述（1）、（2）两种情况的，应当检查国际公布文本中是否记载有申请人作出的有权要求该在先申请优先权的声明，如果有该声明，并且审查员认为声明是真实可信的，不得再要求申请人提交证明文件。在没有声明或声明不符合要求的情况下，审查员应当发出办理手续补正通知书，期满未答复或者补正后仍不符合规定的，审查员应当发出视为未要求优先权通知书。

对于在先申请是在中国提出的国家申请，审查员应当适用本章第5.2.6节的规定审查在后申请的申请人是否有权要求申请中指明的在先申请的优先权。

5.2.4 优先权要求费

细则110.2

要求优先权的，申请人应当自进入日起两个月内缴纳优先权要求费；期满未缴纳或者未缴足的，视为未要求优先权，审查员应当发出视为未要求优先权通知书。

5.2.5 优先权要求的恢复

国际申请在国际阶段发生过专利合作条约实施细则第26条之二.2的情形，由国际局或者受理局宣布过优先权要求视为未提出的，申请人在办理进入国家阶段手续的同时可以提出恢复优先权要求的请求，并且缴纳恢复费，对于申请人未向国际局提交过在先申请文件副本的，同时还应当附具在先申请文件副本作为恢复的依据。其条件是被视为未提出的优先权要求的有关信息连同国际申请一起公布过。进入国家阶段之后提出的恢复请求不予考虑。

国际申请在进入国家阶段后，由于下述情形之一导致视为未要求优先权的，可以根据专利法实施细则第六条的规定请求恢复要求优先权的权利：

（1）申请人在国际阶段没有提供在先申请的申请号，进入声明中仍未写明在先申请的申请号。

（2）要求优先权声明填写符合规定，申请人未在规定期限内提交在先申请文件副本或者优先权转让证明。

（3）要求优先权声明中在先申请的申请日、申请号和原受理机构名称中的一项或者两项内容与在先申请文件副本中记载的不一致。

（4）要求优先权声明填写符合规定，但未在规定期限内缴纳或者缴足优先权要求费。

有关恢复权利请求的处理，适用本指南第五部分第七章第6节的有关规定。

除以上情形外，其他原因造成被视为未要求优先权的，不予恢复。

5.2.6 在先申请是在中国提出

国际申请要求优先权的在先申请是在中国提出的国家申请，对于优先权的初步审查，除本章第5.2.3.2节外，与其他国际申请的审查完全相同。

在先申请是在中国提出的，要求优先权的在后申请的申请人与在先申请的申请人应当完全一致，或者由在先申请的全体申请人将优先权转让给在后申请的申请人。未满足上述条件的，视为未要求优先权。

在先申请是在中国提出的，要求优先权的国际申请进入国家阶段，应当看作是要求本国优先权。对于在提出国际申请时，其要求优先权的在先申请的主题有专利法实施细则第三十二条第二款第（一）、（二）和（三）项所列情形之一的，审查员应当发出视为未要求优先权通知书。由于国际申请的特殊程序，审查员不按专利法实施细则第三十二条第三款规定对被要求优先权的在先申请作出处理；同样，对于在国际申请提出之后在先申请被授予专利权的情况，审查员也不处理其有可能造成在先与在后申请重复授权的问题；上述问题均留待后续程序中处理。

5.3 援引加入

根据专利合作条约实施细则的规定，申请人在递交国际申请时遗漏了某些项目或部分，可以通过援引在先申请中相应部分的方式加入遗漏项目或部分，而保留原国际申请日。其中的"项目"是指全部说明书或者全部权利要求，"部分"是指部分说明书、部分权利要求或者全部或部分附图。

因中国对专利合作条约实施细则的上述规定作出保留，

国际申请在进入国家阶段时，对于通过援引在先申请的方式加入遗漏项目或部分而保留原国际申请日的，专利局将不予认可。

对于申请文件中含有援引加入项目或部分的，如果申请人在办理进入国家阶段手续时在进入声明中予以指明并请求修改相对于中国的申请日，则允许申请文件中保留援引加入项目或部分。审查员应当以国际局传送的"确认援引项目或部分决定的通知书"（PCT/RO/114 表）中的记载为依据，重新确定该国际申请在中国的申请日，并发出重新确定申请日通知书。因重新确定申请日而导致申请日超出优先权日起十二个月的，审查员还应当针对该项优先权要求发出视为未要求优先权通知书。对于申请文件中含有援引加入项目或部分的，如果申请人在办理进入国家阶段手续时未予以指明或者未请求修改相对于中国的申请日，则不允许申请文件中保留援引加入项目或部分。审查员应当发出补正通知书，通知申请人删除援引加入项目或部分，期满未补正的，审查员应当发出视为撤回通知书。申请人在后续程序中不能再通过请求修改相对于中国的申请日的方式保留援引加入项目或部分。

5.4 不丧失新颖性的公开

根据专利法实施细则第一百零七条的规定，国际申请涉及的发明创造有专利法第二十四条第（一）项或者第（二）项所述情形之一，并且在提出国际申请时作出过声明的，应当在进入声明中予以说明，并自进入日起两个月内提交专利法实施细则第三十条第三款规定的有关证明文件；未予说明或者期满未提交证明文件的，其申请不适用专利法第二十四条的规定。

申请人在进入声明中指明在国际申请提出时要求过不丧失新颖性宽限期的，国际公布文本扉页中应当有相应的记载，记载的内容包括所提及的不丧失新颖性的公开发生的日期、地点、公开类型以及展览会或会议的名称。进入声明中提及的展览会应当属于专利法实施细则第三十条第一款规定的情形，所提及的学术会议或技术会议应当属于专利法实施细则第三十条第二款规定的情形。不符合规定的，审查员应当发出视为未要求不丧失新颖性宽限期通知书。

在国际公布文本中有记载而在进入声明中没有指明的，申请人可以在进入日起两个月内补正。

由于国际申请的特殊程序，提交证明材料的期限是自进入日起两个月。对于证明材料的要求参照本指南第一部分第一章第6.3节的规定。

5.5 生物材料样品保藏事项

5.5.1 进入声明中的指明

根据专利法实施细则第一百零八条第一款的规定，申请人按照专利合作条约规定对生物材料样品的保藏作出过说明的，应当在进入声明中予以指明。该指明应当包括指出记载保藏事项的文件种类，以及必要时指出有关内容在该文件中的具体记载位置。

保藏事项是以非表格形式记载在说明书中的，应当在进入声明的规定栏目中，指明记载的内容在说明书译文中的页码和行数。审查员应当对译文的相应内容进行检查。保藏事项记载在"关于微生物保藏的说明"（PCT/RO/134表）中或其他单独的纸页中的，该表或该纸页应当包含在国际公布文本中。审查员经核对发现在进入声明中指明的译文的相应位置没有关于保藏事项的记载，或者在进入声明中指明的"关于微生物保藏的说明"（PCT/RO/134表）或其他另页说明并不包含在国际公布文本中的，应当发出生物材料样品视为未保藏通知书，认为该生物材料样品的保藏说明没有作出。

细则108.2

申请人在国际阶段已经按照专利合作条约的规定对生物材料样品的保藏作出说明，但是没有在进入声明中予以指明或指明不准确的，可以在自进入日起四个月内主动补正。期满未补正的，认为该生物材料样品的保藏说明没有作出，审查员应当发出生物材料样品视为未保藏通知书，通知申请人该生物材料样品视为未保藏。

5.5.2 生物材料样品保藏说明

根据专利法实施细则第一百零八条的规定，申请人按照专利合作条约的规定对生物材料样品的保藏作出过说明的，应当视为符合专利法实施细则第二十四条第（三）项的规定。

条约细则
13之二.3（a）

根据专利合作条约实施细则的规定，对保藏的生物材料的说明应包括的事项有：保藏单位的名称和地址、保藏日期、保

13之二.4（a） 藏单位给予的保藏编号。只要该说明在国际局完成国际公布准备工作之前到达国际局，就应认为该说明已及时提交。因此，申请人在进入声明中所指明的生物材料样品的保藏说明作为说明书的一部分或者以单独的纸页包含在国际公布文本中，其内容包括上述规定事项，审查员应当认为是符合要求的说明。在国际阶段申请人没有作出生物材料样品保藏说明，而在进入声明中声称该申请涉及生物材料样品保藏的，审查员应当发出生物材料样品视为未保藏通知书，通知申请人该生物材料样品视为未保藏。

　　如果申请人在申请日时提交了生物材料样品的保藏证明，并且国际局将其作为国际申请的一部分包含在国际公布文本中，申请人请求对生物材料样品保藏说明中遗漏事项作出补充的，审查员可以以国际公布文本中的保藏证明为依据，同意其补充或改正。

　　审查员发现生物材料样品保藏说明与保藏证明中记载的保藏事项的内容不一致，并且可以确定不一致是由于保藏说明中的书写错误造成的，审查员应当发出办理手续补正通知书，通知申请人补正。期满未补正，审查员应当发出生物材料样品视为未保藏通知书，通知申请人该生物材料样品视为未保藏。

　　生物材料样品保藏的说明是以"关于微生物保藏的说明"（PCT/RO/134表）的形式或者以说明书以外的其他单独纸页形式提交的，作为国际申请的一部分，进入国家阶段时应当译成中文。没有译成中文的，审查员应当发出办理手续补正通知书，通知申请人补正。期满未补正，视为没有作出生物材料样品保藏说明，审查员应当发出生物材料样品视为未保藏通知书，通知申请人该生物材料样品视为未保藏。

5.5.3 生物材料样品保藏证明

细则108.3
　　由于国际申请的特殊程序，提交生物材料样品保藏证明和存活证明的期限是自进入日起四个月。对保藏证明和存活证明内容的审查，适用本指南第一部分第一章第5.2.1节的规定。

法26.5
细则109
5.6 遗传资源的来源
　　国际申请涉及的发明创造的完成依赖于遗传资源的，申请人应当在进入声明中予以说明，并填写遗传资源来源披露登记表。不符合规定的，审查员应当发出补正通知书，通知申请人补正。期满未补正的，审查员应当发出视为撤回通知书。补正后仍不符合规定的，该专利申请应当被驳回。

5.7 进入国家阶段后对申请文件的修改

专利法实施细则第一百一十二条规定，申请人可以在办理进入国家阶段手续之后在规定的期限内提出对专利申请文件的修改，此种修改称为国家阶段的修改。

要求获得实用新型专利权的国际申请，申请人可以自进入日起两个月内对专利申请文件主动提出修改。

要求获得发明专利权的国际申请，可以按照专利法实施细则第五十一条第一款的规定对申请文件主动提出修改。

当国际申请进入国家阶段时，申请人明确要求以按照专利合作条约第28条或第41条作出的修改为审查基础的，可以在提交原始申请译文的同时提交修改文件，该修改视为按照专利法实施细则第一百一十二条的规定主动提出的修改。

申请人提交修改文件时应当附有详细的修改说明。修改说明可以是修改前后内容的对照表，也可以是在原文件复制件上的修改标注。修改是在进入国家阶段时提出的，在修改说明上方应当注明"按照专利合作条约第28条（或第41条）作出修改"的字样。

修改的内容应当以替换页的形式提交，替换页与被替换页的内容应当相互对应，与被替换页的前、后页内容相互连接。

5.8 改正译文错误

条约11（3）

根据专利合作条约的规定，国际申请在每个指定国内自国际申请日起具有正规的国家申请的效力。因此，由国际局传送给指定局或选定局的国际申请是具有法律效力的文本。以该文本为依据发现进入国家阶段时提交的译文存在错误的，在满足专利法实施细则第一百一十三条规定的条件下，允许改正译文中的错误。

译文错误是指译文文本与国际局传送的原文文本相比个别术语、个别句子或者个别段落遗漏或者不准确的情况。译文文本与国际局传送的原文文本明显不符的情况不允许以改正译文错误的形式进行更正。

申请人可以在专利局作好公布发明专利申请或者公告实用

新型专利权的准备工作之前办理改正译文错误手续。

申请人改正译文错误,除提交改正页外,还应当提交书面改正译文错误请求,并且缴纳规定的改正译文错误手续费。不符合规定的,审查员应当发出视为未提出通知书。

译文改正页与原始译文的相应页应当能够相互替换,即替换后的前、后页内容能够连接。

如果不符之处是非文字部分,如数学式、化学式等,不作为译文错误处理,仅要求申请人作出补正。

法 35

5.9 实质审查请求

进入国家阶段的国际申请,如果指定了中国的发明专利,自优先权日起三年内应当提出实质审查请求,并缴纳实质审查费。审查员应当按照本指南第一部分第一章第 6.4 节的规定进行审查。

5.10 著录项目变更

5.10.1 经国际局记录的变更

5.10.1.1 国际局通知的效力

在国际阶段国际局应申请人或受理局的要求,对请求书中的申请人或其姓名(名称)、居所、国籍或地址的变更,或者对请求书中的发明人或其姓名的变更进行记录,并书面通知指定局。专利局收到国际局"记录变更通知书"(PCT/IB/306 表),应当认为申请人已向专利局提出了著录项目变更申报,即不需要就该项变更再提交著录项目变更申报书及缴纳变更手续费。国际申请进入国家阶段时,应当直接使用变更后的著录项目。

5.10.1.2 补交证明材料

国际局传送的"记录变更通知书"(PCT/IB/306 表)中指明变更的项目是申请人(指实体),在进入国家阶段时申请人应当按照专利法实施细则第一百零四条第一款第(六)项的规定,提交申请权转让或赠予合同、由工商行政管理部门出具的公司合并的证明文件或者其他权利转移的证明文件。证明文件应当是原件或者是由公证机关公证的复印件。审查员应当审查证明文件的有效性。没有提交证明文件的，审查员应当发出补正通知书，通知申请人补交，期满未补交的，审查员应当发出视为撤回通知书。

国际局传送的"记录变更通知书"（PCT/IB/306 表）中记载的变更事项是由中国内地的单位或个人将申请权转让给外国人、外国企业或者外国其他组织的，适用本指南第一部分第一章第 6.7.2.2 节第（3）（ii）项的规定。

国际局传送的记录变更通知书中指明变更的项目是申请人的姓名或名称、地址以及发明人姓名的，不需要提供任何证明材料，应当认为变更已经生效。

5.10.2 国家阶段的著录项目变更

进入国家阶段时或之后办理著录项目变更手续的，适用本指南第一部分第一章第 6.7.1 节的规定。

除本指南第一部分第一章第 6.7.2 节所述的几种著录项目变更证明文件外，以下两种情况当事人（申请人或发明人）本人作出的声明也可以作为申报变更的证明文件。

（1）申请人声称在国际申请提出时填写了错误的申请人姓名或名称，或者错误的发明人的姓名，进入国家阶段后为了改正错误申报变更。

（2）申请人声称国际申请的申请人或发明人在不同的国家使用不同的名称或姓名（不仅仅是语种的不同），在中国希望使用不同于国际公布时记载的另一名称或姓名，为此申报变更。例如美籍华人在美国使用的姓名是×××·汤姆，并使用该姓名提出国际申请，而在进入中国时请求使用×××为其姓名。

5.11 请求复查

5.11.1 提出复查请求

条约 25

根据专利合作条约的规定，允许申请人向作为指定局或选定局的专利局提出复查请求的情况是：

（1）受理局拒绝给予国际申请日，或者宣布国际申请已被认为撤回。

（2）国际局由于在规定期限内没有收到国际申请的登记本而宣布该申请被视为撤回。

细则 116
条约细则 51

复查请求应当自收到上述处理决定的通知之日起两个月内向专利局提出，请求中应当陈述要求复查的理由，同时附具要求进行复查处理决定的副本。国际局应申请人请求传送的有关档案文件的副本随后到达专利局。

5.11.2 其他手续

申请人在按照本章第 5.11.1 节所述提出复查请求的同时，应当向专利局办理专利法实施细则第一百零三条和第一百零四条规定的进入国家阶段手续，并且在进入声明中标明已经提出复查请求的事实。

5.11.3 复查及复查后的处理

审查员认为复查请求是按照专利合作条约及其实施细则规定提出，并且按照规定办理了进入国家阶段手续的，应当对受理局或国际局作出的决定是否正确进行复查。

审查员认为上述国际单位的决定是正确的，该国际申请在中国的效力终止，应当按照本章第 2.2.1 节的规定办理。

审查员认为上述国际单位的决定是不正确的，应当认定该国际申请在中国是有效的，并继续进入国家阶段的处理和审查。对于受理局尚未确定国际申请日的申请，审查员应当通知申请人，该申请被认为是在应当确定为国际申请日的那一日向专利局提出的。

由于国际阶段程序的中断而没有完成国际公布的申请，审查员进行本章规定的审查时，应当以国际局传送的档案文件中登记本的副本代替本指南中提及的国际公布文本。

5.12 国际单位错误的改正

5.12.1 改正国际单位错误的声明

由于国际单位在事务处理上的疏忽而造成发出错误的通知书、在国际公布文本上出现了错误的记载、国际公布文本错误或者造成漏发通知书、遗漏记载，由此导致进入国家阶段后审查员作出"国际申请在中国的效力终止"、"补正"、"优先权视为未要求"等处理的，申请人可以自审查员发出相应的通知书之日起六个月之内要求改正国际单位错误，该要求可以以"意见陈述书"的形式提出。

5.12.2 附　件

申请人提交要求改正国际单位错误的意见陈述书的同时，应当提供国际局已经改正或者已经接受改正的相应文件的复制件作为附件。例如：国际公布文本的改正本、"记录变更通知书"（PCT/IB/306 表）的改正页、"选定通知书"（PCT/IB/331 表）的改正页等。没有附件的改正要求不予接受。

5.12.3 改正后的处理

经审查或者经与国际局联系，证明确实是国际单位的错误并且已经由国际局作出改正，专利局应当承认改正后的结论。由于国际单位错误而作出"国际申请在中国的效力终止"结论的，专利局应当重新接受译文和费用，并以第一次办理并满足专利法实施细则第一百零四条第一款第（一）项至第（三）项规定的进入国家阶段手续之日为进入日。在等待国际单位改正错误期间，办理某种手续的期限已经届满，由于错误尚未改正而无法按期办理的（例如提出实质审查请求、提交生物材料样品保藏及存活证明、提交不丧失新颖性公开证明等），申请人还应当在提交要求改正国际单位错误的意见陈述书的同时，完成各种耽误的手续。审查员对此应当认为是在规定期限内完成的。

由于国际单位错误而作出的其他导致申请人权利丧失的结论，经国际局通知改正错误后，应当恢复其相应的权利。

6. 国家公布

国家公布仅适用于进入中国的发明专利的国际申请。根据专利法实施细则第一百一十四条第一款的规定，对于要求获得发明专利权的国际申请，专利局经初步审查认为符合专利法及其实施细则有关规定的，应当在发明专利公报上予以公布。国际申请是以中文以外文字提出的，还应当公布申请文件的中文译文。

国际申请在进入国家阶段之前多数已由国际局自优先权日起满十八个月完成国际公布，根据专利合作条约规定，如果国际公布使用的语言和在指定国按本国法公布所使用的语言不同，指定国可以规定，就权利的保护而言，公布的效力仅从使用后一种语言的译文按照本国法的规定予以公布后才产生。专利法实施细则第一百一十四条第二款对此作了明确规定，对于以中文以外文字提出的国际申请，专利法第十三条规定的要求临时保护的权利是在完成国家公布之后产生。

国家公布的另一目的是将该申请进入国家阶段的信息告之公众。

6.1 何时公布

除本章第 3.4 节所述的情况外，多数国际申请在自优先权日起满十八个月后进入国家阶段，不适用专利法第三十四条的规定。专利局对进入国家阶段的国际申请进行初步审查，认为合格之后，应当及时进行国家公布的准备工作。专利局完成国家公布准备工作的时间一般不早于自该国际申请进入国家阶段之日起两个月。

6.2 公布形式

6.2.1 国际公布是使用外文的申请

国家公布以在发明专利公报中的登载和发明专利申请单行本的出版两种形式完成。

6.2.2 国际公布是使用中文的申请

国家公布以在发明专利公报中的登载完成。以中文提出的国际申请在完成国际公布前，申请人请求提前处理并要求提前进行国家公布的，国家公布以在发明专利公报中的登载和发明专利申请单行本的出版两种形式完成。

6.3 公布内容

6.3.1 发明专利公报中国家公布的内容

国际申请的国家公布在发明专利公报中与国家申请的公布分开，作为单独的一部分。国际申请的国家公布由著录项目、摘要和摘要附图（必要时）组成。著录项目包括：国际专利分类号、申请号、公布号、申请日、国际申请号、国际公布号、国际公布日、优先权事项、专利代理事项、申请人事项、发明人事项、发明名称和电子形式公布的核苷酸和/或氨基酸序列表信息等。

发明专利公报中的索引部分是将公布的国际申请与国家申请合并按照规定序列编辑的。

6.3.2 发明专利申请单行本的内容

国际申请的发明专利申请单行本的内容应当包括扉页、说明书和权利要求书的译文、摘要的译文，还可以包括附图及附图中文字的译文。必要时，包括核苷酸和/或氨基酸的序列表部分、记载有生物材料样品保藏事项的"关于微生物保藏的说明"（PCT/RO/134 表）的译文、按照专利合作条约第 19 条修改后的权利要求书的译文以及有关修改的声明译文。修改后的权利要求书的译文应当排在原始提出的权利要求书译文的后面。扉页的内容应当与同时出版的发明专利公报中对同一申请公布的内容完全一致。

7. 缴费的特殊规定

7.1 申请费、公布印刷费、申请附加费及宽限费

申请费、公布印刷费及宽限费应当在专利法实施细则第一百零三条规定的期限内缴纳。

申请人在收到国际申请进入中国国家阶段通知书之后，应当以国家申请号缴纳相关费用，在此之前可以以国际申请号缴纳相关费用。

申请人在办理进入国家阶段手续时未缴纳或未缴足申请附加费的，审查员应当通知申请人在指定期限内缴纳，期满未缴纳或未补足的，该申请被视为撤回。

7.2 费用减免

7.2.1 申请费的免缴

由专利局作为受理局受理的国际申请在进入国家阶段时免缴申请费及申请附加费。

7.2.2 实质审查费的减免

由中国作出国际检索报告及专利性国际初步报告的国际申请，在进入国家阶段并提出实质审查请求时，免缴实质审查费。

由欧洲专利局、日本专利局、瑞典专利局三个国际检索单位作出国际检索报告的国际申请，在进入国家阶段并提出实质审查请求时，只需要缴纳 80% 的实质审查费。

提出实质审查请求时，专利局未收到国际检索报告的，实质审查费不予减免；但是，在专利局发出发明专利申请进入实质审查阶段通知书之前，申请人主动提交了由欧洲专利局、日本专利局、瑞典专利局三个国际检索单位完成的国际检索报告的，可以请求退回多缴费用。

7.2.3 复审费和年费的减缓

细则 100

国际申请的申请人缴纳复审费和年费确有困难的，可以根据专利费用减缓办法向专利局提出费用减缓的请求。

7.3 其他特殊费用

在国际申请国家阶段流程中除本指南第五部分第二章第 1 节提到的几种费用以及本章第 7.1 节提到的宽限费外，还有以下几种特殊费用：

（1）改正译文错误手续费（即译文改正费），应当在提出改正译文错误请求的同时缴纳。

（2）单一性恢复费，应当在审查员发出的缴纳单一性恢复费通知规定的期限内缴纳（有关单一性恢复费的详细说明参见本部分第二章第 5.5 节）。

（3）说明书中包含纸页在 400 页以上的核苷酸和/或氨基酸序列表，且进入国家阶段时仅提交了计算机可读形式序列表的，该序列表的说明书附加费按照 400 页收取。

第二章 进入国家阶段的国际申请的实质审查

1. 引 言

进入国家阶段的国际申请的实质审查，是指对符合专利法及其实施细则的规定进入国家阶段要求获得发明专利保护的国际申请的实质审查。进入国家阶段的国际申请，可以是根据专利合作条约第 22 条未经国际初步审查的国际申请，也可以是根据专利合作条约第 39 条经过国际初步审查的国际申请。

2. 实质审查原则

2.1 实质审查的基本原则

根据专利合作条约第 27 条（1）的规定，任何缔约国的本国法不得对国际申请的形式或内容提出与专利合作条约及其实施细则的规定不同的或其他额外的要求。专利合作条约第 27 条（5）又规定，专利合作条约及其实施细则中，没有一项规定的意图可以解释为限制任何缔约国按其意志规定授予专利权的实质条件的自由。尤其是专利合作条约及其实施细则关于现有技术的定义的任何规定是专门为国际程序使用的，因而各缔约国在确定国际申请中请求保护的发明是否可以被授予专利权时，可以自由适用本国法关于现有技术的标准。

基于专利合作条约的规定，对于进入国家阶段的国际申请，应当根据以下原则进行审查：

（1）申请的形式或内容，适用专利法及其实施细则和审查指南的规定，但上述规定与专利合作条约及其实施细则的规定不同的，以专利合作条约及其实施细则的规定为准。

（2）授予专利权的实质条件，适用专利法及其实施细则和审查指南的规定。

2.2 与授予专利权的实质条件有关的条款

本章第 2.1 节（2）中规定的"授予专利权的实质条件"涉及专利法及其实施细则中的以下条款：

专利法第二条第二款：发明的定义；

专利法第五条：违反法律、社会公德或者妨害公共利益的发明创造，以及违反法律、行政法规的规定获取或者利用遗传资源并依赖该遗传资源完成的发明创造；

专利法第九条第一款及专利法实施细则第四十一条：避免重复授权；

专利法第九条第二款：先申请原则；

专利法第二十条：保密审查；

专利法第二十二条：新颖性、创造性和实用性；

专利法第二十五条第一款第（一）项至第（五）项：不授予专利权的客体；

专利法第二十六条第三款：发明的充分公开；

专利法第二十六条第四款：权利要求书以说明书为依据，清楚、简要地限定要求专利保护的范围；

专利法第二十六条第五款及专利法实施细则第二十六条和第一百零九条：遗传资源来源的披露；

专利法第二十九条：优先权；

专利法第三十一条及专利法实施细则第三十四条和第四十二条：单一性；

专利法第三十三条及专利法实施细则第四十三条第一款：修改及分案申请不得超出原说明书和权利要求书记载的范围；

专利法实施细则第二十条第二款：独立权利要求应当包括发明的全部必要技术特征。

3. 实质审查依据文本的确认

3.1 申请人的请求

在进入国家阶段时，国际申请的申请人需要在书面进入声明中确认其希望专利局依据的审查文本。

国际申请国家阶段的实质审查，应当按申请人的请求，依据其在书面声明中确认的文本以及随后提交的符合有关规定的文本进行。

3.2 审查依据的文本

作为实质审查基础的文本可能包括：

（1）对于以中文作出国际公布的国际申请，原始提交的国际申请；对于使用外文公布的国际申请，原始提交的国际申请的中文译文。

（2）对于以中文作出国际公布的国际申请，根据专利合作条约第 19 条提交的修改的权利要求书；对于使用外文公布的国际申请，根据专利合作条约第 19 条提交的修改的权利要求书的中文译文。

（3）对于以中文作出国际公布的国际申请，根据专利合作条约第 34 条提交的修改的权利要求书、说明书和附图；对于使用外文公布的国际申请，根据专利合作条约第 34 条提交的修改的权利要求书、说明书和附图的中文译文。

（4）根据专利法实施细则第四十四条和/或第一百零四条提交的补正文本。

（5）根据专利法实施细则第一百一十二条第二款或第五十一条第一款提交的修改文本。

根据专利合作条约第 28 条或第 41 条提交的修改的权利要求书、说明书和附图视为根据专利法实施细则第一百一十二条第二款或第五十一条第一款提交的修改文本。

作为审查基础的文本以审查基础声明中指明的为准。审查基础声明包括：进入国家阶段时在进入国家阶段的书面声明（以下简称进入声明）规定栏目中的指明，以及进入国家阶段之后在规定期限内以补充声明的形式对审查基础的补充指明。后者是对前者的补充和修正。

如果申请人在进入声明中指明申请文件中含有援引加入的项目或部分，并且在初步审查阶段已经重新确定了该国际申请相对于中国的申请日，则援引加入的项目或部分应当是原始提交的申请文件的一部分。实质审查过程中，不允许申请人通过修改相对于中国的申请日而保留援引加入的项目或部分。

对于国际阶段的修改文件，进入国家阶段未指明作为审查基础的，或者虽指明但未按规定提交中文译文的，不作为实质审查的基础。

细则 112.2

此外，申请人在国际申请进入国家阶段后提出实质审查请求时，或者在收到专利局发出的发明专利申请进入实质审查阶段通知书之日起三个月内，可以根据专利法实施细则第五十一条第一款的规定对申请文件进行修改。

有关审查依据文本的确认，适用本指南第二部分第八章第 4.1 节的规定。上述修改文本以及按照专利法实施细则第五十一条的规定提交的修改文本的审查，适用本指南第二部分第八章第 5.2 节的规定。

3.3 原始提交的国际申请文件的法律效力

对于以外文公布的国际申请，针对其中文译文进行实质审查，一般不需核对原文；但是原始提交的国际申请文件具有法律效力，作为申请文件修改的依据。

对于国际申请，专利法第三十三条所说的原说明书和权利要求书是指原始提交的国际申请的权利要求书、说明书及其附图。

4. 实质审查中的检索

4.1 一般原则

对于进入国家阶段实质审查的国际申请，一般应当作全面检索。有关检索的要求适用本指南第二部分第七章的规定。

4.2 节约原则

从节约原则上考虑，审查员应当参考国际检索报告和专利性国际初步报告所提供的信息。但是需要注意，申请人要求作为审查依据的文本与作出国际检索报告和专利性国际初步报告所依据的文本是否一致，以及要求保护的主题在国际阶段是否已被全面检索。

申请人要求作为审查依据的文本，其要求保护的主题已经在作出国际检索报告和专利性国际初步报告所依据的文本基础上进行了修改的，或者要求保护的主题在国际阶段未被全面检索的，审查中不能简单地使用国际检索报告和专利性国际初步报告的结果，而需要对检索结果重新分析，并根据需要作出补充检索。

国际检索报告中所列出的对比文件和专利性国际初步报告中引入的对比文件足以破坏专利申请的新颖性和创造性的，则无需对该专利申请做进一步的检索。

需要注意的是，国际检索报告中所列出的某些文件类型与中国国家阶段实质审查的检索报告中所列出的相应文件类型含义不同，例如 P 类文件和 E 类文件。在国际检索报告中，"P"表示公布日先于国际申请的申请日但迟于其所要求的优先权日的文件，"E"表示申请日或优先权日早于国际申请的申请日（非优先权日），公布日在该国际申请日的当天或之后且其内容涉及国际申请的新颖性的专利文件。在国际检索报告中出现的 E 类文件可能成为国家阶段检索报告中的 PE 类或 E 类文件。

5. 实质审查所涉及的内容和审查要求

本节重点说明进入国家阶段的国际申请的实质审查与国家申请实质审查的区别之处，对于相同之处则仅仅简单列举和指引参照相应的章节。

5.1 专利性国际初步报告的使用

国际申请的国际初步审查是根据专利合作条约第 33 条 (1) 的规定对请求保护的发明看起来是否有新颖性、是否有创造性 (非显而易见性) 和是否有工业实用性提出初步的无约束力的意见。专利合作条约第 33 条 (2) ～ (4) 对于新颖性、创造性和工业实用性的判断标准提出了具体要求，同时专利合作条约第 33 条 (5) 说明，该条 (2) ～ (4) 所述标准只供国际初步审查使用。任何缔约国为了决定请求保护的发明在该国是否可以获得专利，可以采用附加的或不同的标准。

对附有专利性国际初步报告的国际申请，从节约原则上考虑，审查员应当参考专利性国际初步报告中所提供的意见。但是需要注意，申请人要求作为审查依据的文本与作出专利性国际初步报告所依据的文本是否一致。如果在申请人要求作为审查依据的文本中所要求保护的主题已经在作出专利性国际初步报告所依据的文本基础上进行了修改，则通常可以不参考专利性国际初步报告中对发明是否满足新颖性、创造性、工业实用性和其他授权条件所作出的判断。

需要强调的是，不能简单地将专利性国际初步报告中所给出的参考性意见作为国家阶段实质审查的结论性意见。审查员还应当注意在专利性国际初步报告中是否引用了未列入国际检索报告中的其他现有技术。

对于进入国家阶段的国际申请的实质审查，审查员应当对该专利申请是否符合专利法及其实施细则的实质要求作出独立的判断。

5.2 审查申请是否属于不授予专利权的发明创造

对进入国家阶段的国际申请进行实质审查时，首先应当对该申请的主题是否属于专利法第五条和第二十五条规定的情形、是否符合专利法第二条第二款的规定进行审查。进入国家阶段的国际申请属于专利法第五条或专利法第二十五条规定不授予专利权的发明创造（例如赌博工具、原子核变换方法）的，即使其申请主题不属于专利合作条约实施细则第39条规定所排除的内容，也不能被授予专利权。

有关这方面的审查要求，适用本指南第二部分第一章的规定。

5.3 优先权的审查

国际检索报告中列出了PX、PY类对比文件的，审查员应当对国际申请的优先权进行核实。

国际申请的优先权不能成立的，审查员应当通知申请人。在这种情况下，这些标有PX、PY的对比文件在对国际申请进行新颖性、创造性审查时可作为评价其新颖性、创造性的现有技术。

国际申请的优先权成立的，则应当对其中标有PX的对比文件进行核查。若标有PX的对比文件是中国的专利申请（或专利），或者是指定中国的国际申请，且其申请日早于该国际申请的优先权日，则在对该国际申请进行新颖性审查时，应当判断该对比文件是否构成抵触申请。

国际检索报告中列出了E类对比文件，且对比文件是中国的专利申请（或专利），或者是进入中国国家阶段的国际申请，并且其申请日介于该国际申请的优先权日和申请日之间的，则也应当核实国际申请的优先权。国际申请的优先权不能成立的，在对国际申请进行新颖性审查时，应当判断该对比文件是否构成抵触申请。

在进入国家阶段的国际申请的实质审查中检索到了在国际申请的优先权日与申请日之间公开，并影响其新颖性、创造性的对比文件，或者检索到了在国际申请的优先权日与申请日之间由任何单位或者个人向专利局提出申请并已公开的、影响其新颖性的在先申请或在先专利，审查员应当对国际申请的优先权进行核实。

需要注意的是，由于专利局对专利合作条约及其实施细则的某些规定作出了保留，例如，涉及国际申请在国际阶段恢复的优先权和援引加入的条款（参见本部分第一章第5.2.1节和第5.3节），国际申请在国际阶段被认可的优先权有可能在该

5.4 新颖性和创造性的审查

对于专利性国际初步报告中列出、但没有被国际初步审查意见考虑的某些已公布的文件和非书面公开，在进入国家阶段的国际申请的实质审查中，对发明的新颖性和创造性进行判断时应予考虑。

专利性国际初步报告中列出的非书面公开是指：在国际申请的申请日或者有效的优先权日之前，通过口头公开、使用、展览或者其他非书面方式向公众公开，而且这种非书面公开的日期记载在与国际申请的申请日或者有效的优先权日同日或者在其之后公众可以得到的书面公开之中。这种非书面公开在国际初步审查阶段不构成现有技术。

专利性国际初步报告中列出的某些已公布的文件是指：在国际申请的申请日或者有效的优先权日之前提出申请、并且是在该日期之后或与该日期同日公布的专利申请文件或专利文件，或者要求享有一项在该日期之前提出的在先申请优先权的专利申请公布文件。这类已公布的申请或者专利在国际初步审查阶段不构成现有技术。

对进入国家阶段的国际申请的新颖性和创造性的审查，分别适用本指南第二部分第三章和第四章的规定。

5.5 单一性的审查

审查员应当注意，在申请人提出的作为审查基础的申请文件中，要求保护的发明是否存在缺乏单一性的多项发明。

对于缺乏单一性的多项发明，需要核实以下内容：

（1）缺乏单一性的多项发明中是否包含了在国际阶段由于申请人没有应审查员要求缴纳因缺乏单一性所需的附加检索费或附加审查费，而导致未做国际检索或国际初步审查的发明。

（2）缺乏单一性的多项发明是否包含了申请人在国际阶段未缴纳附加检索费或附加审查费而表示放弃的发明（例如申请人在国际阶段选择对某些权利要求加以限制而舍弃的发明）。

（3）对于存在上述（1）或（2）中的情形，国际单位作出的发明缺乏单一性的结论是否正确。

细则 115.2　　经审查认定国际单位所作出的结论是正确的，审查员应当发出缴纳单一性恢复费通知书，通知申请人在两个月内缴纳单一性恢复费。如果申请人在规定期限内未缴纳或未缴足单一性恢复费,并且也没有删除缺乏单一性的发明的,审查员应当发出审查意见通知书,通知申请人国际申请中上述未经国际检索的部分将被视为撤回,并要求申请人提交删除这部分内容的修改文本。审查员将以删除了该部分内容的文本继续审查。

对于申请人因未缴纳单一性恢复费而删除的发明,根据专利法实施细则第一百一十五条第二款、第四十二条第一款的规定,申请人不得提出分案申请。除此情形外,国际申请包含两项以上发明的,申请人可以依照专利法实施细则第一百一十五条第一款的规定提出分案申请。

经审查认定申请人提出的作为审查基础的申请文件中要求保护的主题不存在缺乏单一性问题,但是与国际单位所作出的结论不一致的,则应当对所有要求保护的主题进行审查。

在国际阶段的检索和审查中,国际单位未提出单一性问题,而实际上申请存在单一性缺陷的,参照本指南第二部分第六章的规定进行处理。

5.6 避免重复授权的审查

如果进入国家阶段的国际申请要求的是在中国提出的在先申请的优先权,或者要求的是已经进入中国国家阶段的在先国际申请的优先权,则可能造成重复授权。为避免重复授权,对此两件专利申请的审查,适用本指南第二部分第三章第6节的规定。

需要注意的是,在上述两种情形中,如果出现了视为未要求优先权或优先权不成立的情况,则在先申请可能成为破坏该国际申请新颖性的现有技术或抵触申请。

细则 113

5.7 改正译文错误

申请人自己发现提交的权利要求书、说明书及其附图中文字的中文译文存在错误,可以在下述期限内提出改正请求:

(1) 在专利局作好公布发明专利申请的准备工作之前;

(2) 在收到专利局发出的发明专利申请进入实质审查阶段通知书之日起三个月内。

申请人改正译文错误,应当提出书面请求,同时提交译文的改正页和缴纳规定的改正译文错误手续费。未按规定缴纳费用的,视为未提出改正请求。对于提出书面请求并缴纳规定的改正译文错误手续费的，审查员应当判断是否属于译文错误（参见本部分第一章第5.8节）。如果不属于译文错误，则应当拒绝改正译文错误的请求；如果属于译文错误，则需要核实改正的译文是否正确。在确认改正的译文正确的情况下，应当以此改正的文本为基础做进一步审查；如果改正的译文仍与原文不符，则应当通知申请人提交与原文相符的改正译文。

对于进入国家阶段后又提出分案申请的情况，如果在实质审查阶段申请人自己发现其原申请译文错误而导致分案申请也存在译文错误，则申请人可以办理改正译文错误手续，根据其原申请在提出国际申请时所提交的国际申请文本改正译文错误。审查员按照上述要求对改正的译文文本进行审查。

对于以外文公布的国际申请，针对其译文进行实质审查，一般不需核对原文。但是如果审查员在实质审查过程中发现由于译文错误而造成的某些缺陷在原始提交的国际申请文本或者国际阶段作出修改的原文中不存在，而在译文中存在，则应当在审查意见通知书中指出存在的缺陷，例如，说明书不符合专利法第二十六条第三款的规定，或者权利要求书不符合专利法第二十六条第四款的规定，并要求申请人澄清或者办理请求改正译文错误手续。若申请人在答复时提交的修改文本超出了原中文译文记载的范围，但未办理请求改正译文错误手续，则审查员应当发出改正译文错误通知书。若申请人未在规定的期限内办理改正译文错误手续，则申请被视为撤回。

第四部分

复审与无效请求的审查

目 录

第一章	总 则	359（4-1）
1.	引 言	359（4-1）
2.	审查原则	359（4-1）
2.1	合法原则	359（4-1）
2.2	公正执法原则	359（4-1）
2.3	请求原则	360（4-2）
2.4	依职权审查原则	360（4-2）
2.5	听证原则	360（4-2）
2.6	公开原则	360（4-2）
3.	合议审查	360（4-2）
3.1	合议组的组成	361（4-3）
3.2	关于组成五人合议组的规定	361（4-3）
3.3	合议组成员的职责分工	361（4-3）
3.4	合议组审查意见的形成	362（4-4）
4.	独任审查	362（4-4）
5.	回避制度与从业禁止	362（4-4）
6.	审查决定	362（4-4）
6.1	审查决定的审批	362（4-4）
6.2	审查决定的构成	363（4-5）
6.3	审查决定的出版	364（4-6）
7.	更正及驳回请求	365（4-7）
7.1	受理的更正	365（4-7）
7.2	通知书的更正	365（4-7）
7.3	审查决定的更正	365（4-7）
7.4	视为撤回的更正	365（4-7）
7.5	其他处理决定的更正	365（4-7）
7.6	驳回请求	365（4-7）
8.	关于审查决定被法院生效判决撤销后的审查程序	365（4-7）

第二章	复审请求的审查	367 (4-9)
1.	引　言	367 (4-9)
2.	复审请求的形式审查	367 (4-9)
2.1	复审请求客体	367 (4-9)
2.2	复审请求人资格	367 (4-9)
2.3	期　限	367 (4-9)
2.4	文件形式	368 (4-10)
2.5	费　用	368 (4-10)
2.6	委托手续	368 (4-10)
2.7	形式审查通知书	369 (4-11)
3.	前置审查	369 (4-11)
3.1	前置审查的程序	369 (4-11)
3.2	前置审查意见的类型	370 (4-12)
3.3	前置审查意见	370 (4-12)
4.	复审请求的合议审查	371 (4-13)
4.1	理由和证据的审查	371 (4-13)
4.2	修改文本的审查	372 (4-14)
4.3	审查方式	372 (4-14)
5.	复审请求审查决定的类型	373 (4-15)
6.	复审决定的送达	373 (4-15)
7.	复审决定对原审查部门的约束力	374 (4-16)
8.	复审程序的中止	374 (4-16)
9.	复审程序的终止	374 (4-16)
第三章	无效宣告请求的审查	375 (4-17)
1.	引　言	375 (4-17)
2.	审查原则	375 (4-17)
2.1	一事不再理原则	375 (4-17)
2.2	当事人处置原则	375 (4-17)
2.3	保密原则	376 (4-18)
3.	无效宣告请求的形式审查	376 (4-18)
3.1	无效宣告请求客体	376 (4-18)
3.2	无效宣告请求人资格	376 (4-18)
3.3	无效宣告请求范围以及理由和证据	377 (4-19)

3.4	文件形式	378	(4-20)
3.5	费　用	378	(4-20)
3.6	委托手续	378	(4-20)
3.7	形式审查通知书	379	(4-21)
4.	无效宣告请求的合议审查	380	(4-22)
4.1	审查范围	380	(4-22)
4.2	无效宣告理由的增加	381	(4-23)
4.3	举证期限	382	(4-24)
4.3.1	请求人举证	382	(4-24)
4.3.2	专利权人举证	382	(4-24)
4.3.3	延期举证	383	(4-25)
4.4	审查方式	383	(4-25)
4.4.1	文件的转送	383	(4-25)
4.4.2	口头审理	383	(4-25)
4.4.3	无效宣告请求审查通知书	383	(4-25)
4.4.4	审查方式的选择	384	(4-26)
4.5	案件的合并审理	385	(4-27)
4.6	无效宣告程序中专利文件的修改	385	(4-27)
4.6.1	修改原则	385	(4-27)
4.6.2	修改方式	385	(4-27)
4.6.3	修改方式的限制	386	(4-28)
4.7	无效宣告程序的中止	386	(4-28)
5.	无效宣告请求审查决定的类型	386	(4-28)
6.	无效宣告请求审查决定的送达、登记和公告	387	(4-29)
6.1	决定的送达	387	(4-29)
6.2	决定的登记和公告	387	(4-29)
7.	无效宣告程序的终止	387	(4-29)
第四章	**复审和无效宣告程序中有关口头审理的规定**	389	(4-31)
1.	引　言	389	(4-31)
2.	口头审理的确定	389	(4-31)
3.	口头审理的通知	390	(4-32)
4.	口头审理前的准备	391	(4-33)
5.	口头审理的进行	391	(4-33)

5.1	口头审理第一阶段	391 (4-33)
5.2	口头审理第二阶段	392 (4-34)
5.3	口头审理第三阶段	392 (4-34)
5.4	口头审理第四阶段	393 (4-35)
6.	口头审理的中止	393 (4-35)
7.	口头审理的终止	393 (4-35)
8.	当事人的缺席	394 (4-36)
9.	当事人中途退庭	394 (4-36)
10.	证人出庭作证	394 (4-36)
11.	记　录	394 (4-36)
12.	旁　听	395 (4-37)
13.	当事人的权利和义务	395 (4-37)

第五章　无效宣告程序中外观设计专利的审查 …… 397 (4-39)

1.	引　言	397 (4-39)
2.	现有设计	397 (4-39)
3.	判断客体	397 (4-39)
4.	判断主体	398 (4-40)
5.	根据专利法第二十三条第一款的审查	398 (4-40)
5.1	判断基准	399 (4-41)
5.1.1	外观设计相同	399 (4-41)
5.1.2	外观设计实质相同	399 (4-41)
5.2	判断方式	400 (4-42)
5.2.1	单独对比	400 (4-42)
5.2.2	直接观察	401 (4-43)
5.2.3	仅以产品的外观作为判断的对象	401 (4-43)
5.2.4	整体观察、综合判断	401 (4-43)
5.2.4.1	确定对比设计公开的信息	401 (4-43)
5.2.4.2	确定涉案专利	402 (4-44)
5.2.4.3	涉案专利与对比设计的对比	402 (4-44)
5.2.5	组件产品和变化状态产品的判断	402 (4-44)
5.2.5.1	组件产品	402 (4-44)
5.2.5.2	变化状态产品	403 (4-45)
5.2.6	设计要素的判断	403 (4-45)

5.2.6.1	形状的判断	403 (4-45)
5.2.6.2	图案的判断	403 (4-45)
5.2.6.3	色彩的判断	403 (4-45)
6.	根据专利法第二十三条第二款的审查	404 (4-46)
6.1	与相同或者相近种类产品现有设计对比	404 (4-46)
6.2	现有设计的转用、现有设计及其特征的组合	405 (4-47)
6.2.1	判断方法	405 (4-47)
6.2.2	现有设计的转用	406 (4-48)
6.2.3	现有设计及其特征的组合	406 (4-48)
6.2.4	独特视觉效果	407 (4-49)
7.	根据专利法第二十三条第三款的审查	407 (4-49)
7.1	商 标 权	408 (4-50)
7.2	著 作 权	408 (4-50)
8.	根据专利法第九条的审查	408 (4-50)
9.	外观设计优先权的核实	409 (4-51)
9.1	需要核实优先权的情况	409 (4-51)
9.2	外观设计相同主题的认定	409 (4-51)
9.3	享有优先权的条件	410 (4-52)
9.4	优先权的效力	410 (4-52)
9.5	多项优先权	410 (4-52)
第六章	**无效宣告程序中实用新型专利审查的若干规定**	**411 (4-53)**
1.	引 言	411 (4-53)
2.	实用新型专利保护客体的审查	411 (4-53)
3.	实用新型专利新颖性的审查	411 (4-53)
4.	实用新型专利创造性的审查	411 (4-53)
第七章	**无效宣告程序中对于同样的发明创造的处理**	**413 (4-55)**
1.	引 言	413 (4-55)
2.	专利权人相同	413 (4-55)
2.1	授权公告日不同	413 (4-55)
2.2	授权公告日相同	414 (4-56)
3.	专利权人不同	414 (4-56)

第八章	无效宣告程序中有关证据问题的规定	416 (4-58)
1.	引　言	416 (4-58)
2.	当事人举证	416 (4-58)
2.1	举证责任的分配	416 (4-58)
2.2	证据的提交	416 (4-58)
2.2.1	外文证据的提交	416 (4-58)
2.2.2	域外证据及香港、澳门、台湾地区形成的证据的证明手续	417 (4-59)
2.2.3	物证的提交	417 (4-59)
3.	专利复审委员会对证据的调查收集	418 (4-60)
4.	证据的质证和审核认定	418 (4-60)
4.1	证据的质证	418 (4-60)
4.2	证据的审核	418 (4-60)
4.3	证据的认定	419 (4-61)
4.3.1	证人证言	419 (4-61)
4.3.2	认可和承认	420 (4-62)
4.3.3	公知常识	420 (4-62)
4.3.4	公证文书	420 (4-62)
5.	其　他	421 (4-63)
5.1	互联网证据的公开时间	421 (4-63)
5.2	申请日后记载的使用公开或者口头公开	421 (4-63)
5.3	技术内容和问题的咨询、鉴定	421 (4-63)
5.4	当事人提交的样品等不作为证据的物品的处理	421 (4-63)

第一章 总 则

1. 引言

根据专利法第四十一条第一款的规定，国家知识产权局设立专利复审委员会。

细则 59

专利复审委员会设主任委员、副主任委员、复审委员、兼职复审委员、复审员和兼职复审员。专利复审委员会主任委员由国家知识产权局局长兼任，副主任委员、复审委员和兼职复审委员由局长从局内有经验的技术和法律专家中任命，复审员和兼职复审员由局长从局内有经验的审查员和法律人员中聘任。

根据专利法第四十一条的规定，专利复审委员会对复审请求进行受理和审查，并作出决定。复审请求案件包括对初步审查和实质审查程序中驳回专利申请的决定不服而请求复审的案件。

根据专利法第四十五条和第四十六条第一款的规定，专利复审委员会对专利权无效宣告请求进行受理和审查，并作出决定。

当事人对专利复审委员会的决定不服，依法向人民法院起诉的，专利复审委员会可出庭应诉。

2. 审查原则

复审请求审查程序（简称复审程序）和无效宣告请求审查程序（简称无效宣告程序）中普遍适用的原则包括：合法原则、公正执法原则、请求原则、依职权审查原则、听证原则和公开原则。

法 21.1

2.1 合法原则

专利复审委员会应当依法行政，复审请求案件（简称复审案件）和无效宣告请求案件（简称无效宣告案件）的审查程序和审查决定应当符合法律、法规、规章等有关规定。

法 21.1

2.2 公正执法原则

专利复审委员会以客观、公正、准确、及时为原则，坚持以事实为根据，以法律为准绳，独立地履行审查职责，不徇私情,全面、客观、科学地分析判断,作出公正的决定。

法41.1及45
细则64及72

2.3 请求原则

复审程序和无效宣告程序均应当基于当事人的请求启动。

请求人在专利复审委员会作出复审请求或者无效宣告请求审查决定前撤回其请求的,其启动的审查程序终止;但对于无效宣告请求,专利复审委员会认为根据已进行的审查工作能够作出宣告专利权无效或者部分无效的决定的除外。

请求人在审查决定的结论已宣布或者书面决定已经发出之后撤回请求的,不影响审查决定的有效性。

2.4 依职权审查原则

专利复审委员会可以对所审查的案件依职权进行审查,而不受当事人请求的范围和提出的理由、证据的限制。

2.5 听证原则

在作出审查决定之前,应当给予审查决定对其不利的当事人针对审查决定所依据的理由、证据和认定的事实陈述意见的机会,即审查决定对其不利的当事人已经通过通知书、转送文件或者口头审理被告知过审查决定所依据的理由、证据和认定的事实,并且具有陈述意见的机会。

在作出审查决定之前,在已经根据人民法院或者地方知识产权管理部门作出的生效的判决或者调解决定变更专利申请人或者专利权人的情况下,应当给予变更后的当事人陈述意见的机会。

细则7

2.6 公开原则

除了根据国家法律、法规等规定需要保密的案件(包括专利申请人不服初审驳回提出复审请求的案件)以外,其他各种案件的口头审理应当公开举行,审查决定应当公开出版发行。

3. 合议审查

专利复审委员会合议审查的案件,应当由三或五人组成的合议组负责审查,其中包括组长一人、主审员一人、参审员一或三人。

3.1 合议组的组成

专利复审委员会根据专业分工、案源情况以及参加同一专利申请或者专利案件在先程序审查人员的情况，按照规定的程序确定、变更复审和无效宣告案件的合议组成员。

专利复审委员会各申诉处负责人和复审委员具有合议组组长资格；其他人员经主任委员或者副主任委员批准后获得合议组组长资格。

复审委员、复审员、兼职复审委员或者兼职复审员可以担任主审员或者参审员。

从审查部依个案聘请的审查员可以担任参审员。

专利复审委员会作出维持专利权有效或者宣告专利权部分无效的审查决定以后，同一请求人针对该审查决定涉及的专利权以不同理由或者证据提出新的无效宣告请求的，作出原审查决定的主审员不再参加该无效宣告案件的审查工作。

对于审查决定被人民法院的判决撤销后重新审查的案件，一般应当重新成立合议组。

3.2 关于组成五人合议组的规定

对下列案件，应当组成五人合议组：
（1）在国内或者国外有重大影响的案件。
（2）涉及重要疑难法律问题的案件。
（3）涉及重大经济利益的案件。

需要组成五人合议组的，由主任委员或者副主任委员决定，或者由有关处室负责人或者合议组成员提出后按照规定的程序报主任委员或者副主任委员审批。

由五人组成合议组审查的案件，在组成五人合议组之前没有进行过口头审理的，应当进行口头审理。

3.3 合议组成员的职责分工

组长负责主持复审或者无效宣告程序的全面审查，主持口头审理，主持合议会议及其表决，确定合议组的审查决定是否需要报主任委员或者副主任委员审批。

主审员负责案件的全面审查和案卷的保管，起草审查通知书和审查决定，负责合议组与当事人之间的事务性联系；在无效宣告请求审查结论为宣告专利权部分无效时，准备需要出版的公告文本。

参审员参与审查并协助组长和主审员工作。

3.4 合议组审查意见的形成

合议组依照少数服从多数的原则对复审或者无效宣告案件的审查所涉及的证据是否采信、事实是否认定以及理由是否成立等进行表决，作出审查决定。

4. 独任审查

对于简单的案件，可以由一人独任审查。

5. 回避制度与从业禁止

细则 37

复审或者无效宣告案件合议组成员有专利法实施细则第三十七条规定情形之一的，应当自行回避；合议组成员应当自行回避而没有回避的，当事人有权请求其回避。

专利复审委员会主任委员或者副主任委员任职期间，其近亲属不得代理复审或者无效宣告案件；处室负责人任职期间，其近亲属不得代理该处室负责审理的复审或者无效宣告案件。其中近亲属包括配偶、父母、子女、兄弟姐妹、祖父母、外祖父母、孙子女、外孙子女和其他具有扶养、赡养关系的亲属。

专利复审委员会主任委员或者副主任委员离职后三年内，其他人员离职后两年内，不得代理复审或者无效宣告案件。

当事人请求合议组成员回避的或者认为代理人不符合上述规定的，应当以书面方式提出，并且说明理由，必要时附具有关证据。专利复审委员会对当事人提出的请求，应当以书面方式作出决定，并通知当事人。

6. 审查决定

6.1 审查决定的审批

合议组应当对审查决定的事实认定、法律适用、结论以及决定文件的形式和文字负全面责任。

合议组作出的审查决定，属下列情形的，须经主任委员或者副主任委员审核批准：

(1) 组成五人合议组审查的案件。

(2) 合议组的表决意见不一致的案件。

(3)专利复审委员会的审查决定被法院的判决撤销后,重新作出决定的案件。

负责审批合议组决定的主任委员或者副主任委员不同意合议组作出的审查决定时,可以提出意见并指示合议组重新合议;合议组重新合议后,与主任委员或者副主任委员的意见仍不一致的,主任委员或者至少两位副主任委员认为有必要在较大范围内进行研究的,应当召开有三分之二以上的专利复审委员会主任委员、副主任委员和复审委员参加的会议进行讨论,合议组和负责审批的主任委员或者副主任委员应当按照与会人员二分之一以上的多数意见处理。

案件的审批者对审查决定的法律适用及结论负审批责任。

6.2 审查决定的构成

审查决定包括下列部分。

(1)审查决定的著录项目

复审请求审查决定的著录项目应当包括决定号、决定日、发明创造名称、国际分类号(或者外观设计分类号)、复审请求人、申请号、申请日、发明专利申请的公开日和合议组成员。

无效宣告请求审查决定的著录项目应当包括决定号、决定日、发明创造名称、国际分类号(或者外观设计分类号)、无效宣告请求人、专利权人、专利号、申请日、授权公告日和合议组成员。

(2)法律依据

审查决定的法律依据是指审查决定的理由所涉及的法律、法规条款。

(3)决定要点

决定要点是决定正文中理由部分的实质性概括和核心论述。它是针对该案争论点或者难点所采用的判断性标准。决定要点应当对所适用的专利法、专利法实施细则有关条款作进一步解释,并尽可能地根据该案的特定情况得出具有指导意义的结论。

决定要点在形式上应当满足下列要求:

(i)以简明、扼要的文字表述;

(ii)表述应当合乎逻辑、准确、严密和有根据,并与决定结论相适应;

(iii)既不是简单地引用根据专利法或者专利法实施细则有

关条款所得出的结论,也不是具体案由及结论的简述;可以从决定正文中摘出符合上述要求的关键语句。

(4) 案由

案由部分应当按照时间顺序叙述复审或者无效宣告请求的提出、范围、理由、证据、受理,文件的提交、转送,审查过程以及主要争议等情况。这部分内容应当客观、真实,与案件中的相应记载相一致,能够正确地、概括性地反映案件的审查过程和争议的主要问题。

案由部分应当用简明、扼要的语言,对当事人陈述的意见进行归纳和概括,清楚、准确地反映当事人的观点,并且应当写明决定的结论对其不利的当事人的全部理由和证据。

在针对发明或者实用新型专利申请或者专利的复审或者无效宣告请求的审查决定中,应当写明审查决定所涉及的权利要求的内容。

(5) 决定的理由

决定的理由部分应当阐明审查决定所依据的法律、法规条款的规定,得出审查结论所依据的事实,并且具体说明所述条款对该案件的适用。这部分内容的论述应当详细到足以根据所述规定和事实得出审查结论的程度。对于决定的结论对其不利的当事人的全部理由、证据和主要观点应当进行具体分析,阐明其理由不成立、观点不被采纳的原因。

对于涉及外观设计的审查决定,应当根据需要使用文字对所涉及外观设计的主要内容进行客观的描述。

(6) 结论

结论部分应当给出具体的审查结论,并且应当对后续程序的启动、时限和受理单位等给出明确、具体的指示。

(7) 附图

对于涉及外观设计的审查决定,应当根据需要使用外观设计的图片或者照片作为审查决定的附图。

6.3 审查决定的出版

专利复审委员会对其所作的复审和无效宣告请求审查决定的正文,除所针对的专利申请未公开的情况以外,应当全部公开出版。对于应当公开出版的审查决定,当事人对审查决定不服向法院起诉并已被受理的,在人民法院判决生效后,审查决定与判决书一起公开。

7. 更正及驳回请求

7.1 受理的更正
复审或者无效宣告请求属于应当受理而不予受理的，或者已经受理而属于不予受理的，经主任委员或者副主任委员批准后进行更正，并且通知当事人。

7.2 通知书的更正
专利复审委员会对发出的各种通知书中存在的错误，发现后需要更正的，经主任委员或者副主任委员批准后进行更正，并且通知当事人。

7.3 审查决定的更正
对于复审或者无效宣告请求审查决定中的明显文字错误，发现后需要更正的，经主任委员或者副主任委员批准后进行更正，并以通知书随附替换页的形式通知当事人。

7.4 视为撤回的更正
对于已经按照视为撤回处理的复审请求或者无效宣告请求，一旦发现不应被视为撤回的，经主任委员或者副主任委员批准后进行更正，复审或者无效宣告程序继续进行，并且通知当事人。

7.5 其他处理决定的更正
专利复审委员会作出的其他处理决定需要更正的，经主任委员或者副主任委员批准后进行更正。

7.6 驳回请求
对于已经受理的复审或者无效宣告案件，经审查认定不符合受理条件的，经主任委员或者副主任委员批准后，作出驳回复审请求或者驳回无效宣告请求的决定。

8. 关于审查决定被法院生效判决撤销后的审查程序
（1）复审请求或者无效宣告请求审查决定被人民法院的生效判决撤销后，专利复审委员会应当重新作出审查决定。

(2)因主要证据不足或者法律适用错误导致审查决定被撤销的,不得以相同的理由和证据作出与原决定相同的决定。

(3)因违反法定程序导致审查决定被撤销的,根据人民法院的判决,在纠正程序错误的基础上,重新作出审查决定。

第二章 复审请求的审查

1. 引 言

根据专利法第四十一条和专利法实施细则第六十条至第六十四条的规定制定本章。

复审程序是因申请人对驳回决定不服而启动的救济程序，同时也是专利审批程序的延续。因此，一方面，专利复审委员会一般仅针对驳回决定所依据的理由和证据进行审查，不承担对专利申请全面审查的义务；另一方面，为了提高专利授权的质量，避免不合理地延长审批程序，专利复审委员会可以依职权对驳回决定未提及的明显实质性缺陷进行审查。

2. 复审请求的形式审查

专利复审委员会收到复审请求书后，应当进行形式审查。

法 41.1
细则 60.2

2.1 复审请求客体

对专利局作出的驳回决定不服的，专利申请人可以向专利复审委员会提出复审请求。复审请求不是针对专利局作出的驳回决定的，不予受理。

法 41.1
细则 60.2

2.2 复审请求人资格

被驳回申请的申请人可以向专利复审委员会提出复审请求。复审请求人不是被驳回申请的申请人的，其复审请求不予受理。

被驳回申请的申请人属于共同申请人的，如果复审请求人不是全部申请人，专利复审委员会应当通知复审请求人在指定期限内补正；期满未补正的，其复审请求视为未提出。

法 41.1
细则 60.2

2.3 期 限

（1）在收到专利局作出的驳回决定之日起三个月内，专利申请人可以向专利复审委员会提出复审请求；提出复审请求的期限不符合上述规定的，复审请求不予受理。

（2）提出复审请求的期限不符合上述规定、但在专利复审委员会作出不予受理的决定后复审请求人提出恢复权利请求的，如果该恢复权利请求符合专利法实施细则第六条和第九十九条第一款有关恢复权利的规定，则允许恢复，且复审请求应当予以受理；不符合该有关规定的，不予恢复。

（3）提出复审请求的期限不符合上述规定、但在专利复审委员会作出不予受理的决定前复审请求人提出恢复权利请求的，可对上述两请求合并处理；该恢复权利请求符合专利法实施细则第六条和第九十九条第一款有关恢复权利的规定的，复审请求应当予以受理；不符合该有关规定的，复审请求不予受理。

2.4 文件形式

细则 60.1

（1）复审请求人应当提交复审请求书，说明理由，必要时还应当附具有关证据。

细则 60.3

（2）复审请求书应当符合规定的格式，不符合规定格式的，专利复审委员会应当通知复审请求人在指定期限内补正；期满未补正或者在指定期限内补正但经两次补正后仍存在同样缺陷的，复审请求视为未提出。

2.5 费　用

细则 93 及 94

（1）复审请求人在收到驳回决定之日起三个月内提出了复审请求，但在此期限内未缴纳或者未缴足复审费的，其复审请求视为未提出。

（2）在专利复审委员会作出视为未提出决定后复审请求人提出恢复权利请求的，如果恢复权利请求符合专利法实施细则第六条和第九十九条第一款有关恢复权利的规定，则允许恢复，且复审请求应当予以受理；不符合上述规定的，不予恢复。

（3）在收到驳回决定之日起三个月后才缴足复审费、且在作出视为未提出决定前提出恢复权利请求的，可对上述两请求合并处理；该恢复权利请求符合专利法实施细则第六条和第九十九条第一款有关恢复权利的规定的，复审请求应当予以受理；不符合该有关规定的，复审请求视为未提出。

2.6 委托手续

细则 15.3

（1）复审请求人委托专利代理机构请求复审或者解除、辞去委托的，应当参照本指南第一部分第一章第 6.1 节的规定在专利局办理手续。但是，复审请求人在复审程序中委托专利代理机构，且委托书中写明其委托权限仅限于办理复审程序有关事务的，其委托手续或者解除、辞去委托的手续应当参照上述规定在专利复审委员会办理，无需办理著录项目变更手续。

复审请求人在专利复审委员会办理委托手续，但提交的委托书中未写明委托权限仅限于办理复审程序有关事务的，应当在指定期限内补正；期满未补正的，视为未委托。

（2）复审请求人与多个专利代理机构同时存在委托关系的，应当以书面方式指定其中一个专利代理机构作为收件人；未指定的，专利复审委员会将在复审程序中最先委托的专利代理机构视为收件人；最先委托的专利代理机构有多个的，专利复审委员会将署名在先的视为收件人；署名无先后（同日分别委托）的，专利复审委员会应当通知复审请求人在指定期限内指定；未在指定期限内指定的，视为未委托。

细则 60.2

（3）对于根据专利法第十九条第一款规定应当委托专利代理机构的复审请求人，未按规定委托的，其复审请求不予受理。

2.7 形式审查通知书

（1）复审请求经形式审查不符合专利法及其实施细则和审查指南有关规定需要补正的，专利复审委员会应当发出补正通知书，要求复审请求人在收到通知书之日起十五日内补正。

（2）复审请求视为未提出或者不予受理的，专利复审委员会应当发出复审请求视为未提出通知书或者复审请求不予受理通知书，通知复审请求人。

（3）复审请求经形式审查符合专利法及其实施细则和审查指南有关规定的，专利复审委员会应当发出复审请求受理通知书，通知复审请求人。

3. 前置审查

3.1 前置审查的程序

根据专利法实施细则第六十二条的规定，专利复审委员会应当将经形式审查合格的复审请求书（包括附具的证明文件和修改后的申请文件）连同案卷一并转交作出驳回决定的原审查部门进行前置审查。

原审查部门应当提出前置审查意见，作出前置审查意见书。除特殊情况外，前置审查应当在收到案卷后一个月内完成。

3.2 前置审查意见的类型

前置审查意见分为下列三种类型：

(1) 复审请求成立，同意撤销驳回决定。

(2) 复审请求人提交的申请文件修改文本克服了申请中存在的缺陷，同意在修改文本的基础上撤销驳回决定。

(3) 复审请求人陈述的意见和提交的申请文件修改文本不足以使驳回决定被撤销，因而坚持驳回决定。

3.3 前置审查意见

(1) 原审查部门应当说明其前置审查意见属于上述何种类型。坚持驳回决定的，应当对所坚持的各驳回理由及其涉及的各缺陷详细说明意见；所述意见和驳回决定相同的，可以简要说明，不必重复。

(2) 复审请求人提交修改文本的，原审查部门应当按照本章第4.2节的规定进行审查。经审查，原审查部门认为修改符合本章第4.2节规定的，应当以修改文本为基础进行前置审查。原审查部门认为修改不符合本章第4.2节规定的，应当坚持驳回决定，并且在详细说明修改不符合规定的意见的同时，说明驳回决定所针对的申请文件中未克服的各驳回理由所涉及的缺陷。

(3) 复审请求人提交新证据或者陈述新理由的，原审查部门应当对该证据或者理由进行审查。

(4) 原审查部门在前置审查意见中不得补充驳回理由和证据，但下列情形除外：

(i) 对驳回决定和前置审查意见中主张的公知常识补充相应的技术词典、技术手册、教科书等所属技术领域中的公知常识性证据；

(ii) 认为审查文本中存在驳回决定未指出，但足以用已告知过申请人的事实、理由和证据予以驳回的缺陷的，应当在前置审查意见中指出该缺陷；

(iii) 认为驳回决定指出的缺陷仍然存在的，如果发现审查文本中还存在其他明显实质性缺陷或者与驳回决定所指出缺陷性质相同的缺陷，可以一并指出。

例如，原审查部门在审查意见通知书中曾指出原权利要求1不符合专利法第二十二条第三款的规定，但最终以修改不符合专利法第三十三条的规定为由作出驳回决定。在复审请求人将申请文件修改为原申请文件的情况下，如果原审查部门认为上述不符合专利法第二十二条第三款规定的缺陷依然存在，则属于第（ii）种情形，此时原审查部门应当在前置审查意见中指出该缺陷。

（5）前置审查意见属于本章第3.2节规定的第（1）种或者第（2）种类型的，专利复审委员会不再进行合议审查，应当根据前置审查意见作出复审决定，通知复审请求人，并且由原审查部门继续进行审批程序。原审查部门不得未经专利复审委员会作出复审决定而直接进行审批程序。

4. 复审请求的合议审查

4.1 理由和证据的审查

在复审程序中，合议组一般仅针对驳回决定所依据的理由和证据进行审查。

除驳回决定所依据的理由和证据外，合议组发现审查文本中存在下列缺陷的，可以对与之相关的理由及其证据进行审查，并且经审查认定后，应当依据该理由及其证据作出维持驳回决定的审查决定：

（1）足以用在驳回决定作出前已告知过申请人的其他理由及其证据予以驳回的缺陷。

（2）驳回决定未指出的明显实质性缺陷或者与驳回决定所指出缺陷性质相同的缺陷。

例如，驳回决定指出权利要求1不具备创造性，经审查认定该权利要求请求保护的明显是永动机时，合议组应当以该权利要求不符合专利法第二十二条第四款的规定为由作出维持驳回决定的复审决定。

又如，驳回决定指出权利要求1因存在含义不确定的用语，导致保护范围不清楚，合议组发现权利要求2同样因存在此类用语而导致保护范围不清楚时，应当在复审程序中一并告知复审请求人；复审请求人的答复未使权利要求2的缺陷被克服的，合议组应当以不符合专利法第二十六条第四款的规定为由作出维持驳回决定的复审决定。

在合议审查中，合议组可以引入所属技术领域的公知常识，或者补充相应的技术词典、技术手册、教科书等所属技术领域中的公知常识性证据。

4.2 修改文本的审查

在提出复审请求、答复复审通知书（包括复审请求口头审理通知书）或者参加口头审理时，复审请求人可以对申请文件进行修改。但是，所作修改应当符合专利法第三十三条和专利法实施细则第六十一条第一款的规定。

根据专利法实施细则第六十一条第一款的规定，复审请求人对申请文件的修改应当仅限于消除驳回决定或者合议组指出的缺陷。下列情形通常不符合上述规定：

（1）修改后的权利要求相对于驳回决定针对的权利要求扩大了保护范围。

（2）将与驳回决定针对的权利要求所限定的技术方案缺乏单一性的技术方案作为修改后的权利要求。

（3）改变权利要求的类型或者增加权利要求。

（4）针对驳回决定指出的缺陷未涉及的权利要求或者说明书进行修改。但修改明显文字错误，或者修改与驳回决定所指出缺陷性质相同的缺陷的情形除外。

在复审程序中，复审请求人提交的申请文件不符合专利法实施细则第六十一条第一款规定的，合议组一般不予接受，并应当在复审通知书中说明该修改文本不能被接受的理由，同时对之前可接受的文本进行审查。如果修改文本中的部分内容符合专利法实施细则第六十一条第一款的规定，合议组可以对该部分内容提出审查意见，并告知复审请求人应当对该文本中不符合专利法实施细则第六十一条第一款规定的部分进行修改，并提交符合规定的文本，否则合议组将以之前可接受的文本为基础进行审查。

4.3 审查方式

针对一项复审请求，合议组可以采取书面审理、口头审理或者书面审理与口头审理相结合的方式进行审查。

根据专利法实施细则第六十三条第一款的规定，有下列情形之一的，合议组应当发出复审通知书（包括复审请求口头审理通知书）或者进行口头审理：

（1）复审决定将维持驳回决定。

（2）需要复审请求人依照专利法及其实施细则和审查指南

有关规定修改申请文件，才有可能撤销驳回决定。

（3）需要复审请求人进一步提供证据或者对有关问题予以说明。

（4）需要引入驳回决定未提出的理由或者证据。

细则 63.1　针对合议组发出的复审通知书，复审请求人应当在收到该通知书之日起一个月内针对通知书指出的缺陷进行书面答复；期满未进行书面答复的，其复审请求视为撤回。复审请求人提交无具体答复内容的意见陈述书的，视为对复审通知书中的审查意见无反对意见。

针对合议组发出的复审请求口头审理通知书，复审请求人应当参加口头审理或者在收到该通知书之日起一个月内针对通知书指出的缺陷进行书面答复；如果该通知书已指出申请不符合专利法及其实施细则和审查指南有关规定的事实、理由和证据，复审请求人未参加口头审理且期满未进行书面答复的，其复审请求视为撤回。

5. 复审请求审查决定的类型

复审请求审查决定（简称复审决定）分为下列三种类型：

（1）复审请求不成立，维持驳回决定。

（2）复审请求成立，撤销驳回决定。

（3）专利申请文件经复审请求人修改，克服了驳回决定所指出的缺陷，在修改文本的基础上撤销驳回决定。

上述第（2）种类型包括下列情形：

（i）驳回决定适用法律错误的；

（ii）驳回理由缺少必要的证据支持的；

（iii）审查违反法定程序的，例如，驳回决定以申请人放弃的申请文本或者不要求保护的技术方案为依据；在审查程序中没有给予申请人针对驳回决定所依据的事实、理由和证据陈述意见的机会；驳回决定没有评价申请人提交的与驳回理由有关的证据，以至可能影响公正审理的；

（iv）驳回理由不成立的其他情形。

6. 复审决定的送达

根据专利法第四十一条第一款的规定，专利复审委员会应当将复审决定送达复审请求人。

7. 复审决定对原审查部门的约束力

复审决定撤销原审查部门作出的决定的，专利复审委员会应当将有关的案卷返回原审查部门，由原审查部门继续审批程序。

原审查部门应当执行专利复审委员会的决定，不得以同样的事实、理由和证据作出与该复审决定意见相反的决定。

细则 88

8. 复审程序的中止

适用本指南第五部分第七章第 7 节的规定。

9. 复审程序的终止

细则 63.1
细则 64

复审请求因期满未答复而被视为撤回的，复审程序终止。

在作出复审决定前，复审请求人撤回其复审请求的，复审程序终止。

已受理的复审请求因不符合受理条件而被驳回请求的，复审程序终止。

复审决定作出后复审请求人不服该决定的，可以根据专利法第四十一条第二款的规定在收到复审决定之日起三个月内向人民法院起诉；在规定的期限内未起诉或者人民法院的生效判决维持该复审决定的，复审程序终止。

第三章 无效宣告请求的审查

1. 引 言

根据专利法第四十五条、第四十六条、第四十七条、第五十九条和专利法实施细则第六十五条至第七十二条的规定制定本章。

无效宣告程序是专利公告授权后依当事人请求而启动的、通常为双方当事人参加的程序。

2. 审查原则

在无效宣告程序中，除总则规定的原则外，专利复审委员会还应当遵循一事不再理原则、当事人处置原则和保密原则。

2.1 一事不再理原则

细则66.2

对已作出审查决定的无效宣告案件涉及的专利权，以同样的理由和证据再次提出无效宣告请求的，不予受理和审理。

如果再次提出的无效宣告请求的理由（简称无效宣告理由）或者证据因时限等原因未被在先的无效宣告请求审查决定所考虑，则该请求不属于上述不予受理和审理的情形。

2.2 当事人处置原则

请求人可以放弃全部或者部分无效宣告请求的范围、理由及证据。对于请求人放弃的无效宣告请求的范围、理由和证据，专利复审委员会通常不再审查。

在无效宣告程序中，当事人有权自行与对方和解。对于请求人和专利权人均向专利复审委员会表示有和解愿望的，专利复审委员会可以给予双方当事人一定的期限进行和解，并暂缓作出审查决定，直至任何一方当事人要求专利复审委员会作出审查决定，或者专利复审委员会指定的期限已届满。

在无效宣告程序中，专利权人针对请求人提出的无效宣告请求主动缩小专利权保护范围且相应的修改文本已被专利复审委员会接受的，视为专利权人承认大于该保护范围的权利要求自始不符合专利法及其实施细则的有关规定，并且承认请求人对该权利要求的无效宣告请求，从而免去请求人对宣告该权利要求无效这一主张的举证责任。

在无效宣告程序中，专利权人声明放弃部分权利要求或者多项外观设计中的部分项的，视为专利权人承认该项权利要求或者外观设计自始不符合专利法及其实施细则的有关规定，并且承认请求人对该项权利要求或者外观设计的无效宣告请求，从而免去请求人对宣告该项权利要求或者外观设计无效这一主张的举证责任。

2.3 保密原则

在作出审查决定之前，合议组的成员不得私自将自己、其他合议组成员、负责审批的主任委员或者副主任委员对该案件的观点明示或者暗示给任何一方当事人。

为了保证公正执法和保密，合议组成员原则上不得与一方当事人会晤。

3. 无效宣告请求的形式审查

专利复审委员会收到无效宣告请求书后，应当进行形式审查。

法 45

3.1 无效宣告请求客体

无效宣告请求的客体应当是已经公告授权的专利，包括已经终止或者放弃（自申请日起放弃的除外）的专利。无效宣告请求不是针对已经公告授权的专利的，不予受理。

专利复审委员会作出宣告专利权全部或者部分无效的审查决定后，当事人未在收到该审查决定之日起三个月内向人民法院起诉或者人民法院生效判决维持该审查决定的，针对已被该决定宣告无效的专利权提出的无效宣告请求不予受理。

3.2 无效宣告请求人资格

请求人属于下列情形之一的，其无效宣告请求不予受理：

（1）请求人不具备民事诉讼主体资格的。

细则 66.3

（2）以授予专利权的外观设计与他人在申请日以前已经取得的合法权利相冲突为理由请求宣告外观设计专利权无效，但请求人不能证明是在先权利人或者利害关系人的。

其中，利害关系人是指有权根据相关法律规定就侵犯在先权利的纠纷向人民法院起诉或者请求相关行政管理部门处理的人。

（3）专利权人针对其专利权提出无效宣告请求且请求宣告专利权全部无效、所提交的证据不是公开出版物或者请求人不是共有专利权的所有专利权人的。

（4）多个请求人共同提出一件无效宣告请求的，但属于所有专利权人针对其共有的专利权提出的除外。

3.3 无效宣告请求范围以及理由和证据

（1）无效宣告请求书中应当明确无效宣告请求范围，未明确的，专利复审委员会应当通知请求人在指定期限内补正；期满未补正的，无效宣告请求视为未提出。

细则 65.2 及 66.1　（2）无效宣告理由仅限于专利法实施细则第六十五条第二款规定的理由，并且应当以专利法及其实施细则中有关的条、款、项作为独立的理由提出。无效宣告理由不属于专利法实施细则第六十五条第二款规定的理由的，不予受理。

细则 66.2　（3）在专利复审委员会就一项专利权已作出无效宣告请求审查决定后，又以同样的理由和证据提出无效宣告请求的，不予受理，但所述理由或者证据因时限等原因未被所述决定考虑的情形除外。

细则 66.3　（4）以授予专利权的外观设计与他人在申请日以前已经取得的合法权利相冲突为理由请求宣告外观设计专利权无效，但是未提交证明权利冲突的证据的，不予受理。

细则 65.1 及 66.1　（5）请求人应当具体说明无效宣告理由，提交有证据的，应当结合提交的所有证据具体说明。对于发明或者实用新型专利需要进行技术方案对比的，应当具体描述涉案专利和对比文件中相关的技术方案，并进行比较分析；对于外观设计专利需要进行对比的，应当具体描述涉案专利和对比文件中相关的图片或者照片表示的产品外观设计，并进行比较分析。例如，请求人针对专利法第二十二条第三款的无效宣告理由提交多篇对比文件的，应当指明与请求宣告无效的专利最接近的对比文件以及单独对比还是结合对比的对比方式，具体描述涉案专利和对比文件的技术方案，并进行比较分析。如果是结合对比，存在两种或者两种以上结合方式的，应当指明具体结合方式。对于不同的独立权利要求，可以分别指明最接近的对比文件。

请求人未具体说明无效宣告理由的，或者提交有证据但未结合提交的所有证据具体说明无效宣告理由的，或者未指明每项理由所依据的证据的，其无效宣告请求不予受理。

| 细则 65.1 及 66.4 | ### 3.4 文件形式
无效宣告请求书及其附件应当一式两份，并符合规定的格式，不符合规定格式的，专利复审委员会应当通知请求人在指定期限内补正；期满未补正或者在指定期限内补正但经两次补正后仍存在同样缺陷的，无效宣告请求视为未提出。|

细则 93、94 及 99.3

3.5 费　用

请求人自提出无效宣告请求之日起一个月内未缴纳或者未缴足无效宣告请求费的，其无效宣告请求视为未提出。

细则 15.3

3.6 委托手续

（1）请求人或者专利权人在无效宣告程序中委托专利代理机构的，应当提交无效宣告程序授权委托书，且专利权人应当在委托书中写明委托权限仅限于办理无效宣告程序有关事务。在无效宣告程序中，即使专利权人此前已就其专利委托了在专利权有效期内的全程代理并继续委托该全程代理的机构的，也应当提交无效宣告程序授权委托书。

（2）在无效宣告程序中，请求人委托专利代理机构的，或者专利权人委托专利代理机构且委托书中写明其委托权限仅限于办理无效宣告程序有关事务的，其委托手续或者解除、辞去委托的手续应当在专利复审委员会办理，无需办理著录项目变更手续。

请求人或者专利权人委托专利代理机构而未向专利复审委员会提交委托书或者委托书中未写明委托权限的，专利权人未在委托书中写明其委托权限仅限于办理无效宣告程序有关事务的，专利复审委员会应当通知请求人或者专利权人在指定期限内补正；期满未补正的，视为未委托。

（3）请求人和专利权人委托了相同的专利代理机构的，专利复审委员会应当通知双方当事人在指定期限内变更委托；未在指定期限内变更委托的，后委托的视为未委托，同一日委托的，视为双方均未委托。

细则 66.1

（4）对于根据专利法第十九条第一款规定应当委托专利代理机构的请求人，未按规定委托的，其无效宣告请求不予受理。

（5）同一当事人与多个专利代理机构同时存在委托关系

的，当事人应当以书面方式指定其中一个专利代理机构作为收件人；未指定的，专利复审委员会将在无效宣告程序中最先委托的专利代理机构视为收件人；最先委托的代理机构有多个的，专利复审委员会将署名在先的专利代理机构视为收件人；署名无先后（同日分别委托）的，专利复审委员会应当通知当事人在指定期限内指定；未在指定期限内指定的，视为未委托。

（6）当事人委托公民代理的，参照有关委托专利代理机构的规定办理。公民代理的权限仅限于在口头审理中陈述意见和接收当庭转送的文件。

（7）对于下列事项，代理人需要具有特别授权的委托书：

(i) 专利权人的代理人代为承认请求人的无效宣告请求；

(ii) 专利权人的代理人代为修改权利要求书；

(iii) 代理人代为和解；

(iv) 请求人的代理人代为撤回无效宣告请求。

（8）上述规定未涵盖事宜参照本指南第一部分第一章第6.1节的规定办理。

3.7 形式审查通知书

（1）无效宣告请求经形式审查不符合专利法及其实施细则和审查指南有关规定需要补正的，专利复审委员会应当发出补正通知书，要求请求人在收到通知书之日起十五日内补正。

（2）无效宣告请求视为未提出或者不予受理的，专利复审委员会应当发出无效宣告请求视为未提出通知书或者无效宣告请求不予受理通知书，通知请求人。

细则68.1　（3）无效宣告请求经形式审查符合专利法及其实施细则和审查指南有关规定的，专利复审委员会应当向请求人和专利权人发出无效宣告请求受理通知书，并将无效宣告请求书和有关文件副本转送专利权人，要求其在收到该通知书之日起一个月内答复。专利权人就其专利委托了在专利权有效期内的全程代理的，所述无效宣告请求书和有关文件副本转送该全程代理的机构。

（4）受理的无效宣告请求需等待在先作出的专利权无效或部分无效的审查决定生效而暂时无法审查的，专利复审委员会应当发出通知书通知请求人和专利权人；在先审查决定生效或者被人民法院生效判决予以撤销后，专利复审委员会应当及时恢复审查。

(5) 受理的无效宣告请求涉及专利侵权案件的，专利复审委员会可以应人民法院、地方知识产权管理部门或者当事人的请求，向处理该专利侵权案件的人民法院或者地方知识产权管理部门发出无效宣告请求案件审查状态通知书。

4. 无效宣告请求的合议审查

4.1 审查范围

在无效宣告程序中，专利复审委员会通常仅针对当事人提出的无效宣告请求的范围、理由和提交的证据进行审查，不承担全面审查专利有效性的义务。

专利复审委员会作出宣告专利权部分无效的审查决定后，当事人未在收到该审查决定之日起三个月内向人民法院起诉或者人民法院生效判决维持该审查决定的，针对该专利权的其他无效宣告请求的审查以维持有效的专利权为基础。

细则 65.1 及 67

请求人在提出无效宣告请求时没有具体说明的无效宣告理由以及没有用于具体说明相关无效宣告理由的证据，且在提出无效宣告请求之日起一个月内也未补充具体说明的，专利复审委员会不予考虑。

请求人增加无效宣告理由不符合本章第 4.2 节或者补充证据不符合本章第 4.3 节规定的，专利权人提交或者补充证据不符合本章第 4.3 节规定的，专利复审委员会不予考虑。

专利复审委员会在下列情形可以依职权进行审查：

(1) 请求人提出的无效宣告理由明显与其提交的证据不相对应的，专利复审委员会可以告知其有关法律规定的含义，允许其变更或者依职权变更为相对应的无效宣告理由。例如，请求人提交的证据为同一专利权人在专利申请日前申请并在专利申请日后公开的中国发明专利文件，而无效宣告理由为不符合专利法第九条第一款的，专利复审委员会可以告知请求人专利法第九条第一款和第二十二条第二款的含义，允许其将无效宣告理由变更为该专利不符合专利法第二十二条第二款，或者依职权将无效宣告理由变更为该专利不符合专利法第二十二条第二款。

法 2、5 及 25

(2) 专利权存在请求人未提及的明显不属于专利保护客体的缺陷，专利复审委员会可以引入相关的无效宣告理由进行

(3) 专利权存在请求人未提及的缺陷而导致无法针对请求人提出的无效宣告理由进行审查的，专利复审委员会可以依职权针对专利权的上述缺陷引入相关无效宣告理由并进行审查。例如，无效宣告理由为独立权利要求1不具备创造性，但该权利要求因不清楚而无法确定其保护范围，从而不存在审查创造性的基础的情形下，专利复审委员会可以引入涉及专利法第二十六条第四款的无效宣告理由并进行审查。

(4) 请求人请求宣告权利要求之间存在引用关系的某些权利要求无效，而未以同样的理由请求宣告其他权利要求无效，不引入该无效宣告理由将会得出不合理的审查结论的，专利复审委员会可以依职权引入该无效宣告理由对其他权利要求进行审查。例如，请求人以权利要求1不具备新颖性、从属权利要求2不具备创造性为由请求宣告专利权无效，如果专利复审委员会认定权利要求1具有新颖性，而从属权利要求2不具备创造性，则可以依职权对权利要求1的创造性进行审查。

(5) 请求人以权利要求之间存在引用关系的某些权利要求存在缺陷为由请求宣告其无效，而未指出其他权利要求也存在相同性质的缺陷，专利复审委员会可以引入与该缺陷相对应的无效宣告理由对其他权利要求进行审查。例如，请求人以权利要求1增加了技术特征而导致其不符合专利法第三十三条的规定为由请求宣告权利要求1无效，而未指出从属权利要求2也存在同样的缺陷，专利复审委员会可以引入专利法第三十三条的无效宣告理由对从属权利要求2进行审查。

(6) 请求人以不符合专利法第三十三条或者专利法实施细则第四十三条第一款的规定为由请求宣告专利权无效，且对修改超出原申请文件记载范围的事实进行了具体的分析和说明，但未提交原申请文件的，专利复审委员会可以引入该专利的原申请文件作为证据。

(7) 专利复审委员会可以依职权认定技术手段是否为公知常识，并可以引入技术词典、技术手册、教科书等所属技术领域中的公知常识性证据。

细则 67

4.2 无效宣告理由的增加

(1) 请求人在提出无效宣告请求之日起一个月内增加无效宣告理由的，应当在该期限内对所增加的无效宣告理由具体说明；否则，专利复审委员会不予考虑。

（2）请求人在提出无效宣告请求之日起一个月后增加无效宣告理由的，专利复审委员会一般不予考虑，但下列情形除外：

（i）针对专利权人以合并方式修改的权利要求，在专利复审委员会指定期限内增加无效宣告理由，并在该期限内对所增加的无效宣告理由具体说明的；

（ii）对明显与提交的证据不相对应的无效宣告理由进行变更的。

4.3 举证期限

4.3.1 请求人举证

（1）请求人在提出无效宣告请求之日起一个月内补充证据的，应当在该期限内结合该证据具体说明相关的无效宣告理由，否则，专利复审委员会不予考虑。

（2）请求人在提出无效宣告请求之日起一个月后补充证据的，专利复审委员会一般不予考虑，但下列情形除外：

（i）针对专利权人以合并方式修改的权利要求或者提交的反证，请求人在专利复审委员会指定的期限内补充证据，并在该期限内结合该证据具体说明相关无效宣告理由的；

（ii）在口头审理辩论终结前提交技术词典、技术手册和教科书等所属技术领域中的公知常识性证据或者用于完善证据法定形式的公证文书、原件等证据，并在该期限内结合该证据具体说明相关无效宣告理由的。

（3）请求人提交的证据是外文的，提交其中文译文的期限适用该证据的举证期限。

4.3.2 专利权人举证

专利权人应当在专利复审委员会指定的答复期限内提交证据，但对于技术词典、技术手册和教科书等所属技术领域中的公知常识性证据或者用于完善证据法定形式的公证文书、原件等证据，可以在口头审理辩论终结前补充。

专利权人提交或者补充证据的，应当在上述期限内对提交或者补充的证据具体说明。

专利权人提交的证据是外文的，提交其中文译文的期限适用该证据的举证期限。

专利权人提交或者补充证据不符合上述期限规定或者未在上述期限内对所提交或者补充的证据具体说明的，专利复审委员会不予考虑。

4.3.3 延期举证

对于有证据表明因无法克服的困难在本章第4.3.1节和第4.3.2节所述期限内不能提交的证据，当事人可以在所述期限内书面请求延期提交。不允许延期提交明显不公平的，专利复审委员会应当允许延期提交。

4.4 审查方式

4.4.1 文件的转送

细则68

专利复审委员会根据案件审查需要将有关文件转送有关当事人。需要指定答复期限的，指定答复期限为一个月。当事人期满未答复的，视为当事人已得知转送文件中所涉及的事实、理由和证据，并且未提出反对意见。

当事人提交的意见陈述书及其附件应当一式两份。

4.4.2 口头审理

细则70

专利复审委员会根据当事人的请求或者案情需要可以决定对无效宣告请求进行口头审理。口头审理的具体规定参见本部分第四章。

4.4.3 无效宣告请求审查通知书

在无效宣告程序中，有下列情形之一的，专利复审委员会可以向双方当事人发出无效宣告请求审查通知书：

（1）当事人主张的事实或者提交的证据不清楚或者有疑问的。

（2）专利权人对其权利要求书主动提出修改，但修改不符合专利法及其实施细则和审查指南有关规定的。

（3）需要依职权引入当事人未提及的理由或者证据的。

（4）需要发出无效宣告请求审查通知书的其他情形。

审查通知书的内容所针对的有关当事人应当在收到该通知书之日起一个月内答复。期满未答复的，视为当事人已得知通知书中所涉及的事实、理由和证据，并且未提出反对意见。

细则 68 及 70

4.4.4 审查方式的选择

在无效宣告程序中，针对不同的情形，采用下列方式进行审查。

（1）专利复审委员会已将无效宣告请求文件转送专利权人，并且指定答复期限届满后，无论专利权人是否答复，专利权人未要求进行口头审理，专利复审委员会认为请求人提交的证据充分，其请求宣告专利权全部无效的理由成立的，可以直接作出宣告专利权全部无效的审查决定；在这种情况下，请求人请求宣告无效的范围是宣告专利权部分无效的，专利复审委员会也可以针对该范围直接作出宣告专利权部分无效的决定。专利权人提交答复意见的，将答复意见随直接作出的审查决定一并送达请求人。

（2）专利复审委员会已将无效宣告请求文件转送专利权人，并且指定答复期限届满后，无论专利权人是否答复，专利复审委员会认为请求人请求宣告无效的范围部分成立，可能会作出宣告专利权部分无效的决定的，专利复审委员会应当发出口头审理通知书，通过口头审理结案。专利权人提交答复意见的，将答复意见随口头审理通知书一并送达请求人。

（3）专利复审委员会已将无效宣告请求文件转送专利权人，在指定答复期限内专利权人已经答复，专利复审委员会认为专利权人提交的意见陈述理由充分，将会作出维持专利权的决定的，专利复审委员会应当根据案情，选择发出转送文件通知书或者无效宣告请求审查通知书进行书面审查，或者发出口头审理通知书随附转送文件通知书，通过口头审理结案。

（4）专利复审委员会已将无效宣告请求文件转送专利权人，在指定答复期限内专利权人没有答复，专利复审委员会认为请求人提交的证据不充分，其请求宣告专利权无效的理由不成立，将会作出维持专利权的决定的，专利复审委员会应当根据案情，选择发出无效宣告请求审查通知书进行书面审查，或者发出口头审理通知书，通过口头审理结案。

在发出口头审理通知书后，由于当事人原因未按期举行口头审理的，专利复审委员会可以直接作出审查决定。

4.5 案件的合并审理

为了提高审查效率和减少当事人负担,专利复审委员会可以对案件合并审理。合并审理的情形通常包括:

(1) 针对一项专利权的多个无效宣告案件,尽可能合并口头审理。

(2) 针对不同专利权的无效宣告案件,部分或者全部当事人相同且案件事实相互关联的,专利复审委员会可以依据当事人书面请求或者自行决定合并口头审理。

合并审理的各无效宣告案件的证据不得相互组合使用。

细则 69

4.6 无效宣告程序中专利文件的修改

4.6.1 修改原则

发明或者实用新型专利文件的修改仅限于权利要求书,其原则是:

(1) 不得改变原权利要求的主题名称。

(2) 与授权的权利要求相比,不得扩大原专利的保护范围。

(3) 不得超出原说明书和权利要求书记载的范围。

(4) 一般不得增加未包含在授权的权利要求书中的技术特征。

外观设计专利的专利权人不得修改其专利文件。

4.6.2 修改方式

在满足上述修改原则的前提下,修改权利要求书的具体方式一般限于权利要求的删除、合并和技术方案的删除。

权利要求的删除是指从权利要求书中去掉某项或者某些项权利要求,例如独立权利要求或者从属权利要求。

权利要求的合并是指两项或者两项以上相互无从属关系但在授权公告文本中从属于同一独立权利要求的权利要求的合并。在此情况下,所合并的从属权利要求的技术特征组合在一起形成新的权利要求。该新的权利要求应当包含被合并的从属权利要求中的全部技术特征。在独立权利要求未作修改的情况下,不允许对其从属权利要求进行合并式修改。

技术方案的删除是指从同一权利要求中并列的两种以上技术方案中删除一种或者一种以上技术方案。

4.6.3 修改方式的限制

在专利复审委员会作出审查决定之前,专利权人可以删除权利要求或者权利要求中包括的技术方案。

仅在下列三种情形的答复期限内,专利权人可以以合并的方式修改权利要求书:

(1) 针对无效宣告请求书。

(2) 针对请求人增加的无效宣告理由或者补充的证据。

(3) 针对专利复审委员会引入的请求人未提及的无效宣告理由或者证据。

细则 88

4.7 无效宣告程序的中止

适用本指南第五部分第七章第 7 节的规定。

5. 无效宣告请求审查决定的类型

无效宣告请求审查决定分为下列三种类型:

(1) 宣告专利权全部无效。

(2) 宣告专利权部分无效。

(3) 维持专利权有效。

宣告专利权无效包括宣告专利权全部无效和部分无效两种情形。根据专利法第四十七条的规定,宣告无效的专利权视为自始即不存在。

在无效宣告程序中,如果请求人针对一件发明或者实用新型专利的部分权利要求的无效宣告理由成立,针对其余权利要求(包括以合并方式修改后的权利要求)的无效宣告理由不成立,则无效宣告请求审查决定应当宣告上述无效宣告理由成立的部分权利要求无效,并且维持其余的权利要求有效。对于包含有若干个具有独立使用价值的产品的外观设计专利,如果请求人针对其中一部分产品的外观设计专利的无效宣告理由成立,针对其余产品的外观设计专利的无效宣告理由不成立,则无效宣告请求审查决定应当宣告无效宣告理由成立的该部分产品外观设计专利无效,并且维持其余产品的外观设计专利有效。例如,对于包含有同一产品两项以上的相似外观设计的一件外观设计专利,如果请求人针对其中部分项外观设计的无效宣告理由成立,针对其余外观设计的无效宣告理由不成立,则无效宣告请求审查决定应当宣告无效宣告理由成立的该部分项外观设计无效，并且维持其余外观设计有效。上述审查决定均属于宣告专利权部分无效的审查决定。

一项专利被宣告部分无效后，被宣告无效的部分应视为自始即不存在。但是被维持的部分（包括修改后的权利要求）也同时应视为自始即存在。

6. 无效宣告请求审查决定的送达、登记和公告

6.1 决定的送达

根据专利法第四十六条第一款的规定，专利复审委员会应当将无效宣告请求审查决定送达双方当事人。

对于涉及侵权案件的无效宣告请求，在无效宣告请求审理开始之前曾通知有关人民法院或者地方知识产权管理部门的，专利复审委员会作出决定后，应当将审查决定和无效宣告审查结案通知书送达有关人民法院或者地方知识产权管理部门。

6.2 决定的登记和公告

根据专利法第四十六条第一款的规定，专利复审委员会作出宣告专利权无效（包括全部无效和部分无效）的审查决定后，当事人未在收到该审查决定之日起三个月内向人民法院起诉或者人民法院生效判决维持该审查决定的，由专利局予以登记和公告。

7. 无效宣告程序的终止

细则 72

请求人在专利复审委员会对无效宣告请求作出审查决定之前，撤回其无效宣告请求的，无效宣告程序终止，但专利复审委员会认为根据已进行的审查工作能够作出宣告专利权无效或者部分无效的决定的除外。

细则 70.3 及 72.2

请求人未在指定的期限内答复口头审理通知书，并且不参加口头审理，其无效宣告请求被视为撤回的，无效宣告程序终止，但专利复审委员会认为根据已进行的审查工作能够作出宣告专利权无效或者部分无效的决定的除外。

已受理的无效宣告请求因不符合受理条件而被驳回请求的，无效宣告程序终止。

在专利复审委员会对无效宣告请求作出审查决定之后，当事人未在收到该审查决定之日起三个月内向人民法院起诉，或

者人民法院生效判决维持该审查决定的,无效宣告程序终止。

在专利复审委员会作出宣告专利权全部无效的审查决定后,当事人未在收到该审查决定之日起三个月内向人民法院起诉,或者人民法院生效判决维持该审查决定的,针对该专利权的所有其他无效宣告程序终止。

第四章 复审和无效宣告程序中有关口头审理的规定

1. 引　言

口头审理是根据专利法实施细则第六十三条、第七十条的规定而设置的行政听证程序，其目的在于查清事实，给当事人当庭陈述意见的机会。

细则 70.1

2. 口头审理的确定

在无效宣告程序中，有关当事人可以向专利复审委员会提出进行口头审理的请求，并且说明理由。请求应当以书面方式提出。

无效宣告程序的当事人可以依据下列理由请求进行口头审理：

（1）当事人一方要求同对方当面质证和辩论。
（2）需要当面向合议组说明事实。
（3）需要实物演示。
（4）需要请出具过证言的证人出庭作证。

对于尚未进行口头审理的无效宣告案件，专利复审委员会在审查决定作出前收到当事人依据上述理由以书面方式提出口头审理请求的，合议组应当同意进行口头审理。

在复审程序中，复审请求人可以向专利复审委员会提出进行口头审理的请求，并且说明理由。请求应当以书面方式提出。

复审请求人可以依据下列理由请求进行口头审理：

（1）需要当面向合议组说明事实或者陈述理由。
（2）需要实物演示。

复审请求人提出口头审理请求的，合议组根据案件的具体情况决定是否进行口头审理。

在无效宣告程序或者复审程序中，合议组可以根据案情需要自行决定进行口头审理。针对同一案件已经进行过口头审理的，必要时可以再次进行口头审理。

经主任委员或者副主任委员批准，专利复审委员会可以进行巡回口头审理，就地审理办案，并承担所需费用。

3. 口头审理的通知

细则 70.2、70.3 及 72.2

在无效宣告程序中，确定需要进行口头审理的，合议组应当向当事人发出口头审理通知书，通知进行口头审理的日期和地点等事项。口头审理的日期和地点一经确定一般不再改动，遇特殊情况需要改动的，需经双方当事人同意或者经主任委员或者副主任委员批准。当事人应当在收到口头审理通知之日起七日内向专利复审委员会提交口头审理通知书回执。无效宣告请求人期满未提交回执，并且不参加口头审理的，其无效宣告请求视为撤回，无效宣告请求审查程序终止。但专利复审委员会认为根据已进行的审查工作能够作出宣告专利权无效或者部分无效的决定的除外。专利权人不参加口头审理的，可以缺席审理。

细则 63.1

在复审程序中，确定需要进行口头审理的，合议组应当向复审请求人发出口头审理通知书，通知进行口头审理的日期、地点以及口头审理拟调查的事项。合议组认为专利申请不符合专利法及其实施细则有关规定的，可以随口头审理通知书将专利申请不符合专利法及其实施细则有关规定的具体事实、理由和证据告知复审请求人。

合议组应当在口头审理通知书中告知复审请求人，可以选择参加口头审理进行口头答辩，或者在指定的期限内进行书面意见陈述。复审请求人应当在收到口头审理通知书之日起七日内向专利复审委员会提交口头审理通知书回执，并在回执中明确表示是否参加口头审理；逾期未提交回执的，视为不参加口头审理。

口头审理通知书中已经告知该专利申请不符合专利法及其实施细则和审查指南有关规定的具体事实、理由和证据的，如果复审请求人既未出席口头审理，也未在指定的期限内进行书面意见陈述，其复审请求视为撤回。

无效宣告程序或者复审程序的口头审理通知书回执中应当有当事人的签名或者盖章。表示参加口头审理的，应当写明参加口头审理人员的姓名。要求委派出具过证言的证人就其证言出庭作证的，应当在口头审理通知书回执中声明，并且写明该证人的姓名、工作单位（或者职业）和要证明的事实。

参加口头审理的每方当事人及其代理人的数量不得超过四人。回执中写明的参加口头审理人员不足四人的，可以在口头审理开始前指定其他人参加口头审理。一方有多人参加口头审理的,应当指定其中之一作为第一发言人进行主要发言。

当事人不能在指定日期参加口头审理的,可以委托其专利代理人或者其他人代表出庭。

当事人依照专利法第十九条规定委托专利代理机构代理的,该机构应当指派专利代理人参加口头审理。

4. 口头审理前的准备

在口头审理开始前,合议组应当完成下列工作:

(1)将无效宣告程序中当事人提交的有关文件转送对方。

(2)阅读和研究案卷,了解案情,掌握争议的焦点和需要调查、辩论的主要问题。

(3)举行口头审理前的合议组会议,研究确定合议组成员在口头审理中的分工,调查的顺序和内容,应当重点查清的问题,以及口头审理中可能出现的各种情况及处置方案。

(4)准备必要的文件。

(5)口头审理两天前应当公告进行该口头审理的有关信息(口头审理不公开进行的除外)。

(6)口头审理其他事务性工作的准备。

5. 口头审理的进行

口头审理按照通知书指定的日期进行。

口头审理应当公开进行,但根据国家法律、法规等规定需要保密的除外。

5.1 口头审理第一阶段

在口头审理开始前,合议组应当核对参加口头审理人员的身份证件,并确认其是否有参加口头审理的资格。

口头审理由合议组组长主持。合议组组长宣布口头审理开始后,介绍合议组成员;由当事人介绍出席口头审理的人员,有双方当事人出庭的,还应当询问双方当事人对于对方出席人员资格有无异议;合议组组长宣读当事人的权利和义务;询问当事人是否请求审案人员回避,是否请证人作证和请求演示物证。

在有双方当事人参加的口头审理中,还应当询问当事人是否有和解的愿望。双方当事人均有和解愿望并欲当庭协商的,暂停口头审理；双方和解条件差别较小的，可以中止口头审理；双方和解条件差别较大，难以短时间内达成和解协议的，或者任何一方当事人没有和解愿望的，口头审理继续进行。

5.2 口头审理第二阶段

在进行口头审理调查之前，必要时，由合议组成员简要介绍案情。然后，开始进行口头审理调查。

在无效宣告程序的口头审理中，先由无效宣告请求人陈述无效宣告请求的范围及其理由，并简要陈述有关事实和证据，再由专利权人进行答辩。其后，由合议组就案件的无效宣告请求的范围、理由和各方当事人提交的证据进行核对，确定口头审理的审理范围。当事人当庭增加理由或者补充证据的，合议组应当根据有关规定判断所述理由或者证据是否予以考虑。决定予以考虑的，合议组应当给予首次得知所述理由或者收到所述证据的对方当事人选择当庭口头答辩或者以后进行书面答辩的权利。接着，由无效宣告请求人就无效宣告理由以及所依据的事实和证据进行举证，然后由专利权人进行质证，需要时专利权人可以提出反证，由对方当事人进行质证。案件存在多个无效宣告理由、待证事实或者证据的，可以要求当事人按照无效宣告理由和待证事实逐个举证和质证。

在复审程序的口头审理中，在合议组告知复审请求人口头审理调查的事项后，由复审请求人进行陈述。复审请求人当庭提交修改文本的，合议组应当审查该修改文本是否符合专利法及其实施细则和审查指南的有关规定。

在口头审理调查过程中，为了全面、客观地查清案件事实，合议组成员可以就有关事实和证据向当事人或者证人提问，也可以要求当事人或者证人作出解释。提问应当公正、客观、具体、明确。

5.3 口头审理第三阶段

在无效宣告程序的口头审理调查后，进行口头审理辩论。在双方当事人对案件证据和事实无争议的情况下，可以在双方当事人对证据和事实予以确认的基础上，直接进行口头审理辩论。由当事人就证据所表明的事实、争议的问题和适用的法律、法规各自陈述其意见，并进行辩论。在口头审理辩论时，合议组成员可以提问，但不得发表自己的倾向性意见，也不得与任何一方当事人辩论。在口头审理辩论过程中，当事人又提出事先已提交过、但未经调查的事实或者证据的，合议组组长可以宣布中止辩论，恢复口头审理调查。调查结束后，继续进行口头审理辩论。

在双方当事人的辩论意见表达完毕后，合议组组长宣布辩论终结，由双方当事人作最后意见陈述。在进行最后意见陈述时，无效宣告请求人可以坚持原无效宣告请求，也可以请求撤回无效宣告请求，还可以放弃无效宣告请求的部分理由及相应证据，或者缩小无效宣告请求的范围；专利权人可以坚持要求驳回无效宣告请求人的无效宣告请求，也可以声明缩小专利保护范围或者放弃部分权利要求。此后，再次以前述方式处理和解事宜。

在复审程序的口头审理调查后，合议组可以就有关问题发表倾向性意见，必要时将其认为专利申请不符合专利法及其实施细则和审查指南有关规定的具体事实、理由和证据告知复审请求人，并听取复审请求人的意见。

5.4 口头审理第四阶段

在口头审理过程中，合议组可以根据案情需要休庭合议。

合议组组长宣布暂时休庭，合议组进行合议。然后，重新开始口头审理，合议组组长宣布口头审理结论。口头审理结论可以是审查决定的结论，也可以是其他结论，例如，案件事实已经查清，可以作出审查决定等结论。至此，口头审理结束。

6. 口头审理的中止

有下列情形之一的，合议组组长可以宣布中止口头审理，并在必要时确定继续进行口头审理的日期：

（1）当事人请求审案人员回避的。
（2）因和解需要协商的。
（3）需要对发明创造进一步演示的。
（4）合议组认为必要的其他情形。

7. 口头审理的终止

对于事实已经调查清楚、可以作出审查决定并且不属于需要经过主任委员或者副主任委员审核批准的案件，合议组可以当场宣布审查决定的结论。

对于经口头审理拟当场宣布审查决定结论的案件，需要经主任委员或者副主任委员审核批准的，应当在批准后宣布审查决定的结论。

合议组不当场宣布审查决定结论的，由合议组组长作简要说明。

在上述三种情况下，均由合议组组长宣布口头审理终止。此后，在一定期限内，将决定的全文以书面形式送达当事人。

8. 当事人的缺席

有当事人未出席口头审理的，只要一方当事人的出庭符合规定，合议组按照规定的程序进行口头审理。

9. 当事人中途退庭

在无效宣告程序或者复审程序的口头审理过程中，未经合议组许可，当事人不得中途退庭。当事人未经合议组许可而中途退庭的，或者因妨碍口头审理进行而被合议组责令退庭的，合议组可以缺席审理。但是，应当就该当事人已经陈述的内容及其中途退庭或者被责令退庭的事实进行记录，并由当事人或者合议组签字确认。

10. 证人出庭作证

出具过证言并在口头审理通知书回执中写明的证人可以就其证言出庭作证。当事人在口头审理中提出证人出庭作证请求的，合议组可根据案件的具体情况决定是否准许。

证人出庭作证时，应当出示证明其身份的证件。合议组应当告知其诚实作证的法律义务和作伪证的法律责任。出庭作证的证人不得旁听案件的审理。询问证人时，其他证人不得在场，但需要证人对质的除外。

合议组可以对证人进行提问。在双方当事人参加的口头审理中，双方当事人可以对证人进行交叉提问。证人应当对合议组提出的问题作出明确回答，对于当事人提出的与案件无关的问题可以不回答。

11. 记 录

在口头审理中，由书记员或者合议组组长指定的合议组成员进行记录。担任记录的人员应当将重要的审理事项记入口头审理笔录。除笔录外，合议组还可以使用录音、录像设备进行记录。

在重要的审理事项记录完毕后或者在口头审理终止时，合议组应当将笔录交当事人阅读。对笔录的差错，当事人有权请求记录人更正。笔录核实无误后，应当由当事人签字并存入案卷。当事人拒绝签字的，由合议组组长在口头审理笔录中注明。

上述重要的审理事项包括：

（1）在无效宣告程序的口头审理中，当事人声明放弃的权利要求、无效宣告请求的范围、理由或者证据。

（2）在无效宣告程序的口头审理中，双方当事人均认定的重要事实。

（3）在复审程序的口头审理中，合议组当庭告知复审请求人其专利申请不符合专利法及其实施细则和审查指南有关规定的具体事实、理由和证据以及复审请求人陈述的主要内容。

（4）其他需要记录的重要事项。

12. 旁　听

在口头审理中允许旁听，旁听者无发言权；未经批准，不得拍照、录音和录像，也不得向参加口头审理的当事人传递有关信息。

必要时，专利复审委员会可以要求旁听者办理旁听手续。

13. 当事人的权利和义务

合议组组长应当在口头审理开始阶段告知当事人在口头审理中的权利和义务。

（1）当事人的权利

当事人有权请求审案人员回避；无效宣告程序中的当事人有权与对方当事人和解；有权在口头审理中请出具过证言的证人就其证言出庭作证和请求演示物证；有权进行辩论。无效宣告请求人有权请求撤回无效宣告请求，放弃无效宣告请求的部分理由及相应证据，以及缩小无效宣告请求的范围。专利权人有权放弃部分权利要求及其提交的有关证据。复审请求人有权撤回复审请求；有权提交修改文件。

（2）当事人的义务

当事人应当遵守口头审理规则，维护口头审理的秩序；发言时应当征得合议组组长同意,任何一方当事人不得打断另一方当事人的发言;辩论中应当摆事实、讲道理;发言和辩论仅限于合议组指定的与审理案件有关的范围;当事人对自己提出的主张有举证责任,反驳对方主张的,应当说明理由;口头审理期间,未经合议组许可不得中途退庭。

第五章　无效宣告程序中外观设计专利的审查

1. 引　言

本章主要涉及外观设计专利无效宣告请求程序中有关专利法第二十三条和第九条的审查。关于外观设计专利无效宣告请求涉及的其他条款的审查，适用本指南第一部分第三章的相关规定。

2. 现有设计

根据专利法第二十三条第四款的规定，现有设计是指申请日（有优先权的，指优先权日）以前在国内外为公众所知的设计。

现有设计包括申请日以前在国内外出版物上公开发表过、公开使用过或者以其他方式为公众所知的设计。关于现有设计的时间界限、公开方式等参照第二部分第三章第2.1节的规定。

现有设计中一般消费者所熟知的、只要提到产品名称就能想到的相应设计，称为惯常设计。例如，提到包装盒就能想到其有长方体、正方体形状的设计。

法 2.4

3. 判断客体

在对外观设计专利进行审查时，将进行比较的对象称为判断客体。其中被请求宣告无效的外观设计专利简称涉案专利，与涉案专利进行比较的判断客体简称对比设计。

在确定判断客体时，对于涉案专利，除应当根据外观设计专利的图片或者照片进行确定外，还应当根据简要说明中是否写明请求保护色彩、"平面产品单元图案两方连续或者四方连续等无限定边界的情况"（简称为不限定边界）等内容加以确定。

涉案专利有下列六种类型：
（1）单纯形状的外观设计
单纯形状的外观设计是指无图案且未请求保护色彩的产品的形状设计。
（2）单纯图案的外观设计
单纯图案的外观设计是指未请求保护色彩并且不限定边界的平面产品的图案设计。

（3）形状和图案结合的外观设计

形状和图案结合的外观设计是指未请求保护色彩的产品的形状和图案设计。

（4）形状和色彩结合的外观设计

形状和色彩结合的外观设计是指请求保护色彩的无图案产品的形状和色彩设计。

（5）图案和色彩结合的外观设计

图案和色彩结合的外观设计是指请求保护色彩的并且不限定边界的平面产品的图案和色彩设计。

（6）形状、图案和色彩结合的外观设计

形状、图案和色彩结合的外观设计是指请求保护色彩的产品的形状、图案和色彩设计。

4. 判断主体

在判断外观设计是否符合专利法第二十三条第一款、第二款规定时，应当基于涉案专利产品的一般消费者的知识水平和认知能力进行评价。

不同种类的产品具有不同的消费者群体。作为某种类外观设计产品的一般消费者应当具备下列特点：

（1）对涉案专利申请日之前相同种类或者相近种类产品的外观设计及其常用设计手法具有常识性的了解。例如，对于汽车，其一般消费者应当对市场上销售的汽车以及诸如大众媒体中常见的汽车广告中所披露的信息等有所了解。

常用设计手法包括设计的转用、拼合、替换等类型。

（2）对外观设计产品之间在形状、图案以及色彩上的区别具有一定的分辨力，但不会注意到产品的形状、图案以及色彩的微小变化。

5. 根据专利法第二十三条第一款的审查

根据专利法第二十三条第一款的规定，授予专利权的外观设计，应当不属于现有设计；也没有任何单位或者个人就同样的外观设计在申请日以前向国务院专利行政部门提出过申请，并记载在申请日以后公告的专利文件中。

不属于现有设计，是指在现有设计中，既没有与涉案专利相同的外观设计，也没有与涉案专利实质相同的外观设计。在涉案专利申请日以前任何单位或者个人向专利局提出并且在申请日以后（含申请日）公告的同样的外观设计专利申请，称为抵触申请。其中，同样的外观设计是指外观设计相同或者实质相同。

判断对比设计是否构成涉案专利的抵触申请时，应当以对比设计所公告的专利文件全部内容为判断依据。与涉案专利要求保护的产品的外观设计进行比较时，判断对比设计中是否包含有与涉案专利相同或者实质相同的外观设计。例如，涉案专利请求保护色彩，对比设计所公告的为带有色彩的外观设计，即使对比设计未请求保护色彩，也可以将对比设计中包含有该色彩要素的外观设计与涉案专利进行比较；又如，对比设计所公告的专利文件含有使用状态参考图，即使该使用状态参考图中包含有不要求保护的外观设计，也可以将其与涉案专利进行比较，判断是否为相同或者实质相同的外观设计。

5.1 判断基准

5.1.1 外观设计相同

外观设计相同，是指涉案专利与对比设计是相同种类产品的外观设计，并且涉案专利的全部外观设计要素与对比设计的相应设计要素相同，其中外观设计要素是指形状、图案以及色彩。

如果涉案专利与对比设计仅属于常用材料的替换，或者仅存在产品功能、内部结构、技术性能或者尺寸的不同，而未导致产品外观设计的变化，二者仍属于相同的外观设计。

在确定产品的种类时，可以参考产品的名称、国际外观设计分类以及产品销售时的货架分类位置，但是应当以产品的用途是否相同为准。相同种类产品是指用途完全相同的产品。例如机械表和电子表尽管内部结构不同，但是它们的用途是相同的，所以属于相同种类的产品。

5.1.2 外观设计实质相同

外观设计实质相同的判断仅限于相同或者相近种类的产品外观设计。对于产品种类不相同也不相近的外观设计，不进行涉案专利与对比设计是否实质相同的比较和判断，即可认定涉案专利与对比设计不构成实质相同，例如，毛巾和地毯的外观设计。

相近种类的产品是指用途相近的产品。例如，玩具和小摆设的用途是相近的，两者属于相近种类的产品。应当注意的是，当产品具有多种用途时，如果其中部分用途相同，而其他用途不同，则二者应属于相近种类的产品。如带 MP3 的手表与手表都具有计时的用途，二者属于相近种类的产品。

如果一般消费者经过对涉案专利与对比设计的整体观察可以看出，二者的区别仅属于下列情形，则涉案专利与对比设计实质相同：

（1）其区别在于施以一般注意力不能察觉到的局部的细微差异，例如，百叶窗的外观设计仅有具体叶片数不同；

（2）其区别在于使用时不容易看到或者看不到的部位，但有证据表明在不容易看到部位的特定设计对于一般消费者能够产生引人瞩目的视觉效果的情况除外；

（3）其区别在于将某一设计要素整体置换为该类产品的惯常设计的相应设计要素，例如，将带有图案和色彩的饼干桶的形状由正方体置换为长方体；

（4）其区别在于将对比设计作为设计单元按照该种类产品的常规排列方式作重复排列或者将其排列的数量作增减变化，例如，将影院座椅成排重复排列或者将其成排座椅的数量作增减；

（5）其区别在于互为镜像对称。

5.2 判断方式

对外观设计进行比较判断时应当从本章第 4 节所定义的一般消费者的角度进行判断。

5.2.1 单独对比

一般应当用一项对比设计与涉案专利进行单独对比，而不能将两项或者两项以上对比设计结合起来与涉案专利进行对比。

涉案专利包含有若干项具有独立使用价值的产品的外观设计的，例如，成套产品外观设计或者同一产品两项以上的相似外观设计，可以用不同的对比设计与其所对应的各项外观设计分别进行单独对比。

涉案专利是由组装在一起使用的至少两个构件构成的产品的外观设计的，可以将与其构件数量相对应的明显具有组装关系的构件结合起来作为一项对比设计与涉案专利进行对比。

5.2.2 直接观察

在对比时应当通过视觉进行直接观察，不能借助放大镜、显微镜、化学分析等其他工具或者手段进行比较，不能由视觉直接分辨的部分或者要素不能作为判断的依据。例如，有些纺织品用视觉观看其形状、图案和色彩是相同的，但在放大镜下观察，其纹路有很大的不同。

5.2.3 仅以产品的外观作为判断的对象

在对比时应当仅以产品的外观作为判断的对象，考虑产品的形状、图案、色彩这三个要素产生的视觉效果。

在涉案专利仅以部分要素限定其保护范围的情况下，其余要素在与对比设计比较时不予考虑。

在涉案专利为产品零部件的情况下，仅将对比设计中与涉案专利相对应的零部件部分作为判断对象，其余部分不予考虑。

对于外表使用透明材料的产品而言，通过人的视觉能观察到的其透明部分以内的形状、图案和色彩，应当视为该产品的外观设计的一部分。

5.2.4 整体观察、综合判断

对比时应当采用整体观察、综合判断的方式。所谓整体观察、综合判断是指由涉案专利与对比设计的整体来判断，而不从外观设计的部分或者局部出发得出判断结论。

5.2.4.1 确定对比设计公开的信息

对比设计的图片或者照片未反映产品各面视图的，应当依据一般消费者的认知能力来确定对比设计所公开的信息。

依据一般消费者的认知能力，根据对比设计图片或者照片已经公开的内容即可推定出产品其他部分或者其他变化状态的外观设计的，则该其他部分或者其他变化状态的外观设计也视为已经公开。例如在轴对称、面对称或者中心对称的情况下，如果图片或者照片仅公开了产品外观设计的一个对称面，则其余对称面也视为已经公开。

法 59.2

5.2.4.2 确定涉案专利

在确定涉案专利时,应当以外观设计专利授权文本中的图片或者照片表示的外观设计为准。简要说明可以用于解释图片或者照片所表示的该产品的外观设计。

5.2.4.3 涉案专利与对比设计的对比

在进行涉案专利与对比设计的对比时,应当采用整体观察、综合判断的方式。

如果对比设计图片或者照片未公开的部位属于该种类产品使用状态下不会被一般消费者关注的部位,并且涉案专利在相应部位的设计的变化也不足以对产品的整体视觉效果产生影响,例如冷暖空调扇,如果对比设计图片或者照片没有公开冷暖空调扇的底面和背面,涉案专利在底面或者背面的设计的变化也不足以对产品整体视觉效果产生影响,则不影响对二者进行整体观察、综合判断。

如果涉案专利中对应于对比设计图片或者照片未公开的内容仅仅是该种类产品的惯常设计并且不受一般消费者关注,例如对比设计图片或者照片未公开的部分是货车车厢的后挡板,而当涉案专利中货车车厢的后挡板仅仅是这类产品的惯常设计时,则不影响对二者进行整体观察、综合判断。

5.2.5 组件产品和变化状态产品的判断

5.2.5.1 组件产品

组件产品,是指由多个构件相结合构成的一件产品。

对于组装关系唯一的组件产品,例如,由水壶和加热底座组成的电热开水壶组件产品,在购买和使用这类产品时,一般消费者会对各构件组合后的电热开水壶的整体外观设计留下印象;由榨汁杯、刨冰杯与底座组成的榨汁刨冰机,在购买和使用这类产品时,一般消费者会对榨汁杯与底座组合后的榨汁机、刨冰杯与底座组合后的刨冰机的整体外观设计留下印象,所以,应当以上述组合状态下的整体外观设计为对象,而不是以所有单个构件的外观为对象进行判断。

对于组装关系不唯一的组件产品,例如插接组件玩具产品,在购买和插接这类产品的过程中,一般消费者会对单个构件的外观留下印象，所以，应当以插接组件的所有单个构件的外观为对象，而不是以插接后的整体的外观设计为对象进行判断。

对于各构件之间无组装关系的组件产品，例如扑克牌、象棋棋子等组件产品，在购买和使用这类产品的过程中，一般消费者会对单个构件的外观留下印象，所以，应当以所有单个构件的外观为对象进行判断。

5.2.5.2 变化状态产品

变化状态产品，是指在销售和使用时呈现不同状态的产品。

对于对比设计而言，所述产品在不同状态下的外观设计均可用作与涉案专利进行比较的对象。对于涉案专利而言，应当以其使用状态所示的外观设计作为与对比设计进行比较的对象，其判断结论取决于对产品各种使用状态的外观设计的综合考虑。

5.2.6 设计要素的判断

5.2.6.1 形状的判断

对于产品外观设计整体形状而言，圆形和三角形、四边形相比，其形状有较大差异，通常不能认定为实质相同，但产品形状是惯常设计的除外。对于包装盒这类产品，应当以其使用状态下的形状作为判断依据。

5.2.6.2 图案的判断

图案不同包括题材、构图方法、表现方式及设计纹样等因素的不同，色彩的不同也可能使图案不同。如果题材相同，但其构图方法、表现方式、设计纹样不相同，则通常也不构成图案的实质相同。

产品外表出现的包括产品名称在内的文字和数字应当作为图案予以考虑，而不应当考虑字音、字义。

5.2.6.3 色彩的判断

对色彩的判断要根据颜色的色相、纯度和明度三个属性以及两种以上颜色的组合、搭配进行综合判断。色相指各类色彩的相貌称谓，例如朱红、湖蓝、柠檬黄、粉绿等；纯度即彩度，指色彩的鲜艳程度；明度指色彩的亮度。白色明度最高，黑色明度最低。

单一色彩的外观设计仅作色彩改变，两者仍属于实质相同的外观设计。

6. 根据专利法第二十三条第二款的审查

根据专利法第二十三条第二款的规定，授予专利权的外观设计与现有设计或者现有设计特征的组合相比，应当具有明显区别。涉案专利与现有设计或者现有设计特征的组合相比不具有明显区别是指如下几种情形：

（1）涉案专利与相同或者相近种类产品现有设计相比不具有明显区别；

（2）涉案专利是由现有设计转用得到的，二者的设计特征相同或者仅有细微差别，且该具体的转用手法在相同或者相近种类产品的现有设计中存在启示；

（3）涉案专利是由现有设计或者现有设计特征组合得到的，所述现有设计与涉案专利的相应设计部分相同或者仅有细微差别，且该具体的组合手法在相同或者相近种类产品的现有设计中存在启示。

对于涉案专利是由现有设计通过转用和组合之后得到的，应当依照（2）、（3）所述规定综合考虑。

应当注意的是，上述转用和/或组合后产生独特视觉效果的除外。

现有设计特征，是指现有设计的部分设计要素或者其结合，如现有设计的形状、图案、色彩要素或者其结合，或者现有设计的某组成部分的设计，如整体外观设计产品中的零部件的设计。

6.1 与相同或者相近种类产品现有设计对比

如果一般消费者经过对涉案专利与现有设计的整体观察可以看出，二者的差别对于产品外观设计的整体视觉效果不具有显著影响，则涉案专利与现有设计相比不具有明显区别。显著影响的判断仅限于相同或者相近种类的产品外观设计。

在确定涉案专利与相同或者相近种类产品现有设计相比是否具有明显区别时，一般还应当综合考虑如下因素：

（1）对涉案专利与现有设计进行整体观察时，应当更关注使用时容易看到的部位，使用时容易看到部位的设计变化相对于不容易看到或者看不到部位的设计变化，通常对整体视觉效果更具有显著影响。例如，电视机的背面和底面在使用过程中不被一般消费者关注，因而在使用过程中容易看到部位设计的变化相对于不容易看到的背面和看不到的底面设计的变化对整体视觉效果通常更具有显著的影响。但有证据表明在不容易看到部位的特定设计对于一般消费者能够产生引人瞩目的视觉效果的除外。

（2）当产品上某些设计被证明是该类产品的惯常设计（如易拉罐产品的圆柱形状设计）时，其余设计的变化通常对整体视觉效果更具有显著的影响。例如，在型材的横断面周边构成惯常的矩形的情况下，型材横断面其余部分的变化通常更具有显著的影响。

（3）由产品的功能唯一限定的特定形状对整体视觉效果通常不具有显著的影响。例如，凸轮曲面形状是由所需要的特定运动行程唯一限定的，其区别对整体视觉效果通常不具有显著影响；汽车轮胎的圆形形状是由功能唯一限定的，其胎面上的花纹对整体视觉效果更具有显著影响。

（4）若区别点仅在于局部细微变化，则其对整体视觉效果不足以产生显著影响，二者不具有明显区别。例如，涉案专利与对比设计均为电饭煲，区别点仅在于二者控制按钮的形状不同，且控制按钮在电饭煲中仅为一个局部细微的设计，在整体设计中所占比例很小，其变化不足以对整体视觉效果产生显著影响。

应当注意的是，外观设计简要说明中设计要点所指设计并不必然对外观设计整体视觉效果具有显著影响，不必然导致涉案专利与现有设计相比具有明显区别。例如，对于汽车的外观设计，简要说明中指出其设计要点在于汽车底面，但汽车底面的设计对汽车的整体视觉效果并不具有显著影响。

显著影响的判断方式参照本章第5.2节的规定。

6.2 现有设计的转用、现有设计及其特征的组合

6.2.1 判断方法

在判断现有设计的转用以及现有设计及其特征的组合时，通常可以按照以下步骤进行判断：

（1）确定现有设计的内容，包括形状、图案、色彩或者其结合；

（2）将现有设计或者现有设计特征与涉案专利对应部分的设计进行对比；

（3）在现有设计或者现有设计特征与涉案专利对应部分的设计相同或者仅存在细微差别的情况下，判断在与涉案专利相同或者相近种类产品的现有设计中是否存在具体的转用和/或组合手法的启示。

如果存在上述启示，则二者不具有明显区别。产生独特视觉效果的除外。

6.2.2 现有设计的转用

转用，是指将产品的外观设计应用于其他种类的产品。模仿自然物、自然景象以及将无产品载体的单纯形状、图案、色彩或者其结合应用到产品的外观设计中，也属于转用。

以下几种类型的转用属于明显存在转用手法的启示的情形，由此得到的外观设计与现有设计相比不具有明显区别：

（1）单纯采用基本几何形状或者对其仅作细微变化得到的外观设计；

（2）单纯模仿自然物、自然景象的原有形态得到的外观设计；

（3）单纯模仿著名建筑物、著名作品的全部或者部分形状、图案、色彩得到的外观设计；

（4）由其他种类产品的外观设计转用得到的玩具、装饰品、食品类产品的外观设计。

上述情形中产生独特视觉效果的除外。

6.2.3 现有设计及其特征的组合

组合包括拼合和替换，是指将两项或者两项以上设计或者设计特征拼合成一项外观设计，或者将一项外观设计中的设计特征用其他设计特征替换。以一项设计或者设计特征为单元重复排列而得到的外观设计属于组合设计。上述组合也包括采用自然物、自然景象以及无产品载体的单纯形状、图案、色彩或者其结合进行的拼合和替换。

以下几种类型的组合属于明显存在组合手法的启示的情形，由此得到的外观设计属于与现有设计或者现有设计特征的组合相比没有明显区别的外观设计：

（1）将相同或者相近种类产品的多项现有设计原样或者作细微变化后进行直接拼合得到的外观设计。例如，将多个零部件产品的设计直接拼合为一体形成的外观设计。

（2）将产品外观设计的设计特征用另一项相同或者相近种类产品的设计特征原样或者作细微变化后替换得到的外观设计。

（3）将产品现有的形状设计与现有的图案、色彩或者其结合通过直接拼合得到该产品的外观设计；或者将现有设计中的图案、色彩或者其结合替换成其他现有设计的图案、色彩或者其结合得到的外观设计。

上述情形中产生独特视觉效果的除外。

6.2.4 独特视觉效果

独特视觉效果，是指涉案专利相对于现有设计产生了预料不到的视觉效果。在组合后的外观设计中，如果各项现有设计或者设计特征在视觉效果上并未产生呼应关系，而是各自独立存在、简单叠加，通常不会形成独特视觉效果。

外观设计如果具有独特视觉效果，则与现有设计或者现有设计特征的组合相比具有明显区别。

7. 根据专利法第二十三条第三款的审查

一项外观设计专利权被认定与他人在申请日（有优先权的，指优先权日）之前已经取得的合法权利相冲突的，应当宣告该项外观设计专利权无效。

他人，是指专利权人以外的民事主体，包括自然人、法人或者其他组织。

合法权利，是指依照中华人民共和国法律享有并且在涉案专利申请日仍然有效的权利或者权益。包括商标权、著作权、企业名称权（包括商号权）、肖像权以及知名商品特有包装或者装潢使用权等。

在申请日以前已经取得（以下简称在先取得），是指在先合法权利的取得日在涉案专利申请日之前。

相冲突，是指未经权利人许可，外观设计专利使用了在先合法权利的客体，从而导致专利权的实施将会损害在先权利人的相关合法权利或者权益。

细则 66.3　　　　在无效宣告程序中请求人应就其主张进行举证,包括证明其是在先权利的权利人或者利害关系人以及在先权利有效。

7.1 商标权

在先商标权是指在涉案专利申请日之前,他人在中华人民共和国法域内依法受到保护的商标权。未经商标所有人许可,在涉案专利中使用了与在先商标相同或者相似的设计,专利的实施将会误导相关公众或者导致相关公众产生混淆,损害商标所有人的相关合法权利或者权益的,应当判定涉案专利权与在先商标权相冲突。

在先商标与涉案专利中含有的相关设计的相同或者相似的认定,原则上适用商标相同、相似的判断标准。

对于在中国境内为相关公众广为知晓的注册商标,在判定权利冲突时可以适当放宽产品种类。

7.2 著作权

在先著作权,是指在涉案专利申请日之前,他人通过独立创作完成作品或者通过继承、转让等方式合法享有的著作权。其中作品是指受中华人民共和国著作权法及其实施条例保护的客体。

在接触或者可能接触他人享有著作权的作品的情况下,未经著作权人许可,在涉案专利中使用了与该作品相同或者实质性相似的设计,从而导致涉案专利的实施将会损害在先著作权人的相关合法权利或者权益的,应当判定涉案专利权与在先著作权相冲突。

8. 根据专利法第九条的审查

专利法第九条所述的同样的发明创造对于外观设计而言,是指要求保护的产品外观设计相同或者实质相同。对比时应当将所有设计要素进行整体对比。

涉案专利包含多项外观设计的,应当将每项外观设计分别与对比设计进行对比。如果涉案专利中的一项外观设计与另一件专利中的一项外观设计相同或者实质相同,应当认为他们是同样的发明创造。

外观设计相同和实质相同的判断适用本章第5节的规定。

法 29.1

9. 外观设计优先权的核实

9.1 需要核实优先权的情况

外观设计专利仅可享有外国优先权，因此对优先权的核实是指核实外国优先权。

当存在如下几种情况之一时应当对优先权进行核实：

（1）涉案专利与对比设计相同或实质相同，或者涉案专利与对比设计或其特征的组合相比不具有明显区别，且对比设计的公开日在涉案专利所要求的优先权日之后（含优先权日）、申请日之前。

（2）任何单位或者个人在专利局申请的外观设计与涉案专利相同或者实质相同，且前者的申请日在后者的申请日之前（含申请日）、所要求的优先权日之后（含优先权日），而前者的授权公告日在后者的申请日之后（含申请日）。

（3）任何单位或者个人在专利局申请的外观设计与涉案专利相同或者实质相同，且前者所要求的优先权日在后者的申请日之前（含申请日）、所要求的优先权日之后（含优先权日），而前者的授权公告日在后者的申请日之后（含申请日）。

对于第（3）种情形，应当首先核实涉案专利的优先权；当涉案专利不能享有优先权，且涉案专利的申请日在任何单位或者个人在专利局申请的外观设计的申请日之前，还应当核实作为对比设计的外观设计优先权。

9.2 外观设计相同主题的认定

外观设计相同主题的认定应当根据中国在后申请的外观设计与其在外国首次申请中表示的内容进行判断。属于相同主题的外观设计应当同时满足以下两个条件：

（1）属于相同产品的外观设计；

（2）中国在后申请要求保护的外观设计清楚地表示在其外国首次申请中。

如果中国在后申请要求保护的外观设计与其在外国首次申请中的图片或者照片不完全一致，或者在后申请文本中有简要说明而在先申请文本中无相关简要说明，但根据两者的申请文件可知，所述在后申请要求保护的外观设计已经清楚地表示在所述外国首次申请中，则可认定中国在后申请要求保护的外观设计与其在外国首次申请的外观设计主题相同,可以享有优先权。例如,一件外国首次申请包括一件产品的主视图、后视图、左视图和立体图,其中国在后申请提交了该件产品的主视图、后视图、左视图、右视图和俯视图,且在简要说明中写明因底面不经常看到故省略仰视图。在这种情形下,只要所述在后申请的主视图、后视图和左视图与在所述外国首次申请中表示的相同,且其右视图和俯视图已清楚地表示在所述外国首次申请的立体图中,则可认定两者具有相同的主题,所述在后申请可以享有所述外国首次申请的优先权。

9.3 享有优先权的条件

参照本指南第二部分第三章第 4.1.1 节的规定。但是,中国在后申请之日不得迟于外国首次申请之日起六个月。

9.4 优先权的效力

参照本指南第二部分第三章第 4.1.3 节的规定。

9.5 多项优先权

根据专利法实施细则第三十二条第一款的规定,在一件外观设计专利中,可以要求一项或者多项优先权;要求多项优先权的,该专利的优先权期限从最早的优先权日起计算。

对于包含有若干项具有独立使用价值的产品的外观设计,如果其中一项或者多项产品外观设计与相应的一个或者多个外国首次申请中表示的外观设计的主题相同,则该外观设计专利可以享有一项或者多项优先权。

第六章 无效宣告程序中实用新型专利审查的若干规定

1. 引言

根据专利法第二条第三款和第二十二条第二款、第三款的规定制定本章。

法 2.3

2. 实用新型专利保护客体的审查

在无效宣告程序中,有关实用新型专利保护客体的审查适用本指南第一部分第二章第 6 节的规定。

法 22.2

3. 实用新型专利新颖性的审查

在实用新型专利新颖性的审查中,应当考虑其技术方案中的所有技术特征,包括材料特征和方法特征。

实用新型专利新颖性审查的有关内容,包括新颖性的概念、新颖性的审查原则、审查基准、优先权的审查以及不丧失新颖性的宽限期等内容适用本指南第二部分第三章的规定。

法 22.3

4. 实用新型专利创造性的审查

在实用新型专利创造性的审查中,应当考虑其技术方案中的所有技术特征,包括材料特征和方法特征。

实用新型专利创造性审查的有关内容,包括创造性的概念、创造性的审查原则、审查基准以及不同类型发明的创造性判断等内容,参照本指南第二部分第四章的规定。

但是,根据专利法第二十二条第三款的规定,发明的创造性,是指与现有技术相比,该发明具有突出的实质性特点和显著的进步;实用新型的创造性,是指与现有技术相比,该实用新型具有实质性特点和进步。因此,实用新型专利创造性的标准应当低于发明专利创造性的标准。

两者在创造性判断标准上的不同,主要体现在现有技术中是否存在"技术启示"。在判断现有技术中是否存在技术启示时,发明专利与实用新型专利存在区别,这种区别体现在下述两个方面。

(1) 现有技术的领域

对于发明专利而言,不仅要考虑该发明专利所属的技术领域，还要考虑其相近或者相关的技术领域，以及该发明所要解决的技术问题能够促使本领域的技术人员到其中去寻找技术手段的其他技术领域。

对于实用新型专利而言，一般着重于考虑该实用新型专利所属的技术领域。但是现有技术中给出明确的启示，例如现有技术中有明确的记载，促使本领域的技术人员到相近或者相关的技术领域寻找有关技术手段的，可以考虑其相近或者相关的技术领域。

（2）现有技术的数量

对于发明专利而言，可以引用一项、两项或者多项现有技术评价其创造性。

对于实用新型专利而言，一般情况下可以引用一项或者两项现有技术评价其创造性，对于由现有技术通过"简单的叠加"而成的实用新型专利，可以根据情况引用多项现有技术评价其创造性。

第七章　无效宣告程序中对于同样的发明创造的处理

1. 引　言

根据专利法实施细则第六十五条的规定，被授予专利权的发明创造不符合专利法第九条的，属于无效宣告理由。

专利法第九条所述的同样的发明创造，对于发明和实用新型而言，是指要求保护的发明或者实用新型相同，有关判断原则适用本指南第二部分第三章第 6.1 节的规定；对于外观设计而言，是指要求保护的产品外观设计相同或者实质相同，所述相同或者实质相同的判断适用本部分第五章的规定。

任何单位或者个人以某项发明或者实用新型专利权与申请在先的另一项发明或者实用新型专利权构成同样的发明创造而不符合专利法第九条的规定为由请求宣告无效的，如果申请在先的专利已构成现有技术或者属于任何单位或者个人申请在先公开在后的专利，专利复审委员会可以依据专利法第二十二条的规定进行审查。

任何单位或者个人以某项外观设计专利权与申请在先的另一项外观设计专利权构成同样的发明创造而不符合专利法第九条的规定为由请求宣告无效的，如果申请在先的专利已构成现有设计或者属于任何单位或者个人申请在先公开在后的专利，专利复审委员会可以依据专利法第二十三条的规定进行审查。

2. 专利权人相同

2.1 授权公告日不同

任何单位或者个人认为属于同一专利权人的具有相同申请日（有优先权的，指优先权日）的两项专利权不符合专利法第九条第一款的规定而请求专利复审委员会宣告其中授权在前的专利权无效的，在不存在其他无效宣告理由或者其他理由不成立的情况下，专利复审委员会应当维持该项专利权有效。

任何单位或者个人认为属于同一专利权人的具有相同申请日（有优先权的，指优先权日）的两项专利权不符合专利法第九条第一款的规定而请求专利复审委员会宣告其中授权在后的专利权无效的，专利复审委员会经审查后认为构成同样的发明创造的，应当宣告该项专利权无效。

如果上述两项专利权为同一专利权人同日（仅指申请日）申请的一项实用新型专利权和一项发明专利权，专利权人在申请时根据专利法实施细则第四十一条第二款的规定作出过说明，且发明专利权授予时实用新型专利权尚未终止，在此情形下，专利权人可以通过放弃授权在前的实用新型专利权以保留被请求宣告无效的发明专利权。

2.2 授权公告日相同

任何单位或者个人认为属于同一专利权人的具有相同申请日（有优先权的，指优先权日）和相同授权公告日的两项专利权不符合专利法第九条第一款规定的，可以请求专利复审委员会宣告其中一项专利权无效。

无效宣告请求人仅针对其中一项专利权提出无效宣告请求的，专利复审委员会经审查后认为构成同样的发明创造的，应当宣告被请求宣告无效的专利权无效。

两项专利权均被提出无效宣告请求的，专利复审委员会一般应合并审理。经审查认为构成同样的发明创造的，专利复审委员会应当告知专利权人上述两项专利权构成同样的发明创造，并要求其选择仅保留其中一项专利权。专利权人选择仅保留其中一项专利权的，在不存在其他无效宣告理由或者其他理由不成立的情况下，专利复审委员会应当维持该项专利权有效，宣告另一项专利权无效。专利权人未进行选择的，专利复审委员会应当宣告两项专利权无效。

3. 专利权人不同

任何单位或者个人认为属于不同专利权人的两项具有相同申请日（有优先权的，指优先权日）的专利权不符合专利法第九条第一款规定的，可以分别请求专利复审委员会宣告这两项专利权无效。

细则 41.1

两项专利权均被提出无效宣告请求的，专利复审委员会一般应合并审理。经审查认为构成同样的发明创造的，专利复审委员会应当告知两专利权人上述两项专利权构成同样的发明创造，并要求其协商选择仅保留其中一项专利权。两专利权人经协商共同书面声明仅保留其中一项专利权的，在不存在其他无效宣告理由或者其他理由不成立的情况下，专利复审委员会应当维持该项专利权有效,宣告另一项专利权无效。专利权人协商不成未进行选择的,专利复审委员会应当宣告两项专利权无效。

无效宣告请求人仅针对其中一项专利权提出无效宣告请求,专利复审委员会经审查认为构成同样的发明创造的,应当告知双方当事人。专利权人可以请求宣告另外一项专利权无效,并与另一专利权人协商选择仅保留其中一项专利权。专利权人请求宣告另外一项专利权无效的,按照本节前述规定处理;专利权人未请求宣告另一项专利权无效的,专利复审委员会应当宣告被请求宣告无效的专利权无效。

第八章　无效宣告程序中有关证据问题的规定

1. 引　言

根据专利法及其实施细则的有关规定，结合无效宣告案件审查实践，制定本章。

无效宣告程序中有关证据的各种问题，适用本指南的规定，本指南没有规定的，可参照人民法院民事诉讼中的相关规定。

2. 当事人举证

2.1 举证责任的分配

当事人对自己提出的无效宣告请求所依据的事实或者反驳对方无效宣告请求所依据的事实有责任提供证据加以证明。

在依据前述规定无法确定举证责任承担时，专利复审委员会可以根据公平原则和诚实信用原则，综合当事人的举证能力以及待证事实发生的盖然性等因素确定举证责任的承担。

没有证据或者证据不足以证明当事人的事实主张的，由负有举证责任的当事人承担不利后果。

2.2 证据的提交

证据的提交除本章规定之外，应当符合本部分第三章第4.3节的规定。

细则 3

2.2.1 外文证据的提交

当事人提交外文证据的，应当提交中文译文，未在举证期限内提交中文译文的，该外文证据视为未提交。

当事人应当以书面方式提交中文译文，未以书面方式提交中文译文的，该中文译文视为未提交。

当事人可以仅提交外文证据的部分中文译文。该外文证据中没有提交中文译文的部分，不作为证据使用。但当事人应专利复审委员会的要求补充提交该外文证据其他部分的中文译文的除外。

对方当事人对中文译文内容有异议的，应当在指定的期限内对有异议的部分提交中文译文。没有提交中文译文的，视为无异议。

对中文译文出现异议时，双方当事人就异议部分达成一致意见的，以双方最终认可的中文译文为准。双方当事人未能就异议部分达成一致意见的，必要时，专利复审委员会可以委托翻译。双方当事人就委托翻译达成协议的，专利复审委员会可以委托双方当事人认可的翻译单位进行全文、所使用部分或者有异议部分的翻译。双方当事人就委托翻译达不成协议的，专利复审委员会可以自行委托专业翻译单位进行翻译。委托翻译所需翻译费用由双方当事人各承担50%；拒绝支付翻译费用的，视为其承认对方当事人提交的中文译文正确。

2.2.2 域外证据及香港、澳门、台湾地区形成的证据的证明手续

域外证据是指在中华人民共和国领域外形成的证据，该证据应当经所在国公证机关予以证明，并经中华人民共和国驻该国使领馆予以认证，或者履行中华人民共和国与该所在国订立的有关条约中规定的证明手续。

当事人向专利复审委员会提供的证据是在香港、澳门、台湾地区形成的，应当履行相关的证明手续。

但是在以下三种情况下，对上述两类证据，当事人可以在无效宣告程序中不办理相关的证明手续：

（1）该证据是能够从除香港、澳门、台湾地区外的国内公共渠道获得的，如从专利局获得的国外专利文件，或者从公共图书馆获得的国外文献资料。

（2）有其他证据足以证明该证据真实性的。

（3）对方当事人认可该证据的真实性的。

2.2.3 物证的提交

当事人应当在本部分第三章第4.3节规定的举证期限内向专利复审委员会提交物证。当事人提交物证的，应当在举证期限内提交足以反映该物证客观情况的照片和文字说明，具体说明依据该物证所要证明的事实。

当事人确有正当理由不能在举证期限内提交物证的，应当在举证期限内书面请求延期提交，但仍应当在上述期限内提交足以反映该物证客观情况的照片和文字说明，具体说明依据该物证所要证明的事实。当事人最迟在口头审理辩论终结前提交

该物证。

对于经公证机关公证封存的物证，当事人在举证期限内可以仅提交公证文书而不提交该物证，但最迟在口头审理辩论终结前提交该物证。

3. 专利复审委员会对证据的调查收集

专利复审委员会一般不主动调查收集审查案件需要的证据。对当事人及其代理人确因客观原因不能自行收集的证据，应当事人在举证期限内提出的申请，专利复审委员会认为确有必要时，可以调查收集。

专利复审委员会可以实地调查收集有关证据，也可以委托地方知识产权管理部门或者其他有关职能部门调查收集有关证据。

应当事人的申请对证据进行调查收集的，所需费用由提出申请的当事人或者专利复审委员会承担。专利复审委员会自行决定调查收集证据的，所需费用由专利复审委员会承担。

4. 证据的质证和审核认定

4.1 证据的质证

证据应当由当事人质证，未经质证的证据，不能作为认定案件事实的依据。

质证时，当事人应当围绕证据的关联性、合法性、真实性，针对证据证明力有无以及证明力大小，进行质疑、说明和辩驳。

4.2 证据的审核

合议组对于当事人提交的证据应当逐一进行审查和对全部证据综合进行审查。

合议组应当明确证据与案件事实之间的证明关系，排除不具有关联性的证据。

合议组应当根据案件的具体情况，从以下方面审查证据的合法性：

（1）证据是否符合法定形式；
（2）证据的取得是否符合法律、法规的规定；
（3）是否有影响证据效力的其他违法情形。

合议组应当根据案件的具体情况，从以下方面审查证据的真实性：

（1）证据是否为原件、原物，复印件、复制品与原件、原物是否相符；

（2）提供证据的人与当事人是否有利害关系；

（3）发现证据时的客观环境；

（4）证据形成的原因和方式；

（5）证据的内容；

（6）影响证据真实性的其他因素。

4.3 证据的认定

对于一方当事人提出的证据，另一方当事人认可或者提出的相反证据不足以反驳的，专利复审委员会可以确认其证明力。

对于一方当事人提出的证据，另一方当事人有异议并提出反驳证据，对方当事人对反驳证据认可的，可以确认反驳证据的证明力。

双方当事人对同一事实分别举出相反的证据，但都没有足够的依据否定对方证据的，专利复审委员会应当结合案件情况，判断一方提供证据的证明力是否明显大于另一方提供证据的证明力，并对证明力较大的证据予以确认。

因证据的证明力无法判断导致争议事实难以认定的，专利复审委员会应当依据举证责任分配的规则作出判定。

4.3.1 证人证言

证人应当陈述其亲历的具体事实。证人根据其经历所作的判断、推测或者评论，不能作为认定案件事实的依据。

专利复审委员会认定证人证言，可以通过对证人与案件的利害关系以及证人的智力状况、品德、知识、经验、法律意识和专业技能等的综合分析作出判断。

证人应当出席口头审理作证，接受质询。未能出席口头审理作证的证人所出具的书面证言不能单独作为认定案件事实的依据，但证人确有困难不能出席口头审理作证的除外。证人确有困难不能出席口头审理作证的，专利复审委员会根据前款的规定对其书面证言进行认定。

4.3.2 认可和承认

在无效宣告程序中,一方当事人明确认可的另外一方当事人提交的证据,专利复审委员会应当予以确认。但其与事实明显不符,或者有损国家利益、社会公共利益,或者当事人反悔并有相反证据足以推翻的除外。

在无效宣告程序中,对一方当事人陈述的案件事实,另外一方当事人明确表示承认的,专利复审委员会应当予以确认。但其与事实明显不符,或者有损国家利益、社会公共利益,或者当事人反悔并有相反证据足以推翻的除外;另一方当事人既未承认也未否认,经合议组充分说明并询问后,其仍不明确表示肯定或者否定的,视为对该项事实的承认。

当事人委托代理人参加无效宣告程序的,代理人的承认视为当事人的承认。但是,未经特别授权的代理人对事实的承认直接导致承认对方无效宣告请求的除外;当事人在场但对其代理人的承认不作否认表示的,视为当事人的承认。

进行口头审理的案件当事人在口头审理辩论终结前,没有进行口头审理的案件当事人在无效宣告决定作出前撤回承认并经对方当事人同意,或者有充分证据证明其承认行为是在受胁迫或者重大误解情况下作出且与事实不符的,专利复审委员会不予确认该承认的法律效力。

在无效宣告程序中,当事人为达成调解协议或者和解的目的作出妥协所涉及的对案件事实的认可,不得在其后的无效宣告程序中作为对其不利的证据。

4.3.3 公知常识

主张某技术手段是本领域公知常识的当事人,对其主张承担举证责任。该当事人未能举证证明或者未能充分说明该技术手段是本领域公知常识,并且对方当事人不予认可的,合议组对该技术手段是本领域公知常识的主张不予支持。

当事人可以通过教科书或者技术词典、技术手册等工具书记载的技术内容来证明某项技术手段是本领域的公知常识。

4.3.4 公证文书

一方当事人将公证文书作为证据提交时,有效公证文书所证明的事实,应当作为认定事实的依据,但有相反证据足以推翻公证证明的除外。

如果公证文书在形式上存在严重缺陷，例如缺少公证人员签章，则该公证文书不能作为认定案件事实的依据。

如果公证文书的结论明显缺乏依据或者公证文书的内容存在自相矛盾之处，则相应部分的内容不能作为认定案件事实的依据。例如，公证文书仅根据证人的陈述而得出证人陈述内容具有真实性的结论，则该公证文书的结论不能作为认定案件事实的依据。

5. 其 他

5.1 互联网证据的公开时间

公众能够浏览互联网信息的最早时间为该互联网信息的公开时间，一般以互联网信息的发布时间为准。

5.2 申请日后记载的使用公开或者口头公开

申请日后（含申请日）形成的记载有使用公开或者口头公开内容的书证，或者其他形式的证据可以用来证明专利在申请日前使用公开或者口头公开。

在判断上述证据的证明力时，形成于专利公开前（含公开日）的证据的证明力一般大于形成于专利公开后的证据的证明力。

5.3 技术内容和问题的咨询、鉴定

专利复审委员会可以根据需要邀请有关单位或者专家对案件中涉及的技术内容和问题提供咨询性意见，必要时可以委托有关单位进行鉴定，所需的费用根据案件的具体情况由专利复审委员会或者当事人承担。

5.4 当事人提交的样品等不作为证据的物品的处理

在无效宣告程序中，当事人在提交样品等不作为证据的物品时，有权以书面方式请求在其案件审结后取走该物品。

对于当事人提出的取走物品的请求，合议组应当根据案件审查以及后续程序的需要决定何时允许取走。允许当事人取走物品时，专利复审委员会应当通知提交该物品的当事人，当事

人应当在收到该通知之日起三个月内取走该物品。期满未取走的,或者在提交物品时未提出取走请求的,专利复审委员会有权处置该物品。

第五部分

专利申请及事务处理

目 录

第一章	专利申请文件及手续	435 (5-1)
1.	引 言	435 (5-1)
2.	办理专利申请的形式	435 (5-1)
2.1	书面形式	435 (5-1)
2.2	电子文件形式	435 (5-1)
3.	适用文字	436 (5-2)
3.1	中 文	436 (5-2)
3.2	汉 字	436 (5-2)
3.3	外文的翻译	436 (5-2)
4.	标准表格	436 (5-2)
4.1	纸 张	437 (5-3)
4.2	规 格	437 (5-3)
4.3	页 边	437 (5-3)
5.	书写规则	437 (5-3)
5.1	打字或印刷	437 (5-3)
5.2	字体及规格	437 (5-3)
5.3	书写方式	438 (5-4)
5.4	书写内容	438 (5-4)
5.5	字体颜色	438 (5-4)
5.6	编写页码	438 (5-4)
6.	证明文件	438 (5-4)
7.	文件份数	438 (5-4)
8.	签字或者盖章	439 (5-5)
第二章	专利费用	440 (5-6)
1.	费用缴纳的期限	440 (5-6)
2.	费用支付和结算方式	440 (5-6)
3.	费用的减缓	442 (5-8)
3.1	可以减缓的费用种类	442 (5-8)
3.2	费用减缓的手续	442 (5-8)
4.	费用的暂存与退款	442 (5-8)

4.1	暂　存	442（5-8）
4.2	退　款	443（5-9）
4.2.1	退款的原则	443（5-9）
4.2.1.1	当事人可以请求退款的情形	443（5-9）
4.2.1.2	专利局主动退款的情形	443（5-9）
4.2.1.3	不予退款的情形	443（5-9）
4.2.2	退款的手续	444（5-10）
4.2.2.1	退款请求的提出	444（5-10）
4.2.2.2	退款的处理	444（5-10）
4.2.3	退款的效力	444（5-10）
4.2.4	特殊情形的处理	445（5-11）
4.2.4.1	因银行或者邮局责任造成必要缴费信息不全被退款的情形	445（5-11）
4.2.4.2	因汇款人汇款后又取回汇款造成汇单无法兑付的情形	445（5-11）
5.	费用的查询	445（5-11）
6.	费用种类的转换	445（5-11）
7.	缴费信息的补充	446（5-12）
第三章	受　理	447（5-13）
1.	受理地点	447（5-13）
2.	专利申请的受理与不受理	447（5-13）
2.1	受理条件	447（5-13）
2.2	不受理的情形	448（5-14）
2.3	受理与不受理程序	448（5-14）
2.3.1	受理程序	448（5-14）
2.3.2	分案申请的受理程序	450（5-16）
2.3.2.1	国家申请的分案申请的受理程序	450（5-16）
2.3.2.2	进入国家阶段的国际申请的分案申请的受理程序	450（5-16）
2.3.3	不受理程序	450（5-16）
3.	其他文件的受理与不受理	451（5-17）
3.1	其他文件的受理条件	451（5-17）
3.2	其他文件的受理程序	451（5-17）
3.3	其他文件的不受理程序	452（5-18）
4.	申请日的更正	452（5-18）
5.	受理程序中错误的更正	452（5-18）

6.	查询	453	(5-19)

第四章　专利申请文档

1.	文档及组成	454	(5-20)
2.	案卷	454	(5-20)
2.1	案卷夹	454	(5-20)
2.2	文件	454	(5-20)
2.3	案卷的立卷	454	(5-20)
3.	电子文档	455	(5-21)
4.	法律效力	456	(5-22)
5.	查阅和复制	456	(5-22)
5.1	查阅和复制的原则	456	(5-22)
5.2	允许查阅和复制的内容	456	(5-22)
5.3	查阅和复制程序	457	(5-23)
6.	案卷的保存期限和销毁	457	(5-23)
6.1	保存期限	457	(5-23)
6.2	销毁	458	(5-24)

第五章　保密申请与向外国申请专利的保密审查

1.	保密的范围	459	(5-25)
2.	保密的基准	459	(5-25)
3.	专利申请的保密确定	459	(5-25)
3.1	申请人提出保密请求的保密确定	459	(5-25)
3.1.1	保密请求的提出	459	(5-25)
3.1.2	保密的确定	460	(5-25)
3.2	专利局自行进行的保密确定	460	(5-26)
4.	保密专利申请的审批流程	460	(5-26)
5.	专利申请（或专利）的解密程序	461	(5-27)
5.1	申请人（或专利权人）提出解密请求	461	(5-27)
5.2	专利局定期解密	461	(5-27)
5.3	解密后的处理	461	(5-27)
6.	向外国申请专利的保密审查	462	(5-28)
6.1	准备直接向外国申请专利的保密审查	462	(5-28)
6.1.1	保密审查请求的提出	462	(5-28)
6.1.2	保密审查	463	(5-29)
6.2	申请专利后拟向外国申请专利的保密审查	463	(5-29)

6.2.1	保密审查请求的提出	463	(5-29)
6.2.2	保密审查	463	(5-29)
6.3	国际申请的保密审查	464	(5-30)
6.3.1	保密审查请求的提出	464	(5-30)
6.3.2	保密审查	464	(5-30)

第六章	**通知和决定**	465	(5-31)
1.	通知和决定的产生	465	(5-31)
1.1	通知和决定	465	(5-31)
1.2	通知和决定的撰写	465	(5-31)
2.	通知和决定的送达	466	(5-32)
2.1	送达方式	466	(5-32)
2.1.1	邮寄	466	(5-32)
2.1.2	直接送交	466	(5-32)
2.1.3	电子方式送达	466	(5-32)
2.1.4	公告送达	466	(5-32)
2.2	收件人	466	(5-32)
2.2.1	当事人未委托专利代理机构	466	(5-32)
2.2.2	当事人已委托专利代理机构	467	(5-33)
2.2.3	其他情况	467	(5-33)
2.3	送达日	467	(5-33)
2.3.1	邮寄、直接送交和电子方式送达	467	(5-33)
2.3.2	公告送达	467	(5-33)
3.	退件的处理和文件的查询	467	(5-33)
3.1	退件的处理	467	(5-33)
3.2	文件的查询	468	(5-34)

第七章	**期限、权利的恢复、中止**	469	(5-35)
1.	期限的种类	469	(5-35)
1.1	法定期限	469	(5-35)
1.2	指定期限	469	(5-35)
2.	期限的计算	469	(5-35)
2.1	期限的起算日	469	(5-35)
2.2	期限的届满日	470	(5-36)
2.3	期限的计算	470	(5-36)
3.	期限的监视	471	(5-37)

3.1	期限的确定	471	(5-37)
3.2	期限监视方式	471	(5-37)
3.3	期限届满的通知	471	(5-37)
4.	期限的延长	471	(5-37)
4.1	延长期限请求	471	(5-37)
4.2	延长期限请求的批准	472	(5-38)
5.	耽误期限的处置	472	(5-38)
5.1	作出处分决定前的审核	472	(5-38)
5.2	处分决定	472	(5-38)
5.3	作出处分决定后的处理	473	(5-39)
6.	权利的恢复	473	(5-39)
6.1	适用范围	473	(5-39)
6.2	手续	473	(5-39)
6.3	审批	474	(5-40)
7.	中止程序	474	(5-40)
7.1	请求中止的条件	474	(5-40)
7.2	中止的范围	475	(5-41)
7.3	请求中止的手续和审批	475	(5-41)
7.3.1	权属纠纷的当事人请求的中止	475	(5-41)
7.3.1.1	权属纠纷的当事人请求中止的手续	475	(5-41)
7.3.1.2	权属纠纷的当事人请求中止的审批及处理	475	(5-41)
7.3.2	因人民法院要求协助执行财产保全的中止	476	(5-42)
7.3.2.1	因协助执行财产保全而中止的手续	476	(5-42)
7.3.2.2	因协助执行财产保全而中止的审核及处理	476	(5-42)
7.4	中止的期限	477	(5-43)
7.4.1	权属纠纷的当事人请求中止的期限	477	(5-43)
7.4.2	因协助执行财产保全而中止的期限	477	(5-43)
7.4.3	涉及无效宣告程序的中止期限	478	(5-44)
7.5	中止程序的结束	478	(5-44)
7.5.1	权属纠纷的当事人提出的中止程序的结束	478	(5-44)
7.5.2	因人民法院要求协助执行财产保全的中止程序的结束	479	(5-45)
第八章	**专利公报和单行本的编辑**	480	(5-46)
1.	专利公报	480	(5-46)
1.1	专利公报的种类	480	(5-46)

编号	标题	页码
1.2	专利公报的内容	480（5-46）
1.2.1	发明专利公报	480（5-46）
1.2.1.1	发明专利申请公布	480（5-46）
1.2.1.2	发明专利权授予	481（5-47）
1.2.1.3	保密发明专利和国防发明专利	481（5-47）
1.2.1.4	发明专利事务	481（5-47）
1.2.1.5	索引	481（5-47）
1.2.2	实用新型专利公报	482（5-48）
1.2.2.1	实用新型专利权授予	482（5-48）
1.2.2.2	保密实用新型专利和国防实用新型专利	482（5-48）
1.2.2.3	实用新型专利事务	482（5-48）
1.2.2.4	授权公告索引	483（5-49）
1.2.3	外观设计专利公报	483（5-49）
1.2.3.1	外观设计专利权授予	483（5-49）
1.2.3.2	外观设计专利事务	483（5-49）
1.2.3.3	授权公告索引	483（5-49）
1.3	专利公报的编辑	483（5-49）
1.3.1	申请文件的编辑	483（5-49）
1.3.2	事务部分的编辑	484（5-50）
1.3.2.1	实质审查请求的生效、专利局对发明专利申请自行进行实质审查的决定	484（5-50）
1.3.2.2	发明专利申请公布后的驳回、撤回和视为撤回	484（5-50）
1.3.2.3	发明专利申请视为放弃取得专利权	484（5-50）
1.3.2.4	专利实施的强制许可	484（5-50）
1.3.2.5	专利权的终止	485（5-51）
1.3.2.6	专利实施许可合同备案的生效、变更及注销	485（5-51）
1.3.2.7	专利权质押合同登记的生效、变更及注销	485（5-51）
1.3.2.8	专利权的保全及其解除	485（5-51）
1.3.2.9	专利申请权、专利权的转移	485（5-51）
1.3.2.10	专利权的全部或者部分无效宣告	486（5-52）
1.3.2.11	专利权的主动放弃	486（5-52）
1.3.2.12	避免重复授权放弃实用新型专利权	486（5-52）
1.3.2.13	权利的恢复	486（5-52）
1.3.2.14	文件的公告送达	486（5-52）
1.3.2.15	其他有关事项	486（5-52）
1.3.2.16	更正	486（5-52）

1.3.3	索引的编辑	487	(5-53)
1.3.3.1	分类号索引	487	(5-53)
1.3.3.2	申请号或者专利号索引	487	(5-53)
1.3.3.3	申请人或者专利权人索引	487	(5-53)
1.3.3.4	公布号/申请号（授权公告号/专利号）索引	487	(5-53)
2.	专利申请及专利单行本	487	(5-53)
2.1	单行本的种类	488	(5-54)
2.2	单行本的内容	488	(5-54)
2.2.1	发明专利申请单行本	488	(5-54)
2.2.2	发明专利单行本	488	(5-54)
2.2.3	实用新型专利单行本	488	(5-54)
2.2.4	外观设计专利单行本	489	(5-55)
2.3	更正	489	(5-55)

第九章	**专利权的授予和终止**	490	(5-56)
1.	专利权的授予	490	(5-56)
1.1	专利权授予的程序	490	(5-56)
1.1.1	授予专利权通知	490	(5-56)
1.1.2	办理登记手续通知	490	(5-56)
1.1.3	登记手续	490	(5-56)
1.1.4	颁发专利证书、登记和公告授予专利权	490	(5-56)
1.1.5	视为放弃取得专利权的权利	491	(5-57)
1.2	专利证书	491	(5-57)
1.2.1	专利证书的构成	491	(5-57)
1.2.2	专利证书副本	491	(5-57)
1.2.3	专利证书的更换	491	(5-57)
1.2.4	专利证书打印错误的更正	492	(5-58)
1.3	专利登记簿	492	(5-58)
1.3.1	专利登记簿的格式	492	(5-58)
1.3.2	专利登记簿的效力	492	(5-58)
1.3.3	专利登记簿副本	493	(5-59)
2.	专利权的终止	493	(5-59)
2.1	专利权期满终止	493	(5-59)
2.2	专利权人没有按照规定缴纳年费的终止	493	(5-59)
2.2.1	年费	493	(5-59)
2.2.1.1	年度	493	(5-59)

2.2.1.2	应缴年费数额	494	(5-60)
2.2.1.3	滞 纳 金	494	(5-60)
2.2.2	终 止	495	(5-61)
2.3	专利权人放弃专利权	495	(5-61)

第十章 专利权评价报告 …… 496 (5-62)

1.	引 言	496	(5-62)
2.	专利权评价报告请求的形式审查	496	(5-62)
2.1	专利权评价报告请求的客体	496	(5-62)
2.2	请求人资格	496	(5-62)
2.3	专利权评价报告请求书	497	(5-63)
2.4	费 用	498	(5-64)
2.5	委托手续	498	(5-64)
2.6	形式审查后的处理	498	(5-64)
3.	专利权评价	499	(5-65)
3.1	核查专利权评价报告请求书	499	(5-65)
3.2	专利权评价的内容	499	(5-65)
3.2.1	实用新型专利	499	(5-65)
3.2.2	外观设计专利	500	(5-66)
3.3	检 索	500	(5-66)
3.3.1	实用新型专利	500	(5-66)
3.3.2	外观设计专利	501	(5-67)
4.	专利权评价报告	501	(5-67)
4.1	专利权评价报告的内容	502	(5-68)
4.1.1	表格部分	502	(5-68)
4.1.2	说明部分	503	(5-69)
4.2	专利权评价报告的发送	503	(5-69)
5.	专利权评价报告的查阅与复制	503	(5-69)
6.	专利权评价报告的更正	503	(5-69)
6.1	可更正的内容	503	(5-69)
6.2	更正程序的启动	504	(5-70)
6.3	更正程序的进行和终止	504	(5-70)

第十一章 关于电子申请的若干规定 …… 505 (5-71)

1.	引 言	505	(5-71)
2.	电子申请用户	505	(5-71)

2.1	电子申请代表人	……………………………………	505（5-71）
2.2	电子签名	………………………………………………	505（5-71）
3.	电子申请用户注册	………………………………………	505（5-71）
3.1	电子申请用户注册请求书	……………………………	506（5-72）
3.2	用户注册证明文件	………………………………………	506（5-72）
3.3	注册请求的审查	…………………………………………	506（5-72）
3.4	电子申请用户信息的变更	……………………………	506（5-72）
4.	电子申请的接收和受理	…………………………………	507（5-73）
4.1	电子申请的接收	…………………………………………	507（5-73）
4.2	电子申请的受理	…………………………………………	507（5-73）
5.	电子申请的特殊审查规定	……………………………	508（5-74）
5.1	专利代理委托书	…………………………………………	508（5-74）
5.2	解除委托和辞去委托	…………………………………	508（5-74）
5.3	撤销专利代理机构引起的变更	………………………	508（5-74）
5.4	专利申请权（或专利权）转移引起的变更	…………	509（5-75）
5.5	需要提交纸件原件的文件	……………………………	509（5-75）
5.6	纸件申请和电子申请的转换	…………………………	509（5-75）
6.	电子发文	…………………………………………………	509（5-75）

第一章　专利申请文件及手续

1. 引　言

申请人就一项发明创造要求获得专利权的，应当根据专利法及其实施细则的规定向专利局提出专利申请。在专利审批程序中，申请人根据专利法及其实施细则的规定或者审查员的要求，还需要办理各种与该专利申请有关的事务。申请人向专利局提出专利申请以及在专利审批程序中办理其他专利事务，统称为专利申请手续。

申请人提出专利申请，向专利局提交的专利法第二十六条规定的请求书、说明书、权利要求书、说明书附图和摘要或者专利法第二十七条规定的请求书、图片或者照片、简要说明等文件，称为专利申请文件；在提出专利申请的同时或者提出专利申请之后，申请人（或专利权人）、其他相关当事人在办理与该专利申请（或专利）有关的各种手续时，提交的除专利申请文件以外的各种请求、申报、意见陈述、补正以及各种证明、证据材料，称为其他文件。

办理各种手续应当提交相应的文件，缴纳相应的费用，并且符合相应的期限要求。

细则 2

2. 办理专利申请的形式

专利申请手续应当以书面形式（纸件形式）或者电子文件形式办理。

2.1 书面形式

申请人以书面形式提出专利申请并被受理的，在审批程序中应当以纸件形式提交相关文件。除另有规定外，申请人以电子文件形式提交的相关文件视为未提交。

以口头、电话、实物等非书面形式办理各种手续的，或者以电报、电传、传真、电子邮件等通讯手段办理各种手续的，均视为未提出，不产生法律效力。

2.2 电子文件形式

申请人以电子文件形式提出专利申请并被受理的，在审批程序中应当通过电子专利申请系统以电子文件形式提交相关文

3. 适用文字

细则 3

3.1 中　文

专利申请文件以及其他文件，除由外国政府部门出具的或者在外国形成的证明或者证据材料外，应当使用中文。

审查员以申请人提交的中文专利申请文本为审查的依据。申请人在提出专利申请的同时提交的外文申请文本，供审查员在审查程序中参考，不具有法律效力。

3.2 汉　字

本章第3.1节中的"中文"一词是指汉字。专利申请文件及其他文件应当使用汉字，词、句应当符合现代汉语规范。

汉字应当以国家公布的简化字为准。申请文件中的异体字、繁体字、非规范简化字，审查员可以依职权予以改正或者通知申请人补正。

3.3 外文的翻译

细则 3.1

专利申请文件是外文的，应当翻译成中文，其中外文科技术语应当按照规定译成中文，并采用规范用语。外文科技术语没有统一中文译法的，可按照一般惯例译成中文，并在译文后的括号内注明原文。计量单位应当使用国家法定计量单位，包括国际单位制计量单位和国家选定的其他计量单位，必要时可以在括号内同时标注本领域公知的其他计量单位。

细则 3.2

当事人在提交外文证明文件、证据材料时（例如优先权证明文本、转让证明等），应当同时附具中文题录译文，审查员认为必要时，可以要求当事人在规定的期限内提交全文中文译文或者摘要中文译文；期满未提交译文的，视为未提交该文件。

4. 标准表格

办理专利申请（或专利）手续时应当使用专利局制定的标准表格。标准表格由专利局按照一定的格式和样式统一制定、修订和公布。

办理专利申请（或专利）手续时以非标准表格提交的文

件，审查员可以根据有关规定发出补正通知书或者针对该手续发出视为未提出通知书。

但是，申请人在答复补正通知书或者审查意见通知书时，提交的补正书或者意见陈述书为非标准格式的，只要写明申请号，表明是对申请文件的补正，并且签字或者盖章符合规定的，可视为文件格式符合要求。

4.1 纸　张

各种文件使用的纸张应当柔韧、结实、耐久、光滑、无光、白色。其质量应当与80克胶版纸相当或者更高。

4.2 规　格

说明书、说明书附图、权利要求书、说明书摘要、摘要附图、图片或照片、简要说明与其他表格用纸的规格均应为297毫米×210毫米（A4）。

4.3 页　边

申请文件的顶部（有标题的，从标题上沿至页边）应当留有25毫米空白，左侧应当留有25毫米空白，右侧应当留有15毫米空白，底部从页码下沿至页边应当留有15毫米空白。

细则121

5. 书写规则

5.1 打字或印刷

请求书、权利要求书、说明书、说明书摘要、说明书附图和摘要附图中文字部分以及简要说明应当打字或者印刷。上述文件中的数学式和化学式可以按照制图方式手工书写。

其他文件除另有规定外，可以手工书写，但字体应当工整，不得涂改。

5.2 字体及规格

各种文件应当使用宋体、仿宋体或者楷体，不得使用草体或者其他字体。

字高应当在3.5毫米至4.5毫米之间，行距应当在2.5毫米至3.5毫米之间。

5.3 书写方式

各种文件除另有规定外,应当单面、纵向使用。自左至右横向书写,不得分栏书写。

一份文件不得涉及两件以上专利申请(或专利),一页纸上不得包含两种以上文件(例如一页纸不得同时包含说明书和权利要求书)。

5.4 书写内容

文件各栏目应当如实、详尽填写,同一内容在不同栏目或不同文件中应当填写一致。例如地址栏目应当按照行政区划填写完整,邮政编码与地址相符;申请人的签字或者盖章应当与申请人栏目中填写的内容一致。

5.5 字体颜色

字体颜色应当为黑色,字迹应当清晰、牢固、不易擦、不褪色,以能够满足复印、扫描的要求为准。

5.6 编写页码

各种文件应当分别用阿拉伯数字顺序编写页码。页码应当置于每页下部页边的上沿,并左右居中。

6. 证明文件

专利申请审批程序中常用的证明文件有非职务发明证明、国籍证明、经常居所证明、注册地或经常营业所所在地证明、申请人资格证明、优先权证明(在先申请文件副本)、优先权转让证明、生物材料样品保藏证明、申请人(或专利权人)名称变更或者权利转移证明、文件寄发日期证明等。

各种证明文件应当由有关主管部门出具或者由当事人签署。各种证明文件应当提供原件;证明文件是复印件的,应当经公证或者由主管部门加盖公章予以确认(原件在专利局备案确认的除外)。

7. 文件份数

申请人提交的专利申请文件应当一式两份,原本和副本各一份,其中发明或者实用新型专利申请的请求书、说明书、说明书附图、权利要求书、说明书摘要、摘要附图应当提交一式两份,外观设计专利申请的请求书、图片或者照片、简要说明应当提交一式两份,并应当注明其中的原本。申请人未注明原本的,专利局指定一份作为原本。两份文件的内容不同时,以原本为准。

除专利法实施细则和审查指南另有规定以及申请文件的替换页外,向专利局提交的其他文件(如专利代理委托书、实质审查请求书、著录项目变更申报书、转让合同等)为一份。文件需要转送其他有关方的,专利局可以根据需要在通知书中规定文件的份数。

8. 签字或者盖章

细则 119.1

向专利局提交的专利申请文件或者其他文件,应当按照规定签字或者盖章。其中未委托专利代理机构的申请,应当由申请人(或专利权人)、其他利害关系人或者其代表人签字或者盖章,办理直接涉及共有权利的手续,应当由全体权利人签字或者盖章;委托了专利代理机构的,应当由专利代理机构盖章,必要时还应当由申请人(或专利权人)、其他利害关系人或者其代表人签字或者盖章。

第二章 专利费用

1. 费用缴纳的期限

细则 95　　（1）申请费的缴纳期限是自申请日起两个月内，或者自收到受理通知书之日起 15 日内。需要在该期限内缴纳的费用有优先权要求费和申请附加费以及发明专利申请的公布印刷费。

优先权要求费是指申请人要求外国优先权或者本国优先权时，需要缴纳的费用，该项费用的数额以作为优先权基础的在先申请的项数计算。

申请附加费是指申请文件的说明书（包括附图、序列表）页数超过 30 页或者权利要求超过 10 项时需要缴纳的费用，该项费用的数额以页数或者项数计算。

公布印刷费是指发明专利申请公布需要缴纳的费用。

未在规定的期限内缴纳或者缴足申请费（含公布印刷费、申请附加费）的，该申请被视为撤回。未在规定的期限内缴纳或者缴足优先权要求费的，视为未要求优先权。

法35.1及细则96　　（2）实质审查费的缴纳期限是自申请日（有优先权要求的，自最早的优先权日）起三年内。该项费用仅适用于发明专利申请。

细则 99.2　　（3）延长期限请求费的缴纳期限是在相应期限届满之日前。该项费用以要求延长的期限长短（以月为单位）计算。

细则 6 及 99.1　　（4）恢复权利请求费的缴纳期限是自当事人收到专利局确认权利丧失通知之日起两个月内。

法41.1及细则96　　（5）复审费的缴纳期限是自申请人收到专利局作出的驳回决定之日起三个月内。

细则 54 及 97　　（6）专利登记费、授权当年的年费以及公告印刷费的缴纳期限是自申请人收到专利局作出的授予专利权通知书和办理登记手续通知书之日起两个月内。

细则 98　　（7）年费及其滞纳金的缴纳期限参照本部分第九章第 2.2.1 节的规定。

细则 99　　（8）著录事项变更费、专利权评价报告请求费、无效宣告请求费的缴纳期限是自提出相应请求之日起一个月内。

细则 94.1　　**2. 费用支付和结算方式**

费用可以直接向专利局（包括专利局各代办处）缴纳，也可以通过邮局或者银行汇付，或者以规定的其他方式缴纳。专利局代办处的收费范围另行规定。

细则94.2　　费用通过邮局或者银行汇付的，应当在汇单上写明正确的申请号（或专利号）以及缴纳的费用名称，且不得设置取款密码。不符合上述规定的，视为未办理缴费手续。

在汇单上还应当写明汇款人姓名或者名称及其通讯地址（包括邮政编码）。同一专利申请（或专利）缴纳的费用为两项以上的，应当分别注明每项费用的名称和金额，并且各项费用的金额之和应当等于缴纳费用的总额。

同一汇单中包括多个专利申请（或专利），其缴纳费用的总额少于各项专利申请（或专利）费用金额之和的，处理方法如下：

（1）缴费人对申请号（或专利号）标注顺序号的，按照标注的顺序分割费用；

（2）缴费人未对申请号（或专利号）标注顺序号的，按照从左至右，从上至下的顺序分割费用。

造成其中部分专利申请（或专利）费用金额不足或者无费用的，视为未办理缴费手续。

在中国内地没有经常居所或者营业所的当事人使用外币向专利局缴纳费用的，应当使用指定的外币，并通过专利代理机构办理，但是另有规定的除外。

细则94.3　　费用通过邮局汇付，且在汇单上写明申请号（或专利号）以及费用名称的，以邮局取款通知单上的汇出日为缴费日。邮局取款通知单上的汇出日与中国邮政普通汇款收据上收汇邮戳日表明的日期不一致的，以当事人提交的中国邮政普通汇款收据原件或者经公证的收据复印件上表明的收汇邮戳日为缴费日。审查员认为当事人提交的证据有疑义时，可以要求当事人提交汇款邮局出具的加盖部门公章的证明材料。

细则94.3　　费用通过银行汇付，且写明申请号（或专利号）以及费用名称的，以银行实际汇出日为缴费日。当事人对缴费日有异议，并提交银行出具的加盖部门公章的证明材料的，以证明材料确认的汇出日重新确定缴费日。

费用通过邮局或者银行汇付，未写明申请号（或专利号）的，费用退回。费用退回的，视为未办理缴费手续。

因缴费人信息填写不完整或者不准确，造成费用不能退回或者退款无人接收的，费用暂时存入专利局账户（以下简称暂存)。费用入暂存的,视为未办理缴费手续。

各种费用以人民币结算。按照规定应当使用外币支付的费用,按照汇出该费用之日国家规定的汇兑率折合成人民币后结算。

3. 费用的减缓

申请人(或专利权人)缴纳专利费用有困难的,可以根据专利费用减缓办法向专利局提出费用减缓的请求。

细则 100

3.1 可以减缓的费用种类

(1) 申请费(不包括公布印刷费、申请附加费);
(2) 发明专利申请实质审查费;
(3) 复审费;
(4) 年费(自授予专利权当年起三年的年费)。

3.2 费用减缓的手续

提出专利申请时以及在审批程序中,申请人(或专利权人)可以请求减缓应当缴纳但尚未到期的费用。

提出费用减缓请求的,应当提交费用减缓请求书,必要时还应当附具证明文件。费用减缓请求书应当由全体申请人(或专利权人)签字或者盖章;申请人(或专利权人)委托专利代理机构办理费用减缓手续并提交声明的,可以由专利代理机构盖章。委托专利代理机构办理费用减缓手续的声明可以在专利代理委托书中注明,也可以单独提交。

费用减缓请求符合规定的,审查员应当予以批准并发出费用减缓审批通知书,同时注明费用减缓的比例和种类。费用减缓请求不符合规定的,审查员应当发出费用减缓审批通知书,并说明不予减缓的理由。

专利费用减缓办法另行公布。

4. 费用的暂存与退款

4.1 暂 存

由于费用汇单字迹不清或者缺少必要事项造成既不能开出收据又不能退款的,应当将该款项暂存在专利局账户上。经缴款人提供证明后,对于能够查清内容的,应当及时开出收据或者予以退款。开出收据的,以出暂存之日为缴费日。但是,对于自收到专利局关于权利丧失的通知之日起两个月内向专利局提交了证据,表明是由于银行或者邮局原因导致汇款暂存的,应当以原汇出日为缴费日。暂存满三年仍无法查清其内容的,进行清账上缴。

4.2 退　款

4.2.1 退款的原则

细则 94.4

多缴、重缴、错缴专利费用的,当事人可以自缴费日起三年内,提出退款请求。符合规定的,专利局应当予以退款。

4.2.1.1 当事人可以请求退款的情形

（1）多缴费用的情形：如当事人应当缴纳年费为 600 元,在规定期限内实际缴纳费用为 650 元,可以对多缴的 50 元提出退款请求。

（2）重缴费用的情形：如提出一次著录项目变更请求应当缴纳著录项目变更手续费 200 元,当事人缴纳 200 元后,再次缴纳了 200 元,当事人可以对再次缴纳的 200 元提出退款请求。

（3）错缴费用的情形：如当事人缴费时写错费用种类、申请号（或专利号）的;或者因缴费不足、逾期缴费导致权利丧失的,或者权利丧失后缴纳专利费用的,当事人可以提出退款请求。

4.2.1.2 专利局主动退款的情形

下列情形一经核实,专利局应当主动退款。

（1）专利申请已被视为撤回或者撤回专利申请的声明已被批准后,并且在专利局作出发明专利申请进入实质审查阶段通知书之前,已缴纳的实质审查费。

（2）在专利权终止或者宣告专利权全部无效的决定公告后缴纳的年费。

（3）恢复权利请求审批程序启动后,专利局作出不予恢复权利决定的,当事人已缴纳的恢复权利请求费及相关费用。

4.2.1.3 不予退款的情形

（1）对多缴、重缴、错缴的费用,当事人在自缴费日起三年后才提出退款请求的。

（2）当事人不能提供错缴费用证据的。

（3）在费用减缓请求被批准之前已经按照规定缴纳的各种费用，当事人又请求退款的。

4.2.2 退款的手续

4.2.2.1 退款请求的提出

退款请求人应当是该款项的缴款人。申请人（或专利权人）、专利代理机构作为非缴款人请求退款的，应当声明是受缴款人委托办理退款手续。

请求退款应当书面提出、说明理由并附具相应证明，例如，专利局开出的费用收据复印件、邮局或者银行出具的汇款凭证等。提供邮局或者银行的证明应当是原件，不能提供原件的，应当提供经出具部门加盖公章确认的或经公证的复印件。

退款请求应当注明申请号（或专利号）和要求退款的款项的信息（如票据号、费用金额等）及收款人信息。当事人要求通过邮局退款的，收款人信息包括姓名、地址和邮政编码；当事人要求通过银行退款的，收款人信息包括姓名或者名称、开户行、账号等信息。

4.2.2.2 退款的处理

经核实可以退款的，专利局应当按照退款请求中注明的收款人信息退款。

退款请求中未注明收款人信息的，退款请求人是申请人（或专利权人）或专利代理机构的，应当按照文档中记载的相应的地址和姓名或者名称退款。

完成退款处理后，审查员应当发出退款审批通知书。经核实不予退款的，审查员应当在退款审批通知书中说明不予退款的理由。

4.2.3 退款的效力

被退的款项视为自始未缴纳。

4.2.4 特殊情形的处理

4.2.4.1 因银行或者邮局责任造成必要缴费信息不全被退款的情形

因银行或者邮局责任造成必要缴费信息（如申请号、费用名称等）不完整被退款，当事人提出异议的，应当以书面形式陈述意见，并附具汇款银行或者邮局出具的加盖公章的证明。该证明至少应当包括：汇款人姓名或者名称、汇款金额、汇款日期、汇款时所提供的申请号（或专利号）、费用名称等内容。同时当事人应当重新缴纳已被退回的款项。

符合上述规定的，原缴费日视为重新缴纳款项的缴费日，因此导致已作出的处分决定需要更改的，审查员应当发出修改更正通知书。不符合上述规定的，审查员应当发出通知书通知当事人，该款项视为未缴纳。

4.2.4.2 因汇款人汇款后又取回汇款造成汇单无法兑付的情形

专利局收到邮局取款通知单并开出收据后，因汇款人取回汇款造成汇款无法兑付的，应当要求邮局在邮局取款通知单上写明"汇款已被汇款人取回"字样并加盖邮局的公章。

邮局出具了确认汇款被取回的证明后，专利局应当及时处理，该款项视为未缴纳。

5. 费用的查询

当事人需要查询费用缴纳情况的，应当提供银行汇单复印件或者邮局汇款凭证复印件（未收到专利局收费收据的）或者提供收据复印件（已收到专利局收费收据的）。查询时效为一年，自汇出费用之日起算。

6. 费用种类的转换

对于同一专利申请（或专利）缴纳费用时，费用种类填写错误的，缴纳该款项的当事人可以在转换后费用的缴纳期限内提出转换费用种类请求并附具相应证明，经专利局确认后可以对费用种类进行转换。但不同申请号（或专利号）之间的费用不能转换。

当事人缴纳的费用种类明显错误，审查员可以依职权对费用种类进行转换。依职权转换费用种类的,应当通知当事人。

费用种类转换的,缴费日不变。

7. 缴费信息的补充

费用通过邮局或者银行汇付时遗漏必要缴费信息的,可以在汇款当日通过传真或者电子邮件的方式补充。补充完整缴费信息的,以汇款日为缴费日。当日补充不完整而再次补充的,以专利局收到完整缴费信息之日为缴费日。

补充缴费信息的,应当提供邮局或者银行的汇款单复印件、所缴费用的申请号(或专利号)及各项费用的名称和金额。同时,应当提供接收收据人的姓名或者名称、地址、邮政编码等信息。补充缴费信息如不能提供邮局或者银行的汇款单复印件的,还应当提供汇款日期、汇款人姓名或者名称、汇款金额、汇款单据号等信息。

第三章 受 理

1. 受理地点

专利局的受理部门包括专利局受理处和专利局各代办处。专利局受理处负责受理专利申请及其他有关文件，代办处按照相关规定受理专利申请及其他有关文件。专利复审委员会可以受理与复审和无效宣告请求有关的文件。

专利局受理处和代办处应当开设受理窗口。未经过受理登记的文件，不得进入审批程序。

专利局受理处和代办处的地址由专利局以公告形式公布。邮寄或者直接交给专利局的任何个人或者非受理部门的申请文件和其他有关文件，其邮寄文件的邮戳日或者提交文件的提交日都不具有确定申请日和递交日的效力。

2. 专利申请的受理与不受理

2.1 受理条件

细则 39

专利申请符合下列条件的，专利局应当受理：

（1）申请文件中有请求书。该请求书中申请专利的类别明确；写明了申请人姓名或者名称及其地址。

（2）发明专利申请文件中有说明书和权利要求书；实用新型专利申请文件中有说明书、说明书附图和权利要求书；外观设计专利申请文件中有图片或者照片和简要说明。

（3）申请文件是使用中文打字或者印刷的。全部申请文件的字迹和线条清晰可辨，没有涂改，能够分辨其内容。发明或者实用新型专利申请的说明书附图和外观设计专利申请的图片是用不易擦去的笔迹绘制，并且没有涂改。

（4）申请人是外国人、外国企业或者外国其他组织的，符合专利法第十九条第一款的有关规定，其所属国符合专利法第十八条的有关规定。

（5）申请人是香港、澳门或者台湾地区的个人、企业或者其他组织的，符合本指南第一部分第一章第 6.1.1 节的有关规定。

2.2 不受理的情形

细则 39

专利申请有下列情形之一的，专利局不予受理：

（1）发明专利申请缺少请求书、说明书或者权利要求书的；实用新型专利申请缺少请求书、说明书、说明书附图或者权利要求书的；外观设计专利申请缺少请求书、图片或照片或者简要说明的。

（2）未使用中文的。

（3）不符合本章第 2.1 节（3）中规定的受理条件的。

（4）请求书中缺少申请人姓名或者名称，或者缺少地址的。

法 18

（5）外国申请人因国籍或者居所原因，明显不具有提出专利申请的资格的。

法 19.1

（6）在中国内地没有经常居所或者营业所的外国人、外国企业或者外国其他组织作为第一署名申请人，没有委托专利代理机构的。

（7）在中国内地没有经常居所或者营业所的香港、澳门或者台湾地区的个人、企业或者其他组织作为第一署名申请人，没有委托专利代理机构的。

（8）直接从外国向专利局邮寄的。

（9）直接从香港、澳门或者台湾地区向专利局邮寄的。

（10）专利申请类别（发明、实用新型或者外观设计）不明确或者难以确定的。

细则 42.3

（11）分案申请改变申请类别的。

2.3 受理与不受理程序

专利局受理处及代办处收到专利申请后，应当检查和核对全部文件，作出受理或者不受理决定。

细则 38

2.3.1 受理程序

专利申请符合受理条件的，受理程序如下：

（1）确定收到日：根据文件收到日期，在文件上注明受理部门收到日，以记载受理部门收到该申请文件的日期。

（2）核实文件数量：清点全部文件数量，核对请求书上注明的申请文件和其他文件名称与数量，并记录核实情况。对于涉及核苷酸或者氨基酸序列的发明专利申请，还应当核实是否提交了包含相应序列表的计算机可读形式的副本，例如光盘或者软盘等。

法 28 及细则 4.1　　（3）确定申请日：向专利局受理处或者代办处窗口直接递交的专利申请，以收到日为申请日；通过邮局邮寄递交到专利局受理处或者代办处的专利申请，以信封上的寄出邮戳日为申请日；寄出的邮戳日不清晰无法辨认的，以专利局受理处或者代办处收到日为申请日，并将信封存档。通过速递公司递交到专利局受理处或者代办处的专利申请，以收到日为申请日。邮寄或者递交到专利局非受理部门或者个人的专利申请，其邮寄日或者递交日不具有确定申请日的效力，如果该专利申请被转送到专利局受理处或者代办处，以受理处或者代办处实际收到日为申请日。分案申请以原申请的申请日为申请日，并在请求书上记载分案申请递交日。

　　（4）给出申请号：按照专利申请的类别和专利申请的先后顺序给出相应的专利申请号，号条贴在请求书和案卷夹上。

　　（5）记录邮件挂号号码：通过邮局挂号邮寄递交的专利申请，在请求书上记录邮寄该文件的挂号号码。

　　（6）审查费用减缓请求书：根据专利费用减缓办法，对与专利申请同时提交的费用减缓请求书进行审查，作出费用减缓审批决定，并在请求书上注明相应标记。

　　（7）采集与核实数据：依据请求书中的内容，采集并核实数据，打印出数据校对单，对错录数据进行更正。

　　（8）发出通知书：作出专利申请受理通知书、缴纳申请费通知书或者费用减缓审批通知书送交申请人。专利申请受理通知书至少应当写明申请号、申请日、申请人姓名或者名称和文件核实情况，加盖专利局受理处或者代办处印章，并有审查员的署名和发文日期。

　　缴纳申请费通知书应当写明申请人应当缴纳的申请费、申请附加费和在申请时应当缴纳的其他费用，以及缴费期限；同时写明缴纳费用须知。费用减缓审批通知书应当包括费用减缓比例、应缴纳的金额和缴费的期限以及相关的缴费须知。

　　（9）扫描文件：对符合受理条件的专利申请的文件应当进行扫描，并存入数据库。电子扫描的内容包括申请时提交的申请文件和其他文件。此外，专利局发出的各种通知书（如专利申请受理通知书、缴纳申请费通知书或者费用减缓审批通知书）的电子数据，也应当保存在数据库中。

2.3.2 分案申请的受理程序

2.3.2.1 国家申请的分案申请的受理程序

对于国家申请的分案申请除按照一般专利申请的受理条件对分案申请进行受理审查外，还应当对分案申请请求书中是否填写了原申请的申请号和原申请的申请日进行审查。分案申请请求书中原申请的申请号填写正确，但未填写原申请的申请日的，以原申请号所对应的申请日为申请日。分案申请请求书中未填写原申请的申请号或者填写的原申请的申请号有误的，按照一般专利申请受理。

对符合受理条件的分案申请，专利局应当受理，给出专利申请号，以原申请的申请日为申请日，并记载分案申请递交日。

2.3.2.2 进入国家阶段的国际申请的分案申请的受理程序

国际申请进入国家阶段之后提出的分案申请，审查员除了按照一般专利申请的受理条件对分案申请进行受理审查外，还应当核实分案申请请求书中是否填写了原申请的申请日和原申请的申请号，该原申请的申请日应当是其国际申请日，原申请的申请号是进入国家阶段时专利局给予的申请号，并应当在其后的括号内注明原申请的国际申请号。

2.3.3 不受理程序

专利申请不符合受理条件的，不受理程序如下：

（1）确定收到日：根据文件收到日期，在文件上注明受理部门收到日，以记载受理部门收到该申请文件的日期。

（2）采集数据并发出文件不受理通知书：采集数据，作出文件不受理通知书，送交当事人。文件不受理通知书至少应当记载当事人姓名或者名称、详细地址、不受理原因及不受理文档编号，加盖专利局受理处或者代办处印章，并有审查员署名及发文日期。

（3）不符合受理条件的申请文件存档备查，原则上不退回当事人。

在专利局受理处或者代办处窗口直接递交的专利申请，不符合受理条件的，应当直接向当事人说明原因，不予接收。

3. 其他文件的受理与不受理

3.1 其他文件的受理条件

申请后当事人提交的其他文件符合下列条件的，专利局应当受理：

(1) 各文件中注明了该文件所涉及专利申请的申请号（或专利号），并且仅涉及一件专利申请（或专利）。

(2) 各文件用中文书写，字迹清晰、字体工整，并且用不易擦去的笔迹完成；外文证明材料附有中文清单。

专利局受理处、代办处、专利复审委员会收到申请人（或专利权人）或者其他相关当事人递交的与专利申请有关的其他文件时，应当检查和核对全部文件。

3.2 其他文件的受理程序

其他文件符合受理条件的，受理程序如下：

(1) 确定收到日：根据文件收到日期，在文件上注明受理部门接收日，以记载受理部门收到该文件的日期。

(2) 核实文件数量：清点全部文件数量。核对清单上当事人注明的文件名称与数量，将核实情况记录在清单上；申请人未提供清单的，核对主文件上注明的附件情况，将核实情况记录在主文件上。递交文件的申请号是错号的，若受理处依据其他信息能正确判定其正确申请号的，可以依职权予以确定；若不能予以判定的，则不予受理。

(3) 确定递交日：其他文件递交日的确定参照本章第2.3.1节第（3）项的规定。文件递交日应当记录在主文件上。

(4) 给出收到文件回执：当事人在受理窗口递交文件的同时附具了文件清单一式两份的，应当在清单副本上注明受理部门接收日，注明文件核实情况后送交当事人作为回执，清单正本上应当加盖审查员名章和发文日期后存入案卷。当事人在递交文件同时未附具文件清单，或者附送了文件清单但不足两份的，不出具收到文件的回执。当事人以寄交方式递交文件的，专利局不再出具收到文件回执。

专利代理机构批量递交文件并且提供了文件清单的，其文件清单经受理部门确认签章后一份交专利代理机构作为回执，另一份存档备查。

（5）数据采集与文件扫描：采集文件的类型、份数、页数和文件代码等所有相关数据，对文件进行扫描，并存入数据库中。

3.3 其他文件的不受理程序

其他文件不符合受理条件的，按照本章第 2.3.3 节中规定的程序处理并发出文件不受理通知书。

4. 申请日的更正

申请人收到专利申请受理通知书之后认为该通知书上记载的申请日与邮寄该申请文件日期不一致的，可以请求专利局更正申请日。

专利局受理处收到申请人的申请日更正请求后，应当检查更正请求是否符合下列规定：

（1）在递交专利申请文件之日起两个月内或者申请人收到专利申请受理通知书一个月内提出。

（2）附有收寄专利申请文件的邮局出具的寄出日期的有效证明，该证明中注明的寄出挂号号码与请求书中记录的挂号号码一致。

符合上述规定的，应予更正申请日；否则，不予更正申请日。

准予更正申请日的，应当作出重新确定申请日通知书，送交申请人，并修改有关数据；不予更正申请日的，应当对此更正申请日的请求发出视为未提出通知书，并说明理由。

当事人对专利局确定的其他文件递交日有异议的，应当提供专利局出具的收到文件回执、收寄邮局出具的证明或者其他有效证明材料。证明材料符合规定的，专利局应当重新确定递交日并修改有关数据。

5. 受理程序中错误的更正

专利局受理处或者代办处在受理工作中出现的错误一经发现，应当及时更正，并发出修改更正通知书，同时修改有关数据。对专利局内部错投到各审查部门的文件应当及时退回受理处，并注明退回原因。

6. 查 询

专利局受理处设置收文登记簿。当事人除能提供专利局或者专利局代办处的收文回执或者受理通知书外,以收文登记簿的记载为准。

查询时效为一年,自提交该文件之日起算。

第四章 专利申请文档

1. 文档及组成

专利申请文档是在专利申请审查程序中以及专利权有效期内逐步形成、并作为原始记录保存起来以备查考的各种文件的集合,包括案卷和电子文档。专利申请文档是专利局进行审批和作出各种结论的依据。

2. 案　卷

案卷包括案卷夹和案卷夹内的各种文件。

2.1 案　卷　夹

案卷夹用于保存文件,同时也用于记录案卷的重要内容,因此案卷夹是案卷的一个重要组成部分。

当案卷夹遭到自然或者人为的损坏需要更换新案卷夹时,应当将案卷夹上的全部记录移至新案卷夹上,并将原案卷夹与案卷同时保存,不得销毁。

2.2 文　件

专利申请案卷中的文件主要来自以下几个方面:

(1) 申请人提出专利申请时,提交的专利申请文件及其他文件。

(2) 专利局在对专利申请文件及其他文件进行审查的过程中,申请人应审查员要求作出的各种答复。

(3) 提出专利申请之后申请人主动办理各种手续时提交的文件及证明材料。

(4) 在专利申请审查程序中以及专利权有效期间内,任何人依法对专利申请(或专利)提交的各种文件以及人民法院等部门对这些文件审理后产生的文件。

(5) 其他相关文件。

上述文件经过处理、立卷、归档形成案卷的重要组成部分。

2.3 案卷的立卷

立卷时应当遵循以下原则:

（1）真实原则。收集的内容应当是申请人（或专利权人）、其他相关当事人等在申请专利、专利申请的审批、授权后各个法律程序中提交的原始文件。这些文件不得替换、删除、补充和涂改。

（2）独立原则。每一件专利申请应当建立一份独立的案卷，以该专利申请的申请号作为该案卷的案卷号，该案卷号使用于案卷存在的全过程。

同一申请人（或专利权人）对若干专利申请（或专利）办理内容完全相同的手续时，应当分别对所有专利申请（或专利）提出请求，这些文件将被归入各自的案卷中。申请人（或专利权人）不得使用"参见"的方式省略文件。对于专利申请集体进行申请人（或专利权人）名称变更或者权利转移的，证明文件副本由专利局确认后，与正本具有同等效力。

（3）时间顺序原则。当事人依法向专利局办理各种手续时，专利局应当对所提出的各种文件及时处理，并立卷归档。

专利申请案卷应当按照各文件处理时间的先后顺序立卷。

3. 电子文档

电子文档的建立应当参照本章第 2.3 节的原则，并包括以下内容：

（1）专利局基于当事人提交的纸件文件制作的图形文件和代码化文件；

（2）当事人按照规定形式提交的核苷酸或者氨基酸的序列表；

（3）在专利审批程序和复审、无效程序中，专利局、专利复审委员会作出的通知、决定（如补正通知书、驳回决定等）及其他文件（如发明专利申请单行本，发明专利、实用新型专利和外观设计专利单行本等）；

（4）专利费用的相关数据；

（5）与专利申请或者专利审批有关的法律状态及变化的历史记录；

（6）在专利审批程序中全部著录项目及其变更的历史记录；

（7）当事人以电子申请方式提交的电子文件；

（8）专利权评价报告；

（9）分类号、所属审查部门、各种标记（如优先权标记、

4. 法律效力

专利申请文档是对专利审批、复审、无效宣告等法律程序和涉及由权利归属纠纷引起的相关程序的真实记录。

5. 查阅和复制

5.1 查阅和复制的原则

法 21.3

（1）专利局对公布前的发明专利申请、授权公告前的实用新型和外观设计专利申请负有保密责任。在此期间，查阅和复制请求人仅限于该案申请人及其专利代理人。

（2）任何人均可向专利局请求查阅和复制公布后的发明专利申请案卷和授权后的实用新型和外观设计专利申请案卷。

细则 118.1

（3）对于已经审结的复审案件和无效宣告案件的案卷，原则上可以查阅和复制。

（4）专利局、专利复审委员会对尚未审结的复审和无效案卷负有保密责任。对于复审和无效宣告程序中的文件，查阅和复制请求人仅限于该案当事人。

（5）案件结论为视为未提出、不予受理、主动撤回、视为撤回的复审和无效案卷，对于复审和无效宣告程序中的文件，查阅和复制请求人仅限于该案当事人。

（6）专利局、专利复审委员会根据审查需要要求当事人提供的各种文件，原则上可以查阅和复制。但查阅和复制行为可能存在损害当事人合法权益，或者涉及个人隐私或者商业秘密等情形的除外。

（7）涉及国家利益或者因专利局、专利复审委员会内部业务及管理需要在案卷中留存的有关文件，不予查阅和复制。

5.2 允许查阅和复制的内容

（1）对于公布前的发明专利申请、授权公告前的实用新型和外观设计专利申请，该案申请人或者代理人可以查阅和复制该专利申请案卷中的有关内容，包括：申请文件，与申请直接有关的手续文件，以及在初步审查程序中向申请人发出的通知书和决定书、申请人对通知书的答复意见正文。

（2）对于已经公布但尚未公告授予专利权的发明专利申请

案卷，可以查阅和复制该专利申请案卷中直到公布日为止的有关内容，包括：申请文件，与申请直接有关的手续文件，公布文件，以及在初步审查程序中向申请人发出的通知书和决定书、申请人对通知书的答复意见正文。

细则 118.1

（3）对于已经公告授予专利权的专利申请案卷，可以查阅和复制的内容包括：申请文件，与申请直接有关的手续文件，发明专利申请单行本，发明专利、实用新型专利和外观设计专利单行本，专利登记簿，专利权评价报告，以及在各已审结的审查程序（包括初步审查、实质审查、复审和无效宣告等）中专利局、专利复审委员会向申请人或者有关当事人发出的通知书和决定书、申请人或者有关当事人对通知书的答复意见正文。

（4）对于处在复审程序、无效宣告程序之中尚未结案的专利申请案卷，因特殊情况需要查阅和复制的，经有关方面同意后，参照上述第（1）和（2）项的有关规定查阅和复制专利申请案卷中进入当前审查程序以前的内容。

（5）除上述内容之外，其他文件不得查阅或者复制。

5.3 查阅和复制程序

查阅和复制专利申请案卷中的文件，应当按照下列顺序进行：

（1）请求人提出书面请求并缴纳规定费用。

（2）专利局工作人员在审核请求人出具的有关证明或者证件后，到案卷所在部门提取案卷，根据本章第 5.2 节的规定对案卷进行整理，取出不允许查阅和复制的文件。

（3）与请求人约定查阅时间并发出查阅通知书。

（4）查阅人凭查阅通知书到指定地点查阅文件，对需要复制的文件进行复制。

（5）专利局工作人员对查阅完毕的专利申请案卷重新整理，并将请求阅档的证明原件和证件复印件存入案卷后，将该案卷退回所在部门。

6. 案卷的保存期限和销毁

细则 118.2 及 .3

6.1 保存期限

已结案的案卷可分成：未授权结案（视为撤回、撤回和驳回等）的案卷和授权后结案（视为放弃取得专利权、主动放弃专利权、未缴年费专利权终止、专利权期限届满和专利权被宣告全部无效等）的案卷两种。

未授权结案的案卷的保存期限不少于二年，一般为三年；授权后结案的案卷的保存期限不少于三年，一般为五年。保存期限自结案日起算。

有分案申请的原申请的案卷的保存期从最后结案的分案的结案日起算。

作出不受理决定的专利申请文件保存期限为一年。保存期限自不受理通知书发出之日起算。

6.2 销　毁

销毁前通过计算机作出案卷销毁清册，该清册记载被销毁的案卷的案卷号、基本著录项目、销毁日期。清册经主管局长签署同意销毁后，由主管案卷部门实施销毁工作。

第五章　保密申请与向外国申请专利的保密审查

1. 保密的范围

专利法第四条规定的保密范围是涉及国家安全或者重大利益两个方面的发明创造。

根据专利法实施细则第七条第一款的规定，专利局受理的专利申请涉及国防利益需要保密的，应当及时移交国防专利机构进行审查。

根据专利法实施细则第七条第二款的规定，专利局认为其受理的发明或者实用新型专利申请涉及国防利益以外的国家安全或者重大利益需要保密的，应当及时作出按照保密专利申请处理的决定，并通知申请人。

2. 保密的基准

保密的基准按照国家有关规定执行。

3. 专利申请的保密确定

3.1 申请人提出保密请求的保密确定

3.1.1 保密请求的提出

申请人认为其发明或者实用新型专利申请涉及国家安全或者重大利益需要保密的，应当在提出专利申请的同时，在请求书上作出要求保密的表示，其申请文件应当以纸件形式提交。申请人也可以在发明专利申请进入公布准备之前，或者实用新型专利申请进入授权公告准备之前，提出保密请求。

申请人在提出保密请求之前已确定其申请的内容涉及国家安全或者重大利益需要保密的，应当提交有关部门确定密级的相关文件。

3.1.2 保密的确定

审查员应当根据保密基准对专利申请进行审查，并根据不同情况确定是否需要保密。

细则 7.1　　（1）专利申请的内容涉及国防利益的，由国防专利局进行保密确定。需要保密的，应当及时移交国防专利局进行审查，审查员向申请人发出专利申请移交国防专利局通知书；不需要保密的，审查员应当发出保密审批通知书，通知申请人该专利申请不予保密，按照一般专利申请处理。

细则7.2

（2）发明或者实用新型内容涉及国防利益以外的国家安全或者重大利益的，由专利局进行保密确定，必要时可以邀请相关领域的技术专家协助确定。审查员根据保密确定的结果发出保密审批通知书，需要保密的，通知申请人该专利申请予以保密，按照保密专利申请处理；不需要保密的，通知申请人该专利申请不予保密，按照一般专利申请处理。

3.2 专利局自行进行的保密确定

分类审查员在对发明或者实用新型专利申请进行分类时，应当将发明内容可能涉及国家安全或者重大利益，但申请人未提出保密请求的发明或者实用新型专利申请挑选出来。审查员应当参照本章第3.1.2节的规定，对上述专利申请进行保密确定。

对于已确定为保密专利申请的电子申请，如果涉及国家安全或者重大利益需要保密，审查员应当将该专利申请转为纸件形式继续审查并通知申请人，申请人此后应当以纸件形式向专利局或国防专利局递交各种文件，不得通过电子专利申请系统提交文件。

细则7

细则55

4. 保密专利申请的审批流程

（1）涉及国防利益需要保密的专利申请，由国防专利局进行审查，经审查没有发现驳回理由的，由专利局根据国防专利局的审查意见作出授予国防专利权的决定，并委托国防专利局颁发国防专利证书，同时在专利公报上公告国防专利的专利号、申请日和授权公告日。

国防专利复审委员会作出宣告国防专利权无效决定的，专利局应当在专利公报上公告专利号、授权公告日、无效宣告决定号和无效宣告决定日。

（2）涉及国防利益以外的国家安全或者重大利益需要保密的发明或者实用新型专利申请，由专利局按照以下程序进行审查和管理。

审查员应当对确定需要保密的专利申请案卷作出保密标记，在对该专利申请作出解密决定之前，对其进行保密管理。

保密专利申请的初步审查和实质审查均由专利局指定的审查员进行。

对于发明专利申请,初步审查和实质审查按照与一般发明专利申请相同的基准进行。初步审查合格的保密专利申请不予公布,实质审查请求符合规定的,直接进入实质审查程序。经实质审查没有发现驳回理由的,作出授予保密发明专利权的决定,并发出授予发明专利权通知书和办理登记手续通知书。

对于实用新型专利申请,初步审查按照与一般实用新型专利申请相同的基准进行。经初步审查没有发现驳回理由的,作出授予保密实用新型专利权的决定,并发出授予实用新型专利权通知书和办理登记手续通知书。

保密专利申请的授权公告仅公布专利号、申请日和授权公告日。

5. 专利申请(或专利)的解密程序

5.1 申请人(或专利权人)提出解密请求

保密专利申请的申请人或者保密专利的专利权人可以书面提出解密请求。提出保密请求时提交了有关部门确定密级的相关文件的,申请人(或专利权人)提出解密请求时,应当附具原确定密级的部门同意解密的证明文件。

专利局对提出解密请求的保密专利申请(或专利)进行解密确定,并将结果通知申请人。

5.2 专利局定期解密

专利局每两年对保密专利申请(或专利)进行一次复查,经复查认为不需要继续保密的,通知申请人予以解密。

5.3 解密后的处理

审查员应当对已经解密的专利申请(或专利)作出解密标记。发明专利申请解密后,尚未被授予专利权的,按照一般发明专利申请进行审查和管理,符合公布条件的,应当予以公布,并出版发明专利申请单行本;实用新型专利申请解密后,尚未被授予专利权的,按照一般实用新型专利申请进行审查和管理。

发明或者实用新型专利解密后,应当进行解密公告、出版发明或者实用新型专利单行本，并按照一般专利进行管理。

6. 向外国申请专利的保密审查

专利法第二十条第一款规定，任何单位或者个人将在中国完成的发明或者实用新型向外国申请专利的，应当事先报经专利局进行保密审查。

专利法第二十条第四款规定，对违反本条第一款规定向外国申请专利的发明或者实用新型，在中国申请专利的，不授予专利权。

根据专利法实施细则第八条的规定，任何单位或者个人将在中国完成的发明或者实用新型向外国申请专利的，应当采用下列方式之一请求专利局进行保密审查：

（1）直接向外国申请专利或者向有关国外机构提交专利国际申请的，应当事先向专利局提出请求，并详细说明其技术方案；

（2）向专利局申请专利后拟向外国申请专利或者向有关国外机构提交专利国际申请的，应当在向外国申请专利或者向有关国外机构提交专利国际申请前向专利局提出请求。

向专利局提交专利国际申请的，视为同时提出了保密审查请求。

上述规定中所述的向外国申请专利是指向外国国家或外国政府间专利合作组织设立的专利主管机构提交专利申请，向有关国外机构提交专利国际申请是指向作为PCT受理局的外国国家或外国政府间专利合作组织设立的专利主管机构或世界知识产权组织国际局提交专利国际申请。

6.1 准备直接向外国申请专利的保密审查

6.1.1 保密审查请求的提出

细则8.2

向外国申请专利保密审查请求的文件应当包括向外国申请专利保密审查请求书和技术方案说明书。请求书和技术方案说明书应当使用中文，请求人可以同时提交相应的外文文本供审查员参考。技术方案说明书应当与向外国申请专利的内容一致。技术方案说明书可以参照专利法实施细则第十七条的规定撰写，并符合本部分第一章的其他规定。

6.1.2 保密审查

审查员对向外国申请专利保密审查请求文件进行初步保密审查。请求文件形式不符合规定的，审查员应当通知请求人该向外国申请专利保密审查请求视为未提出，请求人可以重新提出符合规定的向外国申请专利保密审查请求。技术方案明显不需要保密的，审查员应当及时通知请求人可以就该技术方案向外国申请专利。技术方案可能需要保密的，审查员应当将需作进一步保密审查、暂缓向外国申请专利的审查意见通知请求人。审查员发出向外国申请专利保密审查意见通知书，将上述审查结论通知请求人。

细则 9.1

请求人未在其请求递交日起四个月内收到向外国申请专利保密审查意见通知书的，可以就该技术方案向外国申请专利。

细则 9.2

已通知请求人暂缓向外国申请专利的，审查员应当作进一步保密审查，必要时可以邀请相关领域的技术专家协助审查。审查员根据保密审查的结论发出向外国申请专利保密审查决定，将是否同意就该技术方案向外国申请专利的审查结果通知请求人。

请求人未在其请求递交日起六个月内收到向外国申请专利保密审查决定的，可以就该技术方案向外国申请专利。

专利法实施细则第九条所称申请人未在其请求递交日起四个月或六个月内收到相应通知或决定，是指专利局发出相应通知或决定的推定收到日未在规定期限内。

6.2 申请专利后拟向外国申请专利的保密审查

6.2.1 保密审查请求的提出

细则 8.2

申请人拟在向专利局申请专利后又向外国申请专利的，应当在提交专利申请同时或之后提交向外国申请专利保密审查请求书。未按上述规定提出请求的，视为未提出请求。向外国申请专利的内容应当与该专利申请的内容一致。

6.2.2 保密审查

对提出向外国申请专利保密审查请求的专利申请，审查员应当参见本章第 6.1.2 节中的规定进行保密审查。

6.3 国际申请的保密审查

细则 8.2

6.3.1 保密审查请求的提出

申请人向专利局提交国际申请的,视为同时提出向外国申请专利保密审查请求。

6.3.2 保密审查

国际申请不需要保密的,审查员应当按照正常国际阶段程序进行处理。国际申请需要保密的,审查员应当自申请日起三个月内发出因国家安全原因不再传送登记本和检索本的通知书,通知申请人和国际局该申请将不再作为国际申请处理,终止国际阶段程序。申请人收到上述通知的,不得就该申请的内容向外国申请专利。

第六章 通知和决定

1. 通知和决定的产生

1.1 通知和决定

在专利申请的审批程序、复审程序、无效宣告程序以及专利法及其实施细则规定的其他程序中，审查员根据不同情况，将作出各种通知和决定。这些通知和决定主要包括：专利申请受理通知书、审查意见通知书、补正通知书、手续合格通知书、视为撤回通知书、恢复权利请求审批通知书、发明专利申请实质审查请求期限届满前通知书、缴费通知书、费用减缓审批通知书、发明专利申请初步审查合格通知书、发明专利申请公布通知书、发明专利申请进入实质审查阶段通知书、授予发明专利权通知书、授予实用新型专利权通知书、授予外观设计专利权通知书、办理登记手续通知书、视为放弃取得专利权通知书、专利权终止通知书、驳回决定、复审决定书、无效宣告请求审查决定等。

1.2 通知和决定的撰写

撰写通知和决定应当符合专利法及其实施细则和本指南的有关规定。

除本指南中其他章节作出专门规定之外，通知和决定一般应当包括：收件人信息、著录项目、通知或者决定的内容、署名和/或盖章、发文日期。其中：

（1）收件人信息包括：收件人地址、邮政编码、收件人姓名。

（2）著录项目包括：申请号（或专利号）、发明创造名称、全体申请人（或专利权人）姓名或者名称，如果是无效、中止程序中的通知书，还应当包括全体请求人的姓名或者名称。

（3）通知、决定的内容包括：通知或者决定的名称及正文。在作出不利于当事人的通知或者决定时，应当说明理由，必要时指明后续法律程序。

（4）署名和/或盖章：通知和决定应当有审查员署名或者盖章；需要审核的，还应当由审核人员署名或者盖章；发出的通知和决定均应当加盖国家知识产权局或者国家知识产权局专利复审委员会审查业务用章。

2. 通知和决定的送达

细则 4

2.1 送达方式

2.1.1 邮　寄

邮寄送达文件是指通过邮局把通知和决定送交当事人。除另有规定外，邮寄的文件应当挂号，并应当在计算机中登记挂号的号码、收件人地址和姓名、文件类别、所涉及的专利申请号、发文日期、发文部门。邮寄被退回的函件要登记退函日期。

2.1.2 直接送交

经专利局同意，专利代理机构可以在专利局指定的时间和地点，按时接收通知和决定。特殊情况下经专利局同意，当事人本人也可以在专利局指定的时间和地点接收通知和决定。

除受理窗口当面交付受理通知书和文件回执外，当面交付其他文件时应当办理登记签收手续。特殊情况下，应当由当事人在申请案卷上签字或者盖章，并记录当事人身份证件的名称、号码和签发单位。

2.1.3 电子方式送达

对于以电子文件形式提交的专利申请，专利局以电子文件形式向申请人发出各种通知书、决定和其他文件的，申请人应当按照电子专利申请系统用户注册协议规定的方式接收。

2.1.4 公告送达

专利局发出的通知和决定被退回的，审查员应当与文档核对；如果确定文件因送交地址不清或者存在其他原因无法再次邮寄的，应当在专利公报上通过公告方式通知当事人。自公告之日起满一个月，该文件视为已经送达。

2.2 收件人

2.2.1 当事人未委托专利代理机构

当事人未委托专利代理机构的，通知和决定的收件人为请求书中填写的联系人。若请求书中未填写联系人的，收件人为当事人；当事人有两个以上时，请求书中另有声明指定非第一署名当事人为代表人的，收件人为该代表人；除此之外，收件人为请求书中第一署名当事人。

2.2.2 当事人已委托专利代理机构

当事人委托了专利代理机构的，通知和决定的收件人为该专利代理机构指定的专利代理人。专利代理人有两个的，收件人为该两名专利代理人。

2.2.3 其他情况

当事人无民事行为能力的，在专利局已被告知的情况下，通知和决定的收件人是法定监护人或者法定代理人。

细则 4

2.3 送达日

2.3.1 邮寄、直接送交和电子方式送达

通过邮寄、直接送交和电子方式送达的通知和决定，自发文日起满十五日推定为当事人收到通知和决定之日。对于通过邮寄的通知和决定，当事人提供证据，证明实际收到日在推定收到日之后的，以实际收到日为送达日。

2.3.2 公告送达

通知和决定是通过在专利公报上公告方式通知当事人的，以公告之日起满一个月推定为送达日。当事人见到公告后可以向专利局提供详细地址，要求重新邮寄有关文件，但仍以自公告之日起满一个月为送达日。

3. 退件的处理和文件的查询

3.1 退件的处理

邮寄退回的通知和决定由发文部门作计算机登录，再转送相关部门进行处理。

处理退件首先应当根据申请文档中申请人、专利代理机构提供的各种文件进行分析，查清退件的原因。能够重新确定正确地址和收件人的，更正后重新发出。

退件经过处理仍无法邮寄或者再次被退回时,根据通知和决定的性质,必要时采用公告的方式送达当事人。

退件(连同信封)应当存档。

3.2 文件的查询

当事人陈述未收到专利局的某一通知和决定的,应当由退件处理部门进行查询。查询首先在专利局发文部门进行,查询结果(包括通知和决定的发文日期、挂号号码和收件人)应当由退件处理部门通知当事人。

当事人需要进一步了解送达情况的,应当办理邮路查询手续,由发文部门通过当地邮局查询收件人所在邮政部门。查询结果表明未送达的责任在专利局或者邮局的,应当按照新的发文日重新发出有关通知和决定;查询结果表明未送达的责任在收件人所在单位收发部门或者收件人本人及其有关人员的,专利局可以根据当事人的请求重新发出有关通知和决定的复印件,但不得变更发文日。

邮路查询时效为十个月,自发文日起计算。

第七章 期限、权利的恢复、中止

1. 期限的种类

1.1 法定期限

法定期限是指专利法及其实施细则规定的各种期限。例如，发明专利申请的实质审查请求期限（专利法第三十五条第一款的规定）、申请人办理登记手续的期限（专利法实施细则第五十四条第一款的规定）。

1.2 指定期限

指定期限是指审查员在根据专利法及其实施细则作出的各种通知中，规定申请人（或专利权人）、其他当事人作出答复或者进行某种行为的期限。例如，根据专利法第三十七条的规定，专利局对发明专利申请进行实质审查后，认为不符合专利法规定的，应当通知申请人，要求其在指定的期限内陈述意见，或者对其申请进行修改，该期限由审查员指定。又如，根据专利法实施细则第三条第二款的规定，当事人根据专利法及其实施细则规定提交的各种证件和证明文件是外文的，专利局认为必要时，可以要求当事人在指定期限内提交中文译文，该期限也由审查员指定。

指定期限一般为两个月。发明专利申请的实质审查程序中，申请人答复第一次审查意见通知书的期限为四个月。对于较为简单的行为，也可以给予一个月或更短的期限。上述指定期限自推定当事人收到通知之日起计算。

2. 期限的计算

2.1 期限的起算日

（1）自申请日、优先权日、授权公告日等固定日期起计算

大部分法定期限是自申请日、优先权日、授权公告日等固定日期起计算的。例如，专利法第四十二条规定的专利权的期限均自申请日起计算。专利法第二十九条第一款规定要求外国优先权的发明或者实用新型专利申请应当在十二个月内提出，该期限的起算日为在外国第一次提出专利申请之日（优先

权日)。

(2) 自通知和决定的推定收到日起计算

全部指定期限和部分法定期限自通知和决定的推定收到日起计算。例如，审查员根据专利法第三十七条的规定指定申请人陈述意见或者修改其申请的期限（指定期限）是自推定申请人收到审查意见通知书之日起计算；专利法实施细则第五十四条第一款规定的申请人办理登记手续的期限（法定期限）是自推定申请人收到授予专利权通知之日起计算。

细则 4.3

推定收到日为自专利局发出文件之日（该日期记载在通知和决定上）起满十五日。例如，专利局于 2001 年 7 月 4 日发出的通知书，其推定收到日为 2001 年 7 月 19 日。

2.2 期限的届满日

期限起算日加上法定或者指定的期限即为期限的届满日。相应的行为应当在期限届满日之前、最迟在届满日当天完成。

细则 5

2.3 期限的计算

期限的第一日（起算日）不计算在期限内。期限以年或者月计算的，以其最后一月的相应日（与起算日相对应的日期）为期限届满日；该月无相应日的，以该月最后一日为期限届满日。例如，一件发明专利申请的申请日为 1998 年 6 月 1 日，其实质审查请求期限的届满日应当是 2001 年 6 月 1 日。又如，专利局于 2008 年 6 月 6 日发出审查意见通知书，指定期限两个月，其推定收到日是 2008 年 6 月 21 日（遇休假日不顺延），则期限届满日应当是 2008 年 8 月 21 日。再如，专利局于 1999 年 12 月 16 日发出的通知书，其推定收到日是 1999 年 12 月 31 日，如果该通知书的指定期限为两个月，则期限届满日应当是 2000 年 2 月 29 日。

期限届满日是法定休假日或者移用周休息日的，以法定休假日或者移用周休息日后的第一个工作日为期限届满日，该第一个工作日为周休息日的，期限届满日顺延至周一。法定休假日包括国务院发布的《全国年节及纪念日放假办法》第二条规定的全体公民放假的节日和《国务院关于职工工作时间的规定》第七条第一款规定的周休息日。

3. 期限的监视

3.1 期限的确定

各种期限均自期限起算日确定。例如，申请人提出专利申请，并确定了其申请日后，在建立专利申请文档的同时确定自申请日起算的各种期限；审查员在作出各种与期限有关的通知和决定时，确定自该通知和决定推定收到日起算的答复期限。

3.2 期限监视方式

各种期限的监视一般由计算机系统进行。申请人办理与期限有关的手续后，在计算机系统中应当记录办理手续的日期，并将该日期与期限届满日进行比较，确定该手续在期限方面的合法性。

期限以日为单位进行监视并及时处理。期限届满日起满一个月尚未销去的期限，应当予以处理，作出相应处理决定。例如，专利局于2001年9月4日发出补正通知书指定申请人于一个月内提交优先权转让证明文件的中文译本，该通知书的推定收到日为2001年9月19日，期限届满日为2001年10月19日，如果专利局一直未收到申请人提交的中文译本，应当于2001年11月19日后针对该期限进行处理，并发出视为未要求优先权通知书。

3.3 期限届满的通知

（1）发明专利申请实质审查请求期限届满前三个月，对尚未提出实质审查请求或者尚未缴纳实质审查费的发明专利申请发出发明专利申请实质审查请求期限届满前通知书，通知申请人办理有关手续。

（2）专利年费缴纳期限届满后一个月，对尚未缴纳相关费用的专利发出缴费通知书，通知专利权人在专利法实施细则第九十八条规定的滞纳期内缴纳相关费用及滞纳金。

（3）其他期限届满前不发出通知书提示。

4. 期限的延长

4.1 延长期限请求

细则 6.4 及 71　　当事人因正当理由不能在期限内进行或者完成某一行为或

者程序时，可以请求延长期限。可以请求延长的期限仅限于指定期限。但在无效宣告程序中，专利复审委员会指定的期限不得延长。

细则 6.4 及 99.2

请求延长期限的，应当在期限届满前提交延长期限请求书，说明理由，并缴纳延长期限请求费。延长期限请求费以月计算。

4.2 延长期限请求的批准

延长期限请求由作出相应通知和决定的部门或者流程管理部门进行审批。

延长的期限不足一个月的，以一个月计算。延长的期限不得超过两个月。对同一通知或者决定中指定的期限一般只允许延长一次。

延长期限请求不符合规定的，审查员应当发出延长期限审批通知书，并说明不予延长期限的理由；符合规定的，审查员应当发出延长期限审批通知书，在计算机系统中更改该期限的届满日，继续监视该期限。

5. 耽误期限的处置

5.1 作出处分决定前的审核

申请人（或专利权人）耽误期限的后果是丧失各种相应的权利，这些权利主要包括：专利申请权（或专利权）、优先权等。

审查员在作出各种处分决定前，应当对是否需要作出该决定进行复核，当确认申请人（或专利权人）在规定期限之内未完成应当完成的行为时，再作出相应的处分决定。

5.2 处分决定

因耽误期限作出的处分决定主要包括：视为撤回专利申请权、视为放弃取得专利权的权利、专利权终止、不予受理、视为未提出请求和视为未要求优先权等。

处分决定的撰写应当符合本部分第六章第 1.2 节的规定，并自期限届满日起满一个月后作出。

5.3 作出处分决定后的处理

处分决定不影响专利申请权（或专利权）的，原程序继续进行。

处分决定作出后，专利申请权（或专利权）丧失的，应当按照规定给予两个月（自该处分决定的推定收到日起算）的恢复权利请求期限，期满未提出恢复权利请求或者恢复权利请求不符合规定的，自处分通知书发出之日起四个月（涉及复审或者无效宣告程序的为六个月）后分别按照以下情形处理：

（1）处分决定涉及尚未公开的专利申请的，应当对处分决定再次复核，确定无误的，将专利申请进行失效处理。

（2）处分决定涉及已公布的发明专利申请或者已公告的专利的，应当对处分决定再次复核，确定无误的，在专利公报上公告相应处分决定，将专利申请（或专利）进行失效处理。

作出丧失专利申请权（或专利权）的处分决定后又收到有关文件表明相关手续已在规定的期限内完成的，流程部门应当及时撤销有关处分决定，发出修改更正通知书，处分决定已公告的还应当作出公告更正。

细则 6

6. 权利的恢复

6.1 适用范围

专利法实施细则第六条第一款和第二款规定了当事人因耽误期限而丧失权利之后，请求恢复其权利的条件。该条第五款又规定，不丧失新颖性的宽限期、优先权期限、专利权期限和侵权诉讼时效这四种期限被耽误而造成的权利丧失，不能请求恢复权利。

6.2 手　续

根据专利法实施细则第六条第二款规定请求恢复权利的，应当自收到专利局或者专利复审委员会的处分决定之日起两个月内提交恢复权利请求书，说明理由，并同时缴纳恢复权利请求费；根据专利法实施细则第六条第一款规定请求恢复权利的，应当自障碍消除之日起两个月内，最迟自期限届满之日起两年内提交恢复权利请求书，说明理由，必要时还应当附具有关证明文件。

当事人在请求恢复权利的同时，应当办理权利丧失前应当办理的相应手续，消除造成权利丧失的原因。例如，申请人因未缴纳申请费，其专利申请被视为撤回后，在请求恢复其申请权的同时，还应当补缴规定的申请费。

6.3 审　批

审查员应当按照本章第 6.1 节和第 6.2 节的规定对恢复权利的请求进行审查。

（1）恢复权利的请求符合规定的，应当准予恢复权利，并发出恢复权利请求审批通知书。申请人提交信函表明请求恢复权利的意愿，只要写明申请号（或专利号）并且签字或者盖章符合要求的，可视为合格的恢复权利请求书。

（2）已在规定期限内提交了书面请求或缴足恢复权利请求费，但仍不符合规定的，审查员应当发出办理恢复权利手续补正通知书，要求当事人在指定期限之内补正或者补办有关手续，补正或者补办的手续符合规定的，应当准予恢复权利，并发出恢复权利请求审批通知书。期满未补正或者经补正仍不符合规定的，不予恢复，发出恢复权利请求审批通知书，并说明不予恢复的理由。

经专利局同意恢复专利申请权（或专利权）的，继续专利审批程序。对于已公告过处分决定的，还应当在专利公报上公告恢复权利的决定。

细则 86.1 及 87

7. 中止程序

中止，是指当地方知识产权管理部门或者人民法院受理了专利申请权（或专利权）权属纠纷，或者人民法院裁定对专利申请权（或专利权）采取财产保全措施时，专利局根据权属纠纷的当事人的请求或者人民法院的要求中止有关程序的行为。

7.1 请求中止的条件

请求专利局中止有关程序应当符合下列条件：

细则 86.1

（1）当事人请求中止的，专利申请权（或专利权）权属纠纷已被地方知识产权管理部门或者人民法院受理；人民法院要求协助执行对专利申请权（或专利权）采取财产保全措施的，应当已作出财产保全的民事裁定。

细则 87

（2）中止的请求人是权属纠纷的当事人或者对专利申请权

（或专利权）采取财产保全措施的人民法院。

7.2 中止的范围

细则 88

中止的范围是指：

（1）暂停专利申请的初步审查、实质审查、复审、授予专利权和专利权无效宣告程序；

（2）暂停视为撤回专利申请、视为放弃取得专利权、未缴年费终止专利权等程序；

（3）暂停办理撤回专利申请、放弃专利权、变更申请人（或专利权人）的姓名或者名称、转移专利申请权（或专利权）、专利权质押登记等手续。

中止请求批准前已进入公布或者公告准备的，该程序不受中止的影响。

7.3 请求中止的手续和审批

7.3.1 权属纠纷的当事人请求的中止

7.3.1.1 权属纠纷的当事人请求中止的手续

细则 86.2

专利申请权（或专利权）权属纠纷的当事人请求专利局中止有关程序的，应当符合下列规定：

（1）提交中止程序请求书；

（2）附具证明文件，即地方知识产权管理部门或者人民法院的写明专利申请号（或专利号）的有关受理文件正本或者副本。

7.3.1.2 权属纠纷的当事人请求中止的审批及处理

专利局收到当事人提出的中止程序请求书和有关证明后，专利局的流程管理部门应当审查是否满足下列各项条件：

（1）请求中止的专利申请（或专利）未丧失权利，涉及无效宣告程序的除外；

（2）未执行中止程序；

（3）请求是由有关证明文件中所记载的权属纠纷当事人提出；

（4）受理权属纠纷的机关对该专利申请（或专利）权属纠纷案有管辖权；

（5）证明文件中记载的申请号（或专利号）、发明创造名称和权利人与请求中止的专利申请（或专利）记载的内容一致；

（6）中止请求书与证明文件其他方面符合规定的形式要求。

不满足上述第（1）至（5）项条件的，审查员应当向中止程序请求人发出视为未提出通知书。不满足上述第（6）项条件的，例如中止程序请求书不符合格式要求或者提交的证明文件不是正本或者副本的，审查员应当发出办理手续补正通知书，通知中止程序请求人在一个月的期限内补正其缺陷。补正期限内，暂停有关程序。期满未补正的或者补正后仍未能消除缺陷的，应当向中止程序请求人发出视为未提出通知书，恢复有关程序。

满足上述条件或者经补正后满足上述条件的，应当执行中止，审查员应当向专利申请（或专利）权属纠纷的双方当事人发出中止程序请求审批通知书，并告知中止期限的起止日期（自提出中止请求之日起）。对处于无效宣告程序中的专利，专利局的流程管理部门还应当将执行中止的决定通知专利复审委员会，由专利复审委员会通知无效宣告程序中的当事人。

7.3.2 因人民法院要求协助执行财产保全的中止

细则 87

7.3.2.1 因协助执行财产保全而中止的手续

因人民法院要求协助执行财产保全措施需要中止有关程序的，应当符合下列规定：

（1）人民法院应当将对专利申请权（或专利权）进行财产保全的民事裁定书及协助执行通知书送达专利局指定的接收部门，并提供人民法院的通讯地址、邮政编码和收件人姓名。

（2）民事裁定书及协助执行通知书应当写明要求专利局协助执行的专利申请号（或专利号）、发明创造名称、申请人（或专利权人）的姓名或者名称、财产保全期限等内容。

（3）要求协助执行财产保全的专利申请（或专利）处于有效期内。

7.3.2.2 因协助执行财产保全而中止的审核及处理

专利局收到人民法院的民事裁定书和协助执行通知书后，

应当按照本章第7.3.2.1节的规定进行审核,并按照下列情形处理:

(1) 不符合规定的,应当向人民法院发出不予执行财产保全通知书,说明不执行中止的原因并继续原程序。

(2) 符合规定的,应当执行中止,并向人民法院和申请人(或专利权人)发出保全程序开始通知书,说明协助执行财产保全期限的起止日期(自收到民事裁定书之日起),并对专利权的财产保全予以公告。

(3) 对已执行财产保全的不得重复进行保全。执行中止后,其他人民法院又要求协助执行财产保全的,可以轮候保全。专利局应当进行轮候登记,对轮候登记在先的,自前一保全结束之日起轮候保全开始。

对于处在无效宣告程序中的专利,专利局的流程管理部门还应当将执行中止的决定通知专利复审委员会,由专利复审委员会通知无效宣告程序中的当事人。

7.4 中止的期限

细则86.3

7.4.1 权属纠纷的当事人请求中止的期限

对于专利申请权(或专利权)权属纠纷的当事人提出的中止请求,中止期限一般不得超过一年,即自中止请求之日起满一年的,该中止程序结束。

有关专利申请权(或专利权)权属纠纷在中止期限一年内未能结案,需要继续中止程序的,请求人应当在中止期满前请求延长中止期限,并提交权属纠纷受理部门出具的说明尚未结案原因的证明文件。中止程序可以延长一次,延长的期限不得超过六个月。不符合规定的,审查员应当发出延长期限审批通知书并说明不予延长的理由;符合规定的,审查员应当发出延长期限审批通知书,通知权属纠纷的双方当事人。

细则87

7.4.2 因协助执行财产保全而中止的期限

对于人民法院要求专利局协助执行财产保全而执行中止程序的,中止期限一般为六个月。自收到民事裁定书之日起满六个月的,该中止程序结束。

人民法院要求继续采取财产保全措施的,应当在中止期限届满前将继续保全的协助执行通知书送达专利局,经审核符合本章第 7.3.2.1 节规定的，中止程序续展六个月。对于同一法院对同一案件在执行程序中作出的保全裁定，专利局中止的期限不超过十二个月，在审判程序中作出的保全裁定，专利局中止的期限可以适当延长。

7.4.3 涉及无效宣告程序的中止期限

对涉及无效宣告程序中的专利，应权属纠纷当事人请求的中止或者应人民法院要求协助执行财产保全的中止，中止期限不超过一年，中止期限届满专利局将自行恢复有关程序。

7.5 中止程序的结束

7.5.1 权属纠纷的当事人提出的中止程序的结束

细则 86.3

中止期限届满，专利局自行恢复有关程序，审查员应当向权属纠纷的双方当事人发出中止程序结束通知书。

对于尚在中止期限内的专利申请（或专利），地方知识产权管理部门作出的处理决定或者人民法院作出的判决产生法律效力之后（涉及权利人变更的，在办理著录项目变更手续之后），专利局应当结束中止程序。

专利局收到当事人、利害关系人、地方知识产权管理部门或者人民法院送交的调解书、裁定书或者判决书后，应当审查下列各项：

（1）文件是否有效，即是否是正式文本（正本或副本），是否是由有管辖权的机关作出的。

（2）文件中记载的申请号（或专利号）、发明创造名称和权利人是否与请求结束中止程序的专利申请（或专利）中记载的内容一致。

（3）文件是否已生效，如判决书的上诉期是否已满（调解书均没有上诉期）。当不能确定该文件是否已发生法律效力时，审查员应当给另一方当事人发出收到人民法院判决书的通知书，确认是否提起上诉；在指定的期限内未答复或者明确不上诉的，文件视为发生法律效力。提起上诉的，当事人应当提交上级人民法院出具的证明文件，原人民法院判决书不发生法律效力。

文件不符合规定的，审查员应当向请求人发出视为未提出通知书，继续中止程序。文件符合规定并且未涉及权利人变更的，审查员应当发出中止程序结束通知书，通知双方当事人，恢复有关程序。

文件符合规定，但涉及权利人变更的，审查员应当发出办理手续补正通知书，通知取得权利一方的当事人在收到通知书之日起三个月内办理著录项目变更手续，并补办在中止程序中应办而未办的其他手续；取得权利一方的当事人办理有关手续后，审查员应当发出中止程序结束通知书，通知双方当事人，恢复有关程序。期满未办理有关手续的，视为放弃取得专利申请权（或专利权）的权利，审查员应当向取得权利的一方当事人发出视为放弃取得专利申请权或专利权的权利通知书，期满未办理恢复手续的，中止程序结束，审查员应当发出中止程序结束通知书，通知权属纠纷的双方当事人，恢复有关程序。

细则87

7.5.2 因人民法院要求协助执行财产保全的中止程序的结束

中止期限届满，人民法院没有要求继续采取财产保全措施的，审查员应当发出中止程序结束通知书，通知人民法院和申请人（或专利权人），恢复有关程序，并对专利权保全解除予以公告。有轮候保全登记的，对轮候登记在先的，自前一保全结束之日起轮候保全开始，中止期限为六个月。审查员应当向前一个人民法院和申请人（或专利权人）发出中止程序结束通知书，向轮候登记在先的人民法院和申请人（或专利权人）发出保全程序开始通知书，说明协助执行财产保全期的起止日期，并对专利权的财产保全予以公告。

要求协助执行财产保全的人民法院送达解除保全通知书后，经审核符合规定的，审查员应当发出中止程序结束通知书，通知人民法院和申请人（或专利权人），恢复有关程序，并对专利权的保全解除予以公告。

第八章 专利公报和单行本的编辑

细则90

1. 专利公报

1.1 专利公报的种类

专利局编辑出版的专利公报有发明专利公报、实用新型专利公报和外观设计专利公报。专利公报以期刊形式发行，同时以电子公报形式在国家知识产权局政府网站上公布，或者以专利局规定的其他形式公布。专利公报按照年度计划出版，三种专利公报每周各出版一期。

1.2 专利公报的内容

1.2.1 发明专利公报

发明专利公报包括发明专利申请公布、国际专利申请公布、发明专利权授予、保密发明专利、发明专利事务、索引（申请公布索引、授权公告索引）。

1.2.1.1 发明专利申请公布

发明专利申请经初步审查合格后，自申请日（有优先权的，为优先权日）起满十五个月进行公布准备，并于十八个月期满时公布。发明专利申请人在初步审查合格前，要求提前公布其专利申请的，自初步审查合格之日起进行公布准备；在初步审查合格后，要求提前公布其专利申请的，自提前公布请求合格之日起进行公布准备，并及时予以公布。自申请日（有优先权的，为优先权日）起满十五个月，因各种原因初步审查尚未合格的发明专利申请将延迟公布。在初步审查程序中被驳回、被视为撤回以及在公布准备之前申请人主动撤回或确定保密的发明专利申请不予公布。

发明专利申请公布的内容包括：著录事项、摘要和摘要附图，但说明书没有附图的，可以没有摘要附图。著录事项主要包括：国际专利分类号、申请号、公布号（出版号）、公布日、申请日、优先权事项、申请人事项、发明人事项、专利代理事项、发明名称等。

1.2.1.2 发明专利权授予

发明专利申请人根据专利局作出的授予专利权通知和办理登记手续通知，按时缴纳专利登记费、授予专利权当年的年费和其他有关费用后，该专利申请进入授权公告准备，并予以公告。

发明专利权授予公告的内容包括：著录事项、摘要和摘要附图，但说明书没有附图的，可以没有摘要附图。著录事项主要包括：国际专利分类号、专利号、授权公告号（出版号）、申请日、授权公告日、优先权事项、专利权人事项、发明人事项、专利代理事项、发明名称等。

1.2.1.3 保密发明专利和国防发明专利

保密发明专利只公告保密专利权的授予和保密专利的解密，保密专利公告的著录事项包括：专利号、申请日、授权公告日等。

保密发明专利解密后，在专利公报的解密栏中予以公告，出版单行本。

国防发明专利权的授予和解密的公告参照上述规定执行。

1.2.1.4 发明专利事务

发明专利事务公布专利局对发明专利申请和发明专利作出的决定和通知。包括：实质审查请求的生效，专利局对专利申请自行进行实质审查的决定，发明专利申请公布后的驳回，发明专利申请公布后的撤回，发明专利申请公布后的视为撤回，视为放弃取得专利权，专利权的全部（或部分）无效宣告，专利权的终止，专利权的主动放弃，专利申请（或专利）权利的恢复，专利申请权、专利权的转移，专利实施的强制许可，专利实施许可合同的备案，专利权的质押、保全及其解除，专利权人的姓名或者名称、地址等著录事项的变更，文件的公告送达，专利局的更正，其他有关事项等。

1.2.1.5 索　引

发明索引分申请公布索引和授权公告索引两种。每种索引又分国际分类号索引、申请号索引（或者专利号索引）、申请人索引（或者专利权人索引）和公布号/申请号（授权公告号/

专利号）对照表索引。

1.2.2 实用新型专利公报

实用新型专利公报包括实用新型专利权授予、保密实用新型专利、实用新型专利事务和授权公告索引。

1.2.2.1 实用新型专利权授予

实用新型专利申请人根据专利局作出的授予专利权通知和办理登记手续通知，按时缴纳专利登记费、授予专利权当年的年费和其他有关费用后，该专利申请进入授权公告准备，并予以公告。

实用新型专利权授予公告的内容包括：著录事项、摘要和摘要附图。著录事项主要包括：国际专利分类号、专利号、授权公告号（出版号）、申请日、授权公告日、优先权事项、专利权人事项、发明人事项、专利代理事项、实用新型名称。

申请人在申请时对同样的发明创造已申请发明专利作出说明的，应予以公告。

1.2.2.2 保密实用新型专利和国防实用新型专利

保密实用新型专利只公告保密专利权的授予和保密专利的解密，保密专利公告的著录事项包括：专利号、申请日、授权公告日等。

保密实用新型专利解密后，在专利公报的解密栏中予以公告，出版单行本。

国防实用新型专利权的授予和解密的公告参照上述规定执行。

1.2.2.3 实用新型专利事务

实用新型专利事务公布专利局对实用新型专利申请和实用新型专利作出的决定和通知。包括：专利权的全部（或部分）无效宣告，专利权的终止，专利权的主动放弃，避免重复授权放弃实用新型专利权，专利权的恢复，专利权的转移，专利实施的强制许可，专利实施许可合同的备案，专利权的质押、保全及解除，专利权人的姓名或者名称、地址等著录事项的变更，文件的公告送达，专利局的更正，其他有关事项等。

1.2.2.4 授权公告索引

实用新型授权公告索引包括国际专利分类号索引、专利号索引、专利权人索引和授权公告号/专利号对照表索引。

1.2.3 外观设计专利公报

外观设计专利公报包括外观设计专利权的授予、外观设计专利事务和授权公告索引。

1.2.3.1 外观设计专利权授予

外观设计专利申请人根据专利局作出的授予专利权通知和办理登记手续通知，按时缴纳专利登记费、授予专利权当年的年费和其他有关费用后，该专利申请进入授权公告准备，并予以公告。

外观设计专利权授予公告的内容包括：著录事项、外观设计专利的一幅图片或者照片。著录事项主要包括：分类号、专利号、授权公告号（出版号）、申请日、授权公告日、优先权事项、专利权人事项、设计人事项、专利代理事项、使用该外观设计的产品名称等。

1.2.3.2 外观设计专利事务

外观设计专利事务公布专利局对外观设计专利申请和外观设计专利作出的决定和通知。包括：专利权的全部（或部分）无效宣告，专利权的终止，专利权的主动放弃，专利权的恢复，专利权的转移，专利实施许可合同的备案，专利权的质押、保全及其解除，专利权人的姓名或者名称、地址等著录事项的变更，文件的公告送达，专利局的更正，其他有关事项等。

1.2.3.3 授权公告索引

外观设计授权公告索引包括外观设计分类号索引、专利号索引、专利权人索引和授权公告号/专利号对照表索引。

1.3 专利公报的编辑

1.3.1 申请文件的编辑

用于公布的发明专利申请文件以及用于授权公告的发明专

利申请文件、实用新型专利申请文件或外观设计专利申请文件应当符合制版要求，著录事项应当与公布准备或授权公告准备时专利申请文档记载的内容一致。

发明专利申请公布或发明专利权及实用新型专利权的授予按照国际专利分类号顺序编辑，主分类号相同的按照申请号顺序编辑。

外观设计专利权的授予按照外观设计分类号顺序编辑，分类号相同的按照申请号顺序编辑。

专利公报每一版面分左右两栏，自上而下，自左至右连续编排。

1.3.2 事务部分的编辑

各种专利公报事务部分编辑的原则：

（1）授予专利权公告之前专利局对实用新型和外观设计专利申请的权利丧失作出的决定不予刊登；公布之前专利局对发明专利申请的权利丧失作出的决定不予刊登。

（2）刊登专利局作出的各种已经生效的按照规定应当公告的决定。

（3）同一期公报中公布两项以上相同事务时，按照主分类号顺序编辑，主分类号相同的按照申请号顺序编辑。

1.3.2.1 实质审查请求的生效、专利局对发明专利申请自行进行实质审查的决定

本事务仅适用于发明专利申请。公布的项目包括：主分类号、专利申请号、申请日。

1.3.2.2 发明专利申请公布后的驳回、撤回和视为撤回

本事务仅适用于已公布的发明专利申请。公布的项目包括：主分类号、专利申请号、公布日。

1.3.2.3 发明专利申请视为放弃取得专利权

公布的项目包括：主分类号、专利申请号。

1.3.2.4 专利实施的强制许可

公布的项目包括：主分类号、专利号、授权公告日。

1.3.2.5 专利权的终止

公布的项目包括：主分类号、专利号、申请日、授权公告日。

1.3.2.6 专利实施许可合同备案的生效、变更及注销

专利实施许可合同备案生效公布的项目包括：主分类号、专利号、备案号、让与人、受让人、发明名称、申请日、发明公布日、授权公告日、许可种类（独占、排他、普通）、备案日。

专利实施许可合同备案变更公布的项目包括：主分类号、专利号、备案号、变更日、变更项（许可种类、让与人、受让人）及变更前后内容。

专利实施许可合同备案注销公布的项目包括：主分类号、专利号、备案号、让与人、受让人、许可合同备案解除日。

1.3.2.7 专利权质押合同登记的生效、变更及注销

专利权质押合同登记生效公布的项目包括：主分类号、专利号、登记号、质押合同登记生效日、出质人、质权人、发明名称、申请日、授权公告日。

专利权质押合同登记变更公布的项目包括：主分类号、专利号、登记号、变更日、变更项（出质人、质权人）及变更前后内容。

专利权质押合同登记注销公布的项目包括：主分类号、专利号、登记号、出质人、质权人、申请日、授权公告日、质押合同登记解除日。

1.3.2.8 专利权的保全及其解除

保全公布的项目包括：主分类号、专利号、申请日、授权公告日、保全登记生效日。

保全解除公布的项目包括：主分类号、专利号、申请日、授权公告日、保全解除日。

1.3.2.9 专利申请权、专利权的转移

公布的项目包括：主分类号、专利申请号（专利号）、变更项目、变更前权利人、变更后权利人、登记生效日。

1.3.2.10 专利权的全部或者部分无效宣告

专利权全部无效宣告公布的项目包括：主分类号、专利号、授权公告日、无效宣告决定号、无效宣告决定日。

专利权部分无效宣告公布的内容包括：主分类号、专利号、授权公告日、无效宣告决定号、无效宣告决定日、维持有效的权利要求。

1.3.2.11 专利权的主动放弃

公布的项目包括：主分类号、专利号、申请日、授权公告日、放弃生效日。

1.3.2.12 避免重复授权放弃实用新型专利权

公布的项目包括：主分类号、专利号、申请日、授权公告日、放弃生效日。

1.3.2.13 权利的恢复

公布的项目包括：主分类号、专利申请号（专利号）、原决定名称、原决定公告日。

1.3.2.14 文件的公告送达

由于文件送交地址不清，专利局无法通知当事人在规定或者指定的期限内答复或者办理手续的，应当在通知事项栏中公布。公布的项目包括：主分类号、申请号、收件人、文件名称。

1.3.2.15 其他有关事项

各事务栏内未规定的其他需要公告的内容，在本栏内公布。

1.3.2.16 更　正

专利局对专利公报上出现的印刷及其他错误，一经发现，应当在更正栏中及时更正。各种不同类型错误的更正分别公布。公布的项目包括：主分类号、申请号（或专利号）、原公告所在卷号、更正项目、更正前内容、更正后内容。

1.3.3 索引的编辑

1.3.3.1 分类号索引

对于发明和实用新型,按照国际专利分类号编辑;对于外观设计按照外观设计分类号编辑。

分类号索引按照分类号为序,分类号相同的以公布号或者授权公告号为序。

分类号索引的项目包括:分类号,公布号或者授权公告号。

1.3.3.2 申请号或者专利号索引

申请号或者专利号索引以申请号或者专利号为序。

申请号或者专利号索引的项目包括:申请号或者专利号,公布号或者授权公告号。

1.3.3.3 申请人或者专利权人索引

申请人或者专利权人索引以申请人或者专利权人的姓名或者名称的拼音顺序为序。第一汉字相同的以第二汉字的拼音顺序为序,以此类推。外文名称排列在最前面,并以字母顺序为序。申请人或者专利权人相同的,以公布号或者授权公告号为序。

申请人或者专利权人索引的项目包括:申请人或者专利权人,公布号或者授权公告号。

1.3.3.4 公布号/申请号(授权公告号/专利号)索引

公布号/申请号(授权公告号/专利号)对照表索引以公布号(授权公告号)为序。

公布号/申请号(授权公告号/专利号)对照表索引的项目包括:公布号(授权公告号),申请号(专利号)。

细则 91

2. 专利申请及专利单行本

专利局编辑出版单行本。专利申请及专利单行本每周出版一次,与相应的专利公报同一天出版。

2.1 单行本的种类

单行本的种类包括：发明专利申请单行本、发明专利单行本、实用新型专利单行本及外观设计专利单行本。

2.2 单行本的内容

2.2.1 发明专利申请单行本

发明专利申请单行本的文献种类代码为"A"。包括：扉页、权利要求书、说明书（说明书有附图的，包含说明书附图）。

扉页由著录事项、摘要、摘要附图组成，说明书无附图的，则没有摘要附图。其内容应当与同一天出版的专利公报中相应专利申请的内容一致。

权利要求书、说明书及其附图，应当以审查员作出的发明专利申请初步审查合格通知书中指明的文本为准。

2.2.2 发明专利单行本

发明专利单行本的文献种类代码为"B"。包括：扉页、权利要求书、说明书（说明书有附图的，包含说明书附图）。

扉页由著录事项、摘要、摘要附图组成，说明书无附图的，则没有摘要附图。其内容比同一天出版的专利公报中相应发明专利的内容增加审查员项和对比文件项。

权利要求书、说明书及其附图应当以审查员作出的授予专利权通知书中指明的文本为准。

发明专利权授予之后，在无效宣告程序中权利要求书需要修改后才能维持专利权的，应当再次出版该修改后的权利要求书，其文献种类代码依次为"C1－C7"，并标明修改后的权利要求书的公告日。

2.2.3 实用新型专利单行本

实用新型专利单行本的文献种类代码为"U"。包括：扉页、权利要求书、说明书和说明书附图。

扉页由著录事项、摘要和摘要附图组成，其内容应当与同一天出版的实用新型专利公报中相应实用新型专利的内容一致。

权利要求书、说明书及其附图,应当以审查员作出的授予专利权通知书中指明的文本为准。

实用新型专利权授予之后,在无效宣告程序中权利要求书需要修改后才能维持专利权的,应当再次出版该修改后的权利要求书,其文献种类代码依次为"Y1－Y7",并标明修改后的权利要求书的公告日。

2.2.4 外观设计专利单行本

外观设计专利单行本的文献种类代码为"S"。包括:扉页、彩色外观设计图片或者照片以及简要说明。

扉页由著录事项、一幅外观设计图片或者照片组成,其内容应当与同一天出版的外观设计专利公报中相应的外观设计专利内容一致。

彩色图片或者照片以及简要说明应当以审查员作出的授予专利权通知书中指明的图片或者照片以及简要说明为准。

外观设计专利权授予之后,在无效宣告程序中图片或者照片需要修改后才能维持专利权的,应当再次出版该修改后的图片或者照片,其文献种类代码依次为"S1－S7",并标明修改后的图片或者照片的公告日。

2.3 更　正

细则 58 及
90.1（15）

专利局对发明专利申请单行本、发明专利单行本、实用新型专利单行本及外观设计专利单行本的错误,一经发现,应当及时更正,重新出版更正的专利申请或专利单行本,并在其扉页上作出标记。

第九章 专利权的授予和终止

1. 专利权的授予

1.1 专利权授予的程序

1.1.1 授予专利权通知

法 39 及 40

发明专利申请经实质审查、实用新型和外观设计专利申请经初步审查,没有发现驳回理由的,专利局应当作出授予专利权的决定,颁发专利证书,并同时在专利登记簿和专利公报上予以登记和公告。专利权自公告之日起生效。

在授予专利权之前,专利局应当发出授予专利权的通知书。

细则 54.1

1.1.2 办理登记手续通知

专利局发出授予专利权通知书的同时,应当发出办理登记手续通知书,申请人应当在收到该通知之日起两个月内办理登记手续。

细则 97

1.1.3 登记手续

申请人在办理登记手续时,应当按照办理登记手续通知书中写明的费用金额缴纳专利登记费、授权当年(办理登记手续通知书中指明的年度)的年费、公告印刷费,同时还应当缴纳专利证书印花税。

法 39 及 40
细则 54.1

1.1.4 颁发专利证书、登记和公告授予专利权

申请人在规定期限之内办理登记手续的,专利局应当颁发专利证书,并同时予以登记和公告,专利权自公告之日起生效。

申请人办理登记手续后,专利局应当制作专利证书,进行专利权授予登记和公告授予专利权决定的准备。专利证书制作完成后即可按照本部分第六章第 2.1.1 节中的规定送交专利权人。在特殊情况下,也可按照本部分第六章第 2.1.2 节中的规定直接送交专利权人。

细则 54.2

1.1.5 视为放弃取得专利权的权利

专利局发出授予专利权的通知书和办理登记手续通知书后，申请人在规定期限内未按照本章第 1.1.3 节规定办理登记手续的，应当发出视为放弃取得专利权通知书。该通知书应当在办理登记手续期满一个月后作出，并指明恢复权利的法律程序。自该通知书发出之日起四个月期满，未办理恢复手续的，或者专利局作出不予恢复权利决定的，将专利申请进行失效处理。对于发明专利申请，视为放弃取得专利权的，还应当在专利公报上予以公告。

1.2 专利证书

1.2.1 专利证书的构成

专利证书由证书首页和专利单行本构成。

专利证书应当记载与专利权有关的重要著录事项、国家知识产权局印记、局长签字和授权公告日等。

著录事项包括：专利证书号（顺序号）、发明创造名称、专利号（即申请号）、专利申请日、发明人或者设计人姓名和专利权人姓名或者名称。当一件专利的著录事项过长，在一页纸上记载有困难的，可以增加附页；证书中的专利单行本的总页数超过 110 页，则自第 101 页起以续本形式制作。

1.2.2 专利证书副本

一件专利有两名以上专利权人的，根据共同权利人的请求，专利局可以颁发专利证书副本。对同一专利权颁发的专利证书副本数目不能超过共同权利人的总数。专利权终止后，专利局不再颁发专利证书副本。

颁发专利证书后，因专利权转移发生专利权人变更的，专利局不再向新专利权人或者新增专利权人颁发专利证书副本。

专利证书副本标有"副本"字样。专利证书副本与专利证书正本格式、内容应当一致。颁发专利证书副本应当收取专利证书副本费和印花税。

1.2.3 专利证书的更换

专利权权属纠纷经地方知识产权管理部门调解或者人民法

院调解或者判决后，专利权归还请求人的，在该调解或者判决发生法律效力后，当事人可以在办理变更专利权人手续合格后，请求专利局更换专利证书。专利证书损坏的，专利权人可以请求更换专利证书。专利权终止后，专利局不再更换专利证书。因专利权的转移、专利权人更名发生专利权人姓名或者名称变更的，均不予更换专利证书。

请求更换专利证书应当交回原专利证书，并缴纳手续费。专利局收到更换专利证书请求后，应当核实专利申请文档，符合规定的，可以重新制作专利证书发送给当事人，更换后的证书应当与原专利证书的格式、内容一致。原证书记载"已更换"字样后存入专利申请案卷。

1.2.4 专利证书打印错误的更正

专利证书中存在打印错误时，专利权人可以退回该证书，请求专利局更正。专利局经核实为打印错误的，应予更正，并应当将更换的证书发给专利权人。原证书记载"已更换"字样后存入专利申请案卷。

专利证书遗失的，除专利局的原因造成的以外，不予补发。

1.3 专利登记簿

1.3.1 专利登记簿的格式

细则89

专利局授予专利权时应当建立专利登记簿。专利登记簿登记的内容包括：专利权的授予，专利申请权、专利权的转移，保密专利的解密，专利权的无效宣告，专利权的终止，专利权的恢复，专利权的质押、保全及其解除，专利实施许可合同的备案，专利实施的强制许可以及专利权人姓名或者名称、国籍、地址的变更。

上述事项一经作出即在专利登记簿中记载，专利登记簿登记的事项以数据形式储存于数据库中，制作专利登记簿副本时，按照规定的格式打印而成，加盖证件专用章后生效。

1.3.2 专利登记簿的效力

授予专利权时，专利登记簿与专利证书上记载的内容是一致的，在法律上具有同等效力；专利权授予之后，专利的法律状态的变更仅在专利登记簿上记载，由此导致专利登记簿与专利证书上记载的内容不一致的，以专利登记簿上记载的法律状态为准。

1.3.3 专利登记簿副本

细则 118.1

专利登记簿副本依据专利登记簿制作。专利权授予公告之后，任何人都可以向专利局请求出具专利登记簿副本。请求出具专利登记簿副本的，应当提交办理文件副本请求书并缴纳相关费用。

专利局收到有关请求和费用后，应当制作专利登记簿副本，经与专利申请文档核对无误后，加盖证件专用章后发送请求人。

2. 专利权的终止

2.1 专利权期满终止

法 42

发明专利权的期限为二十年，实用新型专利权和外观设计专利权期限为十年，均自申请日起计算。例如，一件实用新型专利的申请日是 1999 年 9 月 6 日，该专利的期限为 1999 年 9 月 6 日至 2009 年 9 月 5 日，专利权期满终止日为 2009 年 9 月 6 日（遇节假日不顺延）

专利权期满时应当及时在专利登记簿和专利公报上分别予以登记和公告，并进行失效处理。

2.2 专利权人没有按照规定缴纳年费的终止

细则 98

2.2.1 年　费

授予专利权当年的年费应当在办理登记手续的同时缴纳，以后的年费应当在上一年度期满前缴纳。缴费期限届满日是申请日在该年的相应日。

2.2.1.1 年　度

专利年度从申请日起算，与优先权日、授权日无关，与自然年度也没有必然联系。例如，一件专利申请的申请日是 1999 年 6 月 1 日，该专利申请的第一年度是 1999 年 6 月 1 日至 2000 年 5 月 31 日，第二年度是 2000 年 6 月 1 日至 2001 年 5 月 31

日,以此类推。

2.2.1.2 应缴年费数额

各年度年费按照收费表中规定的数额缴纳。例如,一件专利申请的申请日是1997年6月3日,如果该专利申请于2001年8月1日被授予专利权(授予专利权公告之日),申请人在办理登记手续时已缴纳了第五年度年费,那么该专利权人最迟应当在2002年6月3日按照第六年度年费标准缴纳第六年度年费。

2.2.1.3 滞纳金

专利权人未按时缴纳年费(不包括授予专利权当年的年费)或者缴纳的数额不足的,可以在年费期满之日起六个月内补缴,补缴时间超过规定期限但不足一个月时,不缴纳滞纳金。补缴时间超过规定时间一个月或以上的,缴纳按照下述计算方法算出的相应数额的滞纳金:

(1)超过规定期限一个月(不含一整月)至两个月(含两个整月)的,缴纳数额为全额年费的5%。

(2)超过规定期限两个月至三个月(含三个整月)的,缴纳数额为全额年费的10%。

(3)超过规定期限三个月至四个月(含四个整月)的,缴纳数额为全额年费的15%。

(4)超过规定期限四个月至五个月(含五个整月)的,缴纳数额为全额年费的20%。

(5)超过规定期限五个月至六个月的,缴纳数额为全额年费的25%。

凡在六个月的滞纳期内补缴年费或者滞纳金不足需要再次补缴的,应当依照再次补缴年费或者滞纳金时所在滞纳金时段内的滞纳金标准,补足应当缴纳的全部年费和滞纳金。例如,年费滞纳金5%的缴纳时段为5月10日至6月10日,滞纳金为45元,但缴费人仅交了25元。缴费人在6月15日补缴滞纳金时,应当依照再次缴费日所对应的滞纳期时段的标准10%缴纳。该时段滞纳金金额为90元,还应当补缴65元。

凡因年费和/或滞纳金缴纳逾期或者不足而造成专利权终止的,在恢复程序中,除补缴年费之外,还应当缴纳或者补足全额年费25%的滞纳金。

2.2.2 终 止

专利年费滞纳期满仍未缴纳或者缴足专利年费或者滞纳金的,自滞纳期满之日起两个月后审查员应当发出专利权终止通知书。专利权人未启动恢复程序或者恢复权利请求未被批准的,专利局应当在终止通知书发出四个月后,进行失效处理,并在专利公报上公告。

专利权自应当缴纳年费期满之日起终止。

法 44.1（2）

2.3 专利权人放弃专利权

授予专利权后,专利权人随时可以主动要求放弃专利权,专利权人放弃专利权的,应当提交放弃专利权声明,并附具全体专利权人签字或者盖章同意放弃专利权的证明材料,或者仅提交由全体专利权人签字或者盖章的放弃专利权声明。委托专利代理机构的,放弃专利权的手续应当由专利代理机构办理,并附具全体申请人签字或者盖章的同意放弃专利权声明。主动放弃专利权的声明不得附有任何条件。放弃专利权只能放弃一件专利的全部,放弃部分专利权的声明视为未提出。

放弃专利权声明经审查,不符合规定的,审查员应当发出视为未提出通知书；符合规定的,审查员应当发出手续合格通知书,并将有关事项分别在专利登记簿和专利公报上登记和公告。放弃专利权声明的生效日为手续合格通知书的发文日,放弃的专利权自该日起终止。专利权人无正当理由不得要求撤销放弃专利权的声明。除非在专利权非真正拥有人恶意要求放弃专利权后,专利权真正拥有人（应当提供生效的法律文书来证明）可要求撤销放弃专利权声明。

细则 41.5

申请人依据专利法第九条第一款和专利法实施细则第四十一条第四款声明放弃实用新型专利权的,专利局在公告授予发明专利权时对放弃实用新型专利权的声明予以登记和公告。在无效宣告程序中声明放弃实用新型专利权的,专利局及时登记和公告该声明。放弃实用新型专利权声明的生效日为发明专利权的授权公告日,放弃的实用新型专利权自该日起终止。

第十章 专利权评价报告

1. 引 言

法 61.2
细则 56.1

专利法第六十一条第二款规定，专利侵权纠纷涉及实用新型专利或者外观设计专利的，人民法院或者管理专利工作的部门可以要求专利权人或者利害关系人出具由国家知识产权局作出的专利权评价报告。

国家知识产权局根据专利权人或者利害关系人的请求，对相关实用新型专利或者外观设计专利进行检索，并就该专利是否符合专利法及其实施细则规定的授权条件进行分析和评价，作出专利权评价报告。

专利权评价报告是人民法院或者管理专利工作的部门审理、处理专利侵权纠纷的证据，主要用于人民法院或者管理专利工作的部门确定是否需要中止相关程序。专利权评价报告不是行政决定，因此专利权人或者利害关系人不能就此提起行政复议和行政诉讼。

2. 专利权评价报告请求的形式审查

国家知识产权局收到专利权人或者利害关系人提交的专利权评价报告请求书后，应当进行形式审查。

细则 56.1 及 57

2.1 专利权评价报告请求的客体

专利权评价报告请求的客体应当是已经授权公告的实用新型专利或者外观设计专利，包括已经终止或者放弃的实用新型专利或者外观设计专利。针对下列情形提出的专利权评价报告请求视为未提出：

（1）未授权公告的实用新型专利申请或者外观设计专利申请；

（2）已被专利复审委员会宣告全部无效的实用新型专利或者外观设计专利；

（3）国家知识产权局已作出专利权评价报告的实用新型专利或者外观设计专利。

细则 56.1

2.2 请求人资格

根据专利法实施细则第五十六条第一款的规定，专利权人或者利害关系人可以请求国家知识产权局作出专利权评价报告。其中,利害关系人是指有权根据专利法第六十条的规定就专利侵权纠纷向人民法院起诉或者请求管理专利工作的部门处理的人,例如专利实施独占许可合同的被许可人和由专利权人授予起诉权的专利实施普通许可合同的被许可人。

请求人不是专利权人或者利害关系人的,其专利权评价报告请求视为未提出。实用新型或者外观设计专利权属于多个专利权人共有的,请求人可以是部分专利权人。

细则56.2及.3

2.3 专利权评价报告请求书

在请求作出专利权评价报告时,请求人应当提交专利权评价报告请求书及相关的文件。

(1) 专利权评价报告请求书应当采用国家知识产权局规定的表格。请求书中应当写明实用新型专利或者外观设计专利的专利号、发明创造名称、请求人和/或专利权人名称或者姓名。每一请求应当限于一件实用新型或者外观设计专利。

(2) 请求书中应当指明专利权评价报告所针对的文本。所述文本应当是与授权公告一并公布的实用新型专利文件或者外观设计专利文件,或者是由生效的无效宣告请求审查决定维持有效的实用新型专利文件或者外观设计专利文件。如果请求作出专利权评价报告的文本是由生效的无效宣告请求审查决定维持部分有效的实用新型专利文件或者外观设计专利文件,请求人应当在请求书中指明相关的无效宣告请求审查决定的决定号。

(3) 请求人是利害关系人的,在提出专利权评价报告请求的同时应当提交相关证明文件。例如,请求人是专利实施独占许可合同的被许可人的,应当提交与专利权人订立的专利实施独占许可合同或其复印件;请求人是专利权人授予起诉权的专利实施普通许可合同的被许可人的,应当提交与专利权人订立的专利实施普通许可合同或其复印件,以及专利权人授予起诉权的证明文件。如果所述专利实施许可合同已在国家知识产权局备案,请求人可以不提交专利实施许可合同,但应在请求书中注明。

专利权评价报告请求书不符合上述规定的,国家知识产权局应当通知请求人在指定期限内补正。

2.4 费 用

细则 93、94 及 99.3

请求人自提出专利权评价报告请求之日起一个月内未缴纳或者未缴足专利权评价报告请求费的,专利权评价报告请求视为未提出。

2.5 委托手续

专利权评价报告请求的相关事务可以由请求人或者其委托的专利代理机构办理。对于根据专利法第十九条第一款规定应当委托专利代理机构的请求人,未按规定委托的,国家知识产权局应当通知请求人在指定期限内补正。

请求人是专利权人且已委托专利代理机构作全程代理,而在提出专利权评价报告请求时另行委托专利代理机构办理有关手续的,应当另行提交委托书,并在委托书中写明其委托权限仅限于办理专利权评价报告相关事务;委托手续不符合规定的,国家知识产权局应当要求请求人在指定期限内补正;期满未补正或者在指定期限内补正不符合规定的,视为未委托;本人办理的,应当说明本人仅办理专利权评价报告相关事务。

请求人是利害关系人且委托专利代理机构办理的,应当提交委托书,并在委托书中写明委托权限为办理专利权评价报告相关事务;委托手续不符合规定的,国家知识产权局应当要求请求人在指定期限内补正;期满未补正或者在指定期限内补正不符合规定的,视为未委托。

2.6 形式审查后的处理

细则 56.3

(1)专利权评价报告请求经形式审查不符合规定需要补正的,国家知识产权局应当发出补正通知书,要求请求人在收到通知书之日起十五日内补正;期满未补正或者在指定期限内补正但经两次补正后仍存在同样缺陷的,其请求视为未提出。

(2)专利权评价报告请求视为未提出的,国家知识产权局应当发出视为未提出通知书,通知请求人。

(3)专利权评价报告请求经形式审查合格的,应当及时转送给指定的作出专利权评价报告的部门。

根据专利法实施细则第五十七条的规定,作出专利权评价报告前,多个请求人分别请求对同一件实用新型专利或者外观设计专利作出专利权评价报告的,国家知识产权局均予以受理,但仅作出一份专利权评价报告。

3. 专利权评价

作出专利权评价报告的部门在收到专利权评价报告请求书后,应当指派审查员按照本章的规定对该专利进行检索、分析和评价,作出专利权评价报告。

3.1 核查专利权评价报告请求书

审查员首先应当核查专利权评价报告请求书及其相关文件。发现不符合规定的,返回相应的部门处理,并说明理由。

3.2 专利权评价的内容

3.2.1 实用新型专利

实用新型专利权评价所涉及的内容包括:

(1) 实用新型是否属于专利法第五条或者第二十五条规定的不授予专利权的情形,其评价标准适用本指南第二部分第一章的规定。

(2) 实用新型是否属于专利法第二条第三款规定的客体,其评价标准适用本指南第一部分第二章第6节的规定。

(3) 实用新型是否具备专利法第二十二条第四款规定的实用性,其评价标准适用本指南第二部分第五章第3节的规定。

(4) 实用新型专利的说明书是否按照专利法第二十六条第三款的要求充分公开了专利保护的主题,其评价标准适用本指南第二部分第二章第2.1节的规定。

(5) 实用新型是否具备专利法第二十二条第二款规定的新颖性,其评价标准适用本指南第四部分第六章第3节的规定。

(6) 实用新型是否具备专利法第二十二条第三款规定的创造性,其评价标准适用本指南第四部分第六章第4节的规定。

(7) 实用新型是否符合专利法第二十六条第四款的规定,其评价标准适用本指南第二部分第二章第3.2节的规定。

(8) 实用新型是否符合专利法实施细则第二十条第二款的规定,其评价标准适用本指南第二部分第二章第3.1.2节的规定。

(9) 实用新型专利文件的修改是否符合专利法第三十三条的规定,其评价标准适用本指南第一部分第二章第8节和第二部分第八章第 5.2 节的规定。

（10）分案的实用新型专利是否符合专利法实施细则第四十三条第一款的规定，其评价标准适用本指南第二部分第六章第 3.2 节的规定。

（11）实用新型是否符合专利法第九条的规定，其评价标准适用本指南第二部分第三章第 6 节的规定。

3.2.2 外观设计专利

外观设计专利权评价所涉及的内容包括：

（1）外观设计是否属于专利法第五条或者第二十五条规定的不授予专利权的情形，其评价标准适用本指南第一部分第三章第 6.1 和 6.2 节的规定。

（2）外观设计是否属于专利法第二条第四款规定的客体，其评价标准适用本指南第一部分第三章第 7 节的规定。

（3）外观设计是否符合专利法第二十三条第一款的规定，其评价标准适用本指南第四部分第五章第 5 节的规定。

（4）外观设计是否符合专利法第二十三条第二款的规定，其评价标准适用本指南第四部分第五章第 6 节的规定。

（5）外观设计专利的图片或者照片是否符合专利法第二十七条第二款的规定，其评价标准适用本指南第一部分第三章第 4 节的规定。

（6）外观设计专利文件的修改是否符合专利法第三十三条的规定，其评价标准适用本指南第一部分第三章第 10 节的规定。

（7）分案的外观设计专利是否符合专利法实施细则第四十三条第一款的规定，其评价标准适用本指南第一部分第三章第 9.4.2 节的规定。

（8）外观设计是否符合专利法第九条的规定，其评价标准适用本指南第四部分第五章第 8 节的规定。

3.3 检　索

一般情况下，作出实用新型专利权评价报告或者外观设计专利权评价报告前，都应当进行检索。

3.3.1 实用新型专利

检索应当针对实用新型专利的所有权利要求进行，但实用新型专利保护的主题属于下列情形之一的，审查员对该主题不必进行检索：

（1）不符合专利法第二条第三款的规定；

（2）属于专利法第五条或者第二十五条规定的不授予专利权的情形；

（3）不具备实用性；

（4）说明书和权利要求书未对该主题作出清楚、完整的说明，以致于所属技术领域的技术人员不能实现。

检索的具体要求可以参照本指南第二部分第七章。

3.3.2 外观设计专利

检索应当针对外观设计专利的图片或照片表示的所有产品外观设计进行，并考虑简要说明的内容。但外观设计专利保护的产品外观设计属于下列情形之一的，审查员不必对该产品外观设计进行检索：

（1）不符合专利法第二条第四款的规定；

（2）属于专利法第五条或者第二十五条规定的不授予专利权的情形；

（3）图片或者照片未清楚地显示要求专利保护的产品的外观设计。

审查员应当检索外观设计专利在中国提出申请之日以前公开的外观设计。为了确定是否存在抵触申请，审查员应当检索在该外观设计专利的申请日之前向专利局提交、并且在该外观设计专利的申请日后公告的外观设计专利。为了确定是否存在重复授权，审查员还应当检索在该外观设计专利的申请日向专利局提交的、并且已经公告的外观设计专利。

4. 专利权评价报告

细则57

国家知识产权局应当自收到合格的专利权评价报告请求书和请求费后两个月内作出专利权评价报告。

未发现被评价专利存在不符合专利法及其实施细则规定的授予专利权条件的，审查员应当在专利权评价报告中给出明确结论。

对于被评价专利存在不符合专利法及其实施细则规定的授予专利权条件的，审查员应当在专利权评价报告中根据专利法及其实施细则具体阐述评价意见，并给出该专利不符合专利法及其实施细则规定的授予专利权条件的明确结论。

专利权评价报告使用国家知识产权局统一制定的标准表格，作出后由审查员与审核员共同签章，并加盖"中华人民共和国国家知识产权局专利权评价报告专用章"。

4.1 专利权评价报告的内容

专利权评价报告包括反映对比文件与被评价专利相关程度的表格部分，以及该专利是否符合专利法及其实施细则规定的授予专利权的条件的说明部分。

4.1.1 表格部分

对于实用新型专利权评价报告，其表格部分的填写要求参见本指南第二部分第七章第12节的规定。

对于外观设计专利权评价报告，其表格部分应当清楚地记载检索的领域、数据库、由检索获得的对比文件以及对比文件与外观设计专利的相关程度等内容。通常，采用下列符号表示对比文件与外观设计专利的关系：

X：单独导致外观设计专利不符合专利法第二十三条第一款或第二款规定的文件；

Y：与报告中其他文件结合导致外观设计专利不符合专利法第二十三条第二款规定的文件；

A：背景文件，即反映外观设计的部分设计特征或者有关的现有设计的文件；

P：中间文件，其公开日在外观设计专利的申请日与所要求的优先权日之间的文件，或者会导致需要核实外观设计专利优先权的文件；

E：与外观设计专利相同或者实质相同的抵触申请文件；

R：任何单位或个人在申请日向专利局提交的、属于同样的发明创造的外观设计专利文件。

上述类型的文件中，符号 X、Y 和 A 表示对比文件与外观设计专利在内容上的相关程度；符号 R 和 E 同时表示对比文件与外观设计专利在时间上的关系和在内容上的相关程度；符号 P 表示对比文件与外观设计专利在时间上的关系，其后应附带标明文件内容相关程度的符号 X、Y、E 或 A，它属于在未核实优先权的情况下所作的标记。

4.1.2 说明部分

说明部分应当记载和反映专利权评价的结论。对于不符合专利法及其实施细则规定的授予专利权条件的被评价专利，还应当给出明确、具体的评价意见。

（1）对于不符合专利法及其实施细则规定的授予专利权条件的实用新型专利，应当给出具体的评价说明，并明确结论，必要时应当引证对比文件。例如，对于不具备新颖性和/或创造性的权利要求，审查员应当逐一进行评述；对于多项从属权利要求，应当对其引用不同的权利要求时的技术方案分别进行评述；对于具有并列选择方案的权利要求，应当对各选择方案分别进行评述。

（2）对于不符合专利法及其实施细则规定的授予专利权条件的外观设计专利的每项外观设计，均须给出具体的评价说明，并明确结论，必要时应当引证对比文件。

4.2 专利权评价报告的发送

专利权评价报告作出后，应当发送给请求人。

5. 专利权评价报告的查阅与复制

根据专利法实施细则第五十七条的规定，国家知识产权局在作出专利权评价报告后，任何单位或者个人可以查阅或者复制。查阅、复制的相关手续参见本指南第五部分第四章第5.3节的规定。

6. 专利权评价报告的更正

作出专利权评价报告的部门在发现专利权评价报告中存在错误后，可以自行更正。请求人认为专利权评价报告存在需要更正的错误的，可以请求更正。

更正后的专利权评价报告应当及时发送给请求人。

6.1 可更正的内容

专利权评价报告中存在下列错误的，可以进行更正：
（1）著录项目信息或文字错误；
（2）作出专利权评价报告的程序错误；
（3）法律适用明显错误；

（4）结论所依据的事实认定明显错误；
（5）其他应当更正的错误。

6.2 更正程序的启动

（1）作出专利权评价报告的部门自行启动

作出专利权评价报告的部门在发现专利权评价报告中存在需要更正的错误后，可以自行启动更正程序。

（2）请求人请求启动

请求人认为作出的专利权评价报告存在需要更正的错误的，可以在收到专利权评价报告后两个月内提出更正请求。

提出更正请求的，应当以意见陈述书的形式书面提出，写明需要更正的内容及更正的理由，但不得修改专利文件。

6.3 更正程序的进行和终止

更正程序启动后，作出专利权评价报告的部门应当成立由组长、主核员和参核员组成的三人复核组，对原专利权评价报告进行复核。复核结果经复核组合议作出，合议时采取少数服从多数的原则。作出原专利权评价报告的审查员和审核员不参加复核组。

复核组认为更正理由不成立，原专利权评价报告无误、不需更正的，应当发出专利权评价报告复核意见通知书，说明不予更正的理由，更正程序终止。

复核组认为更正理由成立，原专利权评价报告有误、确需更正的，应当发出更正的专利权评价报告，并在更正的专利权评价报告上注明以此报告代替原专利权评价报告，更正程序终止。

在更正程序中，复核组一般不进行补充检索，除非因事实认定发生变化，导致原来的检索不完整或者不准确。针对专利权评价报告，一般只允许提出一次更正请求，但对于复核组在补充检索后重新作出的专利权评价报告，请求人可以再次提出更正请求。

第十一章 关于电子申请的若干规定

1. 引 言

专利法实施细则第二条规定，专利法及其实施细则规定的各种手续，应当以书面形式或者专利局规定的其他形式办理。专利局规定的其他形式包括电子文件形式。

电子申请是指以互联网为传输媒介将专利申请文件以符合规定的电子文件形式向专利局提出的专利申请。

专利法及其实施细则和本指南中关于专利申请和其他文件的规定，除针对以纸件形式提交的专利申请和其他文件的规定之外，均适用于电子申请。

电子文件格式要求由专利局另行规定。

2. 电子申请用户

电子申请用户是指已经与国家知识产权局签订电子专利申请系统用户注册协议（以下简称用户注册协议），办理了有关注册手续，获得用户代码和密码的申请人和专利代理机构。

2.1 电子申请代表人

申请人有两人以上且未委托专利代理机构的，以提交电子申请的电子申请用户为代表人。

2.2 电子签名

电子签名是指通过专利局电子专利申请系统提交或发出的电子文件中所附的用于识别签名人身份并表明签名人认可其中内容的数据。

专利法实施细则第一百一十九条第一款所述的签字或者盖章，在电子申请文件中是指电子签名，电子申请文件采用的电子签名与纸件文件的签字或者盖章具有相同的法律效力。

3. 电子申请用户注册

电子申请用户注册方式包括：当面注册、邮寄注册和网上注册。

办理电子申请用户注册手续应当提交电子申请用户注册请求书、签字或者盖章的用户注册协议一式两份以及用户注册证明文件。

3.1 电子申请用户注册请求书

电子申请用户注册请求书应当采用专利局制定的标准表格，请求书中应当写明注册请求人姓名或者名称、类型、证件号码、国籍或注册地、经常居所地或营业所所在地、详细地址和邮政编码。

注册请求人是单位的，请求书中还应当写明经办人信息。

3.2 用户注册证明文件

注册请求人是个人的，应当提交由本人签字或者盖章的居民身份证件复印件或者其他身份证明文件。注册请求人是单位的，应当提交加盖单位公章的企业营业执照或者组织机构证复印件、经办人签字或者盖章的身份证明文件复印件。注册请求人是专利代理机构的，应当提交加盖专利代理机构公章的专利代理机构注册证复印件、经办人签字或者盖章的身份证明文件复印件。

3.3 注册请求的审查

注册材料经审查合格的，应当向注册请求人发出电子申请注册请求审批通知书和一份经专利局盖章的用户注册协议，并给予用户代码。当面注册的，由注册请求人当面设置密码；邮寄注册的，应当在电子申请注册请求审批通知书中告知注册请求人密码；网上注册的，由申请人在提出注册请求时预置密码。

注册材料经审查不合格，当面注册的，应当直接向注册请求人说明不予注册的理由，注册材料不予接收；邮寄注册和网上注册的，应当向注册请求人发出电子申请注册请求审批通知书，通知书应当记载不予注册的理由，注册材料不予退还。

3.4 电子申请用户信息的变更

注册用户的密码、详细地址、邮政编码、电话、传真、电子邮箱及信息提示方式等信息发生变更的，注册用户应当登录电子申请网站在线进行变更。

注册用户的姓名或者名称、类型、证件号码、国籍或注册地、经常居所地或营业所所在地等信息发生变更的，注册用户应当向专利局提交电子申请用户注册信息变更请求书及相应的证明文件，办理变更手续。

注册用户代码不予变更。

4. 电子申请的接收和受理

电子申请受理范围包括：
（1）发明、实用新型和外观设计专利申请。
（2）进入国家阶段的国际申请。
（3）复审和无效宣告请求。

4.1 电子申请的接收

申请人应当按照规定的文件格式、数据标准、操作规范和传输方式提交电子申请文件。符合规定的，发出文件接收情况的电子申请回执；不符合规定的，不予接收。

任何单位和个人认为其专利申请需要按照保密专利申请处理的，不得通过电子专利申请系统提交。

4.2 电子申请的受理

电子申请的内容明显不属于专利申请的，不予受理。

电子申请的受理条件应当符合本指南第五部分第三章第2.1节的规定，受理程序如下：

（1）确定递交日和申请日

专利局电子专利申请系统收到电子文件的日期为递交日。

专利局电子专利申请系统收到符合专利法及其实施细则规定的专利申请文件之日为申请日。

（2）给出申请号

专利局电子专利申请系统根据专利申请的类型和申请日，自动分配申请号，并将申请号记载在请求书和数据库中。

（3）发出通知书

电子申请经审查符合受理条件的，审查员应当发出专利申请受理通知书和缴纳申请费通知书；提出费用减缓请求的，应当发出专利申请受理通知书和费用减缓审批通知书。

5. 电子申请的特殊审查规定

5.1 专利代理委托书

申请人委托专利代理机构使用电子文件形式申请专利和办理其他专利事务的，应当提交电子文件形式的专利代理委托书和专利代理委托书纸件原件。申请人委托专利代理机构办理费用减缓手续的，应当在电子文件形式的专利代理委托书中声明。

已在专利局交存总委托书，提出专利申请时在请求书中写明总委托书编号的，或者办理著录项目变更时在申报书中写明总委托书编号的，不需要提交电子文件形式的总委托书和总委托书复印件。

5.2 解除委托和辞去委托

电子申请的申请人已委托专利代理机构的，在办理解除委托或者辞去委托手续时，应当至少有一名申请人是电子申请用户。全体申请人均不是电子申请用户的，不予办理解除委托或者辞去委托手续，审查员应当发出视为未提出通知书，并告知当事人应当办理电子申请用户注册手续。

解除委托手续合格的，以办理解除委托手续的已成为电子申请用户的申请人为该专利申请的代表人。

辞去委托手续合格的，以指定的已成为电子申请用户的申请人为该专利申请的代表人。未指定代表人的，以第一署名并成为电子申请用户的申请人为该专利申请的代表人。

5.3 撤销专利代理机构引起的变更

申请人委托的专利代理机构被国家知识产权局撤销，而申请人重新委托其他专利代理机构的，该专利代理机构应当是电子申请用户。

申请人委托的专利代理机构被撤销，而申请人未重新委托其他专利代理机构的，如果申请人是中国内地的个人或者单位，且为电子申请用户的，以第一署名并成为电子申请用户的申请人为代表人；全体申请人都不是电子申请用户的，审查员应当以纸件形式通知申请人办理电子申请用户注册手续；根据专利法第十九条第一款规定，申请人应当委托专利代理机构的，审查员应当通知申请人重新委托其他已成为电子申请用户的专利代理机构。

5.4 专利申请权（或专利权）转移引起的变更

专利申请权（或专利权）转移引起的申请人（或专利权人）姓名或者名称的变更，变更后的权利人未委托专利代理机构的，该权利人应当是电子申请用户。变更后的权利人委托专利代理机构的，该专利代理机构应当是电子申请用户。

著录项目变更手续应当以电子文件形式办理。以纸件形式提出著录项目变更请求的，审查员应当向当事人发出视为未提出通知书。

5.5 需要提交纸件原件的文件

申请人提出电子申请并被受理的，办理专利申请的各种手续应当以电子文件形式提交。对专利法及其实施细则和本指南中规定的必须以原件形式提交的文件，例如，费用减缓证明、专利代理委托书、著录项目变更证明和复审及无效程序中的证据等，应当在专利法及其实施细则和本指南中规定的期限内提交纸件原件。

其中，申请专利时提交费用减缓证明的，申请人还应当同时提交费用减缓证明纸件原件的扫描文件。

5.6 纸件申请和电子申请的转换

申请人或专利代理机构可以请求将纸件申请转换为电子申请，涉及国家安全或者重大利益需要保密的专利申请除外。

提出请求的申请人或专利代理机构应当是电子申请用户，并且应当通过电子文件形式提出请求。经审查符合要求的，该专利申请后续手续均应当以电子文件形式提交。使用纸件形式提出请求的，审查员应当发出纸件形式的视为未提出通知书。

6. 电子发文

专利局以电子文件形式通过电子专利申请系统向电子申请用户发送各种通知书和决定。电子申请用户应当及时接收专利局电子文件形式的通知书和决定。电子申请用户未及时接收的，不作公告送达。

自发文日起十五日内申请人未接收电子文件形式的通知书和决定的，专利局可以发出纸件形式的该通知书和决定的副本。

其他

索 引

（该索引按词条第一汉字的拼音顺序编排，第一汉字相同的按第二汉字的拼音顺序编排，以此类推。词条在正文中的位置采用了如下表示方式：Ⅰ.Ⅰ-6.2.1.2，表示该词条在正文中的位置是第一部分第一章第6.2.1.2节）

A

氨基酸序列　Ⅰ.Ⅰ-4.2；Ⅱ.Ⅹ-9.2.3；Ⅲ.Ⅰ-3.2.1；Ⅲ.Ⅰ-7.3

案卷　Ⅴ.Ⅳ-2

案卷的保存期限和销毁　Ⅴ.Ⅳ-6

案由　Ⅱ.Ⅷ-6.1.4.1；Ⅳ.Ⅰ-6.2

B

颁发专利证书　Ⅴ.Ⅸ-1.1.4

办理登记手续通知　Ⅴ.Ⅸ-1.1.2

办理专利申请的形式　Ⅴ.Ⅰ-2

包含性能、参数特征的产品权利要求　Ⅱ.Ⅲ-3.2.5

包含用途特征的产品权利要求　Ⅱ.Ⅲ-3.2.5

包含制备方法特征的产品权利要求　Ⅱ.Ⅲ-3.2.5

保藏　Ⅰ.Ⅰ-5.2；Ⅱ.Ⅹ-9.2.1；Ⅲ.Ⅰ-5.5

保存期限　Ⅴ.Ⅳ-6

保密　Ⅴ.Ⅴ

保密的确定　Ⅴ.Ⅴ-3；

保密发明专利　Ⅴ.Ⅷ-1.2.1.3

保密申请与向外国申请专利的保密审查　Ⅴ.Ⅴ

保密审查　Ⅰ.Ⅰ-7.3；Ⅰ.Ⅱ-14；Ⅱ.Ⅷ-4.7；Ⅴ.Ⅴ

保密实用新型专利　Ⅴ.Ⅷ－1.2.2.2

保密原则　Ⅰ.Ⅰ－2；Ⅰ.Ⅱ－2；Ⅰ.Ⅲ－2；Ⅳ.Ⅲ－2.3

保密状态　Ⅱ.Ⅲ－2.1

背景技术　Ⅱ.Ⅱ－2.2.3

本国优先权　Ⅰ.Ⅰ－6.2.2；Ⅱ.Ⅲ－4.2

本领域的技术人员　Ⅱ.Ⅳ－2.4

避免"事后诸葛亮"　Ⅱ.Ⅳ－6.2

必要技术特征　Ⅱ.Ⅱ－3.1.2

编写页码　Ⅰ.Ⅰ－4.2；Ⅰ.Ⅰ－4.3；Ⅰ.Ⅰ－4.4；Ⅰ.Ⅱ－7.2；Ⅰ.Ⅱ－7.3；
　　　　　Ⅰ.Ⅱ－7.4；Ⅴ.Ⅰ－5.6

变化状态的产品　Ⅳ.Ⅴ－5.2.5.2

标识作用　Ⅰ.Ⅲ－6.2

标准表格　Ⅴ.Ⅰ－4

并列独立权利要求　Ⅱ.Ⅱ－3.1.2

驳回　Ⅰ.Ⅰ－3.5；Ⅰ.Ⅱ－3.5；Ⅰ.Ⅲ－3.5；Ⅱ.Ⅷ－6.1

驳回请求　Ⅳ.Ⅰ－7.6

补充检索　Ⅱ.Ⅶ－11；Ⅱ.Ⅷ－4.11.2

补正书　Ⅰ.Ⅰ－3.4；Ⅰ.Ⅱ－3.4；Ⅰ.Ⅲ－3.4

补正通知书　Ⅰ.Ⅰ－3.2；Ⅰ.Ⅱ－3.2；Ⅰ.Ⅲ－3.2；Ⅳ.Ⅱ－2.7；Ⅳ.Ⅲ－3.7

不必检索的情况　Ⅱ.Ⅶ－10；Ⅱ.Ⅷ－4.3

不全面审查的情况　Ⅱ.Ⅷ－4.8

不丧失新颖性的公开　Ⅰ.Ⅰ－6.3；Ⅱ.Ⅲ－5；Ⅲ.Ⅰ－5.4

不受理程序　Ⅴ.Ⅲ－2.3.3

不受理的情形　Ⅴ.Ⅲ－2.2

不授予专利权的申请　Ⅰ.Ⅰ－7.2；Ⅰ.Ⅰ－7.3；Ⅰ.Ⅰ－7.4；Ⅰ.Ⅱ－5；
　　　　　　　　　　Ⅰ.Ⅱ－6；Ⅰ.Ⅲ－7.4；Ⅱ.Ⅰ；Ⅱ.Ⅹ－2

不同类独立权利要求的单一性　Ⅱ.Ⅵ－2.2.2.2

不允许的修改　Ⅱ.Ⅷ－5.2.3

部分违反专利法第五条第一款的申请　Ⅱ.Ⅰ－3.1.4

部分优先权　Ⅱ.Ⅲ－4.1.4；Ⅱ.Ⅲ－4.2.4

C

菜肴和烹调方法 Ⅱ.Ⅹ-7.1

参数特征 Ⅱ.Ⅱ-3.2.2；Ⅱ.Ⅲ-3.2.5

测量人体或动物体在极限情况下的生理参数 Ⅱ.Ⅴ-3.2.5

查询 Ⅴ.Ⅱ-5；Ⅴ.Ⅲ-6；Ⅴ.Ⅵ-3.2

查阅和复制 Ⅴ.Ⅳ-5；Ⅴ.Ⅹ-5

产品 Ⅰ.Ⅱ-6.1

产品的构造 Ⅰ.Ⅱ-6.2.2

产品的类别 Ⅰ.Ⅲ-12.3；Ⅳ.Ⅴ-6.1

产品的色彩 Ⅰ.Ⅲ-7.2

产品的图案 Ⅰ.Ⅲ-7.2

产品的形状 Ⅰ.Ⅱ-6.2.1；Ⅰ.Ⅲ-7.2

产品名称 Ⅰ.Ⅲ-4.1.1

产品权利要求 Ⅱ.Ⅱ-3.1.1；Ⅱ.Ⅱ-3.2.2；Ⅱ.Ⅲ-3.2.5

产业 Ⅱ.Ⅴ-2

撤回专利申请声明 Ⅰ.Ⅰ-6.6

成套产品 Ⅰ.Ⅲ-9.2

成套产品的外观设计 Ⅰ.Ⅲ-9.2

成套设备的分类 Ⅰ.Ⅳ-8.6

承认 Ⅳ.Ⅷ-4.3.2

程序节约原则 Ⅰ.Ⅰ-2；Ⅰ.Ⅱ-2；Ⅰ.Ⅲ-2；Ⅱ.Ⅷ-2.2

重复授权 Ⅰ.Ⅱ-13；Ⅰ.Ⅱ-15.2.3；Ⅰ.Ⅲ-11；Ⅱ.Ⅲ-6；Ⅱ.Ⅶ-7；
　　　　　Ⅱ.Ⅷ-4.7.1；Ⅲ.Ⅱ-5.7；Ⅳ.Ⅶ

出版条件的格式审查 Ⅰ.Ⅰ-4.6

出版物公开 Ⅱ.Ⅲ-2.1.2.1

初步审查 Ⅰ

创造性 Ⅱ.Ⅳ；Ⅱ.Ⅹ-6；Ⅱ.Ⅹ-9.4.2；Ⅲ.Ⅱ-5.4；Ⅳ.Ⅵ-4

辞去委托 Ⅰ.Ⅰ-6.1.3

充分公开 Ⅱ.Ⅱ-2.1；Ⅱ.Ⅸ-5.1；Ⅱ.Ⅹ-3；Ⅱ.Ⅹ-9.2

从属权利要求 Ⅱ.Ⅱ-3.1.2

从属权利要求的单一性 Ⅱ.Ⅵ-2.2.2.3
从属权利要求的撰写规定 Ⅱ.Ⅱ-3.3.2
纯功能性的权利要求 Ⅱ.Ⅱ-3.2.1
错误的更正 Ⅳ.Ⅰ-7；Ⅴ.Ⅲ-5；Ⅴ.Ⅷ-1.3.2.16；Ⅴ.Ⅷ-2.3

D

答复 Ⅰ.Ⅰ-3.4；Ⅰ.Ⅱ-3.4；Ⅰ.Ⅲ-3.4；Ⅱ.Ⅷ-5.1
代表人 Ⅰ.Ⅰ-4.1.5
代理机构 Ⅰ.Ⅰ-4.1.6
代理机构变更 Ⅰ.Ⅰ-6.7.2.4；Ⅴ.Ⅺ-5.3
代理人 Ⅰ.Ⅰ-4.1.6
代理人变更 Ⅰ.Ⅰ-6.7.2.4
单独对比 Ⅱ.Ⅲ-3.1；Ⅳ.Ⅴ-5.2.1
单一性 Ⅰ.Ⅰ-7.5；Ⅰ.Ⅱ-9；Ⅰ.Ⅱ-15.2.2；Ⅰ.Ⅲ-9；Ⅱ.Ⅵ；
　　　　Ⅱ.Ⅶ-9.2；Ⅱ.Ⅷ-4.4；Ⅱ.Ⅹ-8；Ⅲ.Ⅱ-5.5
单一性恢复费 Ⅲ.Ⅰ-7.3；Ⅲ.Ⅱ-5.5
耽误期限的处置 Ⅴ.Ⅶ-5
当事人处置原则 Ⅳ.Ⅲ-2.2
当事人的权利和义务 Ⅳ.Ⅳ-13
当事人缺席口头审理 Ⅳ.Ⅳ-8
当事人中途退庭 Ⅳ.Ⅳ-9
登记簿 Ⅴ.Ⅸ-1.3
登记费 Ⅴ.Ⅱ-1；Ⅴ.Ⅸ-1.1.3
登记和公告 Ⅳ.Ⅲ-6.2；Ⅴ.Ⅸ-1.1.1；Ⅴ.Ⅸ-1.1.4
登记手续 Ⅴ.Ⅸ-1.1.3
抵触申请 Ⅱ.Ⅲ-2.2；Ⅱ.Ⅶ-6.4；Ⅳ.Ⅴ-5
地址 Ⅰ.Ⅰ-4.1.7；Ⅴ.Ⅵ-2.1.4；Ⅴ.Ⅵ-2.3.2；Ⅴ.Ⅷ-1.3.2.14
第一次审查意见通知书 Ⅱ.Ⅷ-4.10
第一独立权利要求 Ⅱ.Ⅱ-3.1.2
电话讨论 Ⅱ.Ⅷ-4.13

电子发文　Ⅴ.Ⅺ-6
电子方式送达　Ⅴ.Ⅵ-2.1.3
电子申请　Ⅴ.Ⅺ-1
电子申请代表人　Ⅴ.Ⅺ-3
电子申请的若干规定　Ⅴ.Ⅺ
电子申请用户　Ⅴ.Ⅺ-2
电子文档　Ⅴ.Ⅳ-3
电子文件形式　Ⅴ.Ⅰ-2.2
动物　Ⅱ.Ⅰ-4.4
动物和植物品种　Ⅰ.Ⅰ-7.4；Ⅱ.Ⅰ-4.4；Ⅱ.Ⅹ-9
独立权利要求　Ⅱ.Ⅱ-3.1.2
独立权利要求的撰写规定　Ⅱ.Ⅱ-3.3.1
独任审查　Ⅳ.Ⅰ-4
独特视觉效果　Ⅳ.Ⅴ-6.2.4
多步骤方法的分类　Ⅰ.Ⅳ-8.6
多重分类　Ⅰ.Ⅳ-4.3
多项从属权利要求　Ⅱ.Ⅱ-3.3.2
多项优先权　Ⅱ.Ⅲ-4.1.4；Ⅱ.Ⅲ-4.2.4
对比设计　Ⅳ.Ⅴ-5.2.4.1
对比文件　Ⅱ.Ⅲ-2.3；Ⅱ.Ⅷ-4.10.2.3

F

发明　Ⅰ.Ⅰ-7.1；Ⅱ.Ⅰ-2
发明名称　Ⅰ.Ⅰ-4.1.1；Ⅱ.Ⅱ-2.2.1；Ⅲ.Ⅰ-3.1.3
发明或者实用新型内容　Ⅱ.Ⅱ-2.2.4
发明人　Ⅰ.Ⅰ-4.1.2；Ⅲ.Ⅰ-3.1.4
发明人变更　Ⅰ.Ⅰ-6.7.2.3
发明人的译名　Ⅲ.Ⅰ-3.1.4.3
发明实际解决的技术问题　Ⅱ.Ⅳ-3.2.1.1
发明信息　Ⅰ.Ⅳ-2

发明专利公报　Ⅴ.Ⅷ-1.2.1
发明专利申请的初步审查　Ⅰ.Ⅰ
发明专利申请的实质审查　Ⅱ
发明专利申请单行本　Ⅴ.Ⅷ-2.2.1
发明专利单行本　Ⅴ.Ⅷ-2.2.2
法定期限　Ⅴ.Ⅶ-1.1
方法　Ⅰ.Ⅱ-6.1
方法的分类　Ⅰ.Ⅳ-8.4
方法权利要求　Ⅱ.Ⅱ-3.1.1；Ⅱ.Ⅱ-3.2.2
方法特征　Ⅱ.Ⅱ-3.2.2；Ⅱ.Ⅲ-3.2.5
妨害公共利益　Ⅰ.Ⅰ-7.2；Ⅰ.Ⅲ-6.1.3；Ⅱ.Ⅰ-3.1.3
放弃专利权　Ⅱ.Ⅲ-6.2.2；Ⅳ.Ⅶ；Ⅴ.Ⅸ-2.3
非治疗目的的外科手术方法　Ⅱ.Ⅰ-4.3.2.3；Ⅱ.Ⅴ-3.2.4
费用　Ⅲ.Ⅰ-8；Ⅴ.Ⅱ
费用的查询　Ⅴ.Ⅱ-5
费用的减缓　Ⅲ.Ⅰ-7.2.3；Ⅴ.Ⅱ-3
费用的减免　Ⅲ.Ⅰ-7.2
费用的审查　Ⅰ.Ⅰ-1；Ⅰ.Ⅱ-1；Ⅰ.Ⅲ-1
费用的暂存与退款　Ⅴ.Ⅱ-4
费用缴纳的期限　Ⅴ.Ⅱ-1
费用支付和结算　Ⅴ.Ⅱ-2
费用种类的转换　Ⅴ.Ⅱ-6
分案申请　Ⅰ.Ⅰ-5.1；Ⅰ.Ⅱ-10；Ⅰ.Ⅲ-9.4；Ⅱ.Ⅵ-3；Ⅴ.Ⅲ-2.3.2
分类　Ⅰ.Ⅲ-12；Ⅰ.Ⅳ
分类补正通知书　Ⅰ.Ⅲ-12.3.3
分类的步骤　Ⅰ.Ⅳ-6
分类的内容　Ⅰ.Ⅳ-2
分类方法　Ⅰ.Ⅲ-12.2；Ⅰ.Ⅳ-4
分类位置规则　Ⅰ.Ⅳ-5
封闭式　Ⅱ.Ⅱ-3.3；Ⅱ.Ⅹ-4.2.1
附加信息　Ⅰ.Ⅳ-2

附图说明　Ⅰ.Ⅰ-4.2；Ⅱ.Ⅱ-2.2.5

复查　Ⅲ.Ⅰ-5.11

复审程序　Ⅳ.Ⅱ-1

复审程序的中止　Ⅳ.Ⅱ-8

复审程序的终止　Ⅳ.Ⅱ-9

复审费　Ⅲ.Ⅰ-7.2.3；Ⅳ.Ⅱ-2.5；Ⅴ.Ⅱ-1

复审请求案件　Ⅳ.Ⅰ-1

复审请求不予受理通知书　Ⅳ.Ⅱ-2.7

复审请求的审查　Ⅳ.Ⅱ

复审请求客体　Ⅳ.Ⅱ-2.1

复审请求口头审理通知书　Ⅳ.Ⅱ-4.3

复审请求期限　Ⅳ.Ⅱ-2.3

复审请求人　Ⅳ.Ⅱ-2.2

复审请求视为未提出通知书　Ⅳ.Ⅱ-2.7

复审请求审查决定　Ⅳ.Ⅰ-6.；Ⅳ.Ⅱ-5；Ⅳ.Ⅱ-6；Ⅳ.Ⅱ-7

复审请求受理通知书　Ⅳ.Ⅱ-2.7

复审请求书　Ⅳ.Ⅱ-2.4

复审通知书　Ⅳ.Ⅱ-4.3

复审委员会　Ⅳ.Ⅰ-1

复审与无效请求的审查　Ⅳ

G

改正国际单位错误　Ⅲ.Ⅰ-5.12

改正译文错误　Ⅰ.Ⅱ-15.2.5；Ⅲ.Ⅰ-5.8；Ⅲ.Ⅱ-5.7

更正　Ⅳ.Ⅰ-7；Ⅴ.Ⅲ-5；Ⅴ.Ⅷ-1.3.2.16；Ⅴ.Ⅷ-2.3；Ⅴ.Ⅹ-6

公布印刷费　Ⅲ.Ⅰ-8.1；Ⅴ.Ⅱ-1

公告授予专利权　Ⅴ.Ⅸ-1.1.4

公告送达　Ⅴ.Ⅵ-2.1.4；Ⅴ.Ⅵ-2.3.2

公告印刷费　Ⅴ.Ⅱ-1

公开原则　Ⅳ.Ⅰ-2.6

公正执法原则 Ⅳ.Ⅰ-2.2

公证文书 Ⅳ.Ⅷ-4.3.4

公知常识 Ⅱ.Ⅳ-3.2.1.1；Ⅱ.Ⅷ-4.10.2.2；Ⅳ.Ⅱ-4.1；Ⅳ.Ⅷ-4.3.3

公众意见 Ⅱ.Ⅷ-4.9

构造 Ⅰ.Ⅱ-6.2.2

规定的学术会议或者技术会议 Ⅰ.Ⅰ-6.3.2

国防发明专利 Ⅴ.Ⅷ-1.2.1.3

国防实用新型专利 Ⅴ.Ⅷ-1.2.2.2

国际单位错误的改正 Ⅲ.Ⅰ-5.12

国际阶段的修改文件译文的审查 Ⅲ.Ⅰ-4

国际局通知效力丧失 Ⅲ.Ⅰ-2.2.1

国际申请日 Ⅲ.Ⅰ-3.1.1

国际申请进入国家阶段手续的审查 Ⅲ.Ⅰ-2

国际展览会 Ⅰ.Ⅰ-6.3.1

国家法律 Ⅰ.Ⅰ-7.2；Ⅰ.Ⅲ-6.1；Ⅱ.Ⅰ-3.1.1

国家阶段程序 Ⅲ.Ⅰ-1

国家公布 Ⅲ.Ⅰ-6

国家申请号 Ⅲ.Ⅰ-2.3

公共利益 Ⅰ.Ⅰ-7.2；Ⅰ.Ⅲ-6.1；Ⅱ.Ⅰ-3.1.3

功能分类 Ⅰ.Ⅳ-4.2

功能性限定 Ⅱ.Ⅱ-3.2.1

惯用手段的直接置换 Ⅱ.Ⅲ-3.2.3

H

汉字 Ⅴ.Ⅰ-3.2

汉字编码方法 Ⅱ.Ⅸ-4

合并审理 Ⅳ.Ⅲ-4.5

合法原则 Ⅳ.Ⅰ-2.1

合议审查 Ⅳ.Ⅰ-3；Ⅳ.Ⅱ-4；Ⅳ.Ⅲ-4

合议组 Ⅳ.Ⅰ-3

核苷酸或氨基酸序列　Ⅰ.Ⅰ－4.2；Ⅱ.Ⅹ－9.2.3；Ⅲ.Ⅰ－3.2.1；Ⅲ.Ⅰ－8.7

互联网证据的公开时间　Ⅳ.Ⅷ－5.1

化合物的创造性　Ⅱ.Ⅹ－6.1

化合物的分类　Ⅰ.Ⅳ－8.1

化合物的新颖性　Ⅱ.Ⅹ－5.1

化合物的制备或处理的分类　Ⅰ.Ⅳ－8.3

化合物权利要求　Ⅱ.Ⅹ－4.1

化学产品　Ⅱ.Ⅹ－3.1

化学发明的充分公开　Ⅱ.Ⅹ－3

化学发明的创造性　Ⅱ.Ⅹ－6

化学发明的权利要求　Ⅱ.Ⅹ－4

化学发明的实施例　Ⅱ.Ⅹ－3.4

化学发明的新颖性　Ⅱ.Ⅹ－5

化学方法权利要求　Ⅱ.Ⅹ－4.4

化学混合物或者组合物的分类　Ⅰ.Ⅳ－8.2

化学领域发明专利申请的审查　Ⅱ.Ⅹ

化学通式的分类　Ⅰ.Ⅳ－8.8

回避制度　Ⅳ.Ⅰ－5

会晤　Ⅱ.Ⅷ－4.12

恢复权利　Ⅳ.Ⅱ－2.3；Ⅳ.Ⅱ－2.5；Ⅴ.Ⅶ－6

恢复权利请求费　Ⅴ.Ⅱ－1

恢复实质审查程序　Ⅱ.Ⅷ－7.3；

J

基本检索要素　Ⅱ.Ⅶ－5.4.2

基因　Ⅱ.Ⅹ－9.1.2.2；Ⅱ.Ⅹ－9.2.2；Ⅱ.Ⅹ－9.3.1.1；Ⅱ.Ⅹ－9.4

积极效果　Ⅱ.Ⅴ－2；Ⅱ.Ⅴ－3.2.6

疾病的诊断和治疗方法　Ⅰ.Ⅰ－7.4；Ⅱ.Ⅰ－4.3

计算机程序本身　Ⅱ.Ⅸ－1

计算机程序相关专利申请的审查　Ⅱ.Ⅸ

计算机可读介质 Ⅱ.Ⅸ-2

计算机汉字输入方法 Ⅱ.Ⅸ-4

技术方案 Ⅰ.Ⅱ-6.3；Ⅱ.Ⅰ-2；Ⅱ.Ⅱ-2.2.4

技术手段 Ⅱ.Ⅰ-2.

技术领域 Ⅱ.Ⅱ-2.2.2

技术偏见 Ⅱ.Ⅳ-5.2

技术启示 Ⅱ.Ⅳ-3.2.1.1

技术主题 Ⅰ.Ⅳ-3

检索 Ⅱ.Ⅶ；Ⅱ.Ⅷ-4.5；Ⅲ.Ⅱ-4；Ⅴ.Ⅹ-3.3

检索报告 Ⅱ.Ⅶ-12

检索的时间界限 Ⅱ.Ⅶ-4

检索要素 Ⅱ.Ⅶ-5.4

检索用非专利文献 Ⅱ.Ⅶ-2.2

检索用专利文献 Ⅱ.Ⅶ-2.1

简要 Ⅱ.Ⅱ-3.2.3

简要说明 Ⅰ.Ⅲ-4.3

减缓 Ⅲ.Ⅰ-7.2.3；Ⅴ.Ⅱ-3

缴费日 Ⅴ.Ⅱ-2

缴纳期限 Ⅴ.Ⅱ-1

节约原则 Ⅲ.Ⅱ-4.2

解除委托和辞去委托 Ⅰ.Ⅰ-6.1.3

解密 Ⅴ.Ⅴ-5

届满日 Ⅴ.Ⅶ-2.2

进入国家阶段的国际申请的初步审查和事务处理 Ⅲ.Ⅰ

进入国家阶段的国际申请的审查 Ⅲ；Ⅰ.Ⅱ-15

进入国家阶段的国际申请的实质审查 Ⅲ.Ⅱ

进入国家阶段的书面声明 Ⅲ.Ⅰ-3.1

进入国家阶段后对申请文件的修改 Ⅲ.Ⅰ-5.7

进入国家阶段时提交的文件 Ⅲ.Ⅰ-3

举证期限 Ⅳ.Ⅲ-4.3

举证责任 Ⅳ.Ⅷ-2.1

具体实施方式　Ⅱ.Ⅱ-2.2.6
决定　Ⅱ.Ⅷ-6.1；Ⅳ.Ⅰ-6；Ⅴ.Ⅵ
决定的理由　Ⅳ.Ⅰ-6.2
决定要点　Ⅳ.Ⅰ-6.2

K

开放式　Ⅱ.Ⅱ-3.3；Ⅱ.Ⅹ-4.2.1
开拓性发明　Ⅱ.Ⅳ-4.1
科学发现　Ⅰ.Ⅰ-7.4；Ⅱ.Ⅰ-4.1
科学理论　Ⅱ.Ⅰ-4.1
口头公开　Ⅱ.Ⅲ-2.1.3.3；Ⅳ.Ⅷ-5.2
口头审理　Ⅳ.Ⅱ-4.3；Ⅳ.Ⅲ-4.4.2；Ⅳ.Ⅳ
宽限费　Ⅲ.Ⅰ-7.1
宽限期　Ⅰ.Ⅰ-6.3；Ⅱ.Ⅲ-5；Ⅲ.Ⅰ-5.4

L

理由和证据的审查　Ⅳ.Ⅱ-4.1
利用独一无二的自然条件的产品　Ⅱ.Ⅴ-3.2.3
联系人　Ⅰ.Ⅰ-4.1.4；Ⅴ.Ⅵ-2.2.1
零件或部件的分类　Ⅰ.Ⅳ-8.7

M

马库什权利要求　Ⅱ.Ⅹ-8.1
名称　Ⅱ.Ⅱ-2.2.1
明显区别　Ⅳ.Ⅴ-6
明显实质性缺陷的处理　Ⅰ.Ⅰ-3.3；Ⅰ.Ⅱ-3.3；Ⅰ.Ⅲ-3.3
明显实质性缺陷的审查　Ⅰ.Ⅰ-1；Ⅰ.Ⅰ-7；Ⅰ.Ⅱ-1；Ⅰ.Ⅲ-1

N

能够产生积极效果　Ⅱ.Ⅴ-2

能够实现　Ⅱ.Ⅱ-2.1.3

年度　Ⅴ.Ⅸ-2.2.1.1

年费　Ⅲ.Ⅰ-7.2.3；Ⅴ.Ⅱ-1；Ⅴ.Ⅸ-1.1.3；Ⅴ.Ⅸ-2.2.1

P

判断客体　Ⅳ.Ⅴ-3

判断主体　Ⅳ.Ⅴ-4

旁听　Ⅳ.Ⅳ-12

烹调方法　Ⅱ.Ⅹ-7.1

平面印刷品　Ⅰ.Ⅲ-6.2

Q

期限　Ⅴ.Ⅶ

期限的计算　Ⅴ.Ⅶ-2

期限的监视　Ⅴ.Ⅶ-3

期限的延长　Ⅴ.Ⅶ-4

期限届满前的处理　Ⅲ.Ⅰ-3.4

其他处理决定的更正　Ⅳ.Ⅰ-7.5

其他方式公开　Ⅱ.Ⅲ-2.1.2.3

其他文件　Ⅴ.Ⅰ-1

其他文件的受理与不受理　Ⅴ.Ⅲ-3

其他文件的形式审查　Ⅰ.Ⅰ-1；Ⅰ.Ⅱ-1；Ⅰ.Ⅲ-1

其他文件和相关手续的审查　Ⅰ.Ⅰ-6；Ⅰ.Ⅱ-4；Ⅰ.Ⅲ-5

起算日　Ⅴ.Ⅶ-2.1

签字或者盖章　Ⅴ.Ⅰ-8

前置审查　Ⅳ.Ⅱ-3

前置审查和复审后的处理　Ⅰ.Ⅰ-3.6；Ⅰ.Ⅱ-3.6；Ⅰ.Ⅲ-3.6；Ⅱ.Ⅷ-8
清楚　Ⅱ.Ⅱ-2.1.1；Ⅱ.Ⅱ-3.2.2
请求原则　Ⅱ.Ⅷ-2.2；Ⅳ.Ⅰ-2.3
请求书　Ⅰ.Ⅰ-4.1；Ⅰ.Ⅱ-7.1；Ⅰ.Ⅲ-4.1
全面审查　Ⅱ.Ⅷ-4.7
取证和现场调查　Ⅱ.Ⅷ-4.14
权利的恢复　Ⅴ.Ⅶ-6
权利要求的概括　Ⅱ.Ⅱ-3.2.1
权利要求的类型　Ⅱ.Ⅱ-3.1.1
权利要求的类型清楚　Ⅱ.Ⅱ-3.2.2
权利要求的撰写　Ⅱ.Ⅱ-3.3；Ⅱ.Ⅸ-5.2
权利要求书　Ⅰ.Ⅰ-4.4；Ⅰ.Ⅰ-7.8；Ⅰ.Ⅱ-7.4；Ⅱ.Ⅱ-3；Ⅱ.Ⅷ-4.7.1；
　　　　　　Ⅱ.Ⅸ-5.2；Ⅱ.Ⅹ-4；Ⅱ.Ⅹ-9.3
权利要求书简要　Ⅱ.Ⅱ-3.2.3
权利要求书清楚　Ⅱ.Ⅱ-3.2.2
权利要求书以说明书为依据　Ⅱ.Ⅱ-3.2.1
权利要求书应当满足的要求　Ⅱ.Ⅱ-3.2

R

认可和承认　Ⅳ.Ⅷ-4.3.2

S

色彩　Ⅰ.Ⅲ-4.2；Ⅰ.Ⅲ-7.2；Ⅳ.Ⅴ-5.2.6.3
色彩的统一　Ⅰ.Ⅲ-9.2.3
商业上获得成功　Ⅱ.Ⅳ-5.4
上位概念　Ⅱ.Ⅲ-3.2.2
设备或方法的分类　Ⅰ.Ⅳ-8.4
设计构思相同　Ⅰ.Ⅲ-9.2.3
设计人　Ⅰ.Ⅲ-4.1.2

设计要素　Ⅳ.Ⅴ-5.2.6

涉案专利　Ⅳ.Ⅴ-5.2.4.2

涉及计算机程序的发明　Ⅱ.Ⅸ-1

涉及计算机程序的发明专利申请的审查　Ⅱ.Ⅸ

涉及生物材料的申请　Ⅰ.Ⅰ-5.2；Ⅱ.Ⅹ-9

社会公德　Ⅰ.Ⅰ-7.2；Ⅰ.Ⅲ-6.1；Ⅱ.Ⅰ-3.2

申请的驳回　Ⅰ.Ⅰ-3.5；Ⅰ.Ⅱ-3.5；Ⅰ.Ⅲ-3.5；Ⅱ.Ⅷ-6.1

申请费　Ⅲ.Ⅰ-7.1；Ⅲ.Ⅰ-7.2.1；Ⅴ.Ⅱ-1.

申请附加费　Ⅲ.Ⅰ-7.1；Ⅴ.Ⅱ-1

申请权转移　Ⅰ.Ⅰ-6.7.2.2

申请人　Ⅰ.Ⅰ-4.1.3；Ⅲ.Ⅰ-3.1.5.2

申请人的译名　Ⅲ.Ⅰ-3.1.5.3

申请人国籍变更　Ⅰ.Ⅰ-6.7.2.5

申请人姓名或者名称变更　Ⅰ.Ⅰ-6.7.2.1

申请人主动修改　Ⅰ.Ⅰ-7.6；Ⅰ.Ⅱ-8.1；Ⅰ.Ⅲ-10.1；Ⅱ.Ⅷ-5.2

申请日的更正　Ⅴ.Ⅲ-4

申请手续　Ⅴ.Ⅰ-1

申请文件　Ⅴ.Ⅰ-1

申请文件的补正　Ⅰ.Ⅰ-3.2；Ⅰ.Ⅱ-3.2；Ⅰ.Ⅲ-3.2

申请文件的审查　Ⅰ.Ⅱ-7；Ⅰ.Ⅲ-4

申请文件的形式审查　Ⅰ.Ⅰ-1；Ⅰ.Ⅰ-4；Ⅰ.Ⅱ-1；Ⅰ.Ⅲ-1

审查的文本　Ⅰ.Ⅱ-15.1；Ⅱ.Ⅷ-4.1；Ⅲ.Ⅰ-3.1.6；Ⅲ.Ⅱ-3

审查基础声明　Ⅲ.Ⅰ-3.1.6

审查决定　Ⅳ.Ⅰ-6

审查决定被法院生效判决撤销后的审查程序　Ⅳ.Ⅰ-8

审查决定的更正　Ⅳ.Ⅰ-7.3

审查员依职权修改　Ⅰ.Ⅰ-8；Ⅰ.Ⅱ-8.3；Ⅰ.Ⅲ-10.3；Ⅱ.Ⅷ-5.2.4.2

生物材料　Ⅰ.Ⅰ-5.2；Ⅱ.Ⅹ-9

生物材料的保藏　Ⅰ.Ⅰ-5.2；Ⅱ.Ⅹ-9.2.1；Ⅲ.Ⅰ-5.5

生物技术领域发明专利申请　Ⅱ.Ⅹ-9

实际解决的技术问题　Ⅱ.Ⅳ-3.2.1.1

实施例 Ⅱ.Ⅱ－2.2.6；Ⅱ.Ⅹ－3.4

实用新型 Ⅰ.Ⅱ－6；Ⅳ.Ⅵ－2

实用新型创造性 Ⅳ.Ⅵ－4

实用新型内容 Ⅱ.Ⅱ－2.2.4

实用新型新颖性 Ⅳ.Ⅵ－3

实用新型专利的专利权评价报告 Ⅴ.Ⅹ

实用新型专利公报 Ⅴ.Ⅷ－1.2.2

实用新型专利单行本 Ⅴ.Ⅷ－2.2.3

实用新型专利申请的初步审查 Ⅰ.Ⅱ

实用性 Ⅱ.Ⅴ；Ⅱ.Ⅹ－7；Ⅱ.Ⅹ－9.4.3

实质审查 Ⅱ

实质审查程序 Ⅱ.Ⅷ

实质审查程序的终止、中止和恢复 Ⅱ.Ⅷ－7

实质审查费 Ⅲ.Ⅰ－7.2.2；Ⅴ.Ⅱ－1

实质审查请求 Ⅰ.Ⅰ－6.4；Ⅲ.Ⅰ－5.9

使用公开 Ⅱ.Ⅲ－2.1.2.2；Ⅳ.Ⅷ－5.1；Ⅳ.Ⅷ－5.2

使用外观设计的产品名称 Ⅰ.Ⅲ－4.1.1

使用中文完成国际公布的国际申请 Ⅲ.Ⅰ－3.3

使用状态参考图 Ⅰ.Ⅲ－4.2

适用文字 Ⅴ.Ⅰ－3

适于工业应用的新设计 Ⅰ.Ⅲ－7.3

适于实用的新的技术方案 Ⅰ.Ⅱ－6

视为撤回 Ⅰ.Ⅰ－3.4；Ⅰ.Ⅱ－3.4；Ⅰ.Ⅲ－3.4；Ⅱ.Ⅷ－2.1；Ⅱ.Ⅷ－3.2.5；
　　　　Ⅱ.Ⅷ－4.4；Ⅱ.Ⅷ－4.12；Ⅳ.Ⅱ－4.3

视为撤回的更正 Ⅳ.Ⅰ－7.4

视为撤回在先申请的程序 Ⅰ.Ⅰ－6.2.2.5

视为放弃取得专利权的权利 Ⅴ.Ⅷ－1.3.2.3；Ⅴ.Ⅸ－1.1.5

视为未提出 Ⅰ.Ⅰ－1；Ⅰ.Ⅰ－3.4；Ⅰ.Ⅱ－3.4；Ⅰ.Ⅲ－3.4；Ⅳ.Ⅱ－2.7；
　　　　Ⅳ.Ⅲ－3.4

授予专利权的程序 Ⅴ.Ⅸ－1.1

授予专利权通知 Ⅰ.Ⅱ－3.1；Ⅰ.Ⅲ－3.1；Ⅱ.Ⅷ－6.2；Ⅴ.Ⅸ－1.1.1

收件人　Ⅴ.Ⅵ-2.2

受理　Ⅴ.Ⅲ；Ⅴ.Ⅺ-4

受理的更正　Ⅳ.Ⅰ-7.1；Ⅴ.Ⅲ-5

受理地点　Ⅴ.Ⅲ-1

受理条件　Ⅴ.Ⅲ-2.1；Ⅴ.Ⅲ-3.1

受理与不受理程序　Ⅴ.Ⅲ-2.3

书面审查原则　Ⅰ.Ⅰ-2；Ⅰ.Ⅱ-2；Ⅰ.Ⅲ-2

书面形式　Ⅴ.Ⅰ-2.1

书写规则　Ⅴ.Ⅰ-5

书证的真实性　Ⅳ.Ⅷ-4.1

数值和数值范围　Ⅱ.Ⅱ-3.3；Ⅱ.Ⅲ-3.2.4；Ⅱ.Ⅲ-6.1；Ⅱ.Ⅷ-5.2.3.3

说明书　Ⅰ.Ⅰ-4.2；Ⅰ.Ⅰ-7.7；Ⅰ.Ⅱ-7.2；Ⅱ.Ⅱ-2；Ⅱ.Ⅷ-4.7.2；
　　　　Ⅱ.Ⅸ-5.1；Ⅱ.Ⅹ-3；Ⅱ.Ⅹ-9.2

说明书的撰写　Ⅱ.Ⅱ-2.2；Ⅱ.Ⅸ-5.1

说明书附图　Ⅰ.Ⅰ-4.3；Ⅰ.Ⅱ-7.3；Ⅱ.Ⅱ-2.3；Ⅱ.Ⅷ-4.7.2

说明书和权利要求书　Ⅱ.Ⅱ

说明书和权利要求书的译文　Ⅲ.Ⅰ-3.2.1

说明书清楚　Ⅱ.Ⅱ-2.1.1

说明书完整　Ⅱ.Ⅱ-2.1.2

说明书应当满足的要求　Ⅱ.Ⅱ-2.1

说明书摘要　Ⅰ.Ⅰ-4.5；Ⅰ.Ⅱ-7.5；Ⅱ.Ⅱ-2.4

送达　Ⅴ.Ⅵ-2

送达日　Ⅴ.Ⅵ-2.3

所属技术领域的技术人员　Ⅱ.Ⅳ-2.4

T

他人未经申请人同意而泄露其内容　Ⅰ.Ⅰ-6.3.3

特定技术特征　Ⅱ.Ⅵ-2.1.2

提前公开声明　Ⅰ.Ⅰ-6.5

天然物质　Ⅱ.Ⅹ-2.1

听证原则　Ⅰ.Ⅰ-2；Ⅰ.Ⅱ-2；Ⅰ.Ⅲ-2；Ⅱ.Ⅷ-2.2；Ⅳ.Ⅰ-2.5

通知和决定　Ⅴ.Ⅵ

通知和决定的送达　Ⅴ.Ⅵ-2

通知和决定的撰写　Ⅴ.Ⅵ-1.2

通知书的答复　Ⅰ.Ⅰ-3.4；Ⅰ.Ⅱ-3.4；Ⅰ.Ⅲ-3.4；Ⅱ.Ⅷ-5.1

通知书的更正　Ⅳ.Ⅰ-7.2

同时出售　Ⅰ.Ⅲ-9.2.2

同时使用　Ⅰ.Ⅲ-9.2.2

同样的发明创造　Ⅰ.Ⅱ-13；Ⅰ.Ⅲ-11；Ⅱ.Ⅲ-6；Ⅱ.Ⅶ-7；Ⅲ.Ⅱ-5.6；Ⅳ.Ⅶ；Ⅴ.Ⅷ-1.2.2.2

同样的发明或者实用新型　Ⅱ.Ⅲ-3.1

同类独立权利要求的单一性　Ⅱ.Ⅵ-2.2.2.1

同一类别的产品　Ⅰ.Ⅲ-9.2.1

突出的实质性特点　Ⅱ.Ⅳ-2.2；Ⅱ.Ⅳ-3.2.1

图案　Ⅳ.Ⅴ-5.2.6.2

图案的统一　Ⅰ.Ⅲ-9.2.3

图片或者照片　Ⅰ.Ⅲ-4.2

通知　Ⅴ.Ⅵ

退款　Ⅴ.Ⅱ-4.2

退件的处理　Ⅴ.Ⅵ-3.1

W

外观设计　Ⅰ.Ⅲ-7

外观设计不相近似　Ⅳ.Ⅴ-6.2.2

外观设计分类　Ⅰ.Ⅲ-12

外观设计图片或者照片　Ⅰ.Ⅲ-4.2

外观设计实质相同　Ⅳ.Ⅴ-5.1.2

外观设计相同　Ⅳ.Ⅴ-5.1.1

外观设计相同主题的认定　Ⅳ.Ⅴ-9.2

外观设计优先权的核实　Ⅳ.Ⅴ-9

外观设计专利单行本　Ⅴ.Ⅷ-2.2.4

外观设计专利公报　Ⅴ.Ⅷ-1.2.3

外观设计专利的专利权评价报告　Ⅴ.Ⅹ

外观设计专利申请的初步审查　Ⅰ.Ⅲ

外国优先权　Ⅰ.Ⅰ-6.2；Ⅱ.Ⅲ-4.1

外科手术方法　Ⅱ.Ⅰ-4.3.2.3；Ⅱ.Ⅴ-3.2.4

外文的翻译　Ⅴ.Ⅰ-3.3

外文证据　Ⅳ.Ⅲ-4.3.1；Ⅳ.Ⅷ-2.2.1

完整　Ⅱ.Ⅱ-2.1.2

微生物发明　Ⅱ.Ⅰ-4.4

微生物发明的审查　Ⅱ.Ⅹ-9.1.2.1；Ⅱ.Ⅹ-9.2.4；Ⅱ.Ⅹ-9.3.2；
　　　　　　　　Ⅱ.Ⅹ-9.4.2.2；Ⅱ.Ⅹ-9.4.3

违背自然规律　Ⅱ.Ⅴ-3.2.2

违反法律　Ⅰ.Ⅰ-7.2；Ⅰ.Ⅲ-6.1；Ⅱ.Ⅰ-3.1.1

违反社会公德　Ⅰ.Ⅰ-7.2；Ⅰ.Ⅲ-6.1；Ⅱ.Ⅰ-3.2.2

委托　Ⅰ.Ⅰ-6.1；Ⅲ.Ⅰ-5.1.1；Ⅳ.Ⅱ-2.6；Ⅳ.Ⅲ-3.6；Ⅴ.Ⅹ-2.5；
　　　Ⅴ.Ⅺ-5

委托书　Ⅰ.Ⅰ-6.1.2；Ⅲ.Ⅰ-5.1.2

文档　Ⅴ.Ⅳ

文件份数　Ⅴ.Ⅰ-7

文字　Ⅴ.Ⅰ-3

无积极效果　Ⅱ.Ⅴ-3.2.6

无确定形状的产品　Ⅰ.Ⅱ-6.2.1

无效宣告程序　Ⅳ.Ⅲ-1

无效宣告程序的终止　Ⅳ.Ⅲ-7

无效宣告程序中实用新型专利审查的若干规定　Ⅳ.Ⅵ

无效宣告程序中外观设计专利的审查　Ⅳ.Ⅴ

无效宣告程序中有关证据问题的规定　Ⅳ.Ⅷ

无效宣告理由的增加　Ⅳ.Ⅲ-4.2

无效宣告请求案件审查状态通知书　Ⅳ.Ⅲ-3.7

无效宣告请求不予受理通知书　Ⅳ.Ⅲ-3.7

无效宣告请求客体　Ⅳ.Ⅲ-3.1

无效宣告请求的审查　Ⅳ.Ⅲ

无效宣告请求范围以及理由和证据　Ⅳ.Ⅲ-3.3

无效宣告请求费　Ⅳ.Ⅲ-3.5；Ⅴ.Ⅱ-1

无效宣告请求人　Ⅳ.Ⅲ-3.2

无效宣告请求审查决定　Ⅳ.Ⅰ-6.；Ⅳ.Ⅲ-5；Ⅳ.Ⅲ-6

无效宣告请求审查通知书　Ⅳ.Ⅲ-4.4.3

无效宣告请求视为未提出通知书　Ⅳ.Ⅲ-3.7

无效宣告请求受理通知书　Ⅳ.Ⅲ-3.7

无效宣告请求书　Ⅳ.Ⅲ-3.4

五人合议组　Ⅳ.Ⅰ-3.2

物品的分类　Ⅰ.Ⅳ-8.5

物证的提交　Ⅳ.Ⅷ-2.2.3

物质的医药用途　Ⅱ.Ⅹ-2.2；Ⅱ.Ⅹ-4.5.2

X

显而易见　Ⅱ.Ⅳ-3.2.1.1

显著的进步　Ⅱ.Ⅳ-2.3；Ⅱ.Ⅳ-3.2.2

现场调查　Ⅱ.Ⅷ-4.14

现有技术　Ⅱ.Ⅲ-2.1

现有设计　Ⅳ.Ⅴ-2

现有设计的转用　Ⅳ.Ⅴ-6.2.2

现有设计的组合　Ⅳ.Ⅴ-6.2.3

相似外观设计　Ⅰ.Ⅲ-9.1

相同内容的发明或者实用新型　Ⅱ.Ⅲ-3.2.1

相同主题的发明创造　Ⅱ.Ⅲ-4.1.2

相同主题的发明或者实用新型　Ⅱ.Ⅲ-4.2.2

相同主题的外观设计　Ⅳ.Ⅴ-9.2

下位概念　Ⅱ.Ⅲ-3.2.2

向外申请　Ⅰ.Ⅰ-7.3；Ⅰ.Ⅱ-14；Ⅱ.Ⅷ-4.7；Ⅴ.Ⅴ

销毁　Ⅴ.Ⅳ-6.2

新颖性　Ⅱ.Ⅲ；Ⅱ.Ⅹ-5；Ⅱ.Ⅹ-9.4.1；Ⅲ.Ⅱ-5.4；Ⅳ.Ⅵ-3

形式审查　Ⅰ.Ⅰ-1；Ⅰ.Ⅰ-4；Ⅰ.Ⅱ-1；Ⅰ.Ⅲ-1；Ⅳ.Ⅱ-2；Ⅳ.Ⅲ-3

形状　Ⅰ.Ⅱ-6.2；Ⅰ.Ⅲ-7.2；Ⅳ.Ⅴ-5.2.6.1

形状的统一　Ⅰ.Ⅲ-9.2.3

性能、参数特征　Ⅱ.Ⅲ-3.2.5

修改　Ⅰ.Ⅰ-7.6；Ⅰ.Ⅱ-8；Ⅰ.Ⅲ-10；Ⅱ.Ⅷ-5.2；Ⅲ.Ⅰ-5.7；
　　　Ⅳ.Ⅱ-4.2；Ⅳ.Ⅲ-4.6

修改的方式　Ⅳ.Ⅲ-4.6.2；Ⅳ.Ⅲ-4.6.3

修改的要求　Ⅱ.Ⅷ-5.2.1；Ⅳ.Ⅲ-4.6.1

修改文件译文的审查　Ⅲ.Ⅰ-4

选定　Ⅲ.Ⅰ-2.2.3

选择发明　Ⅱ.Ⅳ-4.3

Y

延长期限请求　Ⅰ.Ⅰ-3.4；Ⅴ.Ⅶ-4.1

延长期限请求费　Ⅴ.Ⅱ-1

要解决的技术问题　Ⅱ.Ⅱ-2.2.4

要求优先权声明　Ⅰ.Ⅰ-6.2.1.2；Ⅰ.Ⅰ-6.2.2.2

要素变更的发明　Ⅱ.Ⅳ-4.6

要素关系改变的发明　Ⅱ.Ⅳ-4.6.1

要素省略的发明　Ⅱ.Ⅳ-4.6.3

要素替代的发明　Ⅱ.Ⅳ-4.6.2

页码　Ⅰ.Ⅰ-4.2；Ⅰ.Ⅰ-4.3；Ⅰ.Ⅰ-4.4；Ⅰ.Ⅱ-7.2；Ⅰ.Ⅱ-7.3；
　　　Ⅰ.Ⅱ-7.4；Ⅴ.Ⅰ-5.6

医生处方　Ⅱ.Ⅹ-7.2

一般消费者　Ⅳ.Ⅴ-4

一事不再理原则　Ⅳ.Ⅲ-2.1

依职权审查原则　Ⅳ.Ⅰ-2.4

依职权修改　Ⅰ.Ⅰ-8；Ⅰ.Ⅱ-8.3；Ⅰ.Ⅲ-10.3；Ⅱ.Ⅷ-5.2.4.2

| 其他 | 索引 |

遗传工程　Ⅱ.Ⅹ-9；Ⅱ.Ⅹ-9.2.2；Ⅱ.Ⅹ-9.3.1；Ⅱ.Ⅹ-9.4.1；
　　　　　Ⅱ.Ⅹ-9.4.2.1

遗传资源　Ⅰ.Ⅰ-5.3；Ⅱ.Ⅰ-3.2；Ⅱ.Ⅷ-4.7.3

译文错误　Ⅲ.Ⅰ-5.8；Ⅲ.Ⅱ-5.7

译文改正费　Ⅲ.Ⅰ-7.3

以说明书为依据　Ⅱ.Ⅱ-3.2.1

以其他方式公开　Ⅱ.Ⅲ-2.1.2.3

已有的技术　Ⅱ.Ⅳ-2.1

已知产品的新用途发明　Ⅱ.Ⅳ-4.5

引证文件　Ⅱ.Ⅱ-2.2.3

应用分类　Ⅰ.Ⅳ-4.2

用结构和/或组成不能清楚表征的化学产品权利要求　Ⅱ.Ⅹ-4.3

用途发明　Ⅱ.Ⅳ-4.5；Ⅱ.Ⅹ-5.4；Ⅱ.Ⅹ-6.2

用途权利要求　Ⅱ.Ⅱ-3.2.2；Ⅱ.Ⅹ-4.5

用途特征　Ⅱ.Ⅲ-3.2.5

用途限定的产品权利要求　Ⅱ.Ⅱ-3.1.1

用物理化学参数表征的化学产品　Ⅱ.Ⅹ-4.3；Ⅱ.Ⅹ-5.3

用原子核变换方法获得的物质　Ⅰ.Ⅰ-7.4；Ⅱ.Ⅰ-4.5.2

用制备方法表征的化学产品　Ⅱ.Ⅹ-4.3；Ⅱ.Ⅹ-5.3

优先权　Ⅰ.Ⅰ-6.2；Ⅱ.Ⅲ-4；Ⅲ.Ⅰ-5.2

优先权的核实　Ⅱ.Ⅷ-4.6；Ⅲ.Ⅱ-5.3；Ⅳ.Ⅴ-9

优先权要求的撤回　Ⅰ.Ⅰ-6.2.3；

优先权要求的恢复　Ⅰ.Ⅰ-6.2.5；Ⅲ.Ⅰ-5.2.5

优先权要求费　Ⅰ.Ⅰ-6.2.4；Ⅲ.Ⅰ-5.2.4；Ⅴ.Ⅱ-1

邮寄　Ⅴ.Ⅵ-2.1.1；Ⅴ.Ⅵ-2.3.1

有益效果　Ⅱ.Ⅱ-2.2.4

原始申请的译文、附图　Ⅲ.Ⅰ-3.2

原始提交的国际申请文件的法律效力　Ⅲ.Ⅱ-3.3

援引加入　Ⅲ.Ⅰ-5.3

原子核变换方法　Ⅱ.Ⅰ-4.5.1

允许的修改　Ⅱ.Ⅷ-5.2.2

预料不到的技术效果　Ⅱ.Ⅳ-5.3；Ⅱ.Ⅳ-6.3

域外证据　Ⅳ.Ⅷ-2.2.2

Z

暂存　Ⅴ.Ⅱ-4.1

在产业上能够制造或者使用的技术方案　Ⅱ.Ⅴ-2

在后申请　Ⅰ.Ⅰ-6.2.1.1；Ⅰ.Ⅰ-6.2.2.1

在后申请的申请人　Ⅰ.Ⅰ-6.2.1.4；Ⅰ.Ⅰ-6.2.2.4

在先商标权　Ⅳ.Ⅴ-7.1

在先申请　Ⅰ.Ⅰ-6.2.1.1；Ⅰ.Ⅰ-6.2.2.1

在先申请视为撤回　Ⅰ.Ⅰ-6.2.2.5

在先申请文件副本　Ⅰ.Ⅰ-6.2.1.3；Ⅰ.Ⅰ-6.2.2.3

在先著作权　Ⅳ.Ⅴ-7.2

在中国完成的发明　Ⅰ.Ⅰ-7.3

再次审查意见通知书　Ⅱ.Ⅷ-4.11.3

再现性　Ⅱ.Ⅴ-3.2.1

摘要文字部分　Ⅰ.Ⅰ-4.5.1

摘要附图　Ⅰ.Ⅰ-4.5.2；Ⅲ.Ⅰ-3.2.3

摘要译文　Ⅲ.Ⅰ-3.2.3

展览会　Ⅰ.Ⅰ-6.3.1；Ⅱ.Ⅲ-2.1.2.2；Ⅱ.Ⅲ-5

诊断方法　Ⅱ.Ⅰ-4.3.1

整体分类　Ⅰ.Ⅳ-4.1

整体观察、综合判断　Ⅳ.Ⅴ-5.2.4

证据的调查收集　Ⅳ.Ⅷ-3

证据的审核认定　Ⅳ.Ⅷ-4

证据的提交　Ⅳ.Ⅷ-2.2

证明文件　Ⅴ.Ⅰ-6

证人出庭作证　Ⅳ.Ⅳ-10

证人证言　Ⅳ.Ⅷ-4.3.1

证书　Ⅴ.Ⅸ-1.2

纸件与电子申请的转换　Ⅴ.Ⅺ-5.6

直接观察　Ⅳ.Ⅴ-5.2.2

直接送交　Ⅴ.Ⅵ-2.1.2；Ⅴ.Ⅵ-2.3.1

植物　Ⅱ.Ⅰ-4.4

植物品种　Ⅰ.Ⅰ-7.4；Ⅱ.Ⅰ-4.4；Ⅱ.Ⅹ-9

指定期限　Ⅴ.Ⅷ-1.2

制备方法特征　Ⅱ.Ⅲ-3.2.5

治疗方法　Ⅱ.Ⅰ-4.3.2

治疗目的的外科手术方法　Ⅱ.Ⅰ-4.3.2.3

智力活动　Ⅱ.Ⅰ-4.2

智力活动的规则和方法　Ⅰ.Ⅰ-7.4；Ⅱ.Ⅰ-4.2；Ⅱ.Ⅸ-2

滞纳金　Ⅴ.Ⅱ-1；Ⅴ.Ⅸ-2.2.1.3

质证　Ⅳ.Ⅷ-4.1

中国政府承认的国际展览会　Ⅰ.Ⅰ-6.3.1

中国政府主办的国际展览会　Ⅰ.Ⅰ-6.3.1

中止　Ⅱ.Ⅷ-7.2；Ⅳ.Ⅱ-8；Ⅳ.Ⅲ-4.7；Ⅳ.Ⅳ-6；Ⅴ.Ⅶ-7

中止程序请求费　Ⅴ.Ⅱ-1

中止检索　Ⅱ.Ⅶ-8

终止　Ⅱ.Ⅷ-7.1；Ⅳ.Ⅱ-9；Ⅳ.Ⅲ-7；Ⅳ.Ⅳ-7；Ⅴ.Ⅸ-2

主动修改　Ⅰ.Ⅰ-7.6；Ⅰ.Ⅱ-8.1；Ⅰ.Ⅲ-10；Ⅱ.Ⅷ-5.2

主要是生物学的方法　Ⅱ.Ⅰ-4.4

著录项目　Ⅰ.Ⅰ-6.7；Ⅳ.Ⅰ-6.2

著录项目变更　Ⅰ.Ⅰ-6.7；Ⅲ.Ⅰ-5.10；Ⅴ.Ⅺ-5

著录项目变更手续费　Ⅰ.Ⅰ-6.7.1.2；Ⅴ.Ⅱ-1

著录项目变更证明文件　Ⅰ.Ⅰ-6.7.2

专利登记簿　Ⅴ.Ⅸ-1.3

专利登记费　Ⅴ.Ⅱ-1

专利分类　Ⅰ.Ⅳ

专利公报　Ⅴ.Ⅷ-1

专利权的授予　Ⅴ.Ⅸ-1

专利权的终止　Ⅴ.Ⅸ-2

专利权评价报告　Ⅴ.Ⅹ

专利权评价报告请求费　Ⅴ.Ⅱ-1

专利权评价报告请求书　Ⅴ.Ⅹ-2.3

专利权人国籍变更　Ⅰ.Ⅰ-6.7.2.5

专利权人姓名或者名称变更　Ⅰ.Ⅰ-6.7.2.1

专利权转移　Ⅰ.Ⅰ-6.7.2.2

专利申请及专利单行本　Ⅴ.Ⅷ-2

专利申请手续　Ⅴ.Ⅰ-1

专利申请文档　Ⅴ.Ⅳ

专利申请文件　Ⅴ.Ⅰ-1

专利性国际初步报告的使用　Ⅲ.Ⅱ-5.1

专利证书　Ⅴ.Ⅸ-1.2

转基因动物或植物　Ⅱ.Ⅹ-9.1.2.4

转用发明　Ⅱ.Ⅳ-4.4

字体及规格　Ⅴ.Ⅰ-5.2

字体颜色　Ⅴ.Ⅰ-5.5

总的发明构思　Ⅱ.Ⅵ-2.1.2

总委托书　Ⅰ.Ⅰ-6.1.2

组合发明　Ⅱ.Ⅳ-4.2

组合库的分类　Ⅰ.Ⅳ-8.9

组合物的分类　Ⅰ.Ⅳ-8.2

组合物权利要求　Ⅱ.Ⅹ-4.2

组合物的新颖性　Ⅱ.Ⅹ-5.2

组件产品　Ⅰ.Ⅲ-4.2.1；Ⅰ.Ⅲ-6.2.1.2；Ⅳ.Ⅴ-5.2.5.1

组装关系不唯一的组件产品　Ⅰ.Ⅲ-4.2.1；Ⅳ.Ⅴ-5.4.1

组装关系唯一的组件产品　Ⅰ.Ⅲ-4.2.1；Ⅳ.Ⅴ-5.4.1

最接近的现有技术　Ⅱ.Ⅳ-3.2.1.1

修订说明

《审查指南》(2006年版) 自2006年7月1日施行以来，在指导、规范和统一专利申请和专利审查的实践操作方面发挥了良好的作用。2008年12月27日，第十一届全国人民代表大会常务委员会第六次会议通过了《全国人民代表大会常务委员会关于修改〈中华人民共和国专利法〉的决定》，2009年12月30日，国务院第95次常务会议通过了《国务院关于修改〈中华人民共和国专利法实施细则〉的决定》，(以下统称专利法及其实施细则的第三次修改)。为了适应专利法及其实施细则的第三次修改，国家知识产权局本着适应性修订为主，兼顾优化程序设置、提高专利审批效率、规范审批行为的修订原则，对专利审查指南作出修订。

一、修订过程

本次专利审查指南修订工作始于2008年11月，主要包括以下几个阶段：

第一阶段 (2008年11月4日至12月5日)：前期准备阶段。

完成审查指南修订领导组和工作组的组建。领导组负责审查指南主要修订内容的指导和审定，工作组负责审查指南修订内容的基础研究、撰稿和统稿。12月4日和5日，审查指南修订工作启动会召开，会议确定了本次修订工作的指导思想、基本原则和工作方案。

第二阶段 (2008年12月6日至2009年3月24日)：调查研究、提出修订建议稿阶段。

修订工作组全面梳理了专利法及其实施细则第三次修改涉及的修改内容；广泛征集局内外对审查指南修订的意见和建议；深入研究专利法及其实施细则相关修订内容的立法宗旨；分析比较与已有审查标准的承接以及国内外相关法律规定；研究设计相关内容的申请和审查程序以及实体审查基准，并结合局内外的修订建议，提出相关修订内容的具体修改方案，撰写完成修订建议稿。

第三阶段 (2009年3月25日至5月18日)：领导组审议和工作组撰稿、统稿阶段。

修订领导组对修订建议稿进行讨论、审议，对新的法律框架下相关内容的申请和审查程序提出指导性意见，并就一些具体审查基准提出修订建议。撰稿人员根据领导组的审核意见，对相关问题进行深入研究，进一步完善修订建议稿，撰写完成指南修订稿。统稿人员对该修订稿进行全面统稿。期间，多次召开工作组与条法司之间、撰稿人员与各审查部门之间的研讨、协调会议，以保证相关修订内容的整体统一和协调一致。工作组就在统稿过程中发现的疑难问题，多次提请领导组审议，并根据领导组的审核意见，多次修改指南修订稿。

第四阶段（2009年5月19日至6月5日）：局内外征求意见阶段。

修订工作组将第三阶段完成的最后修订稿作为征求意见稿征求局内各部门及审查员的意见和建议；与此同时，通过召开座谈会和研讨会，以具体讲解、集中讨论修改方案的方式，征求局外相关部门及专利申请人和代理人的意见。共收到修订意见和建议900余条。

第五阶段（2009年6月6日至7月9日）：修改完善阶段。

修订工作组对第四阶段征集的修改意见和建议，结合具体修改方案进行分析研究；遵照修订原则的要求，吸纳参考其中的部分修改建议，对修订稿中的部分修改方案进行调整完善。统稿人员对完善后的修订稿再次进行全面统稿，并将其中的重要修改内容报请领导组审议。

第六阶段（2009年7月10日至8月10日）：再次征求意见阶段。

第五阶段完成的审查指南修订稿在国务院法制办公室政府网站上公开，面向社会公众征求意见。期间，修订工作组不仅收到了来自国内的专利申请人、代理人的修改意见和建议，还收到来自美国专利商标局、欧洲专利局等国外机构的修改建议。

第七阶段（2009年8月11日至12月31日）：进一步修改完善阶段。

工作组在第六阶段修订稿面向社会征求意见的基础上，根据修改建议和专利法实施细则修改草案进一步完善专利审查指南修订稿。期间，统稿人员与撰稿人员一起，根据专利法实施细则修改草案在修改过程中的变化，对相关内容的申请和审查程序、实体审查基准进行多次调整，领导组多次对调整变化的内容进行审议。

第八阶段（2010年1月）：审批和公布。

2010年1月21日，国家知识产权局局长签署第五十五号令公布专利审查指南，专利审查指南全文在国家知识产权局政府网站（www.sipo.gov.cn）上向社会公开。

第九阶段（2010年2月）：专利审查指南（2010年版）出版发行。

二、主要修订内容

本次专利审查指南修订以适应专利法及其实施细则的第三次修改而作的适应性修订为主，适应性修订主要涉及以下几个方面：

1. 根据专利法及其实施细则关于遗传资源保护和对遗传资源来源披露的要求，

增加了对申请人提交利用遗传资源完成的发明创造的专利申请的具体要求以及初步审查和实质审查程序中对遗传资源披露等的审查基准；

2. 适应专利法第9条以及专利法实施细则第41条相应规定的变化，调整了初步审查、实质审查以及无效宣告程序中对于同样的发明创造的处理程序；

3. 根据专利法第20条、专利法实施细则第8、9条对在中国完成的发明、实用新型向外国申请专利保密审查的要求，增设了向外国申请专利的保密审查程序；

4. 适应专利法第22条新颖性概念的变化，对新颖性的审查标准进行修改，并相应地调整了无效宣告程序中有关证据问题的相关规定；

5. 适应专利法及其实施细则对外观设计专利权授权标准的修改，增加了初步审查程序中外观设计的相关授权条件的具体审查标准，以及无效宣告程序中对专利法第23条进行审查的具体标准；

6. 根据专利法第61条以及专利法实施细则第56、57条的要求，设置了专利权评价报告请求的接收、处理程序及专利权评价报告的作出程序，并增加了实用新型和外观设计专利权的具体评价基准。

为进一步优化程序设置、提高专利审批效率、规范专利审批行为而作的相应调整，主要涉及：

1. 在程序设置上，从更加方便申请人的角度出发，尽量简化手续，对不利于申请人、不便于实践操作的内容进行修订。例如，在涉及生物材料的申请的核实中，增加针对保藏证明写明的保藏日期发出办理手续补正通知书的规定。

2. 对申请、审查实践中易造成混淆、理解执行不一致的内容进行修订。例如，对实质审查程序中依据专利法第33条和专利法实施细则第51条进行审查的相关内容进行调整。

3. 纳入审查实践中证明可行且执行效果良好的内容。例如，增加了无效宣告程序中对代理人特别授权委托书的规定。

4. 对未来审查实践中可能出现标准不一致的问题，作出前瞻性的规定，以利于审查质量的提高。例如，明确了无效宣告请求的合议审查程序中可以依职权进行审查的内容。

5. 考虑到与国际规则的协调与衔接，纳入国家知识产权局已公布的规范性文件的部分相关内容。例如，在进入国家阶段的初步审查和实质审查中加入了对援引加入项目的审查规定。

三、修订工作组织

1. 领导组

田力普	贺　化	孙　可	廖　涛	尹新天	葛　树
王　澄	李永红	卜　方	张清奎	郑慧芬	崔伯雄
毕　囡	刘志会	林笑跃	张茂于	魏保志	曾志华
白光清	高　康	冯小兵	朱仁秀	李　超	王霄蕙

2. 工作组（按姓氏笔画为序）

丁　玮	卜　芳	卞永军	方丽娟	王　京	王丽颖
王京霞	王星跃	王美芳	王智勇	王靖梅	王薇薇
韦　纬	付　刚	冯小兵	卢　曦	田　宏	田　明
刘　铭	刘　稚	刘　雷	刘　犟	刘小宁	刘丽君
刘志会	刘勇刚	刘晓静	孙广秀	孙传利	孙跃飞
曲淑君	朱　斌	何越峰	吴大章	吴赤兵	吴离离
宋传毅	张　凌	张　鹏	张汉国	张清奎	张跃平
张雪飞	张聚敏	李　旭	李　莉	李　媛	李永红
李虹奇	李敬东	杨　平	杨红菊	杨克菲	芮晋洛
陈玉华	周　佳	周　霞	周述江	周胜生	周雷鸣
宗　绮	庞　华	林　柯	林笑跃	欧阳石文	茅　红
郑文涛	俞翰政	姚晓红	姜　晖	姜　涛	胡　婧
胡文辉	赵　亮	钟　华	饶　刚	唐田田	徐晓亚
徐清平	徐媛媛	袁　泉	贾海岩	郭　强	钱亦俊
崔　军	崔　峥	崔哲勇	隋保明	葛　树	葛莹歆
蒋　彤	谢　伟	谢轩珠	韩小非	韩秀艳	韩晓春
雷春海	廖　涛	谭小海	潘爱群	鞠德全	

附 录

中华人民共和国专利法

（1984年3月12日第六届全国人民代表大会常务委员会第四次会议通过　根据1992年9月4日第七届全国人民代表大会常务委员会第二十七次会议《关于修改〈中华人民共和国专利法〉的决定》第一次修正　根据2000年8月25日第九届全国人民代表大会常务委员会第十七次会议《关于修改〈中华人民共和国专利法〉的决定》第二次修正　根据2008年12月27日第十一届全国人民代表大会常务委员会第六次会议《关于修改〈中华人民共和国专利法〉的决定》第三次修正）

目　录

第一章　总　则
第二章　授予专利权的条件
第三章　专利的申请
第四章　专利申请的审查和批准
第五章　专利权的期限、终止和无效
第六章　专利实施的强制许可
第七章　专利权的保护
第八章　附　则

第一章　总　则

第一条　为了保护专利权人的合法权益，鼓励发明创造，推动发明创造的应用，提高创新能力，促进科学技术进步和经济社会发展，制定本法。

第二条　本法所称的发明创造是指发明、实用新型和外观设计。

发明，是指对产品、方法或者其改进所提出的新的技术方案。

实用新型，是指对产品的形状、构造或者其结合所提出的适于实用的新的技术方案。

外观设计，是指对产品的形状、图案或者其结合以及色彩与形状、图案的结合所作出的富有美感并适于工业应用的新设计。

第三条　国务院专利行政部门负责管理全国的专利工作；统一受理和审查专利申请，依法授予专利权。

省、自治区、直辖市人民政府管理专利工作的部门负责本行政区域内的专利管理工作。

第四条　申请专利的发明创造涉及国家安全或者重大利益需要保密的，按照国家有关规定办理。

第五条 对违反法律、社会公德或者妨害公共利益的发明创造，不授予专利权。

对违反法律、行政法规的规定获取或者利用遗传资源，并依赖该遗传资源完成的发明创造，不授予专利权。

第六条 执行本单位的任务或者主要是利用本单位的物质技术条件所完成的发明创造为职务发明创造。职务发明创造申请专利的权利属于该单位；申请被批准后，该单位为专利权人。

非职务发明创造，申请专利的权利属于发明人或者设计人；申请被批准后，该发明人或者设计人为专利权人。

利用本单位的物质技术条件所完成的发明创造，单位与发明人或者设计人订有合同，对申请专利的权利和专利权的归属作出约定的，从其约定。

第七条 对发明人或者设计人的非职务发明创造专利申请，任何单位或者个人不得压制。

第八条 两个以上单位或者个人合作完成的发明创造、一个单位或者个人接受其他单位或者个人委托所完成的发明创造，除另有协议的以外，申请专利的权利属于完成或者共同完成的单位或者个人；申请被批准后，申请的单位或者个人为专利权人。

第九条 同样的发明创造只能授予一项专利权。但是，同一申请人同日对同样的发明创造既申请实用新型专利又申请发明专利，先获得的实用新型专利权尚未终止，且申请人声明放弃该实用新型专利权的，可以授予发明专利权。

两个以上的申请人分别就同样的发明创造申请专利的，专利权授予最先申请的人。

第十条 专利申请权和专利权可以转让。

中国单位或者个人向外国人、外国企业或者外国其他组织转让专利申请权或者专利权的，应当依照有关法律、行政法规的规定办理手续。

转让专利申请权或者专利权的，当事人应当订立书面合同，并向国务院专利行政部门登记，由国务院专利行政部门予以公告。专利申请权或者专利权的转让自登记之日起生效。

第十一条 发明和实用新型专利权被授予后，除本法另有规定的以外，任何单位或者个人未经专利权人许可，都不得实施其专利，即不得为生产经营目的制造、使用、许诺销售、销售、进口其专利产品，或者使用其专利方法以及使用、许诺销售、销售、进口依照该专利方法直接获得的产品。

外观设计专利权被授予后，任何单位或者个人未经专利权人许可，都不得实施其专利，即不得为生产经营目的制造、许诺销售、销售、进口其外观设计专利产品。

第十二条 任何单位或者个人实施他人专利的，应当与专利权人订立实施许可合同，向专利权人支付专利使用费。被许可人无权允许合同规定以外的任何单位或者个人实施该专利。

第十三条　发明专利申请公布后，申请人可以要求实施其发明的单位或者个人支付适当的费用。

第十四条　国有企业事业单位的发明专利，对国家利益或者公共利益具有重大意义的，国务院有关主管部门和省、自治区、直辖市人民政府报经国务院批准，可以决定在批准的范围内推广应用，允许指定的单位实施，由实施单位按照国家规定向专利权人支付使用费。

第十五条　专利申请权或者专利权的共有人对权利的行使有约定的，从其约定。没有约定的，共有人可以单独实施或者以普通许可方式许可他人实施该专利；许可他人实施该专利的，收取的使用费应当在共有人之间分配。

除前款规定的情形外，行使共有的专利申请权或者专利权应当取得全体共有人的同意。

第十六条　被授予专利权的单位应当对职务发明创造的发明人或者设计人给予奖励；发明创造专利实施后，根据其推广应用的范围和取得的经济效益，对发明人或者设计人给予合理的报酬。

第十七条　发明人或者设计人有权在专利文件中写明自己是发明人或者设计人。

专利权人有权在其专利产品或者该产品的包装上标明专利标识。

第十八条　在中国没有经常居所或者营业所的外国人、外国企业或者外国其他组织在中国申请专利的，依照其所属国同中国签订的协议或者共同参加的国际条约，或者依照互惠原则，根据本法办理。

第十九条　在中国没有经常居所或者营业所的外国人、外国企业或者外国其他组织在中国申请专利和办理其他专利事务的，应当委托依法设立的专利代理机构办理。

中国单位或者个人在国内申请专利和办理其他专利事务的，可以委托依法设立的专利代理机构办理。

专利代理机构应当遵守法律、行政法规，按照被代理人的委托办理专利申请或者其他专利事务；对被代理人发明创造的内容，除专利申请已经公布或者公告的以外，负有保密责任。专利代理机构的具体管理办法由国务院规定。

第二十条　任何单位或者个人将在中国完成的发明或者实用新型向外国申请专利的，应当事先报经国务院专利行政部门进行保密审查。保密审查的程序、期限等按照国务院的规定执行。

中国单位或者个人可以根据中华人民共和国参加的有关国际条约提出专利国际申请。申请人提出专利国际申请的，应当遵守前款规定。

国务院专利行政部门依照中华人民共和国参加的有关国际条约、本法和国务院有关规定处理专利国际申请。

对违反本条第一款规定向外国申请专利的发明或者实用新型，在中国申请专利的，不授予专利权。

第二十一条 国务院专利行政部门及其专利复审委员会应当按照客观、公正、准确、及时的要求，依法处理有关专利的申请和请求。

国务院专利行政部门应当完整、准确、及时发布专利信息，定期出版专利公报。

在专利申请公布或者公告前，国务院专利行政部门的工作人员及有关人员对其内容负有保密责任。

第二章　授予专利权的条件

第二十二条 授予专利权的发明和实用新型，应当具备新颖性、创造性和实用性。

新颖性，是指该发明或者实用新型不属于现有技术；也没有任何单位或者个人就同样的发明或者实用新型在申请日以前向国务院专利行政部门提出过申请，并记载在申请日以后公布的专利申请文件或者公告的专利文件中。

创造性，是指与现有技术相比，该发明具有突出的实质性特点和显著的进步，该实用新型具有实质性特点和进步。

实用性，是指该发明或者实用新型能够制造或者使用，并且能够产生积极效果。

本法所称现有技术，是指申请日以前在国内外为公众所知的技术。

第二十三条 授予专利权的外观设计，应当不属于现有设计；也没有任何单位或者个人就同样的外观设计在申请日以前向国务院专利行政部门提出过申请，并记载在申请日以后公告的专利文件中。

授予专利权的外观设计与现有设计或者现有设计特征的组合相比，应当具有明显区别。

授予专利权的外观设计不得与他人在申请日以前已经取得的合法权利相冲突。

本法所称现有设计，是指申请日以前在国内外为公众所知的设计。

第二十四条 申请专利的发明创造在申请日以前六个月内，有下列情形之一的，不丧失新颖性：

（一）在中国政府主办或者承认的国际展览会上首次展出的；

（二）在规定的学术会议或者技术会议上首次发表的；

（三）他人未经申请人同意而泄露其内容的。

第二十五条 对下列各项，不授予专利权：

（一）科学发现；

（二）智力活动的规则和方法；

（三）疾病的诊断和治疗方法；

（四）动物和植物品种；

（五）用原子核变换方法获得的物质；

（六）对平面印刷品的图案、色彩或者二者的结合作出的主要起标识作用的设计。

对前款第（四）项所列产品的生产方法，可以依照本法规定授予专利权。

第三章　专利的申请

第二十六条　申请发明或者实用新型专利的，应当提交请求书、说明书及其摘要和权利要求书等文件。

请求书应当写明发明或者实用新型的名称，发明人的姓名，申请人姓名或者名称、地址，以及其他事项。

说明书应当对发明或者实用新型作出清楚、完整的说明，以所属技术领域的技术人员能够实现为准；必要的时候，应当有附图。摘要应当简要说明发明或者实用新型的技术要点。

权利要求书应当以说明书为依据，清楚、简要地限定要求专利保护的范围。

依赖遗传资源完成的发明创造，申请人应当在专利申请文件中说明该遗传资源的直接来源和原始来源；申请人无法说明原始来源的，应当陈述理由。

第二十七条　申请外观设计专利的，应当提交请求书、该外观设计的图片或者照片以及对该外观设计的简要说明等文件。

申请人提交的有关图片或者照片应当清楚地显示要求专利保护的产品的外观设计。

第二十八条　国务院专利行政部门收到专利申请文件之日为申请日。如果申请文件是邮寄的，以寄出的邮戳日为申请日。

第二十九条　申请人自发明或者实用新型在外国第一次提出专利申请之日起十二个月内，或者自外观设计在外国第一次提出专利申请之日起六个月内，又在中国就相同主题提出专利申请的，依照该外国同中国签订的协议或者共同参加的国际条约，或者依照相互承认优先权的原则，可以享有优先权。

申请人自发明或者实用新型在中国第一次提出专利申请之日起十二个月内，又向国务院专利行政部门就相同主题提出专利申请的，可以享有优先权。

第三十条　申请人要求优先权的，应当在申请的时候提出书面声明，并且在三个月内提交第一次提出的专利申请文件的副本；未提出书面声明或者逾期未提交专利申请文件副本的，视为未要求优先权。

第三十一条　一件发明或者实用新型专利申请应当限于一项发明或者实用新型。属于一个总的发明构思的两项以上的发明或者实用新型，可以作为一件申请提出。

一件外观设计专利申请应当限于一项外观设计。同一产品两项以上的相似外观设计，或者用于同一类别并且成套出售或者使用的产品的两项以上外观设计，可以作为一件申请提出。

第三十二条　申请人可以在被授予专利权之前随时撤回其专利申请。

第三十三条　申请人可以对其专利申请文件进行修改，但是，对发明和实用新型专利申请文件的修改不得超出原说明书和权利要求书记载的范围，对外观设计专利申请文件的修改不得超出原图片或者照片表示的范围。

第四章 专利申请的审查和批准

第三十四条 国务院专利行政部门收到发明专利申请后,经初步审查认为符合本法要求的,自申请日起满十八个月,即行公布。国务院专利行政部门可以根据申请人的请求早日公布其申请。

第三十五条 发明专利申请自申请日起三年内,国务院专利行政部门可以根据申请人随时提出的请求,对其申请进行实质审查;申请人无正当理由逾期不请求实质审查的,该申请即被视为撤回。

国务院专利行政部门认为必要的时候,可以自行对发明专利申请进行实质审查。

第三十六条 发明专利的申请人请求实质审查的时候,应当提交在申请日前与其发明有关的参考资料。

发明专利已经在外国提出过申请的,国务院专利行政部门可以要求申请人在指定期限内提交该国为审查其申请进行检索的资料或者审查结果的资料;无正当理由逾期不提交的,该申请即被视为撤回。

第三十七条 国务院专利行政部门对发明专利申请进行实质审查后,认为不符合本法规定的,应当通知申请人,要求其在指定的期限内陈述意见,或者对其申请进行修改;无正当理由逾期不答复的,该申请即被视为撤回。

第三十八条 发明专利申请经申请人陈述意见或者进行修改后,国务院专利行政部门仍然认为不符合本法规定的,应当予以驳回。

第三十九条 发明专利申请经实质审查没有发现驳回理由的,由国务院专利行政部门作出授予发明专利权的决定,发给发明专利证书,同时予以登记和公告。发明专利权自公告之日起生效。

第四十条 实用新型和外观设计专利申请经初步审查没有发现驳回理由的,由国务院专利行政部门作出授予实用新型专利权或者外观设计专利权的决定,发给相应的专利证书,同时予以登记和公告。实用新型专利权和外观设计专利权自公告之日起生效。

第四十一条 国务院专利行政部门设立专利复审委员会。专利申请人对国务院专利行政部门驳回申请的决定不服的,可以自收到通知之日起三个月内,向专利复审委员会请求复审。专利复审委员会复审后,作出决定,并通知专利申请人。

专利申请人对专利复审委员会的复审决定不服的,可以自收到通知之日起三个月内向人民法院起诉。

第五章 专利权的期限、终止和无效

第四十二条 发明专利权的期限为二十年,实用新型专利权和外观设计专利权的期限为十年,均自申请日起计算。

第四十三条 专利权人应当自被授予专利权的当年开始缴纳年费。

第四十四条 有下列情形之一的，专利权在期限届满前终止：

（一）没有按照规定缴纳年费的；

（二）专利权人以书面声明放弃其专利权的。

专利权在期限届满前终止的，由国务院专利行政部门登记和公告。

第四十五条 自国务院专利行政部门公告授予专利权之日起，任何单位或者个人认为该专利权的授予不符合本法有关规定的，可以请求专利复审委员会宣告该专利权无效。

第四十六条 专利复审委员会对宣告专利权无效的请求应当及时审查和作出决定，并通知请求人和专利权人。宣告专利权无效的决定，由国务院专利行政部门登记和公告。

对专利复审委员会宣告专利权无效或者维持专利权的决定不服的，可以自收到通知之日起三个月内向人民法院起诉。人民法院应当通知无效宣告请求程序的对方当事人作为第三人参加诉讼。

第四十七条 宣告无效的专利权视为自始即不存在。

宣告专利权无效的决定，对在宣告专利权无效前人民法院作出并已执行的专利侵权的判决、调解书，已经履行或者强制执行的专利侵权纠纷处理决定，以及已经履行的专利实施许可合同和专利权转让合同，不具有追溯力。但是因专利权人的恶意给他人造成的损失，应当给予赔偿。

依照前款规定不返还专利侵权赔偿金、专利使用费、专利权转让费，明显违反公平原则的，应当全部或者部分返还。

第六章 专利实施的强制许可

第四十八条 有下列情形之一的，国务院专利行政部门根据具备实施条件的单位或者个人的申请，可以给予实施发明专利或者实用新型专利的强制许可：

（一）专利权人自专利权被授予之日起满三年，且自提出专利申请之日起满四年，无正当理由未实施或者未充分实施其专利的；

（二）专利权人行使专利权的行为被依法认定为垄断行为，为消除或者减少该行为对竞争产生的不利影响的。

第四十九条 在国家出现紧急状态或者非常情况时，或者为了公共利益的目的，国务院专利行政部门可以给予实施发明专利或者实用新型专利的强制许可。

第五十条 为了公共健康目的，对取得专利权的药品，国务院专利行政部门可以给予制造并将其出口到符合中华人民共和国参加的有关国际条约规定的国家或者地区的强制许可。

第五十一条 一项取得专利权的发明或者实用新型比前已经取得专利权的发明或者实用新型具有显著经济意义的重大技术进步，其实施又有赖于前一发明或者实用新型的实施的,国务院专利行政部门根据后一专利权人的申请,可以给予实施前一发明或者实用新型的强制许可。

在依照前款规定给予实施强制许可的情形下,国务院专利行政部门根据前一专利权人的申请,也可以给予实施后一发明或者实用新型的强制许可。

第五十二条 强制许可涉及的发明创造为半导体技术的,其实施限于公共利益的目的和本法第四十八条第(二)项规定的情形。

第五十三条 除依照本法第四十八条第(二)项、第五十条规定给予的强制许可外,强制许可的实施应当主要为了供应国内市场。

第五十四条 依照本法第四十八条第(一)项、第五十一条规定申请强制许可的单位或者个人应当提供证据,证明其以合理的条件请求专利权人许可其实施专利,但未能在合理的时间内获得许可。

第五十五条 国务院专利行政部门作出的给予实施强制许可的决定,应当及时通知专利权人,并予以登记和公告。

给予实施强制许可的决定,应当根据强制许可的理由规定实施的范围和时间。强制许可的理由消除并不再发生时,国务院专利行政部门应当根据专利权人的请求,经审查后作出终止实施强制许可的决定。

第五十六条 取得实施强制许可的单位或者个人不享有独占的实施权,并且无权允许他人实施。

第五十七条 取得实施强制许可的单位或者个人应当付给专利权人合理的使用费,或者依照中华人民共和国参加的有关国际条约的规定处理使用费问题。付给使用费的,其数额由双方协商;双方不能达成协议的,由国务院专利行政部门裁决。

第五十八条 专利权人对国务院专利行政部门关于实施强制许可的决定不服的,专利权人和取得实施强制许可的单位或者个人对国务院专利行政部门关于实施强制许可的使用费的裁决不服的,可以自收到通知之日起三个月内向人民法院起诉。

第七章 专利权的保护

第五十九条 发明或者实用新型专利权的保护范围以其权利要求的内容为准,说明书及附图可以用于解释权利要求的内容。

外观设计专利权的保护范围以表示在图片或者照片中的该产品的外观设计为准,简要说明可以用于解释图片或者照片所表示的该产品的外观设计。

第六十条 未经专利权人许可,实施其专利,即侵犯其专利权,引起纠纷的,由当事人协商解决;不愿协商或者协商不成的,专利权人或者利害关系人可以向人民法院起诉,也可以请求管理专利工作的部门处理。管理专利工作的部门处理时,认定侵权行为成立的,可以责令侵权人立即停止侵权行为,当事人不服的,可以自收到处理通知之日起十五日内依照《中华人民共和国行政诉讼法》向人民法院起诉;侵权人期满不起诉又不停止侵权行为的,管理专利工作的部门可以申请人民法院强制执行。进行处理的管理专利工作的部门应当事人的请求，可以就侵犯专利权的赔偿数额进行调解；调解不成的，当事人可以依照《中华人民共和国民事诉讼法》向人民法院起诉。

第六十一条 专利侵权纠纷涉及新产品制造方法的发明专利的，制造同样产品的单位或者个人应当提供其产品制造方法不同于专利方法的证明。

专利侵权纠纷涉及实用新型专利或者外观设计专利的，人民法院或者管理专利工作的部门可以要求专利权人或者利害关系人出具由国务院专利行政部门对相关实用新型或者外观设计进行检索、分析和评价后作出的专利权评价报告，作为审理、处理专利侵权纠纷的证据。

第六十二条 在专利侵权纠纷中，被控侵权人有证据证明其实施的技术或者设计属于现有技术或者现有设计的，不构成侵犯专利权。

第六十三条 假冒专利的，除依法承担民事责任外，由管理专利工作的部门责令改正并予公告，没收违法所得，可以并处违法所得四倍以下的罚款；没有违法所得的，可以处二十万元以下的罚款；构成犯罪的，依法追究刑事责任。

第六十四条 管理专利工作的部门根据已经取得的证据，对涉嫌假冒专利行为进行查处时，可以询问有关当事人，调查与涉嫌违法行为有关的情况；对当事人涉嫌违法行为的场所实施现场检查；查阅、复制与涉嫌违法行为有关的合同、发票、账簿以及其他有关资料；检查与涉嫌违法行为有关的产品，对有证据证明是假冒专利的产品，可以查封或者扣押。

管理专利工作的部门依法行使前款规定的职权时，当事人应当予以协助、配合，不得拒绝、阻挠。

第六十五条 侵犯专利权的赔偿数额按照权利人因被侵权所受到的实际损失确定；实际损失难以确定的，可以按照侵权人因侵权所获得的利益确定。权利人的损失或者侵权人获得的利益难以确定的，参照该专利许可使用费的倍数合理确定。赔偿数额还应当包括权利人为制止侵权行为所支付的合理开支。

权利人的损失、侵权人获得的利益和专利许可使用费均难以确定的，人民法院可以根据专利权的类型、侵权行为的性质和情节等因素，确定给予一万元以上一百万元以下的赔偿。

第六十六条 专利权人或者利害关系人有证据证明他人正在实施或者即将实施侵犯专利权的行为，如不及时制止将会使其合法权益受到难以弥补的损害的，可以在起诉前向人民法院申请采取责令停止有关行为的措施。

申请人提出申请时，应当提供担保；不提供担保的，驳回申请。

人民法院应当自接受申请之时起四十八小时内作出裁定；有特殊情况需要延长的，可以延长四十八小时。裁定责令停止有关行为的，应当立即执行。当事人对裁定不服的，可以申请复议一次；复议期间不停止裁定的执行。

申请人自人民法院采取责令停止有关行为的措施之日起十五日内不起诉的，人民法院应当解除该措施。

申请有错误的,申请人应当赔偿被申请人因停止有关行为所遭受的损失。

第六十七条 为了制止专利侵权行为,在证据可能灭失或者以后难以取得的情况下,专利权人或者利害关系人可以在起诉前向人民法院申请保全证据。

人民法院采取保全措施,可以责令申请人提供担保;申请人不提供担保的,驳回申请。

人民法院应当自接受申请之时起四十八小时内作出裁定;裁定采取保全措施的,应当立即执行。

申请人自人民法院采取保全措施之日起十五日内不起诉的,人民法院应当解除该措施。

第六十八条 侵犯专利权的诉讼时效为二年,自专利权人或者利害关系人得知或者应当得知侵权行为之日起计算。

发明专利申请公布后至专利权授予前使用该发明未支付适当使用费的,专利权人要求支付使用费的诉讼时效为二年,自专利权人得知或者应当得知他人使用其发明之日起计算,但是,专利权人于专利权授予之日前即已得知或者应当得知的,自专利权授予之日起计算。

第六十九条 有下列情形之一的,不视为侵犯专利权:

(一)专利产品或者依照专利方法直接获得的产品,由专利权人或者经其许可的单位、个人售出后,使用、许诺销售、销售、进口该产品的;

(二)在专利申请日前已经制造相同产品、使用相同方法或者已经作好制造、使用的必要准备,并且仅在原有范围内继续制造、使用的;

(三)临时通过中国领陆、领水、领空的外国运输工具,依照其所属国同中国签订的协议或者共同参加的国际条约,或者依照互惠原则,为运输工具自身需要而在其装置和设备中使用有关专利的;

(四)专为科学研究和实验而使用有关专利的;

(五)为提供行政审批所需要的信息,制造、使用、进口专利药品或者专利医疗器械的,以及专门为其制造、进口专利药品或者专利医疗器械的。

第七十条 为生产经营目的使用、许诺销售或者销售不知道是未经专利权人许可而制造并售出的专利侵权产品,能证明该产品合法来源的,不承担赔偿责任。

第七十一条 违反本法第二十条规定向外国申请专利,泄露国家秘密的,由所在单位或者上级主管机关给予行政处分;构成犯罪的,依法追究刑事责任。

第七十二条 侵夺发明人或者设计人的非职务发明创造专利申请权和本法规定的其他权益的,由所在单位或者上级主管机关给予行政处分。

第七十三条 管理专利工作的部门不得参与向社会推荐专利产品等经营活动。

管理专利工作的部门违反前款规定的,由其上级机关或者监察机关责令改正,消除影响,有违法收入的予以没收;情节严重的,对直接负责的主管人员和其他直接责任人员依法给予行政处分。

第七十四条 从事专利管理工作的国家机关工作人员以及其他有关国家机关工作人员玩忽职守、滥用职权、徇私舞弊，构成犯罪的，依法追究刑事责任；尚不构成犯罪的，依法给予行政处分。

第八章 附 则

第七十五条 向国务院专利行政部门申请专利和办理其他手续，应当按照规定缴纳费用。

第七十六条 本法自1985年4月1日起施行。

施行修改后的专利法的过渡办法

第一条 为了保障2008年12月27日公布的《全国人民代表大会常务委员会关于修改〈中华人民共和国专利法〉的决定》的施行，依照立法法第八十四条的规定，制定本办法。

第二条 修改前的专利法的规定适用于申请日在2009年10月1日前（不含该日，下同）的专利申请以及根据该专利申请授予的专利权；修改后的专利法的规定适用于申请日在2009年10月1日以后（含该日，下同）的专利申请以及根据该专利申请授予的专利权；但本办法以下各条对申请日在2009年10月1日前的专利申请以及根据该申请授予的专利权的特殊规定除外。

前款所述申请日的含义依照专利法实施细则的有关规定理解。

第三条 2009年10月1日以后请求给予实施专利的强制许可的，适用修改后的专利法第六章的规定。

第四条 管理专利工作的部门对发生在2009年10月1日以后的涉嫌侵犯专利权行为进行处理的，适用修改后的专利法第十一条、第六十二条、第六十九条、第七十条的规定。

第五条 管理专利工作的部门对发生在2009年10月1日以后的涉嫌假冒专利行为进行查处的，适用修改后的专利法第六十三条、第六十四条的规定。

第六条 专利权人在2009年10月1日以后标明专利标识的，适用修改后的专利法第十七条的规定。

第七条 在中国没有经常居所或者营业所的外国人、外国企业或者外国其他组织在2009年10月1日以后委托或者变更专利代理机构的，适用修改后的专利法第十九条的规定。

第八条 本办法自2009年10月1日起施行。

中华人民共和国专利法
实 施 细 则

（2001年6月15日中华人民共和国国务院令第306号公布　根据2002年12月28日《国务院关于修改〈中华人民共和国专利法实施细则〉的决定》第一次修订　根据2010年1月9日《国务院关于修改〈中华人民共和国专利法实施细则〉的决定》第二次修订）

第一章　总　　则

第一条　根据《中华人民共和国专利法》（以下简称专利法），制定本细则。

第二条　专利法和本细则规定的各种手续，应当以书面形式或者国务院专利行政部门规定的其他形式办理。

第三条　依照专利法和本细则规定提交的各种文件应当使用中文；国家有统一规定的科技术语的，应当采用规范词；外国人名、地名和科技术语没有统一中文译文的，应当注明原文。

依照专利法和本细则规定提交的各种证件和证明文件是外文的，国务院专利行政部门认为必要时，可以要求当事人在指定期限内附送中文译文；期满未附送的，视为未提交该证件和证明文件。

第四条　向国务院专利行政部门邮寄的各种文件，以寄出的邮戳日为递交日；邮戳日不清晰的，除当事人能够提出证明外，以国务院专利行政部门收到日为递交日。

国务院专利行政部门的各种文件，可以通过邮寄、直接送交或者其他方式送达当事人。当事人委托专利代理机构的，文件送交专利代理机构；未委托专利代理机构的，文件送交请求书中指明的联系人。

国务院专利行政部门邮寄的各种文件，自文件发出之日起满15日，推定为当事人收到文件之日。

根据国务院专利行政部门规定应当直接送交的文件，以交付日为送达日。

文件送交地址不清，无法邮寄的，可以通过公告的方式送达当事人。自公告之日起满1个月，该文件视为已经送达。

第五条　专利法和本细则规定的各种期限的第一日不计算在期限内。期限以年或者月计算的，以其最后一月的相应日为期限届满日；该月无相应日的，以该月最后一日为期限届满日；期限届满日是法定休假日的，以休假日后的第一个工作日为期限届满日。

第六条 当事人因不可抗拒的事由而延误专利法或者本细则规定的期限或者国务院专利行政部门指定的期限，导致其权利丧失的，自障碍消除之日起2个月内，最迟自期限届满之日起2年内，可以向国务院专利行政部门请求恢复权利。

除前款规定的情形外，当事人因其他正当理由延误专利法或者本细则规定的期限或者国务院专利行政部门指定的期限，导致其权利丧失的，可以自收到国务院专利行政部门的通知之日起2个月内向国务院专利行政部门请求恢复权利。

当事人依照本条第一款或者第二款的规定请求恢复权利的，应当提交恢复权利请求书，说明理由，必要时附具有关证明文件，并办理权利丧失前应当办理的相应手续；依照本条第二款的规定请求恢复权利的，还应当缴纳恢复权利请求费。

当事人请求延长国务院专利行政部门指定的期限的，应当在期限届满前，向国务院专利行政部门说明理由并办理有关手续。

本条第一款和第二款的规定不适用专利法第二十四条、第二十九条、第四十二条、第六十八条规定的期限。

第七条 专利申请涉及国防利益需要保密的，由国防专利机构受理并进行审查；国务院专利行政部门受理的专利申请涉及国防利益需要保密的，应当及时移交国防专利机构进行审查。经国防专利机构审查没有发现驳回理由的，由国务院专利行政部门作出授予国防专利权的决定。

国务院专利行政部门认为其受理的发明或者实用新型专利申请涉及国防利益以外的国家安全或者重大利益需要保密的，应当及时作出按照保密专利申请处理的决定，并通知申请人。保密专利申请的审查、复审以及保密专利权无效宣告的特殊程序，由国务院专利行政部门规定。

第八条 专利法第二十条所称在中国完成的发明或者实用新型，是指技术方案的实质性内容在中国境内完成的发明或者实用新型。

任何单位或者个人将在中国完成的发明或者实用新型向外国申请专利的，应当按照下列方式之一请求国务院专利行政部门进行保密审查：

（一）直接向外国申请专利或者向有关国外机构提交专利国际申请的，应当事先向国务院专利行政部门提出请求，并详细说明其技术方案；

（二）向国务院专利行政部门申请专利后拟向外国申请专利或者向有关国外机构提交专利国际申请的，应当在向外国申请专利或者向有关国外机构提交专利国际申请前向国务院专利行政部门提出请求。

向国务院专利行政部门提交专利国际申请的，视为同时提出了保密审查请求。

第九条 国务院专利行政部门收到依照本细则第八条规定递交的请求后，经过审查认为该发明或者实用新型可能涉及国家安全或者重大利益需要保密的，应当及时向申请人发出保密审查通知；申请人未在其请求递交日起4个月内收到保密审查通知的，可以就该发明或者实用新型向外国申请专利或者向有关国外机构提交专利国际申请。

国务院专利行政部门依照前款规定通知进行保密审查的，应当及时作出是否需要保密的决定，并通知申请人。申请人未在其请求递交日起6个月内收到需要保密的决定的，可以就该发明或者实用新型向外国申请专利或者向有关国外机构提交专利国际申请。

第十条 专利法第五条所称违反法律的发明创造，不包括仅其实施为法律所禁止的发明创造。

第十一条 除专利法第二十八条和第四十二条规定的情形外，专利法所称申请日，有优先权的，指优先权日。

本细则所称申请日，除另有规定的外，是指专利法第二十八条规定的申请日。

第十二条 专利法第六条所称执行本单位的任务所完成的职务发明创造，是指：

（一）在本职工作中作出的发明创造；

（二）履行本单位交付的本职工作之外的任务所作出的发明创造；

（三）退休、调离原单位后或者劳动、人事关系终止后1年内作出的，与其在原单位承担的本职工作或者原单位分配的任务有关的发明创造。

专利法第六条所称本单位，包括临时工作单位；专利法第六条所称本单位的物质技术条件，是指本单位的资金、设备、零部件、原材料或者不对外公开的技术资料等。

第十三条 专利法所称发明人或者设计人，是指对发明创造的实质性特点作出创造性贡献的人。在完成发明创造过程中，只负责组织工作的人、为物质技术条件的利用提供方便的人或者从事其他辅助工作的人，不是发明人或者设计人。

第十四条 除依照专利法第十条规定转让专利权外，专利权因其他事由发生转移的，当事人应当凭有关证明文件或者法律文书向国务院专利行政部门办理专利权转移手续。

专利权人与他人订立的专利实施许可合同，应当自合同生效之日起3个月内向国务院专利行政部门备案。

以专利权出质的，由出质人和质权人共同向国务院专利行政部门办理出质登记。

第二章 专利的申请

第十五条 以书面形式申请专利的，应当向国务院专利行政部门提交申请文件一式两份。

以国务院专利行政部门规定的其他形式申请专利的，应当符合规定的要求。

申请人委托专利代理机构向国务院专利行政部门申请专利和办理其他专利事务的，应当同时提交委托书，写明委托权限。

申请人有2人以上且未委托专利代理机构的，除请求书中另有声明的外，以请求书中指明的第一申请人为代表人。

第十六条 发明、实用新型或者外观设计专利申请的请求书应当写明下列事项：

（一）发明、实用新型或者外观设计的名称；
（二）申请人是中国单位或者个人的，其名称或者姓名、地址、邮政编码、组织机构代码或者居民身份证件号码；申请人是外国人、外国企业或者外国其他组织的，其姓名或者名称、国籍或者注册的国家或者地区；
（三）发明人或者设计人的姓名；
（四）申请人委托专利代理机构的，受托机构的名称、机构代码以及该机构指定的专利代理人的姓名、执业证号码、联系电话；
（五）要求优先权的，申请人第一次提出专利申请（以下简称在先申请）的申请日、申请号以及原受理机构的名称；
（六）申请人或者专利代理机构的签字或者盖章；
（七）申请文件清单；
（八）附加文件清单；
（九）其他需要写明的有关事项。

第十七条 发明或者实用新型专利申请的说明书应当写明发明或者实用新型的名称，该名称应当与请求书中的名称一致。说明书应当包括下列内容：
（一）技术领域：写明要求保护的技术方案所属的技术领域；
（二）背景技术：写明对发明或者实用新型的理解、检索、审查有用的背景技术；有可能的，并引证反映这些背景技术的文件；
（三）发明内容：写明发明或者实用新型所要解决的技术问题以及解决其技术问题采用的技术方案，并对照现有技术写明发明或者实用新型的有益效果；
（四）附图说明：说明书有附图的，对各幅附图作简略说明；
（五）具体实施方式：详细写明申请人认为实现发明或者实用新型的优选方式；必要时，举例说明；有附图的，对照附图。

发明或者实用新型专利申请人应当按照前款规定的方式和顺序撰写说明书，并在说明书每一部分前面写明标题，除非其发明或者实用新型的性质用其他方式或者顺序撰写能节约说明书的篇幅并使他人能够准确理解其发明或者实用新型。

发明或者实用新型说明书应当用词规范、语句清楚，并不得使用"如权利要求……所述的……"一类的引用语，也不得使用商业性宣传用语。

发明专利申请包含一个或者多个核苷酸或者氨基酸序列的，说明书应当包括符合国务院专利行政部门规定的序列表。申请人应当将该序列表作为说明书的一个单独部分提交，并按照国务院专利行政部门的规定提交该序列表的计算机可读形式的副本。

实用新型专利申请说明书应当有表示要求保护的产品的形状、构造或者其结合的附图。

第十八条 发明或者实用新型的几幅附图应当按照"图1，图2，……"顺序编号排列。

发明或者实用新型说明书文字部分中未提及的附图标记不得在附图中出现，附图中未出现的附图标记不得在说明书文字部分中提及。申请文件中表示同一组成部分的附图标记应当一致。

附图中除必需的词语外，不应当含有其他注释。

第十九条 权利要求书应当记载发明或者实用新型的技术特征。

权利要求书有几项权利要求的，应当用阿拉伯数字顺序编号。

权利要求书中使用的科技术语应当与说明书中使用的科技术语一致，可以有化学式或者数学式，但是不得有插图。除绝对必要的外，不得使用"如说明书……部分所述"或者"如图……所示"的用语。

权利要求中的技术特征可以引用说明书附图中相应的标记，该标记应当放在相应的技术特征后并置于括号内，便于理解权利要求。附图标记不得解释为对权利要求的限制。

第二十条 权利要求书应当有独立权利要求，也可以有从属权利要求。

独立权利要求应当从整体上反映发明或者实用新型的技术方案，记载解决技术问题的必要技术特征。

从属权利要求应当用附加的技术特征，对引用的权利要求作进一步限定。

第二十一条 发明或者实用新型的独立权利要求应当包括前序部分和特征部分，按照下列规定撰写：

（一）前序部分：写明要求保护的发明或者实用新型技术方案的主题名称和发明或者实用新型主题与最接近的现有技术共有的必要技术特征；

（二）特征部分：使用"其特征是……"或者类似的用语，写明发明或者实用新型区别于最接近的现有技术的技术特征。这些特征和前序部分写明的特征合在一起，限定发明或者实用新型要求保护的范围。

发明或者实用新型的性质不适于用前款方式表达的，独立权利要求可以用其他方式撰写。

一项发明或者实用新型应当只有一个独立权利要求，并写在同一发明或者实用新型的从属权利要求之前。

第二十二条 发明或者实用新型的从属权利要求应当包括引用部分和限定部分，按照下列规定撰写：

（一）引用部分：写明引用的权利要求的编号及其主题名称；

（二）限定部分：写明发明或者实用新型附加的技术特征。

从属权利要求只能引用在前的权利要求。引用两项以上权利要求的多项从属权利要求，只能以择一方式引用在前的权利要求，并不得作为另一项多项从属权利要求的基础。

第二十三条 说明书摘要应当写明发明或者实用新型专利申请所公开内容的概要，即写明发明或者实用新型的名称和所属技术领域，并清楚地反映所要解决的技术问题、解决该问题的技术方案的要点以及主要用途。

说明书摘要可以包含最能说明发明的化学式;有附图的专利申请,还应当提供一幅最能说明该发明或者实用新型技术特征的附图。附图的大小及清晰度应当保证在该图缩小到4厘米×6厘米时,仍能清晰地分辨出图中的各个细节。摘要文字部分不得超过300个字。摘要中不得使用商业性宣传用语。

第二十四条 申请专利的发明涉及新的生物材料,该生物材料公众不能得到,并且对该生物材料的说明不足以使所属领域的技术人员实施其发明的,除应当符合专利法和本细则的有关规定外,申请人还应当办理下列手续:

(一)在申请日前或者最迟在申请日(有优先权的,指优先权日),将该生物材料的样品提交国务院专利行政部门认可的保藏单位保藏,并在申请时或者最迟自申请日起4个月内提交保藏单位出具的保藏证明和存活证明;期满未提交证明的,该样品视为未提交保藏;

(二)在申请文件中,提供有关该生物材料特征的资料;

(三)涉及生物材料样品保藏的专利申请应当在请求书和说明书中写明该生物材料的分类命名(注明拉丁文名称)、保藏该生物材料样品的单位名称、地址、保藏日期和保藏编号;申请时未写明的,应当自申请日起4个月内补正;期满未补正的,视为未提交保藏。

第二十五条 发明专利申请人依照本细则第二十四条的规定保藏生物材料样品的,在发明专利申请公布后,任何单位或者个人需要将该专利申请所涉及的生物材料作为实验目的使用的,应当向国务院专利行政部门提出请求,并写明下列事项:

(一)请求人的姓名或者名称和地址;

(二)不向其他任何人提供该生物材料的保证;

(三)在授予专利权前,只作为实验目的使用的保证。

第二十六条 专利法所称遗传资源,是指取自人体、动物、植物或者微生物等含有遗传功能单位并具有实际或者潜在价值的材料;专利法所称依赖遗传资源完成的发明创造,是指利用了遗传资源的遗传功能完成的发明创造。

就依赖遗传资源完成的发明创造申请专利的,申请人应当在请求书中予以说明,并填写国务院专利行政部门制定的表格。

第二十七条 申请人请求保护色彩的,应当提交彩色图片或者照片。

申请人应当就每件外观设计产品所需要保护的内容提交有关图片或者照片。

第二十八条 外观设计的简要说明应当写明外观设计产品的名称、用途,外观设计的设计要点,并指定一幅最能表明设计要点的图片或者照片。省略视图或者请求保护色彩的,应当在简要说明中写明。

对同一产品的多项相似外观设计提出一件外观设计专利申请的,应当在简要说明中指定其中一项作为基本设计。

简要说明不得使用商业性宣传用语,也不能用来说明产品的性能。

第二十九条 国务院专利行政部门认为必要时，可以要求外观设计专利申请人提交使用外观设计的产品样品或者模型。样品或者模型的体积不得超过 30 厘米×30 厘米×30 厘米，重量不得超过 15 公斤。易腐、易损或者危险品不得作为样品或者模型提交。

第三十条 专利法第二十四条第（一）项所称中国政府承认的国际展览会，是指国际展览会公约规定的在国际展览局注册或者由其认可的国际展览会。

专利法第二十四条第（二）项所称学术会议或者技术会议，是指国务院有关主管部门或者全国性学术团体组织召开的学术会议或者技术会议。

申请专利的发明创造有专利法第二十四条第（一）项或者第（二）项所列情形的，申请人应当在提出专利申请时声明，并自申请日起 2 个月内提交有关国际展览会或者学术会议、技术会议的组织单位出具的有关发明创造已经展出或者发表，以及展出或者发表日期的证明文件。

申请专利的发明创造有专利法第二十四条第（三）项所列情形的，国务院专利行政部门认为必要时，可以要求申请人在指定期限内提交证明文件。

申请人未依照本条第三款的规定提出声明和提交证明文件的，或者未依照本条第四款的规定在指定期限内提交证明文件的，其申请不适用专利法第二十四条的规定。

第三十一条 申请人依照专利法第三十条的规定要求外国优先权的，申请人提交的在先申请文件副本应当经原受理机构证明。依照国务院专利行政部门与该受理机构签订的协议，国务院专利行政部门通过电子交换等途径获得在先申请文件副本的，视为申请人提交了经该受理机构证明的在先申请文件副本。要求本国优先权，申请人在请求书中写明在先申请的申请日和申请号的，视为提交了在先申请文件副本。

要求优先权，但请求书中漏写或者错写在先申请的申请日、申请号和原受理机构名称中的一项或者两项内容的，国务院专利行政部门应当通知申请人在指定期限内补正；期满未补正的，视为未要求优先权。

要求优先权的申请人的姓名或者名称与在先申请文件副本中记载的申请人姓名或者名称不一致的，应当提交优先权转让证明材料，未提交该证明材料的，视为未要求优先权。

外观设计专利申请的申请人要求外国优先权，其在先申请未包括对外观设计的简要说明，申请人按照本细则第二十八条规定提交的简要说明未超出在先申请文件的图片或者照片表示的范围的，不影响其享有优先权。

第三十二条 申请人在一件专利申请中，可以要求一项或者多项优先权；要求多项优先权的，该申请的优先权期限从最早的优先权日起计算。

申请人要求本国优先权，在先申请是发明专利申请的，可以就相同主题提出发明或者实用新型专利申请；在先申请是实用新型专利申请的，可以就相同主题提出实用新型或者发明专利申请。但是，提出后一申请时，在先申请的主题有下列情形之一的，不得作为要求本国优先权的基础：

（一）已经要求外国优先权或者本国优先权的；
（二）已经被授予专利权的；
（三）属于按照规定提出的分案申请的。

申请人要求本国优先权的，其在先申请自后一申请提出之日起即视为撤回。

第三十三条 在中国没有经常居所或者营业所的申请人，申请专利或者要求外国优先权的，国务院专利行政部门认为必要时，可以要求其提供下列文件：

（一）申请人是个人的，其国籍证明；
（二）申请人是企业或者其他组织的，其注册的国家或者地区的证明文件；
（三）申请人的所属国，承认中国单位和个人可以按照该国国民的同等条件，在该国享有专利权、优先权和其他与专利有关的权利的证明文件。

第三十四条 依照专利法第三十一条第一款规定，可以作为一件专利申请提出的属于一个总的发明构思的两项以上的发明或者实用新型，应当在技术上相互关联，包含一个或者多个相同或者相应的特定技术特征，其中特定技术特征是指每一项发明或者实用新型作为整体，对现有技术作出贡献的技术特征。

第三十五条 依照专利法第三十一条第二款规定，将同一产品的多项相似外观设计作为一件申请提出的，对该产品的其他设计应当与简要说明中指定的基本设计相似。一件外观设计专利申请中的相似外观设计不得超过10项。

专利法第三十一条第二款所称同一类别并且成套出售或者使用的产品的两项以上外观设计，是指各产品属于分类表中同一大类，习惯上同时出售或者同时使用，而且各产品的外观设计具有相同的设计构思。

将两项以上外观设计作为一件申请提出的，应当将各项外观设计的顺序编号标注在每件外观设计产品各幅图片或者照片的名称之前。

第三十六条 申请人撤回专利申请的，应当向国务院专利行政部门提出声明，写明发明创造的名称、申请号和申请日。

撤回专利申请的声明在国务院专利行政部门作好公布专利申请文件的印刷准备工作后提出的，申请文件仍予公布；但是，撤回专利申请的声明应当在以后出版的专利公报上予以公告。

第三章 专利申请的审查和批准

第三十七条 在初步审查、实质审查、复审和无效宣告程序中，实施审查和审理的人员有下列情形之一的，应当自行回避，当事人或者其他利害关系人可以要求其回避：

（一）是当事人或者其代理人的近亲属的；
（二）与专利申请或者专利权有利害关系的；

（三）与当事人或者其代理人有其他关系，可能影响公正审查和审理的；

（四）专利复审委员会成员曾参与原申请的审查的。

第三十八条 国务院专利行政部门收到发明或者实用新型专利申请的请求书、说明书（实用新型必须包括附图）和权利要求书，或者外观设计专利申请的请求书、外观设计的图片或者照片和简要说明后，应当明确申请日、给予申请号，并通知申请人。

第三十九条 专利申请文件有下列情形之一的，国务院专利行政部门不予受理，并通知申请人：

（一）发明或者实用新型专利申请缺少请求书、说明书（实用新型无附图）或者权利要求书的，或者外观设计专利申请缺少请求书、图片或者照片、简要说明的；

（二）未使用中文的；

（三）不符合本细则第一百二十一条第一款规定的；

（四）请求书中缺少申请人姓名或者名称，或者缺少地址的；

（五）明显不符合专利法第十八条或者第十九条第一款的规定的；

（六）专利申请类别（发明、实用新型或者外观设计）不明确或者难以确定的。

第四十条 说明书中写有对附图的说明但无附图或者缺少部分附图的，申请人应当在国务院专利行政部门指定的期限内补交附图或者声明取消对附图的说明。申请人补交附图的，以向国务院专利行政部门提交或者邮寄附图之日为申请日；取消对附图的说明的，保留原申请日。

第四十一条 两个以上的申请人同日（指申请日；有优先权的，指优先权日）分别就同样的发明创造申请专利的，应当在收到国务院专利行政部门的通知后自行协商确定申请人。

同一申请人在同日（指申请日）对同样的发明创造既申请实用新型专利又申请发明专利的，应当在申请时分别说明对同样的发明创造已申请了另一专利；未作说明的，依照专利法第九条第一款关于同样的发明创造只能授予一项专利权的规定处理。

国务院专利行政部门公告授予实用新型专利权，应当公告申请人已依照本条第二款的规定同时申请了发明专利的说明。

发明专利申请经审查没有发现驳回理由，国务院专利行政部门应当通知申请人在规定期限内声明放弃实用新型专利权。申请人声明放弃的，国务院专利行政部门应当作出授予发明专利权的决定，并在公告授予发明专利权时一并公告申请人放弃实用新型专利权声明。申请人不同意放弃的，国务院专利行政部门应当驳回该发明专利申请；申请人期满未答复的，视为撤回该发明专利申请。

实用新型专利权自公告授予发明专利权之日起终止。

第四十二条 一件专利申请包括两项以上发明、实用新型或者外观设计的，申请人可以在本细则第五十四条第一款规定的期限届满前，向国务院专利行政部门提出分案申请；但是，专利申请已经被驳回、撤回或者视为撤回的，不能提出分案申请。

国务院专利行政部门认为一件专利申请不符合专利法第三十一条和本细则第三十四条或者第三十五条的规定的，应当通知申请人在指定期限内对其申请进行修改；申请人期满未答复的，该申请视为撤回。

分案的申请不得改变原申请的类别。

第四十三条 依照本细则第四十二条规定提出的分案申请，可以保留原申请日，享有优先权的，可以保留优先权日，但是不得超出原申请记载的范围。

分案申请应当依照专利法及本细则的规定办理有关手续。

分案申请的请求书中应当写明原申请的申请号和申请日。提交分案申请时，申请人应当提交原申请文件副本；原申请享有优先权的，并应当提交原申请的优先权文件副本。

第四十四条 专利法第三十四条和第四十条所称初步审查，是指审查专利申请是否具备专利法第二十六条或者第二十七条规定的文件和其他必要的文件，这些文件是否符合规定的格式，并审查下列各项：

（一）发明专利申请是否明显属于专利法第五条、第二十五条规定的情形，是否不符合专利法第十八条、第十九条第一款、第二十条第一款或者本细则第十六条、第二十六条第二款的规定，是否明显不符合专利法第二条第二款、第二十六条第五款、第三十一条第一款、第三十三条或者本细则第十七条至第二十一条的规定；

（二）实用新型专利申请是否明显属于专利法第五条、第二十五条规定的情形，是否不符合专利法第十八条、第十九条第一款、第二十条第一款或者本细则第十六条至第十九条、第二十一条至第二十三条的规定，是否明显不符合专利法第二条第三款、第二十二条第二款、第四款、第二十六条第三款、第四款、第三十一条第一款、第三十三条或者本细则第二十条、第四十三条第一款的规定，是否依照专利法第九条规定不能取得专利权；

（三）外观设计专利申请是否明显属于专利法第五条、第二十五条第一款第（六）项规定的情形，是否不符合专利法第十八条、第十九条第一款或者本细则第十六条、第二十七条、第二十八条的规定，是否明显不符合专利法第二条第四款、第二十三条第一款、第二十七条第二款、第三十一条第二款、第三十三条或者本细则第四十三条第一款的规定，是否依照专利法第九条规定不能取得专利权；

（四）申请文件是否符合本细则第二条、第三条第一款的规定。

国务院专利行政部门应当将审查意见通知申请人，要求其在指定期限内陈述意见或者补正；申请人期满未答复的，其申请视为撤回。申请人陈述意见或者补正后，国务院专利行政部门仍然认为不符合前款所列各项规定的，应当予以驳回。

第四十五条 除专利申请文件外，申请人向国务院专利行政部门提交的与专利申请有关的其他文件有下列情形之一的，视为未提交：

（一）未使用规定的格式或者填写不符合规定的；

（二）未按照规定提交证明材料的。

国务院专利行政部门应当将视为未提交的审查意见通知申请人。

第四十六条 申请人请求早日公布其发明专利申请的，应当向国务院专利行政部门声明。国务院专利行政部门对该申请进行初步审查后，除予以驳回的外，应当立即将申请予以公布。

第四十七条 申请人写明使用外观设计的产品及其所属类别的，应当使用国务院专利行政部门公布的外观设计产品分类表。未写明使用外观设计的产品所属类别或者所写的类别不确切的，国务院专利行政部门可以予以补充或者修改。

第四十八条 自发明专利申请公布之日起至公告授予专利权之日止，任何人均可以对不符合专利法规定的专利申请向国务院专利行政部门提出意见，并说明理由。

第四十九条 发明专利申请人因有正当理由无法提交专利法第三十六条规定的检索资料或者审查结果资料的，应当向国务院专利行政部门声明，并在得到有关资料后补交。

第五十条 国务院专利行政部门依照专利法第三十五条第二款的规定对专利申请自行进行审查时，应当通知申请人。

第五十一条 发明专利申请人在提出实质审查请求时以及在收到国务院专利行政部门发出的发明专利申请进入实质审查阶段通知书之日起的3个月内，可以对发明专利申请主动提出修改。

实用新型或者外观设计专利申请人自申请日起2个月内，可以对实用新型或者外观设计专利申请主动提出修改。

申请人在收到国务院专利行政部门发出的审查意见通知书后对专利申请文件进行修改的，应当针对通知书指出的缺陷进行修改。

国务院专利行政部门可以自行修改专利申请文件中文字和符号的明显错误。国务院专利行政部门自行修改的，应当通知申请人。

第五十二条 发明或者实用新型专利申请的说明书或者权利要求书的修改部分，除个别文字修改或者增删外，应当按照规定格式提交替换页。外观设计专利申请的图片或者照片的修改，应当按照规定提交替换页。

第五十三条 依照专利法第三十八条的规定，发明专利申请经实质审查应当予以驳回的情形是指：

（一）申请属于专利法第五条、第二十五条规定的情形，或者依照专利法第九条规定不能取得专利权的；

（二）申请不符合专利法第二条第二款、第二十条第一款、第二十二条、第二十六条第三款、第四款、第五款、第三十一条第一款或者本细则第二十条第二款规定的；

（三）申请的修改不符合专利法第三十三条规定，或者分案的申请不符合本细则

第四十三条第一款的规定的。

第五十四条 国务院专利行政部门发出授予专利权的通知后，申请人应当自收到通知之日起 2 个月内办理登记手续。申请人按期办理登记手续的，国务院专利行政部门应当授予专利权，颁发专利证书，并予以公告。

期满未办理登记手续的，视为放弃取得专利权的权利。

第五十五条 保密专利申请经审查没有发现驳回理由的，国务院专利行政部门应当作出授予保密专利权的决定，颁发保密专利证书，登记保密专利权的有关事项。

第五十六条 授予实用新型或者外观设计专利权的决定公告后，专利法第六十条规定的专利权人或者利害关系人可以请求国务院专利行政部门作出专利权评价报告。

请求作出专利权评价报告的，应当提交专利权评价报告请求书，写明专利号。每项请求应当限于一项专利权。

专利权评价报告请求书不符合规定的，国务院专利行政部门应当通知请求人在指定期限内补正；请求人期满未补正的，视为未提出请求。

第五十七条 国务院专利行政部门应当自收到专利权评价报告请求书后 2 个月内作出专利权评价报告。对同一项实用新型或者外观设计专利权，有多个请求人请求作出专利权评价报告的，国务院专利行政部门仅作出一份专利权评价报告。任何单位或者个人可以查阅或者复制该专利权评价报告。

第五十八条 国务院专利行政部门对专利公告、专利单行本中出现的错误，一经发现，应当及时更正，并对所作更正予以公告。

第四章 专利申请的复审与专利权的无效宣告

第五十九条 专利复审委员会由国务院专利行政部门指定的技术专家和法律专家组成，主任委员由国务院专利行政部门负责人兼任。

第六十条 依照专利法第四十一条的规定向专利复审委员会请求复审的，应当提交复审请求书，说明理由，必要时还应当附具有关证据。

复审请求不符合专利法第十九条第一款或者第四十一条第一款规定的，专利复审委员会不予受理，书面通知复审请求人并说明理由。

复审请求书不符合规定格式的，复审请求人应当在专利复审委员会指定的期限内补正；期满未补正的，该复审请求视为未提出。

第六十一条 请求人在提出复审请求或者在对专利复审委员会的复审通知书作出答复时，可以修改专利申请文件；但是，修改应当仅限于消除驳回决定或者复审通知书指出的缺陷。

修改的专利申请文件应当提交一式两份。

第六十二条 专利复审委员会应当将受理的复审请求书转交国务院专利行政部门原审查部门进行审查。原审查部门根据复审请求人的请求，同意撤销原决定的，专利复审委员会应当据此作出复审决定，并通知复审请求人。

第六十三条 专利复审委员会进行复审后，认为复审请求不符合专利法和本细则有关规定的，应当通知复审请求人，要求其在指定期限内陈述意见。期满未答复的，该复审请求视为撤回；经陈述意见或者进行修改后，专利复审委员会认为仍不符合专利法和本细则有关规定的，应当作出维持原驳回决定的复审决定。

专利复审委员会进行复审后，认为原驳回决定不符合专利法和本细则有关规定的，或者认为经过修改的专利申请文件消除了原驳回决定指出的缺陷的，应当撤销原驳回决定，由原审查部门继续进行审查程序。

第六十四条 复审请求人在专利复审委员会作出决定前，可以撤回其复审请求。

复审请求人在专利复审委员会作出决定前撤回其复审请求的，复审程序终止。

第六十五条 依照专利法第四十五条的规定，请求宣告专利权无效或者部分无效的，应当向专利复审委员会提交专利权无效宣告请求书和必要的证据一式两份。无效宣告请求书应当结合提交的所有证据，具体说明无效宣告请求的理由，并指明每项理由所依据的证据。

前款所称无效宣告请求的理由，是指被授予专利的发明创造不符合专利法第二条、第二十条第一款、第二十二条、第二十三条、第二十六条第三款、第四款、第二十七条第二款、第三十三条或者本细则第二十条第二款、第四十三条第一款的规定，或者属于专利法第五条、第二十五条的规定，或者依照专利法第九条规定不能取得专利权。

第六十六条 专利权无效宣告请求不符合专利法第十九条第一款或者本细则第六十五条规定的，专利复审委员会不予受理。

在专利复审委员会就无效宣告请求作出决定之后，又以同样的理由和证据请求无效宣告的，专利复审委员会不予受理。

以不符合专利法第二十三条第三款的规定为理由请求宣告外观设计专利权无效，但是未提交证明权利冲突的证据的，专利复审委员会不予受理。

专利权无效宣告请求书不符合规定格式的，无效宣告请求人应当在专利复审委员会指定的期限内补正；期满未补正的，该无效宣告请求视为未提出。

第六十七条 在专利复审委员会受理无效宣告请求后，请求人可以在提出无效宣告请求之日起1个月内增加理由或者补充证据。逾期增加理由或者补充证据的，专利复审委员会可以不予考虑。

第六十八条 专利复审委员会应当将专利权无效宣告请求书和有关文件的副本送交专利权人，要求其在指定的期限内陈述意见。

专利权人和无效宣告请求人应当在指定期限内答复专利复审委员会发出的转送文件通知书或者无效宣告请求审查通知书；期满未答复的，不影响专利复审委员会审理。

第六十九条 在无效宣告请求的审查过程中，发明或者实用新型专利的专利权人可以修改其权利要求书，但是不得扩大原专利的保护范围。

发明或者实用新型专利的专利权人不得修改专利说明书和附图，外观设计专利的专利权人不得修改图片、照片和简要说明。

第七十条 专利复审委员会根据当事人的请求或者案情需要，可以决定对无效宣告请求进行口头审理。

专利复审委员会决定对无效宣告请求进行口头审理的，应当向当事人发出口头审理通知书，告知举行口头审理的日期和地点。当事人应当在通知书指定的期限内作出答复。

无效宣告请求人对专利复审委员会发出的口头审理通知书在指定的期限内未作答复，并且不参加口头审理的，其无效宣告请求视为撤回；专利权人不参加口头审理的，可以缺席审理。

第七十一条 在无效宣告请求审查程序中，专利复审委员会指定的期限不得延长。

第七十二条 专利复审委员会对无效宣告的请求作出决定前，无效宣告请求人可以撤回其请求。

专利复审委员会作出决定之前，无效宣告请求人撤回其请求或者其无效宣告请求被视为撤回的，无效宣告请求审查程序终止。但是，专利复审委员会认为根据已进行的审查工作能够作出宣告专利权无效或者部分无效的决定的，不终止审查程序。

第五章 专利实施的强制许可

第七十三条 专利法第四十八条第（一）项所称未充分实施其专利，是指专利权人及其被许可人实施其专利的方式或者规模不能满足国内对专利产品或者专利方法的需求。

专利法第五十条所称取得专利权的药品，是指解决公共健康问题所需的医药领域中的任何专利产品或者依照专利方法直接获得的产品，包括取得专利权的制造该产品所需的活性成分以及使用该产品所需的诊断用品。

第七十四条 请求给予强制许可的，应当向国务院专利行政部门提交强制许可请求书，说明理由并附具有关证明文件。

国务院专利行政部门应当将强制许可请求书的副本送交专利权人，专利权人应当在国务院专利行政部门指定的期限内陈述意见；期满未答复的，不影响国务院专利行政部门作出决定。

国务院专利行政部门在作出驳回强制许可请求的决定或者给予强制许可的决定前，应当通知请求人和专利权人拟作出的决定及其理由。

国务院专利行政部门依照专利法第五十条的规定作出给予强制许可的决定，应当同时符合中国缔结或者参加的有关国际条约关于为了解决公共健康问题而给予强制许可的规定，但中国作出保留的除外。

第七十五条 依照专利法第五十七条的规定，请求国务院专利行政部门裁决使用费数额的，当事人应当提出裁决请求书，并附具双方不能达成协议的证明文件。国务院专利行政部门应当自收到请求书之日起3个月内作出裁决，并通知当事人。

第六章 对职务发明创造的发明人或者设计人的奖励和报酬

第七十六条 被授予专利权的单位可以与发明人、设计人约定或者在其依法制定的规章制度中规定专利法第十六条规定的奖励、报酬的方式和数额。

企业、事业单位给予发明人或者设计人的奖励、报酬，按照国家有关财务、会计制度的规定进行处理。

第七十七条 被授予专利权的单位未与发明人、设计人约定也未在其依法制定的规章制度中规定专利法第十六条规定的奖励的方式和数额的，应当自专利权公告之日起3个月内发给发明人或者设计人奖金。一项发明专利的奖金最低不少于3000元；一项实用新型专利或者外观设计专利的奖金最低不少于1000元。

由于发明人或者设计人的建议被其所属单位采纳而完成的发明创造，被授予专利权的单位应当从优发给奖金。

第七十八条 被授予专利权的单位未与发明人、设计人约定也未在其依法制定的规章制度中规定专利法第十六条规定的报酬的方式和数额的，在专利权有效期限内，实施发明创造专利后，每年应当从实施该项发明或者实用新型专利的营业利润中提取不低于2%或者从实施该项外观设计专利的营业利润中提取不低于0.2%，作为报酬给予发明人或者设计人，或者参照上述比例，给予发明人或者设计人一次性报酬；被授予专利权的单位许可其他单位或者个人实施其专利的，应当从收取的使用费中提取不低于10%，作为报酬给予发明人或者设计人。

第七章 专利权的保护

第七十九条 专利法和本细则所称管理专利工作的部门，是指由省、自治区、直辖市人民政府以及专利管理工作量大又有实际处理能力的设区的市人民政府设立的管理专利工作的部门。

第八十条 国务院专利行政部门应当对管理专利工作的部门处理专利侵权纠纷、查处假冒专利行为、调解专利纠纷进行业务指导。

第八十一条 当事人请求处理专利侵权纠纷或者调解专利纠纷的，由被请求人所在地或者侵权行为地的管理专利工作的部门管辖。

两个以上管理专利工作的部门都有管辖权的专利纠纷，当事人可以向其中一个管理专利工作的部门提出请求；当事人向两个以上有管辖权的管理专利工作的部门提出请求的，由最先受理的管理专利工作的部门管辖。

管理专利工作的部门对管辖权发生争议的，由其共同的上级人民政府管理专利工作的部门指定管辖；无共同上级人民政府管理专利工作的部门的，由国务院专利行政部门指定管辖。

第八十二条 在处理专利侵权纠纷过程中，被请求人提出无效宣告请求并被专利复审委员会受理的，可以请求管理专利工作的部门中止处理。

管理专利工作的部门认为被请求人提出的中止理由明显不能成立的，可以不中止处理。

第八十三条 专利权人依照专利法第十七条的规定，在其专利产品或者该产品的包装上标明专利标识的，应当按照国务院专利行政部门规定的方式予以标明。

专利标识不符合前款规定的，由管理专利工作的部门责令改正。

第八十四条 下列行为属于专利法第六十三条规定的假冒专利的行为：

（一）在未被授予专利权的产品或者其包装上标注专利标识，专利权被宣告无效后或者终止后继续在产品或者其包装上标注专利标识，或者未经许可在产品或者产品包装上标注他人的专利号；

（二）销售第（一）项所述产品；

（三）在产品说明书等材料中将未被授予专利权的技术或者设计称为专利技术或者专利设计，将专利申请称为专利，或者未经许可使用他人的专利号，使公众将所涉及的技术或者设计误认为是专利技术或者专利设计；

（四）伪造或者变造专利证书、专利文件或者专利申请文件；

（五）其他使公众混淆，将未被授予专利权的技术或者设计误认为是专利技术或者专利设计的行为。

专利权终止前依法在专利产品、依照专利方法直接获得的产品或者其包装上标注专利标识，在专利权终止后许诺销售、销售该产品的，不属于假冒专利行为。

销售不知道是假冒专利的产品，并且能够证明该产品合法来源的，由管理专利工作的部门责令停止销售，但免除罚款的处罚。

第八十五条 除专利法第六十条规定的外，管理专利工作的部门应当事人请求，可以对下列专利纠纷进行调解：

（一）专利申请权和专利权归属纠纷；

（二）发明人、设计人资格纠纷；

（三）职务发明创造的发明人、设计人的奖励和报酬纠纷；

（四）在发明专利申请公布后专利权授予前使用发明而未支付适当费用的纠纷；

（五）其他专利纠纷。

对于前款第（四）项所列的纠纷，当事人请求管理专利工作的部门调解的，应当在专利权被授予之后提出。

第八十六条 当事人因专利申请权或者专利权的归属发生纠纷，已请求管理专利工作的部门调解或者向人民法院起诉的，可以请求国务院专利行政部门中止有关程序。

依照前款规定请求中止有关程序的，应当向国务院专利行政部门提交请求书，并附具管理专利工作的部门或者人民法院的写明申请号或者专利号的有关受理文件副本。

管理专利工作的部门作出的调解书或者人民法院作出的判决生效后，当事人应当向国务院专利行政部门办理恢复有关程序的手续。自请求中止之日起1年内，有关专利申请权或者专利权归属的纠纷未能结案，需要继续中止有关程序的，请求人应当在该期限内请求延长中止。期满未请求延长的，国务院专利行政部门自行恢复有关程序。

第八十七条 人民法院在审理民事案件中裁定对专利申请权或者专利权采取保全措施的，国务院专利行政部门应当在收到写明申请号或者专利号的裁定书和协助执行通知书之日中止被保全的专利申请权或者专利权的有关程序。保全期限届满，人民法院没有裁定继续采取保全措施的，国务院专利行政部门自行恢复有关程序。

第八十八条 国务院专利行政部门根据本细则第八十六条和第八十七条规定中止有关程序，是指暂停专利申请的初步审查、实质审查、复审程序，授予专利权程序和专利权无效宣告程序；暂停办理放弃、变更、转移专利权或者专利申请权手续，专利权质押手续以及专利权期限届满前的终止手续等。

第八章 专利登记和专利公报

第八十九条 国务院专利行政部门设置专利登记簿，登记下列与专利申请和专利权有关的事项：

（一）专利权的授予；
（二）专利申请权、专利权的转移；
（三）专利权的质押、保全及其解除；
（四）专利实施许可合同的备案；
（五）专利权的无效宣告；
（六）专利权的终止；
（七）专利权的恢复；
（八）专利实施的强制许可；
（九）专利权人的姓名或者名称、国籍和地址的变更。

第九十条 国务院专利行政部门定期出版专利公报，公布或者公告下列内容：

（一）发明专利申请的著录事项和说明书摘要；
（二）发明专利申请的实质审查请求和国务院专利行政部门对发明专利申请自行进行实质审查的决定；
（三）发明专利申请公布后的驳回、撤回、视为撤回、视为放弃、恢复和转移；
（四）专利权的授予以及专利权的著录事项；
（五）发明或者实用新型专利的说明书摘要，外观设计专利的一幅图片或者照片；

（六）国防专利、保密专利的解密；

（七）专利权的无效宣告；

（八）专利权的终止、恢复；

（九）专利权的转移；

（十）专利实施许可合同的备案；

（十一）专利权的质押、保全及其解除；

（十二）专利实施的强制许可的给予；

（十三）专利权人的姓名或者名称、地址的变更；

（十四）文件的公告送达；

（十五）国务院专利行政部门作出的更正；

（十六）其他有关事项。

第九十一条 国务院专利行政部门应当提供专利公报、发明专利申请单行本以及发明专利、实用新型专利、外观设计专利单行本，供公众免费查阅。

第九十二条 国务院专利行政部门负责按照互惠原则与其他国家、地区的专利机关或者区域性专利组织交换专利文献。

第九章 费 用

第九十三条 向国务院专利行政部门申请专利和办理其他手续时，应当缴纳下列费用：

（一）申请费、申请附加费、公布印刷费、优先权要求费；

（二）发明专利申请实质审查费、复审费；

（三）专利登记费、公告印刷费、年费；

（四）恢复权利请求费、延长期限请求费；

（五）著录事项变更费、专利权评价报告请求费、无效宣告请求费。

前款所列各种费用的缴纳标准，由国务院价格管理部门、财政部门会同国务院专利行政部门规定。

第九十四条 专利法和本细则规定的各种费用，可以直接向国务院专利行政部门缴纳，也可以通过邮局或者银行汇付，或者以国务院专利行政部门规定的其他方式缴纳。

通过邮局或者银行汇付的，应当在送交国务院专利行政部门的汇单上写明正确的申请号或者专利号以及缴纳的费用名称。不符合本款规定的，视为未办理缴费手续。

直接向国务院专利行政部门缴纳费用的，以缴纳当日为缴费日；以邮局汇付方式缴纳费用的，以邮局汇出的邮戳日为缴费日；以银行汇付方式缴纳费用的，以银行实际汇出日为缴费日。

多缴、重缴、错缴专利费用的，当事人可以自缴费日起3年内，向国务院专利行政部门提出退款请求，国务院专利行政部门应当予以退还。

第九十五条　申请人应当自申请日起 2 个月内或者在收到受理通知书之日起 15 日内缴纳申请费、公布印刷费和必要的申请附加费；期满未缴纳或者未缴足的，其申请视为撤回。

申请人要求优先权的，应当在缴纳申请费的同时缴纳优先权要求费；期满未缴纳或者未缴足的，视为未要求优先权。

第九十六条　当事人请求实质审查或者复审的，应当在专利法及本细则规定的相关期限内缴纳费用；期满未缴纳或者未缴足的，视为未提出请求。

第九十七条　申请人办理登记手续时，应当缴纳专利登记费、公告印刷费和授予专利权当年的年费；期满未缴纳或者未缴足的，视为未办理登记手续。

第九十八条　授予专利权当年以后的年费应当在上一年度期满前缴纳。专利权人未缴纳或者未缴足的，国务院专利行政部门应当通知专利权人自应当缴纳年费期满之日起 6 个月内补缴，同时缴纳滞纳金；滞纳金的金额按照每超过规定的缴费时间 1 个月，加收当年全额年费的 5% 计算；期满未缴纳的，专利权自应当缴纳年费期满之日起终止。

第九十九条　恢复权利请求费应当在本细则规定的相关期限内缴纳；期满未缴纳或者未缴足的，视为未提出请求。

延长期限请求费应当在相应期限届满之日前缴纳；期满未缴纳或者未缴足的，视为未提出请求。

著录事项变更费、专利权评价报告请求费、无效宣告请求费应当自提出请求之日起 1 个月内缴纳；期满未缴纳或者未缴足的，视为未提出请求。

第一百条　申请人或者专利权人缴纳本细则规定的各种费用有困难的，可以按照规定向国务院专利行政部门提出减缴或者缓缴的请求。减缴或者缓缴的办法由国务院财政部门会同国务院价格管理部门、国务院专利行政部门规定。

第十章　关于国际申请的特别规定

第一百零一条　国务院专利行政部门根据专利法第二十条规定，受理按照专利合作条约提出的专利国际申请。

按照专利合作条约提出并指定中国的专利国际申请（以下简称国际申请）进入国务院专利行政部门处理阶段（以下称进入中国国家阶段）的条件和程序适用本章的规定；本章没有规定的，适用专利法及本细则其他各章的有关规定。

第一百零二条　按照专利合作条约已确定国际申请日并指定中国的国际申请，视为向国务院专利行政部门提出的专利申请，该国际申请日视为专利法第二十八条所称的申请日。

第一百零三条　国际申请的申请人应当在专利合作条约第二条所称的优先权日（本章简称优先权日）起 30 个月内，向国务院专利行政部门办理进入中国国家阶段的手续；申请人未在该期限内办理该手续的，在缴纳宽限费后，可以在自优先权日起 32 个月内办理进入中国国家阶段的手续。

第一百零四条 申请人依照本细则第一百零三条的规定办理进入中国国家阶段的手续的，应当符合下列要求：

（一）以中文提交进入中国国家阶段的书面声明，写明国际申请号和要求获得的专利权类型；

（二）缴纳本细则第九十三条第一款规定的申请费、公布印刷费，必要时缴纳本细则第一百零三条规定的宽限费；

（三）国际申请以外文提出的，提交原始国际申请的说明书和权利要求书的中文译文；

（四）在进入中国国家阶段的书面声明中写明发明创造的名称，申请人姓名或者名称、地址和发明人的姓名，上述内容应当与世界知识产权组织国际局（以下简称国际局）的记录一致；国际申请中未写明发明人的，在上述声明中写明发明人的姓名；

（五）国际申请以外文提出的，提交摘要的中文译文，有附图和摘要附图的，提交附图副本和摘要附图副本，附图中有文字的，将其替换为对应的中文文字；国际申请以中文提出的，提交国际公布文件中的摘要和摘要附图副本；

（六）在国际阶段向国际局已办理申请人变更手续的，提供变更后的申请人享有申请权的证明材料；

（七）必要时缴纳本细则第九十三条第一款规定的申请附加费。

符合本条第一款第（一）项至第（三）项要求的，国务院专利行政部门应当给予申请号，明确国际申请进入中国国家阶段的日期（以下简称进入日），并通知申请人其国际申请已进入中国国家阶段。

国际申请已进入中国国家阶段，但不符合本条第一款第（四）项至第（七）项要求的，国务院专利行政部门应当通知申请人在指定期限内补正；期满未补正的，其申请视为撤回。

第一百零五条 国际申请有下列情形之一的，其在中国的效力终止：

（一）在国际阶段，国际申请被撤回或者被视为撤回，或者国际申请对中国的指定被撤回的；

（二）申请人未在优先权日起 32 个月内按照本细则第一百零三条规定办理进入中国国家阶段手续的；

（三）申请人办理进入中国国家阶段的手续，但自优先权日起 32 个月期限届满仍不符合本细则第一百零四条第（一）项至第（三）项要求的。

依照前款第（一）项的规定，国际申请在中国的效力终止的，不适用本细则第六条的规定；依照前款第（二）项、第（三）项的规定，国际申请在中国的效力终止的，不适用本细则第六条第二款的规定。

第一百零六条 国际申请在国际阶段作过修改，申请人要求以经修改的申请文件为基础进行审查的，应当自进入日起2个月内提交修改部分的中文译文。在该期间内未提交中文译文的，对申请人在国际阶段提出的修改，国务院专利行政部门不予考虑。

第一百零七条 国际申请涉及的发明创造有专利法第二十四条第（一）项或者第（二）项所列情形之一，在提出国际申请时作过声明的，申请人应当在进入中国国家阶段的书面声明中予以说明，并自进入日起2个月内提交本细则第三十条第三款规定的有关证明文件；未予说明或者期满未提交证明文件的，其申请不适用专利法第二十四条的规定。

第一百零八条 申请人按照专利合作条约的规定，对生物材料样品的保藏已作出说明的，视为已经满足了本细则第二十四条第（三）项的要求。申请人应当在进入中国国家阶段声明中指明记载生物材料样品保藏事项的文件以及在该文件中的具体记载位置。

申请人在原始提交的国际申请的说明书中已记载生物材料样品保藏事项，但是没有在进入中国国家阶段声明中指明的，应当自进入日起4个月内补正。期满未补正的，该生物材料视为未提交保藏。

申请人自进入日起4个月内向国务院专利行政部门提交生物材料样品保藏证明和存活证明的，视为在本细则第二十四条第（一）项规定的期限内提交。

第一百零九条 国际申请涉及的发明创造依赖遗传资源完成的，申请人应当在国际申请进入中国国家阶段的书面声明中予以说明，并填写国务院专利行政部门制定的表格。

第一百一十条 申请人在国际阶段已要求一项或者多项优先权，在进入中国国家阶段时该优先权要求继续有效的，视为已经依照专利法第三十条的规定提出了书面声明。

申请人应当自进入日起2个月内缴纳优先权要求费；期满未缴纳或者未缴足的，视为未要求该优先权。

申请人在国际阶段已依照专利合作条约的规定，提交过在先申请文件副本的，办理进入中国国家阶段手续时不需要向国务院专利行政部门提交在先申请文件副本。申请人在国际阶段未提交在先申请文件副本的，国务院专利行政部门认为必要时，可以通知申请人在指定期限内补交；申请人期满未补交的，其优先权要求视为未提出。

第一百一十一条 在优先权日起30个月期满前要求国务院专利行政部门提前处理和审查国际申请的，申请人除应当办理进入中国国家阶段手续外，还应当依照专利合作条约第二十三条第二款规定提出请求。国际局尚未向国务院专利行政部门传送国际申请的，申请人应当提交经确认的国际申请副本。

第一百一十二条 要求获得实用新型专利权的国际申请，申请人可以自进入日起2个月内对专利申请文件主动提出修改。

要求获得发明专利权的国际申请,适用本细则第五十一条第一款的规定。

第一百一十三条 申请人发现提交的说明书、权利要求书或者附图中的文字的中文译文存在错误的,可以在下列规定期限内依照原始国际申请文本提出改正:

(一)在国务院专利行政部门作好公布发明专利申请或者公告实用新型专利权的准备工作之前;

(二)在收到国务院专利行政部门发出的发明专利申请进入实质审查阶段通知书之日起3个月内。

申请人改正译文错误的,应当提出书面请求并缴纳规定的译文改正费。

申请人按照国务院专利行政部门的通知书的要求改正译文的,应当在指定期限内办理本条第二款规定的手续;期满未办理规定手续的,该申请视为撤回。

第一百一十四条 对要求获得发明专利权的国际申请,国务院专利行政部门经初步审查认为符合专利法和本细则有关规定的,应当在专利公报上予以公布;国际申请以中文以外的文字提出的,应当公布申请文件的中文译文。

要求获得发明专利权的国际申请,由国际局以中文进行国际公布的,自国际公布日起适用专利法第十三条的规定;由国际局以中文以外的文字进行国际公布的,自国务院专利行政部门公布之日起适用专利法第十三条的规定。

对国际申请,专利法第二十一条和第二十二条中所称的公布是指本条第一款所规定的公布。

第一百一十五条 国际申请包含两项以上发明或者实用新型的,申请人可以自进入日起,依照本细则第四十二条第一款的规定提出分案申请。

在国际阶段,国际检索单位或者国际初步审查单位认为国际申请不符合专利合作条约规定的单一性要求时,申请人未按照规定缴纳附加费,导致国际申请某些部分未经国际检索或者未经国际初步审查,在进入中国国家阶段时,申请人要求将所述部分作为审查基础,国务院专利行政部门认为国际检索单位或者国际初步审查单位对发明单一性的判断正确的,应当通知申请人在指定期限内缴纳单一性恢复费。期满未缴纳或者未足额缴纳的,国际申请中未经检索或者未经国际初步审查的部分视为撤回。

第一百一十六条 国际申请在国际阶段被有关国际单位拒绝给予国际申请日或者宣布视为撤回的,申请人在收到通知之日起2个月内,可以请求国际局将国际申请档案中任何文件的副本转交国务院专利行政部门,并在该期限内向国务院专利行政部门办理本细则第一百零三条规定的手续,国务院专利行政部门应当在接到国际局传送的文件后,对国际单位作出的决定是否正确进行复查。

第一百一十七条 基于国际申请授予的专利权,由于译文错误,致使依照专利法第五十九条规定确定的保护范围超出国际申请的原文所表达的范围的,以依据原文限制后的保护范围为准;致使保护范围小于国际申请的原文所表达的范围的,以授权时的保护范围为准。

第十一章 附 则

第一百一十八条 经国务院专利行政部门同意，任何人均可以查阅或者复制已经公布或者公告的专利申请的案卷和专利登记簿，并可以请求国务院专利行政部门出具专利登记簿副本。

已视为撤回、驳回和主动撤回的专利申请的案卷，自该专利申请失效之日起满2年后不予保存。

已放弃、宣告全部无效和终止的专利权的案卷，自该专利权失效之日起满3年后不予保存。

第一百一十九条 向国务院专利行政部门提交申请文件或者办理各种手续，应当由申请人、专利权人、其他利害关系人或者其代表人签字或者盖章；委托专利代理机构的，由专利代理机构盖章。

请求变更发明人姓名、专利申请人和专利权人的姓名或者名称、国籍和地址、专利代理机构的名称、地址和代理人姓名的，应当向国务院专利行政部门办理著录事项变更手续，并附具变更理由的证明材料。

第一百二十条 向国务院专利行政部门邮寄有关申请或者专利权的文件，应当使用挂号信函，不得使用包裹。

除首次提交专利申请文件外，向国务院专利行政部门提交各种文件、办理各种手续的，应当标明申请号或者专利号、发明创造名称和申请人或者专利权人姓名或者名称。

一件信函中应当只包含同一申请的文件。

第一百二十一条 各类申请文件应当打字或者印刷，字迹呈黑色，整齐清晰，并不得涂改。附图应当用制图工具和黑色墨水绘制，线条应当均匀清晰，并不得涂改。

请求书、说明书、权利要求书、附图和摘要应当分别用阿拉伯数字顺序编号。

申请文件的文字部分应当横向书写。纸张限于单面使用。

第一百二十二条 国务院专利行政部门根据专利法和本细则制定专利审查指南。

第一百二十三条 本细则自2001年7月1日起施行。1992年12月12日国务院批准修订、1992年12月21日中国专利局发布的《中华人民共和国专利法实施细则》同时废止。

施行修改后的专利法实施细则的过渡办法

第一条 为了保障 2010 年 1 月 9 日公布的《国务院关于修改〈中华人民共和国专利法实施细则〉的决定》的施行，依照立法法第八十四条的规定，制定本办法。

第二条 修改前的专利法实施细则的规定适用于申请日在 2010 年 2 月 1 日前（不含该日）的专利申请以及根据该专利申请授予的专利权；修改后的专利法实施细则的规定适用于申请日在 2010 年 2 月 1 日以后（含该日，下同）的专利申请以及根据该专利申请授予的专利权；但本办法以下各条对申请日在 2010 年 2 月 1 日前的专利申请以及根据该申请授予的专利权的特殊规定除外。

第三条 2010 年 2 月 1 日以后以不符合专利法第二十三条第三款的规定为理由提出无效宣告请求的，对该无效宣告请求的审查适用修改后的专利法实施细则第六十六条第三款的规定。

第四条 2010 年 2 月 1 日以后提出无效宣告请求的，对该无效宣告请求的审查适用修改后的专利法实施细则第七十二条第二款的规定。

第五条 专利国际申请的申请人在 2010 年 2 月 1 日以后办理进入中国国家阶段手续的，该国际申请适用修改后的专利法实施细则第十章的规定。

第六条 在 2010 年 2 月 1 日以后请求国家知识产权局中止有关程序的，适用修改后的专利法实施细则第九十三条和第九十九条的规定，不再缴纳中止程序请求费。

在 2010 年 2 月 1 日以后请求退还多缴、重缴、错缴的专利费用的，适用修改后的专利法实施细则第九十四条第四款的规定。

在 2010 年 2 月 1 日以后缴纳申请费、公布印刷费和申请附加费的，适用修改后的专利法实施细则第九十五条的规定。

在 2010 年 2 月 1 日以后办理授予专利权的登记手续的，适用修改后的专利法实施细则第九十三条和第九十七条的规定，不再缴纳申请维持费。

第七条 本办法自 2010 年 2 月 1 日起施行。

国家知识产权局关于修改
《专利审查指南》的决定（第六十七号）

《国家知识产权局关于修改〈专利审查指南〉的决定》已经局务会审议通过，现予公布，自 2013 年 10 月 15 日起施行。

局长　田力普
2013 年 9 月 16 日

国家知识产权局关于修改《专利审查指南》的决定

国家知识产权局决定对《专利审查指南》作如下修改：
一、将第一部分第二章第 11 节修改为：
11. 根据专利法第二十二条第二款的审查
初步审查中，审查员对于实用新型专利申请是否明显不具备新颖性进行审查。审查员可以根据其获得的有关现有技术或者抵触申请的信息，审查实用新型专利申请是否明显不具备新颖性。

实用新型可能涉及非正常申请的，例如明显抄袭现有技术或者重复提交内容明显实质相同的专利申请，审查员应当根据检索获得的对比文件或者其他途径获得的信息，审查实用新型专利申请是否明显不具备新颖性。

有关新颖性的审查参照本指南第二部分第三章的规定。

二、将第一部分第二章第 13 节修改为：
13. 根据专利法第九条的审查
专利法第九条第一款规定，同样的发明创造只能授予一项专利权。专利法第九条第二款规定，两个以上的申请人分别就同样的发明创造申请专利的，专利权授予最先申请的人。

初步审查中，审查员对于实用新型专利申请是否符合专利法第九条的规定进行审查。审查员可以根据其获得的同样的发明创造的专利申请或专利，审查实用新型专利申请是否符合专利法第九条的规定。

对同样的发明创造的处理，参照本指南第二部分第三章第 6 节的规定。

三、将第一部分第三章第 8 节修改为：

8. 根据专利法第二十三条第一款的审查

初步审查中，审查员对于外观设计专利申请是否明显不符合专利法第二十三条第一款的规定进行审查。审查员可以根据其获得的有关现有设计或抵触申请的信息，审查外观设计专利申请是否明显不符合专利法第二十三条第一款的规定。

外观设计可能涉及非正常申请的，例如明显抄袭现有设计或者重复提交内容明显实质相同的专利申请，审查员应当根据检索获得的对比文件或者其他途径获得的信息，审查外观设计专利申请是否明显不符合专利法第二十三条第一款的规定。

相同或者实质相同的审查参照本指南第四部分第五章的相关规定。

四、将第一部分第三章第 11 节修改为：

11. 根据专利法第九条的审查

专利法第九条第一款规定，同样的发明创造只能授予一项专利权。专利法第九条第二款规定，两个以上的申请人分别就同样的发明创造申请专利的，专利权授予最先申请的人。

初步审查中，审查员对于外观设计专利申请是否符合专利法第九条的规定进行审查。审查员可以根据其获得的同样的外观设计的专利申请或专利，审查外观设计专利申请是否符合专利法第九条的规定。

本决定自 2013 年 10 月 15 日起施行。

国家知识产权局关于修改
《专利审查指南》的决定（第六十八号）

《国家知识产权局关于修改〈专利审查指南〉的决定》已经局务会审议通过，现予公布，自 2014 年 5 月 1 日起施行。

局长　申长雨
2014 年 3 月 12 日

国家知识产权局关于修改《专利审查指南》的决定

国家知识产权局决定对《专利审查指南》作如下修改：

一、第一部分第三章第 4.2 节的修改

在《专利审查指南》第一部分第三章第 4.2 节第三段之后新增一段，内容如下：

就包括图形用户界面的产品外观设计而言，应当提交整体产品外观设计视图。图形用户界面为动态图案的，申请人应当至少提交一个状态的上述整体产品外观设计视图，对其余状态可仅提交关键帧的视图，所提交的视图应当能唯一确定动态图案中动画的变化趋势。

本节其他内容无修改。

二、第一部分第三章第 4.3 节的修改

在《专利审查指南》第一部分第三章第 4.3 节第三段第（6）项之后新增一项，内容如下：

（7）对于包括图形用户界面的产品外观设计专利申请，必要时说明图形用户界面的用途、图形用户界面在产品中的区域、人机交互方式以及变化状态等。

本节其他内容无修改。

三、第一部分第三章第 7.2 节的修改

删除《专利审查指南》第一部分第三章第 7.2 节第三段最后一句"产品的图案应当是固定的、可见的，而不应是时有时无的或者需要在特定的条件下才能看见的"。

本节其他内容无修改。

四、第一部分第三章第 7.4 节的修改

将《专利审查指南》第一部分第三章第 7.4 节第一段第（11）项修改为：

（11）游戏界面以及与人机交互无关或者与实现产品功能无关的产品显示装置所显示的图案，例如，电子屏幕壁纸、开关机画面、网站网页的图文排版。

本节其他内容无修改。

五、第四部分第五章第 6.1 节的修改

在《专利审查指南》第四部分第五章第 6.1 节第二段第（4）项之后新增一项，内容如下：

（5）对于包括图形用户界面的产品外观设计，如果涉案专利其余部分的设计为惯常设计，其图形用户界面对整体视觉效果更具有显著的影响。

本节其他内容无修改。

本决定自 2014 年 5 月 1 日起施行。

国家知识产权局关于修改
《专利审查指南》的决定（第七十四号）

《国家知识产权局关于修改〈专利审查指南〉的决定》已经局务会审议通过，现予公布，自 2017 年 4 月 1 日起施行。

局长　申长雨
2017 年 2 月 28 日

国家知识产权局关于修改《专利审查指南》的决定

国家知识产权局决定对《专利审查指南》作如下修改：

一、第二部分第一章第 4.2 节的修改

在《专利审查指南》第二部分第一章第 4.2 节第（2）项之后新增一段，内容如下：

【例如】

涉及商业模式的权利要求，如果既包含商业规则和方法的内容，又包含技术特征，则不应当依据专利法第二十五条排除其获得专利权的可能性。

本节其他内容无修改。

二、第二部分第九章第 2 节的修改

将《专利审查指南》第二部分第九章第 2 节第（1）项第一段中的"仅仅记录在载体（例如磁带、磁盘、光盘、磁光盘、ROM、PROM、VCD、DVD 或者其他的计算机可读介质）上的计算机程序"修改为"仅仅记录在载体（例如磁带、磁盘、光盘、磁光盘、ROM、PROM、VCD、DVD 或者其他的计算机可读介质）上的计算机程序本身"。

将《专利审查指南》第二部分第九章第 2 节第（1）项第三段第一句中的"仅由所记录的程序限定的计算机可读存储介质"修改为"仅由所记录的程序本身限定的计算机可读存储介质"。

本节其他内容无修改。

三、第二部分第九章第 3 节的修改

删除《专利审查指南》第二部分第九章第 3 节第（3）项中的例 9。

四、第二部分第九章第 5.2 节的修改

将《专利审查指南》第二部分第九章第 5.2 节第 1 段第 1 句中的"即实现该方法的装置"修改为"例如实现该方法的装置"。

将《专利审查指南》第二部分第九章第 5.2 节第 1 段第 3 句中的"并详细描述该计算机程序的各项功能是由哪些组成部分完成以及如何完成这些功能"修改为"所述组成部分不仅可以包括硬件，还可以包括程序"。

将《专利审查指南》第二部分第九章第 5.2 节第 2 段中所有的"功能模块"修改为"程序模块"。

本节其他内容无修改。

五、第二部分第十章第 3 节的修改

在《专利审查指南》第二部分第十章第 3 节中新增第 3.5 节，将第 3.4 节第（2）项移至第 3.5 节并作修改，第 3.5 节的内容如下：

3.5　关于补交的实验数据

判断说明书是否充分公开，以原说明书和权利要求书记载的内容为准。

对于申请日之后补交的实验数据，审查员应当予以审查。补交实验数据所证明的技术效果应当是所属技术领域的技术人员能够从专利申请公开的内容中得到的。

本节其他内容无修改。

六、第四部分第三章第 4.2 节的修改

将《专利审查指南》第四部分第三章第 4.2 节第（2）项（i）修改为：

（i）针对专利权人以删除以外的方式修改的权利要求，在专利复审委员会指定期限内针对修改内容增加无效宣告理由，并在该期限内对所增加的无效宣告理由具体说明的；

本节其他内容无修改。

七、第四部分第三章第 4.3.1 节的修改

删除《专利审查指南》第四部分第三章第 4.3.1 节第（2）项（i）中的"以合并方式修改的权利要求或者"。

本节其他内容无修改。

八、第四部分第三章第 4.6.2 节的修改

将《专利审查指南》第四部分第三章第 4.6.2 节第 1 段修改为：

在满足上述修改原则的前提下，修改权利要求书的具体方式一般限于权利要求的删除、技术方案的删除、权利要求的进一步限定、明显错误的修正。

删除《专利审查指南》第四部分第三章第 4.6.2 节第 3 段，将第 4 段作为第 3

段,并新增一段作为第 4 段,内容如下:

权利要求的进一步限定是指在权利要求中补入其他权利要求中记载的一个或者多个技术特征,以缩小保护范围。

本节其他内容无修改。

九、第四部分第三章第 4.6.3 节的修改

将《专利审查指南》第四部分第三章第 4.6.3 节第 2 段中的"以合并的方式修改权利要求书"修改为"以删除以外的方式修改权利要求书"。

本节其他内容无修改。

十、第五部分第四章第 5.2 节的修改

将《专利审查指南》第五部分第四章第 5.2 节第(2)项修改为:

(2)对于已经公布但尚未公告授予专利权的发明专利申请案卷,可以查阅和复制该专利申请案卷中的有关内容,包括:申请文件,与申请直接有关的手续文件,公布文件,在初步审查程序中向申请人发出的通知书和决定书、申请人对通知书的答复意见正文,以及在实质审查程序中向申请人发出的通知书、检索报告和决定书。

将《专利审查指南》第五部分第四章第 5.2 节第(3)项修改为:

(3)对于已经公告授予专利权的专利申请案卷,可以查阅和复制的内容包括:申请文件,优先权文件,与申请直接有关的手续文件,发明专利申请单行本,发明专利、实用新型专利和外观设计专利单行本,专利登记簿,专利权评价报告,以及在各已审结的审查程序(包括初步审查、实质审查、复审和无效宣告等)中专利局、专利复审委员会向申请人或者有关当事人发出的通知书、检索报告和决定书、申请人或者有关当事人对通知书的答复意见。

删除《专利审查指南》第五部分第四章第 5.2 节第(5)项。

本节其他内容无修改。

十一、第五部分第七章第 7.4.2 节的修改

将《专利审查指南》第五部分第七章第 7.4.2 节修改为:

7.4.2 因协助执行财产保全而中止的期限

对于人民法院要求专利局协助执行财产保全而执行中止程序的,按照民事裁定书及协助执行通知书写明的财产保全期限中止有关程序。

人民法院要求继续采取财产保全措施的,应当在中止期限届满前将继续保全的协助执行通知书送达专利局,经审核符合本章第 7.3.2.1 节规定的,中止期限予以续展。

十二、第五部分第七章第 7.4.3 节的修改

删除《专利审查指南》第五部分第七章第 7.4.3 节中的"或者应人民法院要求协助执行财产保全的中止"。

本节其他内容无修改。

十三、第五部分第七章第 7.5.2 节的修改

将《专利审查指南》第五部分第七章第 7.5.2 节中的"中止期限为六个月"修改为"中止期限为民事裁定书及协助执行通知书写明的财产保全期限"。

本节其他内容无修改。

本决定自 2017 年 4 月 1 日起施行。